熊遠報 著

汲古叢書45

# 清代徽州地域社会史研究

## ―境界・集団・ネットワークと社会秩序―

汲古書院

# 目次

# 清代徽州地域社会史研究

## ——境界・集団・ネットワークと社会秩序——

# 序章　徽州地域社会史研究の展開

## 第一節　徽州地域の研究と「徽学」の成立

### 1　徽州という地域について

明清時代、商人、とくに塩商人を輩出した地域として広く知られていた歙県、休寧、婺源（現在は江西省に属す）、祁門、績渓（現在は宣城市に属す）、黟県からなる徽州府は、南北朝以降、特に黄巣の反乱の影響を受けて[1]、東西南北の移民が流入し[2]、原住民を排斥しながら山地への開発が行なわれる過程で再編成された地域社会である。移民と地理的閉鎖性のために地域社会内部には多様な文化・習俗が存続していた[3]。

方言のような要因を別としても、地域整合という視野から徽州という地域社会の成長について考察する際には、以下の要素を重視して研究を行なうべきだと考えられる。

第一は、王朝の行政区分の成立要因は複雑であるが、府県の境域の区分には、歴史の展開と内部における関連性が重視されていたということである。伝統的な政治的要因、すなわち行政的まとまりによって形成された所属・帰属関係が、社会経済・文化の関連性を強め、共通性を発展させ、区域内の一体性を成長させる機能をもっていたことは、言うまでもない[4]。同じ行政区域内の各ブロックは、行政の統括機能のほか、公共事業、共同利害関係における協力、競合、ないし対抗のなかで一体性を形成していった[5]。

第二は、政治と地域内部の社会との関連というような要因のみならず、大量に外部に流出している商人、読書人と官僚たちは、外部での活躍を通じて徽州というアイデンティティを強めたということである。すなわち長期にわたる徽州人の連続的移動の状態は、徽州という地域意識の成長を外側から促進していた。

故郷、行政上の所属、籍貫は、明清以前でも人々の社会生活における不可欠の固定的要素として、流動性をもつ読書人、官僚等の交際、出世にとって重要な意味をもっていた。科挙制度の徹底化、受験教育の普遍化と商品経済の進展によって階層的流動と人々の空間的移動が急速に展開するにともなって数多くの一般の徽州人は、科挙受験（戸籍の移動を含む）と遠隔地商業を通じて政治権力と経済領域の競争に積極的に参与し、活動の舞台を徽州以外の地域、とくに政治、文化、流通の中心地である城鎮、都会に移した。そうして多くのものが成功して政治権力を握る官僚になったり、大きな経済力をもつ商人になった。

有力官僚と商人の政治権力・経済力の牽引によって、科挙試験、捐納を通じて、多くの商人とその子弟は、下級の科挙身分と肩書きを得た。社会的身分の獲得と複雑な人的関係は、活動空間を広げた徽州人が王朝の領域という大きな政治経済の舞台に進出し活躍する際に重要な安全性と条件を与えた。外部、とくに江南地域の城鎮と都会における経済の競合、当地の社会に溶け込もうとする生存競争の中で、郷村という狭い範囲を超えた交流、協力、互助、ないし婚姻資源の「互酬」が、徽州人の間に自然に発生し、徽州人としての一体感が強く意識された。徽州というアイデンティティは、次第に各都会における徽州府各県の会館、徽州会館の設立などの物的な手段で象徴化され、会館の様々な働きを通して強化された。徽州人の長期的な外部への流出、および彼等の連続的空間移動こそが、徽州内部の交流の壁を取り除き、徽州という地域意識の成長を促進したと言える。(6) 徽州商人は、地縁意識と共通利益に基づいて徽州「商幇」を形成し、広い地域にわたって経済、政治、公益慈善活動を行ない、彼らの連帯感は、徽州にフィードバックされて、徽州の農村社会の相互関係を強めていた。(7)

王朝の領域範囲で活躍する過程で現われてきた徽州人の地域意識は、徽州出身の官僚と読書人の作為的行動を経て強化され、徽州全域を覆った『新安大族志』や『新安名族志』といった形態へと結実した。(8) 『新安名族志』の序言では、他地域と比較される形で、徽州の特異性が強調されている。例えば、鄭佐は徽州の宗族制度と風俗が「他郡罕及之也」といっている。胡暁も「新安……以言乎派則如江淮河漢、汪汪千頃会於海而不乱。以言乎宗、則如泰華之松、枝葉繁茂、帰一本而無二。言乎世次、則尊卑有定。族居則閭閻輻輳。商賈則雲会通津。言乎才徳、則或信義徵於郷閭、或友愛達於中外、或恬退著述、或忠孝赫烈、……宗廟血食、千載不磨」と徽州を絶賛した。程光顕は朱子の影響に言及し「新安之望加重於天下矣」と指摘した。『新安名族志』の編集者程尚寛は明確に「新安天下望郡也」と称した。

『新安名族志』の成立について、程尚寛等は元の陳櫟の『新安大族志』に基づいたものであると説明しているが、陳櫟の文集である『定宇集』は『新安大族志』についての関連資料を記載しておらず、陳氏の子孫が作成した「陳櫟年表」、元人汪炎昶の「陳櫟行状」と明人程敏政の「定宇先生祠堂記」、および徽州地域に関する重要な文献を網羅的に収録している程敏政の『新安文献志』事略、上、及び弘治以前の徽州地方志には『新安大族志』に関する記載はほとんどない。曹嗣軒の『新安休寧名族志』においては、陳櫟の「新安大族志序」は、手書きで補足されたものであり、偽作ではないかと疑われている。陳櫟が『新安大族志』を編集したということ自体も作られた話ではないかと考えられる。しかし、大族志、名族志などの登場によって現われてきた名族、大族意識は、大体明代中期ごろ徽州人の商業・

科挙・入仕の成功によって強まれてきた地域イデオロギーであったと思われる。こうした名族・大族意識は、徽州商人の奢侈や捐納と同じような心理のもとで膨らんできた地域の社会的・文化的包装であり、徽州の宗族と地域意識の膨張の一つの結果である。名族志、大族志の編集については、鄭佐、洪垣のような徽州出身の官僚の支持があったが、実際には戴廷明、程尚寛のような宗族や地方の公共事務に熱中し、郷試への落第を繰返して「場桓」（周作人『知堂回想録』の用語であり、科挙試験の人数・試験場所を大きくすることを意味する）と言われた人々が中心となって行なわれた。名族志、大族志の編集は明代中期から流行した聯宗統譜の一種の拡大化であると理解できる。地縁と血縁という二つの要素が混ざり合った『新安名族志』は、徽州地域の人々の誇りとして徽州地域アイデンティティの精神的な象徴になった。

## 2　明清徽州研究と「徽学」の成立

徽州の地域社会が注目された契機は、主に徽州地域における公私文書の発見によると言える。宋代から民国三七年（一九四八）までの、土地、賦役、商業、宗族、科挙、行政人事、社会組織・団体、訴訟など、人々の社会経済生活の各側面に関する内容をもつ徽州文書は、数十万点（冊を含む）にのぼると言われている。[9] 前近代徽州社会、ないし中国社会全体を理解する際に、これらの文書は、膨大な数量と時間上の連続性をもつことから、重要視されてきた。中国各地と徽州の図書館、博物館、檔案館に収蔵されている膨大な徽州の公私文書の調査、整理、目録の作成、一部資料の公刊が、八〇年代中期に本格的に始まって以来、文書を利用する総合的研究が可能になった。こうしたことにより、徽州文書の発見は、甲骨文・漢晋簡牘・敦煌文書・明清故宮檔案の発見に続く中国近現代における中国文化史上の「第五大の発見」であると見なされるようになった。[10] さらに中国前近代史の研究に革命的転換をもたらすことが期待されている。[11]

一方、残存している、立派な明清時代の住宅、道路、橋、塔等といった「沈黙史料」からなる徽州の集落は、伝統社会の日常生活環境と文化景観を今日に伝えるものとして開放政策の推進とともに黄山地区の観光業の流れに乗って次第に脚光を浴び、その価値が再発見されるようになった。二十世紀八〇年代から経済成長を求める動きに呼応して地方資源の開発・利用や地方志の編纂という二つのブームにおいて、地方歴史文化の独自性と利用価値を強調する「徽州学」・「徽州文化学」が、徽州という地域に台頭し始めた。[12] 観光業を中心とする資源開発や地方的利益などに絡み合う地方主義の強調と、高い学術的価値をもつ徽州文書に対する学界の期待という二つの系統の相乗作用のもとで、明清社会の特質について解明できる重点研究地域として徽州地域に関する総合的歴史文化研究の気運が高まり、いくつかの「徽学」研究会や研究センターの設立および専門研究誌の発刊や研究雑誌のコラムの設置によって、「徽学」といわれる地域研究が生れ、定着化するようになった。

傅衣凌氏、藤井宏氏等による先駆的研究、特に八〇年代初の葉顕恩氏の大著『明清徽州農村社会与佃僕制』の公刊以来、徽州地域に対し、研究者は、様々なテーマで多岐にわたる研究を行ない、多くの成果を積み重ねてきた。これらの文書を用いた研究の動向に関しては、周紹泉氏、臼井佐知子氏、中島楽章氏をはじめとして既に包括的な整理がなされているので、参照されたい。[13] 本章では、その概略を簡単にまとめるとともに、特に今後検討すべき若干の問題について、私見をのべてみたい。これらの研究は、大体明清時代に広域地域にわたって活躍していた徽州商人に注目して展開され（傅衣凌、藤井宏）、次第に徽州の社会内部にも目が向けられていった。徽州商人の研究重点は、主に明清時代の経済構造の中における徽州商人の位置づけに置かれており、その資本の構造と経営の種類、活動の空間的範囲、塩商人の経営活動、利潤と消費、商業モラルと倫理観念、「商幇」の結成とその変遷、商業活動と宗族との関係、商人と政治・国家との関係について研究がなされてきた（張海鵬、王廷元、唐力行、陳学文、陳其南、臼井佐知子等）。徽州内部に関する研究は、土地租佃と佃僕制、土地制度と農業生産、山林経営、宗族制度、階級（階層）関係、郷紳などに集中している（葉顕恩、劉和恵、章有義、Zurndorfer Harriet T. Mi Chu Wien, 周紹泉、劉淼、唐力行、鈴木博之、陳柯雲、張雪慧等）。こうした徽州地域に関する従来の研究は、明清時代の流通実態・構造と階級・生産関係等についての分析を通して中国社会の特質を見出そうとするものである。すなわち徽州の階級・生産関係、商人・「商幇」などの研究、および他地域との比較研究の中から前近代中国社会の普遍性を求めるものであったと言える[14]。

八〇年代後半、特に九〇年代以降、学術情報の共有、研究者の国際交流、及び研究方法の多様化に伴って徽州に関する研究方法と問題意識も変わっていった。近年、ネットワーク、商人の経済活動と国家権力との関係という側面から徽州商人の行動原理についての考察、商人の経済活動と商売先の社会変遷に関する研究は、徽州商人研究における新たな展開を示している（臼井佐知子、王振忠）。一方、契約文書、宗族史料及び官府文書などの文献を使用して、具体的事例から家族、宗族等の社会組織およびその構造（葉顕恩、唐力行、周紹泉、趙華富、鈴木博之、山本英史等）、土地制度と財産の継承・分割（章有義、葉顕恩、臼井佐知子等）、郷約と会組織（渋谷裕子、陳柯雲、劉淼、鄭力民、上田信等）、祭祀儀式と信仰活動（田仲一成、鄭力民）、戸籍管理と賦役制度（欒成顕等）などの問題について検証し、改めてこれまでの前近代中国社会に関する学界の成果について再検討するといった形の研究も現れてきて、各種の制度や慣習の実態の解明が行なわれるようになった。また、郷村社会の紛争、里老人、調停、裁判、及び女性の法律上の地位などの問題に対する関心が高まり、紛争、訴訟から明清時代の法律制度の具体的運用、国家権力の司法の実態と性格を解明していく研究も現れてきた（夫馬進、中島楽章、周紹泉、卞利、高橋芳郎、阿風等）。現在は徽州地域の特殊性に着目し、徽州地域社会それ自体について研究しようとする傾向が定着している。

より基底的な社会における人々の日常生活、経済、宗教信仰、社会組織・集団のあり方、摩擦、衝突などの側面から、社会の実態、および社会と国家との関係について観察し、多様で、動態的な歴史について分析、把握しようとする研究傾向が、八〇年代以来、明清史研究の一つの潮流になった。[15] ただし、文献上の制約のために、このような研究対象は、主にアヘン戦争以来の各地域に止まっている。庶民日常生活の各領域に及ぶ膨大な徽州の公私文書と文献は、村落レベルの社会に関する資料の不足を補い、地域社会史研究の展開に様々な可能性を示している。しかし、現在の徽州研究は資料の整理や発掘のみならず、文書の解析方法、処理技術を含む方法論の創出や新たな認識枠の提起の必要性が迫られている。これはただ史料の豊富さだけでは、前近代中国社会の研究に対して革命的転換をもたらすことはできないことに原因がある。また、具体的研究の中においても様々な検討すべき問題が存在している。

例えば徽州の宗族制度、郷村社会の権力と秩序の構成・状態について考察する際、郷村社会の閉鎖性が、徽州の特徴として強調された。[16] 費孝通氏は、一般論として社会学の視点から郷村社会の閉鎖性について指摘したが、その場合には郷村社会の静態的性格、すなわち人の流動性と村落間の交流の少なさがその論述の根拠となった。[17] それに対して明清時代の徽州の郷村に費氏が指摘したような前提条件が存在したかどうかということについては、徽州の成長の外部との関連、および明代中期以来の社会変動をどのように把握、認識するのかという点に着目して分析しなければならない。このことは、徽州地域研究の中で極めて重要な課題である。

先に地域意識の成長と徽州商人の大量な外部への流出との関係について指摘した。ここで徽州人口の流出の性格と故郷との関係に触れてみたい。族譜、地方志と関連文献によれば、徽州は、人口の増加と利用できる農業生産資源の限界のために、人口が絶えず外部へ流出した地域である。流出の特徴として指摘できることは、徽州人の中には、もちろん一般の農業移民も存在したが、多くのものは単なる農業開発、すなわち耕地の開墾を目的としたわけではなく、新しい経済生産・生活方式を求め、商業経営をめざして徽州を脱出していったのであるということである。[18]この流出は、数世紀にわたって連続的に行なわれ、流入先に定住する例もしばしばあった。しかしその場合も、速やかに新しい集落と生活環境を作り上げて流出元との関連が次第に薄くなる移民と異なり、故郷と密接な関係を持ち続けていた。これらの流通の担い手たちは、競争力と外部における相互扶助体制を強化するために、地縁・血縁の紐帯や複雑な人間関係網を基礎とし、江南地域を軸に全国にわたって商業ネットワークを築いた。[19]

農業より遙かに財富を獲得しやすい遠隔地の商業活動と商人の空間移動、成功者のニュースの伝播、送金による実家の生活基盤の充実などは、徽州の深山にいる人々に衝撃を与え続け、人々の心を揺るがし、地縁と血縁という交錯する絆を通じて若い男たちを外部に牽引していた。[20]明末の金声は商業経営活動の必要と行動上の特徴に関して「夫両邑（歙県・休寧県）之人以業賈故、挈其親戚知交而与共事。以故一家得業、不独一家得食焉而已」と述べている。[21]休寧茗洲呉氏は一族内の子弟の不良行為を防止し、正当な生計を立てさせるために、できるだけ彼らを外に連れていって商業を営ませるように族員に要求していた。[22]大勢の徽州人が客商として外地に赴いたために、徽州へ書簡、金銭、食品、日用品等を送り、故郷から書簡、土産、嗜好品などをもらう構図が、自然に発生していた。[23]ここで注意すべきことは、この構図において、商人が直接故郷と往来したり、家族構成員、親族、友人および同郷人を接待したりするという現象のみならず、もっぱら連絡役を担う「陸（旱）脚」、「水脚」という配送システムと「脚人」という専門職が現われたということである。この情報伝達と品物の配送システムの存在は、実際徽州商人と故郷の間、各地域における徽州商人の間でも徽州人のネットワークを支える大きな役割を果していた。[24]親戚友人等の社会関係を超えるこのシステムの信用保証は、主に同じ徽州出身としての面識、商売先の徽州会館および商人ネットワークの存在にあったと推測できる。

遠隔地の商売活動は、徽州人の婚姻交換圏を変えて、外地の妻、とくに妾を娶って晩年には故郷に連れて帰るケースが少なくなかった。[25] このように外部の活動、とりわけ経済的変動が徽州地域の深部に影響を与えた。外部の徽州地域の風俗習慣に対する影響としては、例えば、徽州地域内の服飾の変化などが挙げられ、「数十年前、雖富貴家婦人、衣裘者絶少、今則比比皆是、而珠翠之飾、亦頗奢矣、大抵由商於蘇揚者啓其漸也」と指摘されたり、[26]「四郷風気不斉、東北郷人多服賈於長江一帯、輸入蘇杭俗尚、稍事華靡」と述べられている。[27]

徽州が地理的に閉鎖的な山の中に位置しており、独自な習慣、制度、文化、信仰をもっていたことは否めないが、前述したように明清時代の徽州は、商業化の流れに乗って成長してきた地域である。国際貿易と国内の商業活動、とくに塩の専売、民間金融・典當業の発達、および木材、茶、食糧、綿紡織品の経営の成功によって大量の金銭が徽州地域へ流入し、徽州の住居、文化、宗教信仰、公共基礎施設、ないし祭祀、宗族の活動を支えていた。徽州の景観、数多くの社会組織の発生と展開、文化教育の発達は、徽州商人の成功によって導かれた一つの結果であると言っても過言ではない。徽州地域における政治、経済、社会、文化、交通施設等の諸側面は、当時の中国社会変動に緊密に関わるものであり、その変動の一環として理解することができよう。[28] したがって地域全体と人々の日常生活の細部に至るまで内外の商業活動の深い浸透をうけ、商業化のペースに乗った徽州郷村社会内部においても、人・金・物の頻繁、かつ連続的な移動によって頻繁な情報交換が行なわれていた。

徽州人が「商幇」を結成する動きと表裏して、様々な投機行為、利害衝突も空間移動の過程で発生した。明末の歙県知県傅巖の『歙紀』巻九「紀讞語」は、歙県関連の一五四件の訴訟案件について記録している。傅巖は訴訟を処理する際、「審得徽民僑寓天下、故鏃告之風甚熾、毎以冒籍告行原籍関提為快、懸案不結者比比」（第一七案）ないし「事在濮（濮陽）而修怨於徽」（第一三三案）という現象について度々言及している。「紀讞語」の三分の一弱を占める四三件は、遠隔地商業活動に関わって起きた訴訟案件である。訴訟案件が発生した空間的範囲は、ある意味で当時の社会の流動化の程度を反映している。

明清時代の徽州の閉鎖性という説は、史料批判の不足によって形成されたものである。徽州社会は紛争の多い社会であったかという問題についても同様の点が指摘できる。数多くの訴訟文書と関連する文献によれば、基層社会の紛争は、親子、兄弟、親戚、一族、村落内部など、様々なレベルで起り多発化の状態を呈していた。康熙年間中頃の休寧県知県廖騰煃は、休寧県を治める難しさについてしばしば指摘し、地方秩序の問題点を論ずる際、「爾等（休寧県民）好闘喜訟、成性不移、玩法黷刑、狂瀾難挽、毎竟其逞驃駻之気、多不循於情理之辞。屋宇各有垣墻、而恃強燬拆、墳壚各有界限、而恃強占侵。宗族閭里、非朝索券、則暮斫樹。婦姑妯娌、非詈圏鶏、則罵欄猪。起争常在錐刀之末、釀禍輒成丘山之重。本県通計下車甫及四月、毎翻成案、不禁三嘆。投繯食鹵者、旬日屡聞、服毒赴河者、閲月数見……」と述べた[29]。一方、地方志、族譜、文集、筆記などの多くは、相当安定した、家族、宗族を中心とする社会秩序構図を示している。これは徽州に愛着を感じている人々の希望と期待を込めた記述と事実との間に大きな落差が存在したことを示している。これも膨大な徽州文書の文献処理の難しさを物語っている。

## 第二節　研究視点と構成

本書では、変動しつつある徽州の地域社会の形成を複雑な、長期的過程と考え、徽州内部の開発と対外関係を念頭に置き、地方社会における様々なレベルの紛争、訴訟に注目し、紛争・訴訟の発生、展開とその解決の過程について検証したうえで、異なる社会集団の組織構造、機能を果たすメカニズム、集団間の交錯の関係を軸に、社会内部の秩序装置と秩序原理について検討する。さらに国家と社会との相互関係を重視し、地域社会の秩序構造と秩序変動の実態を描き出すことにする。

紛争と訴訟などの秩序問題に関し、従来の研究の中では裁判制度、地方官府の訴訟処理、差役、郷保などの働き、ないし里老人による調停について論究されてきたが[30]、清代における村の紛争に関する史料には限界があり、フィリップ・ホアンのように民国時期の資料をかりて清代の民事的紛争処理の性格を探らざるをえなかった[31]。一方、清代の資料を主に用いた論者の間では宗族組織のあり方と機能に関する検討が行なわれ、「一村一族」制の存在、族長を村落の行政責任者と見なす見方、および「家法は国法より重要」（家法大於国法）というような説が強調されている[32]。このような郷村の社会構造を単純な血縁関係原則に基づいた宗族に単純化し、郷村の権力体系を血縁関係と礼の原則に基づいた宗族の規範と関連する処罰系統に帰する論説が妥当であるか否かについては、検討する必要がある。

私は、従来の論考と問題点を踏まえて、紛争の処理から郷村社会の秩序構造、および国家と社会との関係について解明するために、基底となる各社会組織・集団の機能、性格、力の限界、集団間の関係について全面的に検討する作業が不可欠だと考える。このような郷村社会の内在的構造とメカニズムを抽出する際に、従来の研究の中で殆ど触れられなかった村落の外在的構造＝村落景観の再構成をすることは、もっとも基礎的な研究として、地域社会研究の重要な内容の一つであると思われる。本書が取り上げる対象は、村落レベルと県レベルの紛争である。即ち紛争・訴訟の発生とその解決の中から基層社会における基本的社会問題、秩序の状態と秩序体制、村落社会の人間結合、地方社会における勢力の集結、国家権力の在り方、中心と周縁との関係等々について観察できる。村落レベルと県レベルの社会を研究の対象とする理由は、以下のようなものである。「万事胚胎始於州県」という言葉で示しているように県は、基本的行政単位として、伝統的政治構造における基底に位置し、数百から数千までの村落を統合し、国家統治と行政管理を行なう具体的空間であった。県という社会空間は、中国社会の基本性格を呈示できる無限の多様性に満ち溢れ、多様な自生的秩序と国家統治の交錯、即ち国家政治と民間社会との相互作用がなされる基本的場である。村落は伝統社会において、生産、再生産における人の協力、競合、各種の社会資源の互酬の足場であり、信仰、祭祀などを含む社会生活の基本的単位であり、無数の千差万別な個人や集団行為を内包している。そこでの制度、慣習、社会組織、集団、階層、人間関係、行動原理ないし紛争、衝突及びその解決方法は、真実の社会生活として、地域社会研究にもっとも生き生きとした素材を提供してくれる。それらは、中国社会の特質を解明する基本的作業場であると考えられる。

本書では以下の視点から明清時代の徽州地域の秩序問題に接近したい。

第一に、徽州地域の村落図という視覚史料に注目し村落の外在的景観と内在的社会構造を復原する。経済、政治（国家権力）の膨張・収縮の変動において、地域外の商業活動は、いかに徽州の郷村社会の景観の形成に作用したのかという問題について考える。

第二に、ネットワークの形成過程や宗族を含む基層社会の各組織、集団について把握し、徽州地域社会の特質と人々の行動原理について検討する。

第三に、紛争・訴訟といった社会衝突から郷村社会の秩序状態とその構造と原理について分析する。

このようにして郷村社会の環境と社会構造、権力体系、人々の精神構造について整合的に把握し、具体的村落像を提起してみたいと思う。

本書は「郷村社会における交錯の境域と集団」についての研究と、「衝突・紛争における郷村社会と国家」についての研究という二部からなる。第一部は村落の外在的環境と内在的社会構造、各種のネットワークからなる郷村社会の秩序網を重視する。第二部は村落の紛争から県までの訴訟事件から郷村社会における秩序体制の状態と性格を探り出す。第一章「清代徽州の村落図――農村社会景観の復原の試み――」では、地方社会の秩序構造を解明する基礎的な研究の一環として徽州村落の実態を探る作業を行なう。外部世界と関連しながら住民は、どのような自然、人文、社会的環境のもとで、あるいは自然環境を利用しながら独自な人文環境を築く上で、どのように生産と再生産を行なっていたのか。村落は、独立の社会単位としてどういう形で存在し、姓氏・家族が組織化され、協力しながら分割・分離していったのか、という問題を中心に検討し「一村一族」・「同姓村落」問題についても視野に入れる。

第二章「帰属と自主の間――郷村における社会組織――」では、社会不安への対応策と利害関連のネットワークの形成と関連した宗族の形成と拡大運動を中心に、帰属的社会集団と自主的社会組織の構成とその状態について分析し郷村社会における生活と経済活動を支える自生的秩序体制について検討する。

第三章「村落の紛争・訴訟とその解決――婺源県慶源村を中心として――」では、「健訟」といわれる村落の紛争の状態、当事者の紛争解決における選択、地方の自生的秩序体制、ないし国家権力の関与などの問題に注目しながら郷村社会の紛争解決のプロセスと参与した各秩序組織の限界について検証し、「家法大於国法」であると強調されているような宗族組織の秩序形成能力についても触れる。

第四章「徽州地方における地域紛争の構図――乾隆期婺源県西関壩訴訟を中心として――」では、第一、二節で西関壩建設をめぐる郷村レベルを超えた地方紛争の構図、訴訟の実態について整理し、地方秩序に影響を与えた要素について考察する。第三節は西関壩訴訟を解決する過程で現われた訴訟処理の公開形式、公文書の伝送と訴訟展開との関係について探る。

付録一「清代民国時期における北京の水売買業と『水道路』」は、徽州社会とは直接関係がある内容ではないが、農村の人々が都市に進出し、都市においてどのようにして自生的権益と秩序を形成していったのかということについて考察したものである。このような課題は、徽州の人々の外部への流出と商人の活動を理解する際に参考となる内容であると思われたので、付録として収載した。本章では、東京大学東洋文化研究所仁井田陞文庫の北京水文書を利用し生活用水売買における「水道路」という境域・財産権利の形成、および生活用水売買業者としての農村の人々が都市に進出する状況について分析する。

注

(1) 徽州の族譜と関連のある『新安名族志』等の史料は、各宗族の移入の時期と原因を黄巣の乱と関連させて説明している。その内容は、一部の姓氏、宗族についてはは事実であるが、多くは移民史における「篁墩説」と同じように祖先史をめぐる伝説、あるいは再構成の結果に過ぎない。

(2) 程尚寛『新安名族志』、葉顕恩氏『明清徽州農村社会与佃僕制』(安徽人民出版社、一九八三年)一二～二四頁参照。

(3) 例えば、明清時代に地域信仰、移住史に関する解釈、歳時と儀式などは、徽州地域の中で同一化していくが、「六邑之語不能相通、而一邑中四郷又復差別、非若北省、中州、呉、楚、滇、粤方音大抵相類」(「歙風俗礼教考」許承尭『歙事閑談』第一八冊)と指摘されているように、徽州方言は、県ごとの特色をもち、徽州内部の人々の交流にも大きな影響を与えた。このような状況は二十世紀初頭になっても変化があまりなかった(清末の徽州知府劉汝驥の『陶甓公牘』を参照)。

(4) スキナー氏は、河川流域と市場機能に基づいて地域の区分を行なったが(G・W・スキナー『中国王朝末期の都市』、今井清一氏訳、晃洋書房、一九八九年)、地域の成長は、行政区分と不可分の関係をもつように思われる。

(5) 水利、交通、防災、救済における相互協力、責任、労役、出費の分担・割り当て、科挙合格者定員の配分、ないし明末に歙県と休寧、婺源、祁門、績渓、黟県との間で起きた糸絹案のような衝突、対抗の関係も、地域の一体性の形成に影響を与えていた。

（6）『雲間雑識』に「成化末、有顕宦満載帰、一老人踵門拝不已。官駭問其故。対曰、松民之財、多被徽商搬去、今頼君返之、敢不称謝」とあるように地域の富を外流させる徽州商人のイメージは、少なくとも彼等が進出している先の社会に共有されていた。徽州地域の人々の間での商業従事者の高い比率に関する「大抵徽俗、人十三在邑、十七在天下。其所蓄聚則十一在内、十九在外」という明代の王世貞の見方はその代表的なものである（『弇州山人四部稿』巻六一「贈程君五十叙」）。

（7）「商幇」の形成については、張海鵬氏等『徽商研究』（安徽人民出版社、一九九五年）、王振忠氏『明清徽商与淮揚社会変遷』（生活・読書・新知三聯書店、一九九六年）参照。

（8）『新安大族志』についての研究としては、多賀秋五郎『中国宗譜の研究・上巻』（日本学術振興会、一九八一年）、Zurndorfer Harriet T, "The Hsin-an ta-tsu chih and the Development of Chinese Gentry Society 800-1600." *T'oung pao*,vol.LXVIII,3-5,1981（「『新安大族志』与中国紳士階層的発展」『中国社会経済史研究』一九八二年第二期、一九八三年第三期）、同 *Change and Continuity in Chinese Local History :The Development of Hui-chou Prefecture,800 to 1800*, Leiden,E.J.Brill,1989.）、鄭力民氏「『新安大族志』考弁」（『安徽史学』一九九三年第二期）参照。

（9）周紹泉氏（岸本美緒氏訳注）「徽州文書の分類」（『史潮』新三二号、一九九三年）、臼井佐知子氏「徽州文書と徽州研究」（『明清時代史の基本問題』汲古書院、一九九七年）、周紹泉氏「徽州文書与徽学」（『歴史研究』二〇〇〇年第一期）。筆者の所蔵している徽州文書の中で一九五〇年代のものもある。

（10）王鈺欣・周紹泉氏編『徽州千年契約文書』序（花山文芸出版社、一九九二年）。

（11）周紹泉氏前掲「徽州文書と徽学」。

（12）徽学、徽州学という名前のついた研究会が、一九八五年ごろ徽州地方と安徽省の合肥で作られた。

（13）周紹泉氏他「徽学研究系年」（黄山市社会科学聯合会編『徽学研究論文集（一）』、一九九四年）参照。中国・日本・欧米の学界の徽州地域研究については、前掲臼井佐知子氏論文と阿風氏「徽州文書研究十年回顧」（『中国史研究動態』一九九八年第二期）、中島楽章氏『明代郷村の紛争と秩序』（汲古書院、二〇〇二年）第一章参照。

（14）例えば、前掲葉顕恩氏書序、趙華富氏「論徽州学的研究対象和意義」（黄山市社会科学聯合会編『徽学研究論文集（一）』、一九九四年)。

(15) コーエン氏『知の帝国主義』(佐藤慎一氏訳、平凡社、一九八八年)、岸本美緒氏『明清交替と江南社会――一七世紀中国の秩序問題――』(東京大学出版会、一九九九年)序が挙げられる。

(16) 徽州地域を包括的に研究して学界に多大な影響を与えた葉顕恩氏は、二つの側面から閉鎖性について論じた。まず一つの側面として、小農経済構造を分析する際、清の方西疇『新安竹枝詞』を引用して、徽州の農民の「与世隔絶」という自給自足的な経済と生活方式、および空間の非移動性について強調した(前掲書八五～八六頁)。もう一つの側面として、清朝の趙吉士『寄園寄所寄』巻十一「故老雑紀」の所説に基づいて居住制度の閉鎖性、強い排除性をもつ「一村一族」体制、あるいは同姓村落の遍在について言及した(前掲書一五七頁、葉顕恩氏「徽州和珠江三角洲宗法制比較研究」(周紹泉・趙華富氏編『九五国際徽学学術討論会論文集』安徽大学出版社、一九九七年)。

(17) 費孝通氏『郷土中国』(北京大学出版社、一九九八年)六～一一頁。

(18) 徽州商人が従業先に定住したことについては徽州の地方志、族譜文献に多くの記載が残っている。徽州商人の戸籍問題に関しては、王振忠氏前掲書、臼井佐知子氏「中国における商業と商人」(『途上国の経済発展と社会変動　小島麗逸教授還暦記念』緑蔭書房、一九九七年)参照。

(19) 臼井佐知子氏「徽州商人とそのネットワーク」『中国――社会と文化』第六号(一九九一年)、前掲張海鵬氏等『徽商研究』。

(20) 「前世不修、生在徽州、十二三歳、往外一丢」という諺および「人到十六就要出門做生意」という習慣(張海鵬氏等編『明清徽商史料選編』黄山書社、一九八五年、四六頁、胡適『胡適口述自伝』華東師範大学出版社、一九九三年)は、一般の男性が若くして、遠隔地での商業活動を行なわざるをえなかった状況を示している。

(21) 『金太史集』巻四、書。

(22) 『茗洲呉氏家典』巻一に「族中子弟不能読書、又無田可耕、勢不得不従事商賈、族衆或提携之、或従他親友処推薦之、令有恒業、可以糊口、勿使遊手好閑、致生禍患」とある。

(23) 故郷へ金、食料品と日常生活用品を送ることについては、前掲胡適自伝三～五、一〇～一一頁参照。歙県檔案館所蔵の清代前期の一当舗のスタッフによって約十年間にわたって書かれた書簡『三世手沢』からは、普通の商人が定期的に故郷へ生活費、教育費等、食料品、生活用品を送っていた実態が窺われる。

(24) 詹元相の日記によれば、徽州の奥地にある村落の人々は、様々なルートを通じて災害、物価、事件、県・府の事情などの出来事について知っていた。大量の徽州商人の書簡の存在は、徽州人のネットワーク実態の解明に非常に役に立つものであると思われる。例えば、ハーバード大学漢和図書館は、約千通の明代徽州書簡を収蔵している（陳智超氏「新発掘出的徽州文書」、『中国史研究動態』一九九九年第一期、同『明代徽州方氏親友手札七百通考釋』上・中・下、安徽大学出版社、二〇〇一年参照）。民間でも貴重な収蔵物がある。前掲張海鵬氏書五八五～五九二頁参照。なお『三世手沢』からは、徽州と外部との情報交換について窺えると同時に、徽州商人の情報・日用品等の伝送システムおよび商人ネットワークの一側面について窺うことができる。

(25) 前掲『徽商研究』五八五～五九二頁参照。慶源村の場合、乾隆『慶源詹氏宗譜』によれば詹氏の男性の婚姻対象は、周辺の人々であるが、妾は、商売先の地方の出身者が多い。

(26) 『歙事閑譚』第一八冊「歙風俗礼教考」。

(27) 『婺源郷土志』第七三課、光緒三四年刊、安徽省図書館所蔵。

(28) 民国績渓県志の編纂において、績渓を流動する「大徽州」という社会的背景のもとに置いて考察すべきだとしている胡適の主張は示唆的である。

(29) 『海陽紀略』巻下「為民祷請示」。

(30) 滋賀秀三氏『清代中国の法と裁判』（創文社、一九八四年）、鄭秦氏『清代地方審判制度研究』（湖南教育出版社、一九八八年）、T'ung-Tsu Ch'u, *Local Government in China Under the Ch'ing*, (Harvard University Press, 1962)、那思陸『清代州県衙門審判制度』（文史哲出版社、一九八三年）。徽州文書を駆使し明代の郷村社会の紛争と老人制を考察した研究としては、中島楽章氏「明代前半期、里甲制下の紛争処理――徽州文書を資料として――」（『東洋学報』七六巻三・四号、一九九五年）、「明代徽州の一宗族を巡る紛争と同族統合」『社会経済史学』六二巻四号、一九九六年）、「明代後期、徽州郷村社会の紛争処理」（『史学雑誌』第一〇七編第九号、一九九八年）、「明末徽州の佃僕制と紛争」（『東洋史研究』第五八巻第三号、一九九九年）、「明代の訴訟制度と老人制」（『中国——社会と文化』第一五号、二〇〇〇年）などがある。

（31）Philip C.C.Huang, *Civil Justice in China: Representation and Practice in the Qing*, Stanford University Press, 1996。

（32）葉顕恩氏前掲書一五七～一五八頁、陳柯雲氏「明清徽州宗族対郷村統治的加強」『中国史研究』一九九五年第三期。

付記　最近、数多くの未公開の徽州文書を利用し、十六～二十世紀における徽州の社会文化を研究する王振忠氏の著書『徽州社会文化史探微－新発現的十六－二十世紀民間檔案文書研究』（上海社会科学院出版社、二〇〇二年十月）が出版された。王氏の成果を参照されたい。

# 第一部　郷村社会における交錯の境域と集団

## 第一章　清代徽州の村落図
### ——農村社会景観の復原の試み——

### 緒　論

一九三〇年代以来、中国農村の現地調査は数多く行なわれ[1]、中国史研究にも大きな影響を与えてきたが、前近代農村の景観を具体的に復原する作業は、資料の欠如のために殆ど進んでいないと言える[2]。

本章では、地方社会の秩序構造を解明する基礎的作業の一環として、明清期、徽州村落の実態を探る作業を行なう。即ち自然条件への対応という観点から、住民はどのような自然、人文、社会の環境のもとで、いかに生産と再生産を行なっていたのか。村落は、どのように独立の社会単位として存在し、姓氏・家族が組織化されたのか、という問題を中心に検討する。今までの明清時代の村落社会研究、或いは歴史研究は主に文字史料を検討対象としてきた。本稿では、従来の研究の中で殆ど使われていない民間人の作成した村落図を基本的素材とし、文字史料と対比し、当時の景観をとどめる村落の現地調査と突合せて、郷村社会の景観を復原し、再構成しようと試みる。つまり象徴的景観としての風水・信仰・文化・政治的建築と村落の社会組織や権力の形成との関係に注目しつつ、地理的、精神的な境界をもつ村落を総体的に把握し、景観や境域を含む村落社会の形成を素描してみたい。その究極的関心は、村落社会の構造と秩序状態の解明である。

## 第一節　明清時代の村落図

明代中期以来、印刷業の発達、及び空間移動に伴うルーツ・居住地・故郷に対する人々の認識・関心の向上という意識の変化のもとで祖先、一族、村落に関する図像史料が、書物の中に登場してきた。しかしこのような図像史料が、当時の社会を理解する際にどのような価値をもつのか、またその数量、性格、特徴なども不明のままである。

筆者の研究時代と地域から言えば、明代中期以来、徴税・徭役の基準となる魚鱗図冊と所有土地の形態図は、台帳の原物として数多く残されており、[3]不動産や水利などの紛争に関する訴訟文書、及び家庭内・同族内の共有財産の存在状況、売買の契約、権利分割文書の中でも村落内の局地的家屋・土地等の権利図、河川水利図が原文書や印刷物の形で残されている。[4]また長江以南と東南沿海の地域に村落図等が数多く存在しているが、徽州地域には村落図が圧倒的に多い。明代中期以降、盛んに編集された徽州族譜の中で編纂者は、多数の始祖と歴史上の重要な人物の画像、墓図、宗祠等の共有建築の形態図、及び同姓集団の住居地図などの図像史料を収録していた。住居地図には鎮図、ないし一県内、さらに全国にわたる同姓集団の分布状況図もあるが、その多くは村落図である。村落図は一般的に村図、村居図、基図、宅基、陽宅図等と呼ばれるが、背景資料として墓図にもたまに村落図が含まれている。これらの村落図は、単に権利の確認や政治的な目的のために作成されただけでなく、その多くは族譜の一部として印刷されたものである。中国・日本・アメリカ公私機関所蔵の徽州族譜に対する筆者の調査によれば、明清徽州村落図は、一千種以上あると推測できる。

その中で筆者がコピーや写真の形で収集したものは約八十種あり、比較的詳細な内容を含む代表的なものを、表一～一に示す。

村落図という図像史料は、文字史料と同じように多くの重要な情報を有しており、集落全体の形態とその居住地環境の情報を提供でき、明確な村落像を描き出す際に文字史料が文字の表現力の限界によって到達できない具体的、視覚的な情報を示してくれる。官府の土地・戸籍登録台帳、民間の族譜、財産登録台帳、日記、契約文書、文集等の文献と合せて使用することにより、村落社会の全体像を描き出し、明清地域社会史研究に新しい地平を開くことが期待できる。今まで清末の華北地区の村落図、特に『青県村図』等を利用して人口、市場圏、宗教圏に関して注目すべき研究があった(5)。『青県村図』等は、いずれも地方志の編集に素材を提供する目的で画一的項目によって作成されたものであり、既成の枠に関連資料を埋める作業は胥吏等が行なった。即ち予め印刷された村落図用紙に住宅区、道路、町、店、廟、井戸、河川等が簡単に標記されているのである。これらの村落図は、村落社会の多くの情報を提供しているが、殆ど略図であり、官府の目で表現したものであった。

早くから荘園絵図に注目し、歴史学の検討対象を非文字史料に拡大させてきた日本史学界では、絵図を荘園史研究に取り込んでいた。多くの学者の解読、分析、特に記号論の導入と絵画史料論の提起によって荘園絵図は歴史研究の補助資料から一個の研究対象となり、大きな成果を生んできた(6)。数多くの荘園絵図の蒐集と出版に伴い、歴史地理学、農業史、技術史、象徴論、考古学、美術史などの隣接諸学と対話しながら、解読と処理の技術、方法が練られてきた(7)。

表一～一　十六～二十世紀における徽州村落図

| 番号 | 村落図名 | 資料出所 | 作成時期 | 備考 |
|---|---|---|---|---|
| 1 | 婺源県慶源村図 | 『慶源詹氏宗譜』 | 乾隆50年（1785） | |
| 2 | 黟県南屏村図 | 『南屏葉氏族譜』 | 嘉慶17年（1812） | |
| 3 | 黟県西逓村図 | 『西逓明経胡氏壬派宗譜』 | 道光６年（1826） | |
| 4 | 歙県棠樾村図 | 『棠樾鮑氏宣忠公堂支譜』 | 嘉慶10年（1805） | |
| 5 | 歙県江村図 | 『橙陽散記』 | 嘉慶14年（1809） | |
| 6 | 歙県潭渡村図 | 『潭渡黄氏族譜』 | 雍正９年（1731） | |
| 7 | 休寧県瑶関村図 | 『休寧范氏族譜』 | 万暦28年（1600） | |
| 8 | 休寧県閔口村図 | 『休寧范氏族譜』 | 万暦28年（1600） | |
| 9 | 休寧県油潭村図 | 『休寧范氏族譜』 | 万暦28年（1600） | |
| 10 | 休寧県林塘村図 | 『休寧范氏族譜』 | 万暦28年（1600） | |
| 11 | 休寧県合干村図 | 『休寧范氏族譜』 | 万暦28年（1600） | |
| 12 | 休寧県汊口村図 | 『休寧范氏族譜』 | 万暦28年（1600） | |
| 13 | 歙県梅渓村図 | 『洪氏系譜』 | 明末抄本 | |
| 14 | 婺源県暁川村図 | 『済陽江氏統宗譜』 | 民国８年（1919） | |
| 15 | 婺源県謝坑村図 | 『済陽江氏統宗譜』 | 民国８年（1919） | |
| 16 | 婺源県東山村図 | 『済陽江氏統宗譜』 | 民国８年（1919） | |
| 17 | 婺源県羅雲村図 | 『済陽江氏統宗譜』 | 民国８年、1919 | |
| 18 | 婺源県長田村図 | 『済陽江氏統宗譜』 | 民国８年（1919） | |
| 19 | 績渓県聖容塢場図 | 『晶川許氏宗譜』 | 光緒17年（1891） | |
| 20 | 績渓県前村図 | 『晶川許氏宗譜』 | 光緒17年（1891） | |
| 21 | 祁門県中村図 | 『韓楚二渓汪氏家乗』 | 弘治14年（1501） | |
| 22 | 祁門県侯潭上下村図 | 『韓楚二渓汪氏家乗』 | 宣統２年（1910） | |
| 23 | 婺源県旋渓村図 | 『旋渓呉氏家譜』 | 光緒32年（1906） | |
| 24 | 歙県豊南村図 | 程極悦「徽商和水口園林」（『建築学報』1987年第10期） | 清代 | 模写 |

この過程で絵図を利用することにより、開発史、農業史、領域認識と権力構造等の研究も大きく前進している。しかし絵図を歴史研究の対象として取り上げる時に、絵図内容自体の主観性と表現された内容の時間的限定性による扱いの難しさも指摘される。(8) 最近は、地図に関する新たな認識と新しい研究成果に基づいて地図と絵図における政治文化の意味を発見するという視角から各国の関連研究者の協力のもと、日本の地図と絵図の意義を改めて探究する動きも見られる。(9) 日本史学界のこうした方法論の創出、研究の到達点、ないし問題点は、明清時代の村落図を扱って徽州村落社会研究を行なう際に有益な参考になると思われる。

ここでは図一の婺源県慶源村図、図二の黟県南屏村図、図三の黟県西遞村図、図四の歙県棠樾村図を主要な分析対象とする。この四種はいずれも筆者が、一九九七年と二〇〇二年に現地調査を行なった村落の地図である。これらの村落図は、徽州地域における宗族或いは在村落居住者の観点から書かれたものであり、いずれも私的な文献＝族譜の中に収録されている。明代中期以来、族譜の大型化に伴って一族関連の多様な側面が族譜編纂者の関心を喚起し、人材の出自と住居環境が重視されるようになった。(10) 商人の外流や頻繁な空間移動と関わりながら、地域認識の台頭がこのようなアイデンティティと自己表現の形式を作り出し、地方志の全域図の編纂は、族譜への村落図の挿入を促進したと考えられる。また明代中期以来の「聯宗統譜」において各地に散在する一族とその居住地のイメージを示すことが要請されたのもその理由の一つであると思われる。(11)

徽州の村落図には書き方の共通のパターンがあり、山や川に囲まれた形で村落を描き、集落の各部分を繋ぐ道路、橋梁、河川、井戸、水塘等の公共施設、宗族の建物、祖先の功績を誇示する牌坊、祖先の墓、風水関連の地名・施設、宗教信仰施設、有名な人物の旧居、他姓氏の敷地、景観としての樹木、耕地等が書き込まれている。作成者は、山水、建物、耕地、樹木の組合せを通じて、村落の調和感を強調している。村落図の中での強調点からは、作成者の風水を重視する視点が強く感じられる。これらの村落図は、現代の測量技術により地形、高度、距離、空間構造を正確に反映して描かれたものではなく、伝統的絵画技法に基づいて具体的に描き出されたものである。一つ一つの建築物の名称、姓氏まで克明に表記した例もあれば、簡略な枠と主要な個所を記しただけという例もある。村落図は村名を題目としているが、作成者は必ずしも村落を中心とする立場ではなく、ある一族の立場から作製することが多かった[12]。しかも作成者の視角、立場、絵画技術、教養等が、村落図の内容と状況を大きく左右していた。従って当時の人に描かれた村落の景観、或は当時の人々の目で観察し、構成した村落図には、地名、住宅や建物、姓氏などの標識や省略、取捨において価値判断と選択が含まれていることに注意すべきである[13]。

しかし、以上の村落図は、作者が芸術的才能を自由に発揮し、或は村落環境を美化して描いた空想の産物でもなく、当時の人々にとって「事実の風景」、或は「識別可能な経験」として存在していた。村落図と実際の村落との関係について、残存状態が比較的良好であった慶源村、南屏村、西逓村、棠樾村を観察してみよう。

慶源村は、明清時代に徽州府婺源県十二都に属していた。現在は江西省婺源県段莘郷に属しており、県城から約六〇キロメートル東北の山奥に位置し、住宅区は河谷に沿って一キロメートル程広がり、村内の耕地は、約一〇〇〇畝、人口は、九〇〇人余りである。乾隆五十年（一七八五）『慶源詹氏宗譜』によれば、慶源村は唐代に詹盛が移住してから谷の平地に住宅を建て、浅い河川を中心とし、排水や道路交通網を作って集落を形成し、清代前期までに定着が行なわれた村落である。村落図作成の時点からみれば、今日まで二百年以上の歳月を経ているが、住居、耕地の分布・配置、公共施設、自然景観と人文景観などには、大きな変化がなく、そのまま使われている明清時代の建物も少なくない。詹氏宗祠、廊橋＝迪凡閣と石秀楼、地図の右側の石笏、石紗帽、及び松、左側の銀杏、簡易橋としての石板、道路としての石畳は、今日でもなお地図と照し合せることができる。橋西堂と蒼阜の間の河川両側における道路の描き分けは、大きな石塊と石板という道路の素材の相違という実見に符合する。これは、村落図が細部についても正確であることを示している（写真一）。

南屏村は、明清時代に黟県五都に属していた。現在は黟県西武郷に属し県城から四キロメートル南西に位置し、人口は九一二人、耕地面積は七八八畝である。嘉慶『南屏葉氏族譜』の資料によれば、葉氏が元末に祁門から移住して以来、商業化の流れに乗って、明代半ば頃から大きな発展を遂げ、住居と公共施設の建築を行なってきたことがわかる。(14) 現在の村落においても、一九世紀末頃の景観が概ね保存されている（写真二）。

西逓村は、明清時代に黟県六都に属していた。現在は黟県東源郷に属し県城から約八キロメートル南の山奥に位置し、人口は一一一〇人、耕地面積は一二三五畝である。道光『西逓明経胡氏壬派宗譜』によれば、始祖昌翼は唐の昭宗の息子であり、その子孫は、北宋に婺源県から移住し集落を作った。一五世紀から一八世紀にかけて、多くの子孫の科挙や商業の成功に伴い、西逓村は繁栄期に入って街のような密集した村落を形成した。(15) 一九世紀初め頃の村落状態は、大体保存されている（写真三）。

棠樾村は、明清時代に歙県二十二都に属していた。現在は歙県巌寺区に属し、県城から約五キロメートルの竜山の麓に位置し、人口は八〇〇人前後、耕地面積は一〇〇〇畝以内である。嘉慶『棠樾鮑氏宣忠公堂支譜』によれば、棠樾は南宋に鮑氏が移住し、明代中期以来官僚と商人が輩出し、特に清代乾隆～嘉慶時期の塩商人の成功に伴い、一九世紀初頭までに完成した村落である。現在でも保存状態が比較的良好である共有建築と牌坊群、商人の豪邸などは乾隆・嘉慶期に建てられたものである（写真四）。

数百年の間、自然的な変化以外に戦争や政治運動により、「封建」、「迷信」と見なされた廟、水口、塔、牌坊の多くは、破壊され消滅してしまった。建物の改築、増築もあって現在の村落と村落図とのずれは存在しているが、現地調査で得た知見によれば、村落図は、相当の客観性と写実性をもち、その時点の村落の主要な情報を写していたといえる。

ここで検討する村落は主に行政村落の主体を成す大きな自然集落である。徽州地域に村落の人口規模は異なっていた。明清時代の行政村落＝里甲制の編成方法においては、大きな自然集落がその骨格を成していた。即ち大きな村落は一つの里の下級単位たる甲を複数有し、日常生活、宗教信仰活動において、相対的に自己完結的な社会機能を持っていた。

## 第二節　景観・象徴

### 一　集落の施設と住居の形成

以下、村落図一（図一と略称）を中心に、村落図二～四を重要な資料にし、ほかの村落図を参照しながら明清時代の徽州村落の基本的な住居の状況と生活施設について検討してみたい(16)。

図一に河の両側に石や石畳で作った道路は、図の左側の水源から右側の水口まで伸びて慶源村を貫いて、幾つかの小さい河とその両側の道路は住宅区と農地や山地を、また八つの橋は河の両側を繋いでいる。これは道路交通系統や生産・生活の水源や排水系統を成している。正徳・嘉靖年間詹氏族譜の始遷祖詹盛の墓図によれば(17)、一五世紀に慶源村の住宅は、主に谷の中間部に集中し、村落の規模は乾隆五十年より小さかった。諸村落を合わせてみると、村落図に見える徽州村落は、主に交通、水利の取水、耕作などの生産、生活が相対的に便利な山の麓、谷に位置し、その多

くは山に囲まれている。山の主要部分は、雑木や杉、松などの林地であり、山の傾斜地と集落周辺の平地に田と畑が散在し、いくつかの主要な道路には、殆ど石畳が敷かれ、住宅区域の道を繋いで村落の外部に伸びている。村落の中とその周辺には川があり、井戸、池、塘、湖を加えて生産、生活の水源を確保し、河川の上流、或いは下流には堰があり、食糧加工用の臼等も設置されていた。村落の中心としての住居区は「聚居」という状況を呈している。山地という特殊な地理的構造のために「聚居」の村落は、相対的に完結した生活空間となっている。

集団の安全や生活の便利のために農村社会が「聚居」の状況を呈することは、稀な現象ではないが、徽州地域における住宅街のような住居構造は、非常に特徴を持つのである。集中的住宅街のような村落は、なぜ可能になったか、何時から形成されたか、住宅以外の共有施設の敷地や建設費などは、いかに賄われたのか、といった具体的過程は、地方文献の中から摑みにくい。一般的に村落の形成過程には次のような二種類の形式があるといえる。一つないし複数の中心をもって集まっていた住居が外縁へ拡大していく形式と、もともと散在していた住宅がある契機で中心地へ収斂していく形式とである。徽州村落の形成においてはその二つのプロセスが見られるが、自然の展開と同時に村落建設に対する住民の全体的或は局部的な計画性も見られる。街のような密集的住居構造の成立には、外縁への拡張にせよ、中心への収斂にせよ、土地所有権の移動と住居地内部の社会関係の調整を伴っていたと考えられる。

徽州の契約文書、訴訟文書、[18]『畏斎日記』（以下日記と略称）等の資料には、明代から清末にかけての土地の相続・分割、自由売買、及び境界紛争に関わる事例が多く見える。人々は、土地の調整を通じて、共通生活の利便を図り、狭い耕地と生存における緊張関係に配慮し土地資源を節約しながら、高度な建築技術を利用して住宅集中化や多層化（二階建て等）を展開させた。その結果として、市鎮のような集密的住宅構造が形成されていった。このような密集的空間構造をもつ村落は、遅くとも明末には相当普遍的であった。明末の謝肇淛の観察によれば、徽州の住宅には二階建ての建物が多く、一軒で二、三軒の役割を果たせるが、住宅の間には僅かな隙間もなかった[19]。

村落構造の調整において、西逓、棠樾等の村落状況は、住民のある種の計画性、少なくとも局地的建設の計画性を示している。風水観念の影響と風水建設は、徽州村落建設の計画性を説明するものであるが[20]、各々の村落の状況によって土地所有権の移動と社会関係の調整の過程、形式は異なっていた。生産、生活、ないし風水の水源を確保するために、黟県宏村は、万暦年間（一五七三～一六二〇）、一族の資産を動員し、住民がそれぞれ土地と金を出し、大規模な水源工事を施工した[21]。この貯水（風水）工事は、村落内部の土地、資財の局地的調整であった。また、規模が比較的小さい道路、橋等の公共施設の建設は、商人・官僚の寄付、地方慣習や集団内部ルールの違反者に対する罰金、村落内の集金、或は共有資産から捻出したのである[22]。

徽州地方の文献には、村落の敷地、家屋の配置、共有施設などを全面的に調整し、村落の構造を改めて計画し改造する例も見られる。『韓楚二渓汪氏家乗』巻六には弘治十四年（一五〇一）の祁門県侯潭村の「合約」と村落の敷地図が保存されている。合約の内容によれば、共有住宅地の使用の問題をめぐって同村内で紛争が起きた。当事者の汪善が、県に告訴し、官府と里老人の処理を経て紛争が終息した。この紛争を契機とし、汪氏一族と王氏、方氏、余氏を含む同村の人々は、「衆議」によって道路、排水溝等の公有地を醵出したうえで住宅地を全面的に調整し、くじを引く方式で所有地を分配した。協議によって村民は、新しく獲得した敷地と現有住宅とのずれがあった場合、抽籤の結果に従って住宅を立て直さざるをえないようになった。これは、汪氏一族の主導のもとに諸姓氏の参加を得た上で、村落の住宅を計画的に再建設するという合議である。この村落の敷地図と村民の合約は、村落の形成における住宅の敷地の調整、分配の形式と過程を示している[23]。

このように一つの宗族を中心として、村内の住民全体の協力を得、敷地の分配によって村落の住居構造を改造することは特例であったかもしれない。多くは明代中期以降、個別の商人の力で敷地を調整したり、住宅を拡充したりする私的な行動、或は宗族内、村落内の一部の人々の局地的計画によって何らかの形で公共施設、象徴的施設の用地と建設費用を共同で調達し、建設する行動を通して、建物が前後に重なり合った配置で並び、非常に狭い巷で各住宅を繋いで密集した住宅街構造が、数世紀にわたって形成されていったのである。(24)

## 二　信仰と政治・文化の象徴系統

村落図の共通の特徴として、少数の住宅、共有的建物や自然物等の名称が標記される反面、多くの住宅の名前、地名が欠如していることが挙げられる。図一では、約七十の名称が記入されている。記入の理由は、一般的に言えばそれらの建物が村落或は同族と人々の社会生活に対して重要な機能や大きな象徴的意義をもっているからと推測できよう。以下、名称が記入された施設を取り上げ、その類別、機能、性質などの情報を村落全体、或は一部の人々に共有された意味の表現として分析し、村落の景観を考察していこう。

### 1　宗教信仰

村落図には関帝廟、汪王廟、五顕廟、三官殿、三宝殿、及び観音堂、奶奶廟、勝蓮庵、真武廟、大王廟、社屋・社壇などの施設が見える。表一～一における村落図の中でどのような宗教施設があったか、表一～一の村落図を主要な資料にし、表一～二を作成した。

表一～二の宗教施設は、各々の村落の宗教施設の全情報ではない。これらの宗教信仰施設には、伝統宗教である仏教・道教、汪華を祭る汪王廟のような地方信仰、及び関帝廟、社廟のような国家が認定したイデオロギーという三つ

表一～二　十六～二十世紀における徽州村落宗教施設表

| 番号 | 村名 | 宗教施設 | 番号 | 村名 | 宗教施設 |
|---|---|---|---|---|---|
| 1 | 慶源村 | 渓東廟、渓西廟 | 2 | 南屏村 | 水口廟、周王廟、雷祖殿、天才庵 |
| 3 | 西遞村 | 高庵、低庵 | 4 | 棠樾村 | 大和社、三元庵、五福廟 |
| 5 | 江村 | 新建廟、三官殿、土地祠、社屋 | 6 | 潭渡村 | 蓮勝庵、大王廟、三元殿 |
| 7 | 瑶関村 | | 8 | 関口村 | 高峰殿 |
| 9 | 油潭村 | 高峰殿 | 10 | 林塘村 | |
| 11 | 合干村 | 観音堂、真武廟 | 12 | 汊口村 | 汪王殿、奶奶廟、三宝殿 |
| 13 | 梅渓村 | 社廟 | 14 | 暁川村 | 上社古廟 |
| 15 | 謝坑村 | 五福廟、東管社、江村廟 | 16 | 東山村 | 五顕廟 |
| 17 | 羅雲村 | 廟 | 18 | 長田村 | 関帝廟 |
| 19 | 聖容塢場 | 関帝殿、五聖殿１、五聖殿２、五聖殿３ | 20 | 前村 | 五聖殿１、五聖殿２、五聖殿３、神殿１、神殿２ |
| 21 | 中村 | | 22 | 侯潭上下村 | |
| 23 | 旋渓村 | 水口廟、土地廟、旋渓社、相公廟 | 24 | 豊南村 | |

の系統を含んでいた。

朱子学の影響が隅々にまで及んでいた徽州には仏教、道教の影響力は薄いと論じられることが多いが[25]、村落図に見える寺廟は、主に仏教・道教の施設である。明代中期以前、人々の信仰活動は、むしろ仏教・道教に傾いていた。これについて明代中期の程敏政は「休寧県蓀渓程氏忠壮会記」に世の中では祖先と宗族の祭祀より道教・仏教を重んじていることを述べ[26]、また「義路亭記」で「世の中の人々は釈老の施設の建設に熱中し、来世の福を求める」という寡婦の言葉を借りて、当時の人々が仏教・道教に熱中する風習を指摘した[27]。嘉靖年間以来、知識人の気風にも激しい変化が起こり、仏教等に熱中になることは普遍的社会現象になった[28]。

仏教・道教施設は、実際には庶民が家廟を建て祖先を祭ることが許可されるまで、宗教信仰施設でありながら、祖先の位牌を安置し祖先祭祀を行なう場所として使われるケースもあった[29]。祖先を祭る役割が次第に薄れていっても、仏教、道教の儀式、尼、僧侶などは、葬式、村落社会の経済と社会生活にかかわること、とくに旱魃、洪水、狂風などの自然災害の回避や流行疫病の防止、及び「福を祈り、災厄を払う」という信仰行為において、人々にとっては不可欠な存在であった[30]。その施設は、地元の人々、特に商人の寄付によって建設され、また修復し維持されていた。商人は、生命「輪廻」、「因果応報」思想の影響を受けて、個人への加護に対する恩返し、或は「善行」として、故郷の仏教・道教施設に積極的に関与し、多額の金を寄付し、宗教施設の建設と維持に貢献していた。このような例が徽州商人の伝記の中に多く見られる。例えば、商人汪通保は商業活動を営む際に数度にも危険に遭ったが、大きな被害がなかったことについて、それを神の保護と見なして、私財の銀数千両を出し、三元廟を建てた。商人舒大信は多くの私財を寄付し、「東山道院、……五雲庵、東岳廟第三殿、広安寺正覚堂」という複数の宗教施設を建設していた[31]。施設の修復・維持の財源を確保するために一族、或は一村落は、「会」組織を作って一世紀以上に亙りその会を維持し続けた。このような集団的行動のエネルギーは、施設が村を守護し、村人に幸運をもたらす「一村香火」という信念の共有から生れた[32]。

地方信仰は、隋唐の交替の際、徽州の実力者であった汪華（越国公）と彼の息子（太子、或は九相公）、及び張巡、胡元帥、周王、五顕神などの神々を中心として形成されてきた。地方信仰の形成時期、人が神とされるまでの変化のメカニズム、神々の序列などは未解明の重要な課題であるが、明代中期以来、上述の地方諸神は、徽州地域の人々の精神生活に大きな影響を与えていた[33]。このような信仰が一旦定着してしまうと、国家の統制効果は微弱なものとなった。康熙二五年（一六八六）に朝廷の命令に従って徽州地域における五顕神廟が破壊された[34]。ところが、村落社会では現実の需要に従ってその施設を復旧することは、抵抗しがたい流れとなった。『日記』康熙三九年一一月一八日の記事によれば、五顕神偶像が壊されてから村民は不作の責任を偶像の破壊に帰し、二十余両の銀を集め、偶像を修復したという。日記の作者詹元相は、必ずしも偶像の修復には賛成でなかったが、村落内の四十分の一の寄付を出さざるをえなかった。

徽州の街と村落において、関帝廟はよく見られる施設であり、関帝廟という名がなくても関帝の偶像は、宗教施設の中での不可欠な存在である。関帝信仰は、祭祀系統に組み込まれた国家のイデオロギーの一内容として明清時代、広い地域に定着していた。徽州地域には、関帝廟と関帝信仰をめぐって様々な祭祀組織が作られていた。図一の渓東廟と渓西廟という名称からは慶源村の関帝信仰は見出せないが、『日記』の記載によれば、慶源村には関帝信仰をめぐって作られた会組織として、新関帝会、関帝会、本房関帝会があった。清代祁門善和里の会組織の中でも「関帝」を祭る会が八つに上ったことはその一例である。[35] 当事者は、関帝信仰の理由に人間としての美徳である「忠義」、神として「陰功を百世にまで施す」という功徳の大きさを強調していた。[36]

社は、もとより土地神であり、国家によって地方秩序の維持と社会統合の基本単位として扱われた。洪武三年（一三七〇）の詔令によって国家に承認されていない「淫祠寺観」を改造し、社壇を設置した。嘉靖以降、社壇は、社学、及び郷約と結合して、国家礼制の一環として地方社会秩序の維持に積極的影響を果した。濱島敦俊氏は、民間信仰と近世農村社会を考察する大著『総管信仰』の中で、里社壇、郷飲酒礼制度が国家の強制した観念的、非現実的な郷村祭祀制度であり、現実性を以て機能していなかったと指摘している。史料検証と現地調査にもとづいた濱島氏の厳密な理論作業は、非常に示唆的意義を持っている。しかし、明清時代における農村社会の信仰体系・国家の郷村祭祀制度の実施の全容を解明するためにさらに実証的な作業が必要であろう。明清時代の徽州地域においては、本章の村落図と表一～二が示されたように社壇・社屋・土地廟等は村落社会の重要な施設である。[37]民間に普遍的に見られる土地神信仰が積極的に国家のイデオロギーに取り込まれたという政策的背景のもとで、社壇、社屋は、徽州の各村落にとって不可欠な施設となった。図一に社壇という施設がないが、『日記』の記載によれば、これは婺源県農村では例外的で、慶源村民は「社会」を作って、定期的に各家屋の中に社神を祭っていた（一九九～二〇〇頁）。

村民の信仰活動と日常生活において、寺廟施設は、村落、特に住宅区とどういう空間的関係をもっていたのだろうか。村落図を見てみると図一では渓東廟、西渓廟基は、村落図の右側の住宅区周縁にあり、図六では、蓮勝庵、大王廟はいずれも住宅区を離れる村落の右側にあり、図十二では汪王殿、奶奶廟、三宝殿は村落の西北端にあり、図十五では五福廟、江村廟は村落の両側にある。宗教的施設は、殆ど住宅区内に配置されず、日常の生活区域から離れて村落周縁に位置している。その配置の理由は不明であるが、少なくとも徽州地域の共通の現象であるといえる。

宗教信仰施設と村落の各社会集団との所属関係、及び宗教施設の間に統属関係があるか否かについては資料の欠如によって不明な点が多い。村落内部の複数の姓氏が共同で建設したものもあり、また同族集団が専有するものもあった。単なる名称から信仰の特性を判断することは難しく、『日記』は、慶源村のように一つの施設に多様な地方信仰・神々と儀式などの複雑な系統が混合していたことを物語っている。[38]それぞれの宗教信仰が住民の信仰感覚と行為の中でどのように位置づけられていたか、即ちこれらの施設が、住民の信仰行為にどのように等級付けられ、どのような範囲の住民を統合していたのかは、さらに検討すべき課題である。明清時代には、これらの施設を中心として多様な祭祀組織がつくられていた。これらの施設をめぐって様々なレベルの祭祀組織が結成され、運営されていたが、それらの儀式（全員、或は代表による参与や「会飲」）などの活動は、姓氏を超えて人々の日常生活、人間関係、権力系統、ないし姓氏間の協力に影響を与え、地方社会を結合させ、各種の社会関係を結ぶ統合の機能を果していたと考えられる。[39]

## 2　風水

現在の立場から見れば、実用的機能がないものや名称の意味が理解し難い植物、非生物も、地図に特に表現されていることがある。しかも各村落図に表現された名称には、多くの共通点があった。図一のように慶源村の場合、塔、水口、文閣等のほか、天馬、象形、獅形、虎形、虎岩、鶴頂、傘山、旗山、案山、石笏、石紗帽、銀杏と二本松などがある。そのほかの村落でも大同小異である。

これらの場所と地形は、実際の機能を別にしても、徽州の人々にとって大きな象徴的意義をもち、風水原理によって建てられたり、名づけられたりしたものである。風水説は、中国古代の「天人合一」、「陰陽五行」の哲学思想から発展してきた学説として早くから系統的理論、知識と操作方法を発達させてきた。環境が人間や死者（祖先）に対して強い影響を及ぼし、その影響が地形、水流、植生などの自然環境と、陰陽、五行、天干地支などの宇宙の運行との相関性をもって人間世界に及び、現世の人間や未来の子孫に対し吉凶禍福をもたらすことは、風水説のポイントである。従って環境からの好影響を得ようとする場合は、死者や人間に好影響を与える気（生気）を確保して、悪影響を与える気（殺気）を除去する環境と生活空間を構築しなければならない。[40] 明清時代、徽州の風水説が盛んになったのは、程頤、朱熹の言説の影響と見なされている。[41] 風水説は、陰宅（墓地、墓相）と陽宅（住宅、家相）という個別的場所を重要視して、さらに一族、村落、より大きな地域範囲の風水環境へと拡大していった。[42] 風水説の「吉に趨き凶を避ける」態度は、自分側の好風水の保護と敵の好風水の破壊という行動をもたらす。そして風水師の指導で、必要な個所、特に河川の流れが村を出るところに、水口及び建物を建てたり、様々な地形、自然物を「喝形」という形式によって名づけて安全感と未来性を求める観念上の住居環境を形成したりすることへと繋がった[43]。

風水の観念の中で図一の右側にあった文閣、水口、塔などの建築及び周辺の獅、象、虎、鰲などの山形を組合せることが、好風水の蓄積を通じて村を守護し、邪気（の侵入）を抑えるだけでなく、村人とその子孫に福と吉をもたらすと考えられていた。また、図一の左側にあった碓は、単なる食糧加工の意味に止まらず、他村の好風水を消耗する考えを含んでいた[44]。徽州地域には好風水の内容と言えば、主に科挙を通じて官界に進出し社会地位と財富を獲得することである。従って、彼らは住んでいる地の周辺の自然物に天馬、傘山、旗山、案山、石笏、石紗帽、案上金印、印台などの官僚身分を象徴する名前を付けていた（図一、図一四、図一五、図一六、図一七）。風水の理念を通じ、こうした地形に村落全体としての自己防御と政治権力や経済地位を求める願いを込めたのである。図一の場合には、水源の碓から水口にかけて河に沿って銀杏、橋、石笏、石紗帽、石印、二本松、文閣、塔、及び特殊な意味を付与された、村を囲む山々が村落の風水保全システムを成している。文閣や塔等は、自然の風水の不足を補うものである。当時の人々は、風水施設の建設を重要な公益活動として行なっていた。歙県江村の官僚江東之は、隠居する時に村落全体の切実な要求を調査した。彼の分析によれば子弟の中で成功者が少ない原因は村落内の川の水が蓄積し難いことであって、大事なことは、好い風水の導入であった。そこで彼は金を寄付し凌雲台を立てた[45]。

しかし、江東之一人の力では一つの施設しか建てられなかった。橋、池を含め好風水の蓄積と風水破壊の防御に重要な役割を果す水口、水口廟、塔、文閣、文昌閣などの建設には、多くの資金が必要であり、多くの人々の寄付を仰がざるをえなかった。明代中期以降、商業における成功者が輩出するに伴って、徽州商人は、地域外の活動を通じて富を蓄積し奢侈の気風を煽った[46]。このような特殊な背景の中で水口のような大型公共施設の建設は、内外の人に重視されるようになり、資金の調達も可能になり、徽州地域における風水等の環境整備が社会的風潮となった[47]。商人等の資金援助の下、在地の人々は、水口等村落の公共建設に積極的に取り組んだ[48]。

『乾隆休寧黄氏置産簿』に含まれる書簡は、この過程における一般的事例を示している[49]。書簡は、水口亭をつくる経費を調達するために出された同族の尊長たる黄居顕・維光・朗仲からの募金書簡を受け取った商人の返事である。この「置産簿」の作成時期から見て、書簡は乾隆以前のものであり、作成者は休寧黄氏一族の構成員であり、地域外で商売を営んでいたと推測できる。故郷からの募金書簡は見つかっていないが、この返事から徽州在住の人々が、別の土地に移り住んで働いている人々へ多数の募金書簡を出して、寄付を要求したことが窺える。黄氏商人は、募金書簡に対して一族の繁栄に関わる風水建設の主旨に賛成し、早く成立するように後援して寄付金額を決めた。風水建設における在地者の提唱と指導、資金の調達、工事の監督と商人、官僚等の寄付というプロセスが、この返事から窺われる。地方志と族譜の資料をあわせて考察してみれば、水口を含む徽州の風水建設は主に商人の資金に支えられていたに違いない[50]。南屏村は乾隆末、洪水が起った際に土砂崩れにより家屋、田圃、共同施設などの大きな被害を受けた。葉氏一族は「地脈虧敗」を阻止するために環境の再建と施設の整備を行なって、その工事で余った経費銀数千両を使って、五年の歳月を費やし嘉慶七年に水口廟と万松橋という関連の風水施設を造った。嘉慶一七（一八一二）年に葉氏一族の各会組織がまた寄付し、水口廟の垣や観音閣を建てた。この建設の膨大な経費は一族内で調達されたが、実際には葉氏の商人たちの寄付や割り当てであったと考えられる[51]。

水口と関連する施設は、村民の日常生活の中でも重要なものであった。村落図からその空間的位置について見てみよう。図一の右側は水口と関連した建物である。図二における南屏村の立派な水口は文化大革命時期に破壊されてしまったが、その巨大な敷地と、一九五〇年代に村人葉蘭圃氏が作成した写生図から水口の姿が窺える（写真二）。図五の左下側の凌雲台、雲嵐橋等は江村の水口である。図一四の右下側は暁川水口の建物である。図一六の左下側にある永済橋周辺の建物は水口である。図一七の右下側には水口亭がある。残存する徽州の水口としては、歙県槐塘、潜口、雄村、岩寺、休寧万安等がある。水口は往々にして関連の建築と組合せられて、村落の庭園風の景勝地を成して、通常村落を通る河川の下流にある。

### 3　文化・政治

官僚の旧居と牌坊、国家の表彰を受けた記念的建物等には図一に御覧進士第、大夫第、太史第、二つの節孝坊の名称が明記されている。「膠州刺史」(西逓)、「官聯台斗」(棠樾)などの科挙成功者の記念物、及び義行を表彰する「楽善好施」坊(棠樾)のほか、貞孝節烈坊、即ち女性を表彰するものが、もっとも多くの比重を占めている。(51)

村落景観の重要な部分を占めるこうした旧家における住宅の規模、構造、装飾などは、官民の区別、官の等級、及び関連の規定に従わなければならず、勝手に建てたり、基準を超えることはできない。(53) 従ってこれらの建築物自体が、視覚に訴える社会的地位の象徴であった。

明清、特に清代には教化政策の一環として節孝、義行、善行等の表彰制度が国家によって重視されたが、一つの牌坊を立てる際には、申請から建設されるまで、非常に厳格な行政手続きが必要であった。地方官の作成した申請書類を総督、巡撫、学政が連名の形で中央政府に題奏し、礼部の審査と許可、及び地方官府の公費補助等の手続きが完了してから建設の段階に入ることができる。(54) その許可は皇帝の諭旨の形で正式に発行され、証明文書にもなった。清末「節孝執照」文書は、先に述べた行政システムの管理手続きを示している。(55)

国家の礼制と官府の認可に関わる施設は、新規の場合に複雑な手続きが必要なだけではなく、破損した牌坊の再建にも官府の許可が必要であった。正徳三年(一五〇八)に許氏は明初知府であった祖先「伯昇公」を記念する五馬坊を再建するため、徽州知府に再建を申請した。知府はその行動を褒めた上で請求を許可した[56]。乾隆三十年、休寧県の一庶民胡国正は官職をもった祖先の歴史を捏造し、徽州府学の教官を騙して「常侍公祠匾聯」を請求したことで貢生汪方等に訴えられた。その結果、発給した匾聯は官府に没収されて当事者は警告された[57]。

以上の資料から、村落社会において、牌坊を立てるということは、官僚の住宅と同じように国家の行政システムの厳しい管理下に置かれていたことがわかる。しかし、行政の手によって行なわれる審査、報告、許可以外の、発案・申請・資金の工面・建設の実施・建物の修理などの具体的な事務は、一家族、一族、一村落によって担当すべきことであった。牌坊を立てる最初の発議者、主導者の動機は、先祖に作り出された功績や精神的価値を重んじる単なる記念物を立てることではなく、現存する一族と子孫のために国家の表彰及びその栄耀を求めることであった。礼教が重要視された明清時代において、象徴的意味を持つ、このような国家の表彰と栄耀が手に入れられるかどうかということは、地方社会における競争の一つの重要な焦点であったと言える。ところでこのような社会的栄誉、即ち一族の栄光を維持することは、表彰されている人物の子孫にとっても容易ではなかった。歙県洪源洪氏『光裕会帳』は嘉靖三六（一五五七）年から康熙三（一六六四）年にかけて「光裕会」の詳しい収支内容を記録している。記録によれば、この洪氏グループは百年にわたり祖先の記念施設などの維持、修復に大変苦労したらしい[58]。

文化教育の施設として徽州の村落の中には多くの書院、塾、学校といった施設があった。図一に儒学庁と如岩書屋は村の東西両側にあり、図四の棠樾には書院と蔵書楼に加えて文会という施設も存在し、図五の江村には立派な「文会館」もあった。これらの建物は、宗教施設と同じように、喧しくない村落の周縁にあった。科挙、商売に必要な基礎的な識字、記録の教育は「雖十家村落、亦有諷誦之声」といわれるほどであり[59]、女性にも及んでいた[60]。文会は詩文と科挙受験の勉強会、読書人の自主的集団として存在し、専用の施設を有していたが、徽州の村落における文会は、

単純な勉強の場所ではなかった。(61)

## 三　社会的構造と村落の統合

村落図の中で官僚の旧家と牌坊と同様に目立つ建物は、宗祠、支祠などである。慶源村の場合、図一のように詹氏の宗祠、起元堂、慶遠堂、瑞環堂、及び樹槐堂、履坦堂、槐西堂、橋西堂、恒慶堂、三斯堂、儀正堂、恒徳堂、永宜堂、存古堂等の施設は、住宅区に散在していた。筆者の現地調査によれば、図二にあるように南屏の場合、葉氏は、叙秩堂、奎光堂、尚素堂、儀正堂、永思堂、徳輝堂、鐘瑞堂、敦仁堂、継序堂、念祖堂などの二十余りの共有施設を有し、図二に記入されていない程氏には、七つの宗祠、支祠があり、李氏には、宗祠、支祠などの施設もあった。西逓の場合、図三に示されているように「敬愛堂」、「明経祠」を中心として、二十個所以上の宗祠、支祠があった。図四にあるように棠樾の場合、先達祠、誠孝祠、翰林祠、宣忠堂、尚書公家廟、燕斎、誠孝堂、存愛堂、亦政堂、敦本祠、世孝祠、「清懿堂」(俗称女祠)などがあった。

このような施設は、血縁関係の序列によって共通の祖先を祭る専用の場所として登場した。共通の祖先によって各々の人間は、生まれながらの帰属のグループを形成する。グループは、メンバーと独自の利益・祭祀対象をもつ一つの「圏」として存在し、その規模と状態も異なっている。各グループ、即ちそれぞれの「圏」は、大きな「圏」の中の一単位として、存在しその位置は血縁序列における位置によって決められる。遠い共通祖先のもとでそれぞれのグループは、一つの社会(祭祀)集団を形成する。各末端グループからなる大きなグループは、整然たるピラミッド構造を成し、子供を含む各々の人間は、その構造の中で重層的に大小のグループに所属していた。先に挙げた宗祠、支祠の存在は、ある程度宗族組織における族、支、房のような社会的統合・帰属関係、及びその構造を示している。

宗祠は、宋元時代の家廟、祠堂から発展してきたものである。明代以前、家廟をもつことは、官界に進出した少数の家族にしか許されていなかった。明代中期の「礼制」改革を経て祖先祭祀に関する厳しい規制が実際に緩められ、始祖を祭る庶民の宗祠が建てられるようになった。[62] このような祭祀組織は、さらに分節化し、小さい祭祀組織を形成した。宗祠の位置は、姓氏の移住史、村落の形成、村落の地形構造、宗族集団の形成過程と特性、経済力、及び組織化プロセスにおける特別の契機、特定の人物によって多様である。宗族の権威を強調する学者が指摘するように[63]村落の中心に位置する、というのでは必ずしもなく、村落の周縁にあるケースが少なくなかった。村落図を見ると宗祠の空間的特徴がわかる。集落や村落の中心にあることが確認できる宗祠は、図一の慶源村詹氏宗祠のみであるが、明代中期詹氏族譜の始遷祖詹盛の墓図と合せて分析すると、詹氏の宗祠は、当時の住宅区の周縁部にあり、人口の増加と住宅区の拡大につれて空間配置における中心となった。[64]『南屏葉氏族譜』によれば、成化年間に葉氏の一つのグループは、「村心正屋基」に葉氏宗祠叙秩堂を建てて以来、康熙一三年と乾隆一五年と乾隆三九年に建て直した。葉氏宗祠は明代中期に村落の中心地にあったかもしれないが、図二では集落の外側にあることがわかる。図四によれば、棠樾村の敦本堂は嘉靖末に建てられて、嘉慶初に建て直した。世孝祠等の建築は乾隆末、嘉慶年間に建てられている。その地理的位置は村落の周縁部にあり、またほかの村落図にはそれぞれの統合的な宗祠は殆ど村の外側に位置していた。『南屏葉氏族譜』、『西遞明経胡氏壬派宗譜』『棠樾鮑氏宣忠公堂支譜』の各建物、施設の説明に村落図を加えて考察すれば、科挙や商業の成功者の輩出や宗族の統合動向に従って、宗族組織の象徴的建物である宗祠等が、明末以来、多く建てられ、一族の発達や名誉に関わる風水、牌坊などの建設も商人の支援を得て行なわれたと考えられる。

佃僕制は、明清時代、徽州の土地制度、社会階層関係を解明できる制度として早くから学界では注目され、多くの成果を挙げた研究分野である。[65] 社会的衝突という視点から見れば、主僕関係、即ち服役関係等と圧迫問題が存在したことは、地方秩序の深刻な問題として徽州の構造的社会矛盾の重要な要素であり、社会紛争の原因の一つとなっていたと言える。[66] 徽州地域で広く見られる佃僕制、及び主戸と佃僕の間の社会階層関係について多くの村落図には主戸と佃僕の位置関係が反映しておらず、佃僕に関するイメージは文字史料に頼らざるをえなかった。ところが明代休寧県の范氏の各村落図には、僮僕、火佃、ないし「本家火佃」といったような所属関係も記入されていた。図七、図九には、火佃は周縁に存在するが、そこも住宅区内である。図一〇、図一一には、多くの僮僕数を示している。図一八の火佃は確かに住宅の中心地から離れているが、范氏の村落図、特に図一〇、図一一、図一二によれば佃僕の住所は、必ずしも村落の周縁に位置していなかった。

　生産と消費について見てみると、自給自足の程度が低い徽州地域では流通に頼るところが多かった。それと同時に各々の村落は地理空間上、相対的に閉鎖的な状態であった。従って食糧、塩を含む生活必要品、嗜好品を提供できる[67]施設が、支障のない日常生活をするためには不可欠である。商店は、早くから徽州の村落で発達していたと考えられる。村落図を見ると、明代の林塘村（図一〇）、合干村（図一二）のように複数の店舗が並ぶなど、村落構造において経済機能が強い商店区も形成されていたことがわかる（「合干図説」に「縁路而上、為店肆、如小市然」とある）。図一一には商店が表現されていなかったが、詹元相の日記によれば、多くの商店が存在していた。同様に図二にも表現されてなかったが、送金を背景とした南屏村民の強い購買能力により清末まで数十の店が並んでおり、文房具屋、料理店、肉屋、葬式屋、装身具屋、金融業者からなる商店街は、村民の日常消費の中で大きな作用を果していた。[68] 先に述べた宗族、主戸と佃僕のような垂直的な社会統合関係と比べると、自由売買と平等の交換に基づいたこうした経済関係は、村落の社会生活にとって重要な意味をもっていた。これほど多い商店の存在は、地域内の生産性が高いことを意味しておらず、それは主に商人の送金で支えられていたのである。[69] 商店の村落内の空間的位置については、慶源村のように商店が住民区にばらばらに散在していたと推測できるが、林塘村、合干村、南屏村のように商店区が形成されてもいた。林塘村、合干村、南屏村の事例によれば、商店区は集落の周縁部に位置し、このような配置は交通、運搬の便利、及び隣接村落の消費者に対する配慮によるものであったと考えられる。当時の人も商店の位置を重要視していた（「林塘図説」に「肆、旁列臚分、以達村之内外、蓋要地也」とある）。

村落と血縁組織との関係は、学界で重視されてきた問題である。徽州地域を考察する際にも「同姓村落」説は、大きな影響力をもってきた。明代中期以降、徽州の人々は、素晴らしい社会風俗と秩序の形成を強調し、大族というイデオロギーを内外にアピールするために宗族組織のメリットを絶賛した。清初の趙吉士は、宗族に対するこうした情熱のおもむくままに過度に理想化された形で[70]、徽州の社会風俗を画いた。葉顕恩氏は、趙吉士の所説を受けて徽州村落社会においては、ほかの姓氏、親戚をも排除する「一村一族」体制、或は同姓村落が遍在していたと考えた[71]。宗族は、二十世紀の社会運動と学術研究において大きく取り上げられ、政治組織として中国革命の対象となり[72]、学術研究においても社会進歩を阻害する要因として批判された[73]。宗族は、伝統社会を分析する上で重要な視角であるが、村落社会の人間関係や権力関係を宗族、即ち血縁関係に帰して捉える傾向は、複雑な村落社会の構成を単純化する危険性がある。

以下、「同姓村落」、「一村一族」説の当否を数量的に検証すべく、明代中期から清末にかけての土地台帳と戸籍台帳を利用して村落の姓氏構造を検討してみたい。

弘治九（一四九六）年の休寧県魚鱗帰戸号簿にはわずかではあるが、（例えば、二保余周甫、何寿昌、三十都呉可翁、三十一都張仲山、東南隅方安保）行政所属が明記されている。記載されない多数の地主の姓氏は、胡、朱、施、金、程などの二十余りの姓氏であり、彼らは一つの行政単位（図甲）に属していると考えられる[74]。魚鱗帰戸号と行政単位との関係について、欒成顕氏は、万暦検地以前、図と保（保ごとに土地登録台帳の一つの字号を持っていた）との編成の非一致性に着目し、例としての休寧県十二都を取り上げ、そこには十の保があるが、里（図）は三つしかないから一つの図は二つから六つの自然村落からなると指摘している。(75)従って当時の一つの字号は大体一つや二つの自然村落に相当していたと思われる。弘治九年の魚鱗帰戸号簿内の人々は主に一つか、二つかの村落に属し、その村落は同姓村落ではないと推測できる。

万暦九（一五八一）年、歙県三十六都四図「非字号魚鱗清冊」には土地、面積、特徴、持主などが詳しく書かれている。これによって作成したものが表一～三の姓氏構成表である。(76)

表一～三　歙県三六都四図姓氏構成表

| 甲名 | 姓氏状況 | 甲名 | 姓氏状況 |
|---|---|---|---|
| 1 | 張、芳川荘 | 6 | 朱、荘、王、張 |
| 2 | 張、潘、文、程、王 | 7 | 張、荘 |
| 3 | 荘、王、程 | 8 | 張、荘、江 |
| 4 | 荘 | 9 | 潘、荘、江 |
| 5 | 許、潘、汪 | 10 | 潘、荘、江、王、方、汪 |

万暦九年、歙県三七都八図「君字号魚鱗清冊」によって作成したものが表一～四の姓氏構成表である。(77)

表一～四　歙県三七都八図住民姓氏構成表

| 甲名 | 地主数 | 姓氏数 | 姓氏状況（戸） |
|---|---|---|---|
| 1 | 17 | 1 | 曹17 |
| 2 | 20 | 4 | 洪13、王5、汪1、曹1 |
| 3 | 15 | 3 | 洪12、李2、許1 |
| 4 | 16 | 2 | 曹10、洪6 |
| 5 | 29 | 4 | 曹24、洪3、文1、養賢会1 |
| 6 | 17 | 6 | 洪12、曹1、厳1、謝1、徐1、大同会1 |
| 7 | 27 | 6 | 曹12、洪11、胡1、汪1、雄大社1、公同社1 |
| 8 | 27 | 5 | 曹17、程4、洪3、李2、王1 |
| 9 | 48 | 4 | 曹44、孫2、姚1、金蘭社1 |
| 10 | 31 | 7 | 洪11、汪9、李6、曹2、程1、馬1、雄上社1 |

図甲制と自然村落の関係について、欒成顕氏の研究によれば、万暦検地以降、黄冊と魚鱗図冊が統一化され、一つの魚鱗字号は一つの里（図）の範囲に当たるようになった(78)。康熙二九年に婺源県の村落全体が百五三里に編成されたが、それぞれの里（図）と大きな自然村落とは必ずしも一致しなかった。例えば、七都には八つの図があり、主要な村落が一三個ある。八都には九つの図があり、主要な村落が一一個ある。十二都には四つの図があり、段莘、慶源、

洪源、仰田、清原、江村、中村、上山頭、山下、暁荘、大睦段、騰坑、汪渓、捷坑口等の一四個の主要な村落を含んでいた[79]。しかし一つの大きな自然村落には一つの図が、また、一つの図内の複数の甲数があったと考えられる。従って甲という単位が通常に一つの自然村落と一致するか、又は複数の甲が一つの自然村落をなしていたと考えられる。

公刊された清代の魚鱗図冊はないので[80]、以下、公刊された戸籍登録と保甲冊を使って見てみたい。「編給十家総牌」は清朝国家が税役を徴収し住民を把握するために、住居地ごとに世帯主、職業、人口数等を記した戸籍台帳である。保甲冊は主に治安のために住民の世帯主、職業に対する帳簿である。

乾隆十（一七四五）年祁門県の「編給十家総牌」に登録された一二戸の中の九戸が葉氏、一戸が徐氏、一戸が汪氏であり、一戸が不明である[81]。乾隆二一（一七五六）年祁門県一一都三図の「煙戸総牌」の十戸の中では胡氏が五戸、徐氏が四戸、朱氏が一戸であった[82]。道光二九（一八四九）年祁門県一一都一図の「保甲十家牌」に登録した一三戸の中では呉氏が二戸、胡氏が一戸、梅氏が二戸、何氏が一戸、汪氏が七戸であった[83]。

光緒二（一八七六）年に歙県二七都二図は、管轄する二九甲の戸口を登録している。この「保甲底冊」によって作成したのが表一～五の姓氏構成表である[84]。

表一～五　歙県二七都二図住民姓氏構成表

| 甲名 | 総戸数 | 姓氏数 | 姓氏状況 |
|---|---|---|---|
| 1 | 10 | 8 | 程2、王2、張1、庵1、劉1、路1、盛1、呉1 |
| 2 | 10 | 6 | 汪3、項2、王2、程1、江1、熊1 |
| 3 | 10 | 10 | 汪1、王1、凌1、韓1、江1、夏1、銭、蘇1、程1、敦仁堂1 |

| | | | |
|---|---|---|---|
| 4 | 10 | 10 | 程1、王1、周1、鄭1、徐1、銭1、石1、蘇1、張1、徳昌1 |
| 5 | 10 | 6 | 蘇4、程2、胡1、汪1、王1、徳順協記1 |
| 6 | 10 | 7 | 王4、路1、鄭1、孫1、潘1、黄1、張1 |
| 7 | 10 | 6 | 王4、程2、章1、張1、盛1、蘇1 |
| 8 | 10 | 4 | 王7、劉1、張1、項1 |
| 9 | 10 | 5 | 王5、汪2、朱1、張1、黄1 |
| 10 | 10 | 6 | 王5、何1、程1、沈1、杜1、同茂1 |
| 11 | 11 | 7 | 王5、汪1、何1、黄1、馮1、舒1、富資社1 |
| 12 | 10 | 6 | 王4、汪2、程1、荘1、陳1、酆1 |
| 13 | 10 | 8 | 王3、酆1、呂1、姚1、黄1、項1、包1、張1 |
| 14 | 10 | 9 | 王2、汪1、葉1、凌1、葛1、舒1、呂1、常1、宏原号1 |
| 15 | 10 | 4 | 程5、詹3、姜1、胡1 |
| 16 | 10 | 10 | 包1、方1、丁1、潘1、洪1、項1、舒1、饒1、老丁、空相庵1 |
| 17 | 10 | 5 | 畢3、潘3、程2、項1、江1 |
| 18 | 10 | 4 | 王7、呉1、周1、項1 |

| | | | |
|---|---|---|---|
| 19 | 15 | 5 | 呉11、謝1、荘1、胡1、孫1 |
| 20 | 10 | 5 | 項4、程2、呉2、劉1、姚1 |
| 21 | 10 | 2 | 王8、洪2 |
| 22 | 10 | 6 | 洪4、項2、姜1、胡1、王1、呉1 |
| 23 | 10 | 5 | 王5、銭2、張1、程1、趙1 |
| 24 | 13 | 8 | 王3、項3、舒2、程1、劉1、朱1、章1、汪1 |
| 25 | 10 | 8 | 王3、汪1、姚1、艾1、胡1、許1、江1、項1 |
| 26 | 10 | 10 | 謝1、沈1、江1、孫1、周1、項1、潘1、陳1、唐1、李1 |
| 27 | 10 | 7 | 程3、王2、孫1、鮑1、許1、万1、胡1 |
| 28 | 10 | 6 | 程2、黄2、項2、朱1、舒1、胡1、劉1 |
| 29 | 9 | 6 | 王2、孫2、朱2、唐1、程1、謝1 |

光緒五年の祁門県一一都一図七甲の「戸口環冊」によって作成したのが表一～六の姓氏構成表である。(85)

表一～六　祁門県一一都一図七甲姓氏構成表

| 牌名 | 総戸数 | 姓氏数 | 姓氏状況 |
|---|---|---|---|
| 1 | 9 | 3 | 呉7、王1、寺1 |

| | | | |
|---|---|---|---|
| 2 | 8 | 3 | 汪5、曹2、徐1 |
| 3 | 9 | 3 | 汪7、李1、呉1 |
| 4 | 10 | 6 | 汪3、李2、舒2、張1、黄1、操1 |

この戸口冊のうち第三牌の汪氏一戸、第四牌の汪氏一戸、黄氏一戸、操氏一戸は潜山県から移入したものである。

以上の資料は、居住関係、すなわち住民の近隣関係に基づいて作成された土地と賦役、および戸籍の帳簿であり、甲という編成にまで及んだ具体的な住民の情報を提供してくれる。それは大体村落社会の姓氏の構成を反映している。行政の最小単位としての甲を一つの自然村としても、徽州地域では、雑姓村落が多いことは明らかであると思われる。

村落図に現われた姓氏の状況は、作者の考え方によってその表現が異なっている。図二では葉氏以外の建物等が画かれず空白となっている。葉顕恩氏がしばしば引用した明代の范氏族譜の中には姓氏の状況を明記した村落図が見られる。図七の瑶関村は、詹、程、范諸氏、図八の閔口村は、范、呉、項、程、孫、沈、戴諸氏、図九に油潭村は黄、陳、程、范諸氏、図一一の合干村は、范、程、張、江諸氏、図一二の汊口村は、范、程、王、黄、孫、汪、謝、趙諸氏が雑居していた。

范氏関連の諸村落の詳しい情報が少ないため、地図上での諸姓氏住居地の空間的配置をみてみよう。図七では范氏は村落の主要な部分を占めており、詹氏、程氏は村落の敷地の四分の一しか有していない。図九では范氏は、村落の中央に位置しているが、そこが村落の主体部分であるかどうか断定できない。図一一では范氏の住宅区の両側には、程氏、張氏、江氏がおり、彼らの占める空間的スペースは范氏より大きいらしい。図八、図一二では范氏はただ村落の小さい部分を占めているにすぎない。各姓氏の住宅区の立地条件がよいかどうかを判断する材料は少ないが、村落図のような空間配置は、移住・開発の前後関係、及び明代中期以降は、商業や科挙で成功するかどうかに関っていた。(86)

他の姓氏の存在を示していない村落図も、この村落が同姓村落であったことを意味するわけではない。図一には慶源村の姓氏関係の記載はないが、詹元相の日記と詹氏族譜によれば、江氏、葉氏、方氏などの姓氏がある。(87)江氏には宗族組織もあり詹氏と婚姻関係もあった。筆者の現地調査によれば、慶源村には詹、徐、何、祝等の十一の姓氏があった。村落規模が非常に大きな歙県江村は、多姓氏雑居の状態を呈しているが、江村の村志である『橙陽散志』の作者は、聶、汪、肖、黄、顧、程諸姓氏を「寄籍」のような存在と扱って取り入れなかった。(88)

村落と宗族との関係について、文献史料と村落図をあわせて考えてみると、一族が集って居住する現象は、相当普遍的に見られる。しかし上述したように同姓の集中居住は、同姓村落の形成を意味するわけではない。村落の形成と経済、社会関係の再編成の過程で宗族組織が結集していく傾向があると同時に、村落も血縁関係を超える諸姓氏が競合しながら雑居する村落社会を形成していた。(89)血縁関係と宗族集団は、個々の住民にとっては非常に重要なものであり、他の姓氏、他の集団との協力や競争の中で帰属・所属に関連して日常生活において大きな意味をもつわけであるが、それが唯一の要素ではない。しかも一つの村落が同姓村落であったとしても宗族内部の構成、構造、機能は、異なっており、紛争は主に宗族内部で発生し、その解決も必ずしも血縁的上下関係や宗族組織の原則に従ってはいなかった。(90)

以上、徽州の村落社会の、住宅と公共的施設の地理的位置、空間的配置について検討した。徽州の人々は、ある種の計画に基づいて住宅の敷地所有権の調整を行ないながら、狭い山の麓や谷の川の周辺において、町のような密集的集落構造を形成してきた。村落の中では耕地、水源、道路、橋、住宅、塾、文会館ないし蔵書楼などの生産・日常生活に関わる施設と共有施設以外に、寺廟、水口、塔、閣、牌坊等といった宗教信仰、政治、文化等の象徴系統の施設も、不可欠の居住環境を構成していた。これらの施設は、主に明代中期以来、村落内の成員への割り当てと集団の共有財産から醸出した経費、特に商業化の先頭に立つ商人の寄付によって建設され、維持されてきた。また住宅区に散在している宗祠、支祠等の共有建築は、村落中心地、或いは周縁部に位置する大宗祠を中心として統合的ピラミッド構造を成していた。佃僕のほか、諸姓氏が雑居し、各宗族の共有建築も村落の中に並んでいた。村落図と文献は以上のような景観を私たちに見せてくれる。こうした景観の形成は徽州地域の共通的観念、文化に関わっており、それは、地域外での商業活動を営む徽州商人の力が大きかったことを示しているものと考えられる。

## 第三節　村落と境域

旧中国農村社会の性格を議論する際、主に華北の近代農村社会調査の知見によって明らかにされた「村の境界」と「村の土地」の欠如が、「村落共同体」不在説の主要な根拠となっている[91]。ところで近年、欧米と日本の学者は、新しい基準を設定し、土地の「排他性所有」、「定住権」、「耕作圏」などの視点から「満鉄」の華北農村調査とその研究に批判を加え、改めて検討し直している[92]。以下、村落図の範囲・風水施設、村落内部の共同活動の範囲、及び境界線に関する村落間の紛争という三つの側面から村落の境域という問題に接近してみたい。

徽州の村落図は、殆ど自村中心的なものであり、他村に基本的に無関心な態度を採って、せいぜい地図の枠を超えるところに村落名を記入する程度である。背景となる少数の山以外の、村落図に取り入れられた部分は、どのような意味をもつのか。これは、地方社会の常識に基づく作成者の村落境域に対する認識を示しているのではないかと考えられる。

土地の売買は、親族、近隣の先買権という慣行に制約されていたにもかかわらず基本的に自由に行なわれ、開発・移住過程の具体的状況、及び個々の人々の経済的上昇・下降の影響により土地等の所有者は、必ずしも村落境域内の住民と一致していない。従って描かれた範囲内の土地等の財産は、必ずしも住む住民だけが所有していたのでなく、また一方、住民の土地等は、必ずしもこの範囲に限られなかった[93]。しかしこれは、居住者を中心とする村落境域の不安定さを意味していない。

多くの族譜には、風水説の立場から山、川などの自然物、名所古跡と自然景観、建物などの位置、空間的な組合せについての叙述を通じて村落の領域について説明されている。明代「林塘図説」では林塘村の位置と空間関係についてほぼ風水の立場から構成し、村落内部の各建物、自然の地形を除くと、主に村落の周縁部の自然環境とその象徴的意義が重要であったとされる[94]。この言説の中では境界線ははっきりとは分からないが、村落の境域意識は、村落図のように明確である。各村落図において、象徴的植物、自然物は、周辺に位置し、塔、水口、橋、牌坊、台、亭、閣、寺、社屋などの象徴的建物を加えて集落、土地等を囲んで相対的に完結した境域を構成している。徽州の族譜と地方文献にしばしば現われる所謂「八景」、「十景」も象徴的標記物と同じように一つの境域系統となっていると考えられる。これらのものの存在、特に水口は、村落の精神的境界線として徽州地方の人々の社会生活において、大きな象徴的意味を持っていたのである[95]。

村落の境域について歙県江村の場合には現代的な意味での境界線が描かれているわけではないが、『橙陽散志』の中では「疆界」という項目を設けて、村落の四至とその地名・建築物等を述べ明確な境界標記を指摘し村落の境域を示していた。象徴とされた川、山、建築物は、村落図の周縁に位置している[96]。

村落の共同的社会生活、特に祭祀、雨乞いのような村落全体を包括する社会活動は、社会的集団としての内在的境域性を示している。『日記』には康熙三九年六月中旬から旱魃が起きて慶源村の作物の被害が拡大した際のこととして村落内に雨乞いを行なう施設を建て（六月一三日）、「約内」で人々を集めて雨乞いを行ない（一七日）、その活動の一つとして「村衆」が仏を迎える儀式をし（二四日）、最後に「合村」即ち村落全体が集団的儀式をし、大雨が降った（七月二日）という記載がある。旱魃は、慶源村以外の広域の地区に及び、それぞれの社会集団が雨乞いを行なったと推測できるが、日記の「約内」、「村衆」、「合村」という社会集団の限定的な表現によれば、慶源の雨乞いは、村落を単位としており、それは、村落の全体の参加であった。雨乞い活動の支出は、専用の「会租」収入を除き、不足部分は、雨乞い活動の責任者が魚鱗図冊「章字号局内田畝」に従って、土地面積を集計して割り当てたと推測できる（日記六月二一日）。魚鱗図冊「章」字号とは、国家に税金を納め、役に応じる基準としての土地面積の登録台帳である。この字号は幾つかの村落の耕地を含んでいたかもしれないが[97]、「局内田畝約八千四百秤」（約五〇〇～七〇〇畝の標準耕地に相当する。秤は耕地の等級の要素を含む簡単な土地計量の単位である）という数字を見ると、慶源村住民の範囲に大体合致していたと考えられる。

『日記』には、慶源と隣村段莘との間で、集団間の紛争が六回あり、その中の二回は訴訟に至ったと記されている。両村落間の紛争は、今でも慶源村民の記憶に深く刻まれている。紛争の原因、内容、過程、関連人物について、村民は、自己中心的立場から様々な内容を伝承してきたが、共通の問題点は、明代から民国にかけて両村の訴訟が、七二回に上ったということである。紛争の焦点は、風水、実際は自然資源の採取の領域、即ち境界線の問題であった[98]。日記の記載によれば、慶源の人々は、村落の領域に対して以下のように表現していた。「明の弘光年間に本村は段莘村と契約を結んだ。両村の薪取りは、界を越えていけない。違反者に銀百両を罰す」（康熙四一年閏六月二日）、「段莘村の人は局内（境界内）に来て燃料を採集した」（康熙四一年一一月五日）、「本村は、山を封じ、旗を挿し、村の境界内で汪黄興、洪八などを捉まえ、その燃料採集道具を押収した」（康熙四一年一一月一三日）、「本日、儀一叔の諸人と井湾に至って山界を調べた。これは、段莘村が山の境界を示す標識物の樹立を発議し、（本村の）境を越えて祖墓の竜脈を傷つけたからである」（康熙四二年八月一五日）。日記の記載によれば、慶源と段莘村は、両村間の境界問題をめぐってしばしば対立と衝突を起こし、双方が境界線を画したり、ルール違反をした時の罰則などを約束したりしていた。日記の記載以上の詳細な資料はないが、詹元相日記の文脈は、独自の村落空間、即ち村落間の境界線の存在を示している。

村落の形成と成長過程において、人口の圧力と開発の進展に伴い、耕地の開墾と柴草等の自然資源の採取範囲は、外に向かって拡張していた。隣接する村落同士は、同じプロセスでその限界に達し、ぶつかり合って境界線問題が起きた。それが生活境域、特に生存に関わる自然資源の採取と所有問題に及ぶとき、ルールに違反し約束を破る越境行為はそれを行なった個人の行為とはされず、所属する村、族の行動として扱われ、隣接村落間の共通の問題になる。紛争、調停、訴訟、協議、境界標識の樹立などの過程が繰り返される中で、村落の境界線、村人の領域意識は、ますます明確となっていく。

村落は、地理的、精神的な生活空間として郷村社会の基本的社会単位であり、帰属・アイデンティティ・籍貫認識（社交における出身地の自称及び地方志の記載）の最小単位であった。村落の領域と境界線に関わって最初に問題となることは、柴草・水等の自然資源の採集範囲である。次に徽州地域にとって非常に重要なことは、風水環境という精神的資源の範囲である。土地の所有より、むしろこの両者が村落の境域を区分する際の激しい対立要因となった。

# 結　論

当時の人々にとっては、村落図に見られる景観は、既存の事実、或は常識であったかもしれないが、こうして日常生活の一部になった景観は、徽州地域の人々が長い歳月を経て自然環境、内部の社会構成、及び外部の社会経済の変動に対応しながら積極的に作り出した、人と自然、人と人の関係に基づく社会的生態であった。以上、当時人の目で観察し、構成した村落図に即して徽州地域における行政系統の末端、及び自然集落としての村落の景観と境域の形成について検討を行ない、地図に見る象徴的建築物から人々の生活に常に影響を与える要素を検出することを通じて、村落の社会的、精神的構成と権力構造を考察してきた。村落図を利用してある程度村落景観を復原し、村落の基本的社会生態を復原しようとする試みは、明清史に関しては始まったばかりである。以上の整理は非常に不十分であることを自覚しながら、村落社会の形成と社会構造に関してまとめてみたい。

第一に、耕地と人口の増加という人間・自然資源の構造的矛盾に制約されながら、市街のように密集し、二階建、三階建等上方に多層化する住宅構造は、村落の人々が、先進的建築技術を活用し、敷地の所有権の移動と人間関係の調整を行なう結果から生れた。住居のほか、多くの風水施設、宗族組織の共有施設、ないし牌坊、宗教施設等が、村落の精神的象徴として、村民の日常生活における不可欠の物質的・精神的環境を成していた。村落図の作成年代から見て、風水建築系統や象徴的建物や市街のような密集的住宅を含む村落景観・構造は、明代中期以来、特に清朝前期に形成されていったと言える。これは、少なくとも二つの側面から徽州社会の変遷を示している。

一つは、村落と景観の建設の多くの資金は、徽州商人の利潤が部分的に故郷に還元されたものである。村落景観の形成は、徽州商人の商業活動の展開、拡大、繁栄という過程とほぼ一致していた。即ち成功した商人の送金は、徽州村落の景観を大いに変化改善させたということである。

もう一つは、祖先祭祀活動を中心とする宗族の組織化と分節化が目立つようになったことである。多様な社会変化の要因はこの趨勢に絡んでいる。文献において称賛される弘治（一四八八～一五〇五）以前の「家給人足」、「閭閻安堵」という安定した秩序、生活と比較すれば、正徳年間（一五〇六～一五二一）以来、商業化の進展とともに、人々が金と欲望に操られて、在来秩序は大きく破綻していた。[99] このように当時の人々は、経済地位の上昇・下降が激しく、社会流動のテンポも急速化し、地縁と血縁を紐帯とする人間の伝統的な倫理関係に変化が生じて社会秩序が非常に不安定な方向へと転落していくと感じていた。宗族組織は、秩序対策であると同時に商業化の流れに乗ってより多くのチャンスを創出するために人間資源の開発、及びより大きな人間関係ネットワークを作ろうとする現実的目的の産物でもあった。[100]

また、科挙官僚の記念物としての牌坊や貞女節婦の記念物としての牌坊は、外へ出た商人にとって、商業と社交活動において、国家によって認められた栄耀を示す絶好なステイタス・シンボルであり、一方自分たちが従業先で妾、妓女などを囲いつつも、貞節を守る行動への表彰を通じて故郷における女性を安心させ、そして規制する効果があった。

膨大な徽州の族譜、地方志の人物伝記等の資料によれば、商人は、故郷に対する資金投入と積極的活動を通じて宗祠、水口等の風水施設、廟、橋、亭、牌坊、道路、水利工事（園林）を含めた徽州の村落社会の景観系統を整備し、一族の共有財産の購入を行なって宗族を組織化し、女性を表彰する牌坊を立てた。商人の活動は、宗族を組織化することを含めて社会活動の底流をなしており、明清時代の徽州の社会生活と社会構造の変化にも強く影響を与えたといっても過言ではない[101]。

第二に、徽州の村落は、一定の境域をもつ社会生活単位である。この境域の標識は主に風水関連の建物と自然物であった。徽州の村落の境域は、開発が飽和状態に達するとともに次第に明確化してきて、明代中期以来、村落の風水建設の風潮がこうした生活上ないし精神上の空間を固定化させていった。

第三に、徽州地域には同姓村落、「一村一姓」という社会構造も個別的には存在していたと考えられるが、基本的に一つの姓が優越する傾向があったにせよ諸姓氏が雑居する村落であった。宗族は、確かに村落社会の重要な存在であったが、村落社会の唯一の権威体系ではなかった。村落図に宗祠、支祠のほか、様々な象徴的な建物が存在していることから窺えるように、村落社会は多元的関連性をもち、統合、服従、抗争、牽制、協力、扶助、互酬などの要素を内包し様々なレベルの同心円集団、或は「圏層」の交錯関係から成り立つ複合的地方社会であった。

第四に、村落と国家の関係について、村落図における象徴的建物は、ほぼ科挙制度と礼教に関わって、国家の価値観を形象化した。これは、国家イデオロギーが郷村社会にまで浸透し、社会に対する文化的コントロール機能を発揮していたことを物語っている。

注

（1）中国農村慣行調査刊行会編『中国農村慣行調査』一～六巻（岩波書店、一九五二～五八年）、仁井田陞『中国の農村家族』（東京大学出版会、一九五二年）、福武直『中国農村社会の構造』（大雅堂、一九四六年）、Hsiao-tung Fei（費孝通）, *Peasant Life in China*, Routledge and Kegan Paul, 1939（仙波泰雄・塩谷安夫訳『支那の農民生活』生活社、一九四〇年）、G・W・スキナー（今井清一氏他訳）『中国農村の市場・社会構造』（法律文化社、一九七九年）。

（2）鈴木博之氏には歙県の村落江村を中心とした宗族と村落に関する研究がある（「清代徽州府の宗族と村落」『史学雑誌』一〇一編四号、一九九二年）。

（3）徽州地域には特に多い。王鈺欣・周紹泉氏編『徽州千年契約文書』（花山文芸出版社、一九九二年、以下『千年文書』と略称）宋元明編一一巻二一七～二七六頁、一二巻～一九巻、清民国編一九～二十巻を参照。また安徽省檔案館、安徽省博物館、安徽省図書館及び黄山市博物館、休寧県檔案館、歙県檔案館にも多く所蔵されている。土地所有の台帳はおもに宋元明編六巻一〇七～四三七頁、七巻三一一～三四六頁、九巻三～三四一頁、清民国編五巻三三一～五一二頁、九巻三～四二一頁参照。

（4）『千年文書』宋元明編三巻六六～六七頁、一〇四頁、一三五頁、一八三～一八五頁、五巻四六八～四六九頁、五〇三頁、七巻三一〇～三四六頁、九巻三～二三三頁、十巻三一一～四七九頁、清民国編一巻三六二頁、三六七頁、三巻一二七～一六三頁、一九五～二〇九頁、五巻三三一～五一一頁、九巻四～四二一頁等。また拙稿A「徽州地方における地域紛争の構図―乾隆期婺源県西関壩訴訟を中心として―」（『東洋学報』八一巻一号、一九九九年）。

（5）華北地区の村落図としては『青県村図』、『深州村図』（東京大学東文研図書館所蔵）『正定県村図』（東洋文庫所蔵）がある。関連研究は、加藤繁「清代における村鎮の定期市」（『東洋学報』二三巻二号、一九三六年）、百瀬弘『明清社会経済史研究』（研文出版、一九八〇年）二〇五～二五一頁、中村哲夫氏「清末華北における市場圏と宗教圏――『青県村図』にみる無廟村について」（『社会経済史学』第四〇巻三号、一九七四年）等がある。

（6）黒田日出男氏の整理（『中世荘園絵図の解釈学』東京大学出版会、二〇〇〇年二～一九頁、同「図像の歴史学」『歴史評論』二〇〇〇年十月号）を参照。

（7）黒田日出男氏前掲書一九～三〇頁。

（8）杉本史子氏『領域支配の展開と近世』（山川出版社、一九九九年）序章、第九章。

（9）その主要な成果は黒田日出男氏他編『地図と絵図の政治文化史』（東京大学出版会、二〇〇一年）を参照。

（10）万暦『休寧范氏族譜』四、譜居に「総図惟載各族地名、而村居形勝則族之人才生殖所由出焉、故分図以紀之」とある。

（11）聯宗統譜運動に関して拙稿B「聯宗統譜と祖先史の再構成」（『中国―社会と文化』第一七号、二〇〇二年六月）を参照。

（12）南屏の程氏、李氏は、葉氏族譜の村落図では空白となっている。

（13）特定の利益に遵いつつ、その目的性を隠す地図の特性に関して、Denis Wood, *The Power of Maps*, London: Routledge, 1993, Denis Cosgrove and Stephen Daniels, *The Iconography of Landscape*, Cambridge University Press 1988（千田稔氏・内田忠賢氏他訳『風景の図像学』地人書房、二〇〇一年）第一五章を参照。

（14）『南屏葉氏族譜』巻一、巻二。

（15）族譜巻一。西逓村胡氏について山本英史氏「明清黟県西逓胡氏契約文書の検討」（『史学』六五巻三号、一九九六年）を参照。

（16）建築学、文化人類学の視角から徽州村落を分析した研究として以下のようなものがある。張仲一等『徽州明代住宅』（建築工程出版社、一九五七年）、張十慶氏「風水観念与徽州伝統村落形態」（『文化：中国与世界』第五集、三聯書店、一九八八年）、東南大学建築系他編『棠樾』（一九九三年、一九九九年）、『瞻淇』（一九九六年）、『豸峰』（一九九八年）、『漁梁』（一九九九年）（東南大学出版社）、高寿仙氏『徽州文化』（遼寧教育出版社、一九九五年）、最近王振忠・李玉祥氏は写真で多くの徽州建築の残存景観を示している（『郷土中国：徽州』三聯書店、二〇〇〇年）。徽州の田園風景に関する研究もある。Ronald G. Knapp ed., *Chinese Landscapes : The Village as Place*, University of Hawaii Press, 1992を参照。

（17）正徳、嘉靖年間の『慶源詹氏宗譜』。

（18）『明清徽州社会経済資料叢編』第一集、第二輯（中国社会科学出版社一九八八、一九九〇年）と『千年文書』の所収文書の多くは土地売買関連のものである。また徽州訴訟文書の状況について拙稿C「抄招給帖と批発―明清徽州訴訟文書の由来と性格―」（『明代史研究』第二八号、二〇〇〇年）を参照。

（19）『五雑俎』巻四に「余在新安、見人家多楼上架楼、未嘗有無楼之屋也。計一室之居、可抵二三室、而猶無尺寸隙地」とある。

（20）前掲張十慶氏論文。

（21）宏村『重浚南湖収支徴信録』に「第田業、有無不斉、有者以田作値、無者照田出価。鳩工経営、同心協力、至正至公」とある。

（22）徽州の地方志や族譜の中には、大量の記載が残されている。

（23）『韓楚二渓汪氏家乗』巻六には弘治年間の「合約」と村落の敷地図（図二―一）が保存されている。その内容は以下の通りである。

三都相潭汪善、汪以彰、汪以江、汪以本等共標承祖基地、並衆存買受計五号、坐落三都三保、土名侯潭、流水経理係蔵字一百九十四号汪得莘名目、計地七畝七分七厘厘、一百九十五号汪凱叔名目内一半、計田地二畝八分六厘三毛、二百六号汪徳明名目、計地二畝、又衆買汪宏卿名目一百九十六号、計地七分五厘、衆存汪凱叔名目一百四十一号内一半裏截地、計二百歩内、除汪以沾地四十歩外、仍有一百六十歩前項基地。先年四大分名目従便住歇、一向未曾同衆丈量均分。今因地段多少不均、汪善状告本県、蒙拘到官審帖、里老汪以沾等到所、将前項各号基地、並余地、園地、照分眼同均分丈量、編仁義礼信四号、画鬮填注名目、定界拈鬮為業。所有各人未分之先、造屋在上、衆議候冬依図拆移到於各鬮得己地内、起竪住歇管業、各不許設詞推調、覇占。其衆存庁堂門面、洋溝、並四囲行路、及東西庇墳、水塘、倶照図内尺寸疎通放水、便衆往来、毋許欺侵、阻塞。其各人日後造屋、務要依図、滴水不許過界。内有已買各分下房屋基地、亦於鬮得該分下照数分業。其一百四十一号外截地約計一畝零、仍係五大分衆存、日後照分相分、有来竜山除標業外、其余衆存、毋許各人入山鋤挖開種侵宅、止許長養樹木庇蔭、不許砍斫。自立清白合同図約之後、子子孫孫各宜永遠遵守、毋許違文異言争論。如違聴守約之人齎文陳理、甘罰白銀三十両入官公用。仍依此文為拠。今恐無憑、立此合同一様四紙、各収為照。弘治十四年辛酉歳季夏月初三日立

立合同標書人　汪以彰　以泰　善
汪以江　淇　舎用
汪以本　溢　以沾
汪政　汾　彦栄
王永昌　方法　余志昂。

同族譜を利用し環境の視点から林業経営と社会組織の関係を研究した成果がある（上田信氏「山林および宗族と郷約」木村靖二氏他編『人と人の地域史』山川出版社、一九九七年）。

(24) 張海鵬氏他編『明清徽商史料選編』（黄山書社、一九八五年）二九二〜三五八頁。

(25) 江登雲『橙陽散志』「歙風俗礼教考」

(26) 程敏政『篁墩文集』巻一八、「世之人方宝田籍、重逋券、或致礼於非族之祀、徼福於老子、釈氏之宮……有能究心力於世譜、先祀若……者亦何可多得哉」とある。

(27) 程敏政『篁墩文集』巻一九。

(28) 明清時代における人々の宗教信仰は非常に複雑な理由に基いて様々な具体的な儀式や行動を通して、行なわれていた精神活動である。当時の人々の信仰の中では、佛教、道教、祖先、およびその他の民間信仰は、それぞれどのような位置にあったのか、どのような重要性を持っていたのか、今後検討すべき課題である。佛教と道教の影響については、南炳文氏他『明史』（上海人民出版社、一九九一年）一四四一〜一四五二頁、葛兆光氏『禅宗与中国文化』（上海人民出版社、一九八六年）六四〜七八頁、同『道教与中国文化』（上海人民出版社、一九八七年）二九一〜二九七頁、孫承沢『春明夢余録』巻四〇、馮琦「正士習」を参照。普通の人々の様々な信仰に関する分類は林美容氏「台湾民間信仰的分類」（林美容氏編『台湾民間信仰研究書目』増訂版、中央研究院民族学研究所、一九九七年）を参照。

(29) 陳櫟『定宇集』巻一二「等慈庵記」、馮爾康氏編『中国宗族社会』（浙江人民出版社、一九九四年）一七八〜一八一頁、陳柯雲氏「明清徽州的修譜建祠活動」（『徽州社会科学』一九九三年第四期）、朴元熇氏「明清時代徽州真応廟之統宗祠転化与宗族組織—以歙県柳山方氏為中心—」（『中国史研究』一九九八年第三期）を参照。また『柳山真応廟方氏会宗統譜』巻一八によれば、成化以前に方氏は祖先祭祀の廟を僧侶に任せたが、弘治年間に僧侶福清は「ほかの神像を廟の中に置き」、一族の祭祀専用場所を普通の寺に変えて、しかも方氏の祭祀用の田産を盗売したため、僧侶と方氏間の訴訟が起きて、万暦年間まで続いた。この訴訟は、廟と祖先祭祀との関係を示している。

(30) 『畏斎日記』（『清史資料』第四輯、中華書局、一九八三年）。この日記を利用して徽州農村社会における生員の状況に関する渋谷裕子氏の詳しい研究がある（「清代徽州農村社会における生員のコミュニティについて」『史学』六四巻三・四号、一九九五年）。

（31）汪道昆『太函集』巻二八「汪処士伝」、嘉慶『黟県志』巻七人物、舒大信伝、同治『黟県三志』巻七人物志・尚義伝・史世椿を参照。
（32）『千年文書（清民国）』一一巻一～一九〇頁、「祁門仏会帳簿」、叙言。
（33）徽州地方の民間信仰についての系統的整理と本格的研究は進んでいないが、祭祀組織に関して渋谷裕子氏「明清時代、徽州農村社会における祭祀組織について－『祝聖会簿』の紹介－（一）（二）」（『史学』五九巻一号、二・三号、一九九〇年）、「徽州文書にみられる「会」組織について」（『史学』六七巻一号、一九九七年）等、劉淼氏「清代徽州的『会』与『会祭』」（『江淮論壇』一九九五年第四期）、鄭力民氏「徽州社屋的諸側面」（『江淮論壇』一九九五年第四・五期）等の研究がある。
（34）道光『徽州府志』巻三、営建志。
（35）前掲劉淼氏論文を参照。
（36）『千年文書（清民国編）』第七巻二三一頁「関帝聖誕祝文」。
（37）『橙陽散志』巻十、「建立社壇示碑」。濱島敦俊氏『総管信仰－匠世江南農村社会と民間信仰』（研文出版、二〇〇一年）第四章を参照。
（38）渋谷裕子氏、劉淼氏、鄭力民氏前掲文を参照。地方信仰と郷村社会との関係について濱島敦俊氏「農村社会－覚書」（森正夫氏他編『明清時代史の基本問題』汲古書院、一九九七年）を参照。
（39）第二章第三節参照。
（40）風水説に関する理論は、下記の著作を参照。デ・ホロート（牧尾良海氏訳）『中国の風水思想　古代地相術のバラード』（第一書房、一九八六年）、何暁昕氏（宮崎順子氏訳）『風水探源　中国風水の歴史と実際』（人文書院、一九九五年）、渡邉欣雄氏『風水思想と東アジア』（人文書院、一九九〇年）等。
（41）葉顕恩氏『明清徽州農村社会与佃僕制』（安徽人民出版社、一九八三年）二一七～二二一頁。
（42）前掲拙稿Aを参照。
（43）風水建築物、自然物の意味と村落の関係は、前掲張十慶氏論文を参照。

（44）前掲『豸峰』二〇～二一頁参照。

（45）『橙陽散志』巻一一、凌雲台序に「三台山而外、為闔族水口。相其形勢、於里村尤関、形家往々謂此水勢蕩軼、致素封者少、而甲第寥寥。宜築台作印、浮水面観、庶幾不無稍補云」とある。江村の風水等について前掲鈴木博之氏の研究が触れている。

（46）『重修古歙東門許氏宗譜』巻十「許氏義田宅記」、また汪道昆『太函集』巻一四、五五、李斗『揚州画舫録』巻六、七、十二、十四等。

（47）巌鎮水口の関連施設は、嘉靖一五年に退職官僚鄭佐の呼びかけのもとに、「郷耆」方富貞、張瑀等の寄付と募金によって十数年の歳月を費やして建てられた（方弘静「巌鎮水口神埠碑記」『巌鎮志草』貞集、芸文上）。順治『新安張氏統宗譜』（黄山市博物館所蔵）巻二九張瑀伝に商人張瑀は郷里に多くの財産を寄付し、鄭佐の巌鎮水口建設計画も彼の寄付と参与を得て遂行されたという。

（48）風水施設は、明末、清代前期に多く建てられた。歙県唐模の水口と檀幹園、南屏村の水口廟、万松亭、及び万松橋等。民国『歙県志』、『南屏葉氏族譜』及び『巌鎮志草』元集・建置・水口。同集、義行伝・余文義伝と吴寛伝。光緒『婺源県志』巻三五「人物・義行」俞銓を参照。

（49）『千年文書（清民国編）』七巻二三〇頁、『乾隆休寧黄氏置産簿』「募造水口亭□□伯回信稿」に「天下建非常之事業、須得実心任事之人。扶一郷之綱紀、頼年高有徳者方為有濟。如尊伯叔諸位、乃吾郷之柱石也。承委募造水口亭、最為切要之事、関乎一門之盛衰、水聚則人財興旺、水散則各事嗟吁、豈可因循聴其久為瓦礫之地。宜速興工、実為良策。接華札即晤……邇日生意為艱、不能格外多助、愚已議之再三、約輸二十余両、仍望里中多方設法、早成其事。愚欲添商一進、供奉周王老爺、免坐衆庁更妙。成工之日、係尊伯叔不朽之功、里中之美挙也、俟各処批定、何日興工付信示知、当催命齎上」という内容が載せられている。江南地域に典当店舗をもつ休寧黄氏の家庭収支記録に乾隆五年六月に水口の場所を移転し建設するために銀二両を寄付したとある。『千年文書（清民国編）』八巻一二二頁。

（50）前掲『明清徽商史料選編』二九二～三五八頁を参照。

（51）『南屏葉氏族譜』巻一、姚鼐『惜抱軒全集』文後集十、「万松橋記」。

（52）光緒三一年（一九〇五）に徽州府には「孝貞節烈」総坊が建てられ、六五〇七八名にのぼる歴代の徽州府の「孝貞節烈」の該当者が表彰された。今残存している明清牌坊は、歙県に一〇一個ある。『歙県志』（中華書局、一九九五年）六〇二～六〇七頁。

（53）『大明律例』、『大清律例』礼律、儀制、「服舎違式」を参照。

（54）『欽定大清会典』巻三十、『礼部則例』巻四五等を参照。

（55）『千年文書（清民国編）』第三巻四三四頁「節孝執照」には「督弁三江採訪総局今拠安徽省祁門県族隣保結、挙報汪礼堂妻張氏節孝年例相符、彙入県案詳請巡撫部院・総督部堂・督学部院会核彙題、奉旨旌表、準由礼部注冊、自行建坊竪匾入祠致祭、採列志乗、以光潜徳。光緒三十四年六月十八日右給節孝汪張氏裔収執」とある。『儒林外史』第四八回のエピソードは、節孝牌坊の効用を諷刺的に描いている。

（56）『続修新安歙北許村許氏東支世譜』巻二（黄山市博物館所蔵）に「看得許徳政等告称自備己財、重造牌坊、復新祠宇、闡揚祖徳、可謂慈孫、聴従其便」とある。

（57）『千年文書（清民国編）』一巻三五二頁「乾隆三十年徽州府儒学票」。

（58）安徽省博物館所蔵『光裕会帳』上、下を参照。

（59）万暦『休寧県志』風俗。

（60）『畏斎日記』康熙四四年閏四月五日。

（61）王氏のように文会規則を設けた例もある（咸豊『雙杉王氏支譜』巻一二）。文会と村落社会の権力関係については、第二章第三節を参照。

（62）関連研究は、牧野巽「宗祠とその発達」（『牧野巽著作集』第二巻、お茶の水書房、一九八〇年）、馮爾康氏前掲書第三、四章（常建華氏）、鈴木博之氏「明代における宗祠の形成」（『集刊東洋学』七一、一九九四年）、同氏「徽州の村落と宗祠」（同前七七、一九九七年）、井上徹氏『中国の宗族と国家の礼制』（研文出版、二〇〇〇年）第四章等がある。

（63）徐揚傑氏『中国家族制度史』（人民出版社、一九九二年）三〇九～三一四頁、劉沛林氏『古村落　和諧的人聚空間』（上海三聯書店、一九九八年）九七～一〇二頁を参照。

（64）正徳・嘉靖年間『詹氏宗譜』「小八府君夫婦幽宮之図」を参照。

（65）葉顕恩氏前掲書、章有義氏『明清徽州土地関係研究』（中国社会科学出版社、一九八四年）、『近代徽州租佃関係案例研究』（同、一九八八年）、中島楽章氏「明末徽州の佃僕制と紛争」（『東洋史研究』五八巻三号、一九九九年）等を参照。

（66）徽州文書は、様々な紛争の事例を提供している。周紹泉氏「清康熙休寧胡一案中的農村社会与農民」（『九五国際徽学学術討論会論文集』安徽大学出版社、一九九七年）、陳柯雲氏「雍正五年開豁世僕諭旨在徽州的実施―以乾隆三十年休寧汪・胡互控案為中心―」（同前）等。

（67）例えば、清末歙県二七都二図約三〇〇戸の住民の中には三つの「煙館」（アヘンを吸わせるところ）があった。光緒二年『歙県二七都二図保甲底冊』、安徽省図書館所蔵。

（68）趙華富氏「黟県南屏葉氏宗族調査研究報告」（『徽州社会科学』一九九四年第二期）を参照。

（69）南屏村にはこれを「吃信皮（送金）」という。なお唐徳剛氏訳注『胡適口述自伝』（華東師範大学出版社一九九三年）一～二五頁を参照。

（70）趙吉士『寄園寄所寄』巻一一「故老雑紀」に「新安各姓聚族而居、絶無一雑姓攙入者。其風最為近古、出入歯譲。姓各有宗祠統之、歳時伏臘、一姓村中、千丁皆集。祭用朱文公家礼、彬彬合度。父老嘗謂新安有数種風俗、勝於他邑、千年之冢、不動一抔、千丁之族、未嘗散処、千載譜系、糸毫不紊」とある。

（71）葉顕恩氏前掲書一五六～一六一頁。徐揚傑氏も宗族と村落との関係を検討する際、同様の見解を提出した（前掲書三〇九～三一三頁）。

（72）毛沢東「湖南農民運動考察報告」（『毛沢東選集』巻一）。

（73）鄭振満氏の整理（『明清福建家族組織与社会変遷』湖南教育出版社、一九九二年、三～九頁）を参照。

（74）『千年文書（宋元明編）』第一一巻、一〇三～一一四頁。

（75）欒成顕氏『明代黄冊研究』（中国社会科学出版社、一九九八年）二九七～二九八頁。

(76)『千年文書（宋元明編）』第一一巻、二七九～五一四頁、第一二巻一～一〇八頁。

(77)『千年文書（宋元明編）』第一二巻一一一～五一三頁。

(78)前掲欒成顕氏書三〇一～三〇二頁。

(79)道光『徽州府志』巻二、輿地志、郷都参照。

(80)休寧県檔案館は、豊富な収蔵がある。

(81)『千年文書（清民国編）』第一巻三〇三頁。

(82)同前三二七頁。

(83)『千年文書（清民国編）』第二巻四六九頁。

(84)安徽省図書館所蔵。

(85)『千年文書（清民国編）』第三巻一〇〇～一〇九頁。

(86)商業と科挙の成功について張海鵬氏他編『徽商研究』（安徽人民出版社、一九九五年）第一章、第七章を参照。

(87)例えば、族譜巻十、詹允貞伝に「康熙甲寅十一月初五、遇兵変、率本村葉成、祝三御賊陣亡」とある。

(88)『橙陽散志』巻一二、氏族。

(89)同姓村落—宗族村がもっとも発達したと見なされる東南地域において、同姓村と多姓氏村落の併存も普遍的現象であった。Jack Potter, "Land and Lineage in Traditional China," Maurice Freedman, ed., *Family and Kinship in Chinese Society*, Stanford University Press, 1970, pp.121-138. を参照。

(90)関連の研究は第三章を参照。郷村社会の秩序状態を考察する際、宗族間の紛争も多数存在していた。中島楽章氏『明代郷村の紛争と秩序』第五章（初出一九九六年）参照。

(91)旗田巍『中国村落と共同体理論』（岩波書店、一九七三年）。

(92)Hugh D.R.Baker, *Chinese Family and Kinship*, Columbia U.P,1979. David,Faure, *The Structure of Chinese Rural Society*, Oxford University Press,1986.濱島敦俊氏「中国中世における村落共同体」（『中世史講座二　中世の農村』

学生社、一九八七年）、同「明清時代、江南農村の「社」と土地廟」（『山根幸夫教授退休記念明代史論叢』汲古書院、一九九〇年）、小島泰雄氏「満鉄江南農村実態調査にみる生活空間の諸相」（『研究年報』三〇号、神戸市外国語大学外国研究所、一九九三年）、片山剛氏「清末・民国期、珠江デルタ順徳県の集落と「村」の領域」（『東洋文化』七六東京大学東洋文化研究所、一九九六年）。

（93）慶源の場合、詹元相は大汜村（日記一九一～一九三頁等）、南坑（二〇四頁）等の地方に土地の所有権・経営権をもっていた。また詹氏一族やその分節グループが、周辺の村落に財産を持っている。

（94）明代范氏の各村落図の説明は、典型的である。范氏族譜四に「林塘村……去邑城二十里。当休邑竜脈中支、遠自率山而下……約二百里抵村。復結蘆鞭梅花数点、起大小籮阜諸墩……東出勢平衍為本村両門、阜芙居横竜坐南向居外為低田、田外以修翼作内案、案外有高崗名中山即発自籮阜、蜿蜒遶南折而東、作所居外案。中山周廻三里許与居址合、形家謂廻竜朝祖……村居西北包敦之短翼、仍遠過之沙尽、突起石骨秀巒、疑虎豹蹲伏然……肆之東北……沿渓数十楹、以篙筏為業者、則本村各僕所棲、亦以之捍衛焉。是皆依中幹余枝、護沙横縮、繞村而居者、又一村之大水口也。渓外長橋虹臥、達於北岸居安里、通遠近諸村」とある。

（95）張十慶氏前掲論文参照。

（96）『橙陽散志』巻一に「東至錦里亭、東南至清塘界、南至小渓、西南至長湖、西至三里亭、西北至田干、北至慶安橋、東北至仁和亭、周十五里有奇」とある。

（97）欒成顕氏前掲書三〇一～三〇二頁を参照。

（98）一九九七年八月二三～二四日に筆者が行なった慶源村の江希泉、詹秋炎、詹徳樹、江楽諸氏に対する聞き取り調査による。

（99）万暦『歙志』巻二、風土に嘉靖時期以来のこととして、「貧者既不能敵富、少者反可以制多。金令司天、銭神卓地。貪婪罔極、骨肉相残」とある。

（100）関連研究については拙稿Bを参照。

（101）前掲『明清徽商史料選編』二九二～三五八頁を参照。

# 第二章　帰属と自主の間

## ——郷村における社会組織——

### 緒　論

　周知のように前近代中国農村社会に関する従来の研究においては、地主と小作人、或いは主戸と佃僕との間の抑圧・収奪という生産関係ないし階級対立という認識の枠のもとで、糧長など税金徴収の責任者や郷紳など科挙・官僚制度と結びついた有力者による統治・支配について活発な議論が行なわれた[1]。また地方社会における宗族組織の形成、普及、及び宗族活動の顕在化という問題は、共同体への関心と結びつき、中国農村社会の性格を解明できる鍵の一つとして注目されてきた[2]。

　郷村の人々は、どのような社会環境の下に暮らしていたのか、言い換えれば、彼らは既存の社会的制度、装置を継承しながら、生産・生活の安全性、及び社会経済的地位の向上などの現実要求に応じて、社会的制度や装置をいかに維持、再生産、ないし創出したのか。また、制度・装置の表現としての社会組織・集団と住民との関係、及び村落における諸社会集団の存在の頻度、形成のメカニズム・機能などは、郷村社会における経済活動や社会生活を支える社会秩序の状態と構造を理解するうえで重要である。さらにこれらの問題の実証的研究は、中国社会の構造、性格、特質を根底から探る際に不可欠である。確かに最近旧中国農村社会の形態を追求する調査と研究が相次いで行なわれ、農村社会の構造の解明に大きく寄与してきた。[3] しかし文字史料の不足のため、費孝通氏が二十世紀前半の江南一村落を扱ったような十六〜十八世紀の農村社会を立体的に把握する研究は、今までのところ十分に展開されていないと言わざるを得ない。

序章で述べたように徽州文書と各種の文献の豊富さは、農村社会の全貌を全面的に解析し得る可能性を提供している。従来の徽州研究の中で宗族は、社会構成と権力構造に関連する問題として注目されてきた。その原理、組織形式、構造、公共施設・資産の形成、内部管理と関連の規範、処罰条例、族譜の編纂、宗族と商業経営、とりわけ階級闘争や封建宗法制度の批判などの視点から族長の権力、郷村社会統治における宗族の機能について取り上げた様々な論考が存在する。[4]

本章では、諸先学の研究蓄積を吸収しつつ、村落を複合的社会として扱い、村落社会における個々の人（家族）を取り囲む社会的環境、とそれに対応する彼らの行動様式を解明したい。即ち、当時の人々が、経済活動と日常生活を営む際に、周りの人々と関連しながら、いかに既存の社会組織・集団から影響を受け、いかに社会組織を新しく作ったかという問題を念頭に置いて、宗族の形成とその拡大化を軸にし、帰属的社会集団と自主的社会組織の構成、交錯、複雑な構造と権力関係及びその状態の描出を通じて郷村社会における生活と経済活動を支える自生的秩序体制について検討する。

## 第一節　徽州の宗族

族譜は、確かに宗族問題研究の基本史料として宗族組織と郷村の社会生活に関する豊富な情報を提供してはいるが、宋代以降、宗族の関係者が自主的に編修した私的文献であり、祖先史の構成と血縁の系譜に関する文献上の叙述と実際の状態の間には落差があり、編集者の作為も含まれている。つまり、族譜という文献には、宗族に関する活動状態について書かれているが、その中には、理想的なものや虚偽的なものをも、存在したものとして書き込まれているのである。したがって族譜に描かれた宗族像は、実際の宗族活動と一定の距離がある。本節では、族譜という文献にある叙述と宗族活動の実際状況とのギャップに注目しながら、早期の徽州宗族を移入・開発時代の社会組織として、また、明代中期以降の徽州宗族を移出・流動時代の社会組織として見ることによって、宗族の展開の状態について検討してみたい。

## 一　移入・開発時代の社会組織

明末以降、編纂された多くの徽州族譜には宋代、ないし晋から唐代の人々によって作製された族譜序などの文献が収められている。このような宗族文献から明確的な一族の歴史の長さを強調しようとする明清時代の編集者の意図が読み取れる。各族の移入時期に関する叙述としては、主に西晋・東晋の動乱期、隋唐交代期、唐末五代の混乱期に徽州地域に移入したという三つのパターンが特徴的である。始祖、始遷祖に関連する事情は、様々であるが、移入の契機の多くは、新安太守のような立派な官僚や政治・軍事リーダーとして新安地方を治めて、それを退職した後、徽州地方に定住したとする場合が多い。彼らのほとんどはその時代の、新安地域の堂々たる人物であった。

祖先や宗族活動に関して書かれている文献には、宋代に徽州で宗族が活発に展開していたというイメージも描かれている。ところが実際には宋代の宗族活動は、極めて限定された範囲の中で特定の家族によって行なわれるにとどまっていたようである。その活動の重要な成果である族譜は、宋代文集から少数の族譜序が見付かるほかは殆どなく、族譜で現存するものは無に近い[5]。

元代、宗族活動は発展し、その活動結果の一つである族譜編纂について見れば、現存するものが多少ある。徽州族譜は、その中でも多い。筆者の見た元代の徽州族譜は三部ある。

第一は保存状態があまりよくない休寧『新安旌城汪氏家録』であり[6]、七巻、毎頁が三二行、毎行三二文字、提綱、各図（世系）、分派（上、中、下）、類題、拾遺からなる。編纂時期は不明であるが、啓功等の学者の鑑定によれば、元代のものである。また編集者は、「用師席弘斎先生涇曹氏家録条例、従宗枝順次、該述其見有子孫者表為某房為一篇」と説明している。編集者の先生である曹弘斎は、元代徽州地域の有名な学者として陳櫟と交際もあった[7]。これによって族譜が元末のものであると推測できる。

第二は、『陳氏譜略』である。『陳氏譜略』は、陳櫟（一二五二～一三三四）が編集し、「陳氏本始」、「前代姓陳人」、「始祖鬲山府君」、「本房先世事略」、「福州通判」、「雑識」、「雲萍小録」（陳櫟の自伝）からなる。編集の年代は記録されていないが、「雲萍小録」は大徳庚子（一三〇〇年）に作成された。「始祖鬲山府君」は至元二四年（一二八七）以後、大体陳櫟の晩年に作成されたものと考えられる。陳櫟は当時の人の族譜を編修する際、「往々強付於前代聞人以侈大」という態度を批判し、自らは陳姓の起源などを簡単に述べ、始遷祖と陳櫟の祖父からの系譜を中心にまとめた。この族譜は、内容が非常に簡単なものであり、四庫全書『定宇集』の中に入っている。

第三は、『慶源詹氏族譜』である。北京図書館に所蔵されている『慶源詹氏族譜』は、幾つかの序言、記、宋代科挙成功者リスト、始祖以来詹氏祖先の伝記、詹氏系図からなる。この族譜は、元末の詹晟が編集し、明代初年に補足された部分もあり、全部で十頁程度の簡単なものである。

陳櫟と元代人の文集から、その時代の徽州地域の族譜と祠廟、ないし祭祀経費を賄う祀産の存在を知ることができる。[8] 族譜と関連文献の内容によれば、徽州に移入した人々は、地域内部の移住と山地開発を行なう過程で、村落・集落内部での協力関係、或いは血縁や年齢などの要素に基づく親和的関係と上下の秩序を作るために、祖先に対する感謝、尊敬といった自然な感情を紐帯として、また、祭祀儀式、祭祀施設という物的象徴を通じて、同族結合を図った。当時の同族結合について元代後期、徽州出身の官僚鄭玉（一二九八～一三五八）は「然非大家宦姓、声勢足以動其郷州、徳沢足以及於後世者、則又不久而輒亡之、使其子孫服未尽而已為途人」と述べ、それ程有力でない族の場合は、数世代前の祖先系譜の記憶も無くなってしまい、血縁関係者も普通一般の人のように扱われていたと指摘している。[9] しかも「且見世之宗族、服属既尽、尊卑遂紊、貧富不等、利害相凌、不知其初為一人之身也」と述べられているように、元代宗族は組織性に欠けた大家族のような状態であり、血縁関係が「五服」の範囲を超えると、血縁上の系列関係（上下）も混乱し、普通の利害競合者になってしまっていたようである。[10] 鄭玉が編集した鄭氏族譜は、その内容はほぼ人名のみからなる系譜であり、一つの墓碑に刻みこむことができる程の簡単なものであり、当時の族譜内容の貧弱さを示している。少ない文献をあわせて考察すれば、元代の徽州宗族は、限られた範囲で歳時に応じて祖先祭祀を行うことを中心とする族人の祭祀組織であり、内部の管理と結合は緊密ではなく、地域社会における影響力が大きかったとは言えない。

## 二　移出・流動時代の社会組織

徽州地域の人口と土地との関係については、葉顕恩氏の詳しい論考がある。氏の推算によれば南宋時期、徽州地域の人口は五十万に上り、元代に入ると、八十二万になり、人口のピークに達した。しかし耕地の平均占有率は全国の平均数を遙かに下回っていた[11]。こうした人口と資源の構造的な問題がある状況下で、南宋時代以降、徽州地域の人々は、外部に移住し、或いは商業に従事していた[12]。明代に入ると徽州の商人は、全国各地に至って遠隔地間の商業を営むようになった[13]。人口が持続的に増長するとともに耕地をめぐる需給関係はさらに悪化し、同時に商業利潤による磁力作用も顕在化し、徽州地域は、社会流動と経済流通の流れの中に巻き込まれ、「人十三在邑、十七在天下」という状況になった[14]。

宗族を組織化する契機は様々であるが、地理空間の移動・移出と社会流動、特に商業活動、経済上の成功は、徽州地域の既存の社会秩序を大きく揺るがしていた。こうした流動の中で経済的社会的地位の上昇・下降や空間移動自体は、流動している人々のみならず、故郷の人々にも不安をもたらした。このような不安を解消するために人々は、様々な垂直的、或いは水平的な集団・組織を作って、帰属や所属、即ち仲間や上下（所属—保護）関係の中に自らを位置付け、精神的安定感や実際の協力・扶助を得ようとした。明代中期以降、社会集団、組織を作る運動は、遍在化し、様々な原理によって、目的、レベル、規模、構造が異なる多様な社会組織が作られた[15]。宗族は、村落社会において最も形成しやすい組織であり、徽州においても、成化、弘治以来、活発な組織化動向が確認できる[16]。しかもこうした社会秩序の変化を感じ、人間の根本的倫理関係から社会秩序を再建しようとする地方官は、「士私其学、人私其身。同出於父而長我者、則知其為兄、凡出於伯叔、宗族之長者、将不復以兄視之矣。同出於父而少我者、則知其為弟、凡出於伯叔、宗族之少者、将不復以弟視之矣。甚至衆以暴寡、強以凌弱、少犯長、卑狎尊。割門戸、患若賊讐、利分毫、傷及骨肉」という乱れた社会現実に対して憂慮を示し、「立宗法以敦風化」を強調した。即ち血縁関係と自然の上下関係に基づいて人々を組織し、宗族内の教化と管理によって郷村社会の秩序を再建しようとした[17]。

## 三　慶源村と詹氏宗族

慶源村は、現在江西省婺源県段莘郷に属し、清代においては徽州府婺源県浙源郷嘉福里十二都に属していた。[18]一九八〇年代の統計によれば、村内の耕地は、約一〇〇〇畝、人口は、九〇〇人余りである。[19]康熙末から雍正年間にかけての同村人詹元相の『畏斎日記』と乾隆五十年『慶源詹氏宗譜』の記載によれば、清代前期における慶源村の人口数と耕地面積は、一〇〇〇畝以内と八〇〇人前後であったと推測できる。[20]人口が多いため、耕地の平均占有面積が低い。多数の徽州山村と同じように土壌の質も農業生産に適せず、地形によって耕地は異なる高度の坂や谷に散在しており、生産用水の蓄積と灌漑は非常に困難であった。婺源県東北地区に位置する慶源村一帯は、灌漑施設を建設するコストが高く、小作関係が不安定で、耕地が分散し、かつ農業による利益が少ないため、地主等は水利灌漑施設に投資する積極的な共通行動と協力関係が欠けていた。[21]水利施設が整備されていないために自然災害、特に旱魃と洪水がたびたび村落を襲った。[22]従って、自然環境が悪く生産環境を整備する努力がなされていない状態下で、農業生産量は少なく、人々の食生活は満たされず、食糧は、外部からの移入に依存していた。「慶源山多田少、糧藉江西、歳値凶荒、戸嗟乏糧」という一文は当地の住民の生産・生活の状況をよく反映している。[23]こうした耕地（面積、生産量を含む）と人口増加との構造的な矛盾は、人々に新たな生存様式を選択することを迫った。しかし村落は、山に囲まれて周辺村落とは二キロメートル以上、さらに県城、府城とはそれぞれ約六十キロメートル、一〇〇キロメートルぐらい離れていた。外部市場との繋がりは、陸路にせよ、水路にせよ非常に不便であった。

このような山村の中に十以上の姓氏が存在していた。そのうち宗族組織をもつ姓氏としては、詹氏のほか、『畏斎日記』によれば江氏も宗族関連の施設を持っていた。『慶源詹氏宗譜』と日記の記載によれば江氏、葉氏は、詹氏と長期的な婚姻関係を持っていた。また夏氏、何氏は、詹氏宗族組織の佃戸集団として存在し「鹿鳴戸」や「宗寧戸」と呼ばれていた。

村内の人々の中には、近距離の商業活動に従事するものもあったが、多くの人は、遠隔地商業を営んでいた。また知識人層があり、その中で多くの人は、科挙資格を獲得し、官界に進出するために幼い頃から科挙受験に悪戦苦闘した。中には、生涯を賭けた詹紹栄（五七歳）とその孫たる詹如玉（三六歳）のように、府の受験場で死んでしまった例もある。明代中期以来、知識人の中から、科挙を通じて貢生、挙人、武進士、進士などの資格を持つ人々が相継いで出た。『畏斎日記』の記載を整理すれば、詹氏一族の中から康熙三四年に元相、廷楹、茂森、廷淑、三八年に永嘉、磐石、四〇年に四知、元楠、承楷、奇竜、法詩、四三年に茂杞、茂桐、如玉が県、府学の文武生員資格を獲得した。日記と族譜によれば、十八世紀初頭、科挙初級試験を通過し生員等の資格を獲得した人は五十人近くいた（表二—一）。康熙五十年に同県は賦役を免除する際、「照現在郷紳進挙貢監生員止免本身一丁」という原則で全県の科挙資格保有者の数を統計したが、その数字は六七三人であった。[24] 従って慶源村の知識人集団は、婺源県では大きな影響力を持つようになっていた。

表二—一　康熙後期慶源村科挙初級資格保有者リスト

| 姓名 | 別名 | 字 | 号 | 生卒年月 | 資格 | 房派 | 世代 | 備考 |
|---|---|---|---|---|---|---|---|---|
| 詹起淳 | 斌 | 涵若 | 石松 | 一六四八—一七二八 | 県学武生 | 柔 | 三三 | 起濡の兄 |
| 詹起濡 | 濡 | 羔如 | 石泉 | 一六四九—一七一三 | 府学生員 | 柔 | 三三 | 元相の父 |
| 詹元相 | | 翊元 | 畏斎 | 一六七〇—一七二六 | 県学生員 | 柔 | 三四 | 郷試の参加者 |

| | | | | | | | | |
|---|---|---|---|---|---|---|---|---|
| 詹起洵 | 洵 | 允功 | 竹渓 | 一六五〇—一七二八 | 県学武生 | 柔 | 三三 | |
| 詹元秉 | | 均元 | 屏山 | 一六八〇—一七四七 | 県学生員 | 柔 | 三四 | 起洵の息子 |
| 詹元楠 | | 楚良 | 嘯竹 | 一六七三—一七四〇 | 県学生員 | 柔 | 三四 | |
| 詹起沂 | 得禄 | 志曾 | 錦川 | 一六五八—一七二九 | 県学武生 | 柔 | 三三 | |
| 詹茂烈 | 守真 | 場武 | 白雲 | 一六八〇—一七三五 | 県学生員 | 柔 | 三五 | |
| 詹永富 | 佐 | 潤可 | | 一六七一—一七二一 | 国学生 | 仁 | 三三 | |
| 詹允勝 | 霆 | 浜泗 | 敬庵 | 一六五二—一七二九 | 県学生員 | 仁 | 三二 | |
| 詹永嘉 | 梅 | 孔章 | | 一六七五—一七三七 | 県学生員 | 仁 | 三三 | |
| 詹之洪 | | 大可 | 完璞 | 一六三八—一七〇九 | 県学生員 | 仁 | 三三 | |
| 詹永興 | 佑 | 振斯 | | 一六七二—一七二七 | 国学生 | 仁 | 三三 | |
| 詹茂杞 | 祖徳 | 含章 | 友梅 | 一六五五—一七三一 | 県学武生 | 正 | 三四 | |
| 詹茂森 | 林 | 蔚林 | 華顛 | 一六六三—一七三一 | 県学武生 | 正 | 三四 | 含章の弟 |
| 詹茂傑 | | 子俊 | 木峰 | 一六六七—一七三四 | 府学生員 | 正 | 三四 | 含章の弟 |
| 詹茂桐 | 坦 | 高白 | 思直 | 一六六九—一七一六 | 県学生員 | 正 | 三四 | 含章の弟 |
| 詹昌文 | | 燕其 | 怡斎 | 一六七六—一七五六 | 県学生員 | 正 | 三五 | 含章の息子 |

| | | | | | | | | |
|---|---|---|---|---|---|---|---|---|
| 詹之麒 | 光祖 | 玉書 | | 一六六三ー一七二七 | 貢生 | 礼 | 三二 | |
| 詹廷淑 | | 儀一 | 巽斎 | 一六五九ー一七二五 | 県学生員 | 義 | 三三 | 郷試の参加者 |
| 詹磐石 | 磐 | 鴻安 | 類稽 | 一六六四ー一七四一 | 県学生員 | 義 | 三四 | |
| 詹法易 | | 兼三 | 古愚民 | 一六五六ー一七三二 | 県学生員 | 義 | 三四 | |
| 詹法礼 | 寵生 | 立三 | 蒼垓 | 一六六二ー一七二六 | 県学武生 | 義 | 三四 | 兼三の弟 |
| 詹法詩 | 侯 | 解三 | 醒庵 | 一六六五ー一七三一 | 県学武生 | 義 | 三四 | 兼三の弟 |
| 詹竜瑞 | 旦 | 冠六 | 淡渓 | 一六六二ー一七三九 | 県学生員 | 義 | 三三 | |
| 詹竜瑶 | 瑶 | 閬青 | 苑仙 | 一六六六ー一七三〇 | 県学生員 | 義 | 三三 | 竜瑞の弟 |
| 詹承楷 | 承恩 | 世模 | 台山 | 一六六一ー一七三八 | 府学生 | 義 | 三四 | |
| 詹奇竜 | 亮友 | 勝褒 | 鳳山 | 一六四二ー一七〇四 | 県学武生 | 義 | 三二 | |
| 詹三光 | 光岳 | 涵一 | | 一六一九ー一七一一 | 県学武生 | 義 | 三二 | |
| 詹日隆 | 一竜 | 長卿 | | 一六三五ー一七一一 | 県学武生 | 義 | 三三 | |
| 詹寿国 | | 文静 | 亙山 | 一六六六ー一七一八 | 太学生 | 義 | 三三 | 秉国の兄 |
| 詹秉国 | | 文賛 | 敬斎 | 一六七二ー一七〇八 | 県学生員 | 義 | 三三 | 郷試の参加者 |
| 詹安国 | | 文和 | 印否 | 一六七五ー一七四四 | 太学生 | 義 | 三三 | 寿国の弟 |
| 詹壮国 | | 文猷 | 緋園 | 一六八〇ー一七六三 | 県学生員 | 義 | 三三 | 寿国の弟 |

| | | | | | | | | |
|---|---|---|---|---|---|---|---|---|
| 詹如玉 | | 含輝 | 他山 | 一六七九－一七一五 | 県学生員 | 義 | 三四 | |
| 詹士倫 | 浜 | 五有 | | 一六五〇―一七一二 | 県学武生 | 義 | 三三 | |
| 詹承宗 | | 穉臣 | | 一六三六－一七一六 | 府学武生 | 義 | 三四 | |
| 詹文魁 | 鏕 | 子元 | | 一六六〇－一七〇六 | 県学武生 | 義 | 三五 | 穉臣の息子 |
| 詹文錦 | 天禄 | 載尚 | 梅邨 | 一六六九―一七五七 | 県学武生 | 義 | 三五 | 穉臣の息子 |
| 詹文熺 | 煒 | 功三 | 尚晦 | 一六八〇－一七四五 | 県学生員 | 義 | 三五 | |
| 詹掄英 | 柱史 | 靖煙 | 杏林 | 一六七六－一七二〇 | 県学武生 | 義 | 三四 | |
| 詹廷楹 | 楹 | | | 一六六六－一七〇三 | 府学生員 | 義 | 三三 | 郷試の参加 |
| 詹四知 | 廷 | 希震 | 印波 | 一六五三－一七二二 | 県学生員 | 旻生 | 三二 | |
| 江敏文 | | | | | | 江氏 | | |

注1　このリストは、光緒『婺源県志』等を参照した上で主に乾隆五十年『詹氏宗譜』と康熙三九～四五年詹元相『畏斎日記』によって作成した。

注2　日記に出てくる法叔は詹廷淑、儀一のことである。

族譜の序によれば、詹氏は唐代の広徳年間、詹盛なる人物が慶源へ移住して以来、宋代にかけて人口が増加し、宗族らしい活動を始めた。元末以降、とりわけ明代中期以来、詹氏の有力者の主導のもとに詹氏一族は、宗祠を建てたり、族譜を編纂したり、或いは周辺詹氏を統合して宗族組織の拡大化を図った。こうした宗族全体の統合と同時に、それぞれの時代の祖先を祭る過程で、詹氏一族は、さらにそれぞれの祭祀組織——サブリニージに分化し、分節的社会集団を結成していた。

詹氏の系譜関係について、乾隆五十年の族譜の叙述によって作成したのが第二六代までの詹氏世系表（表二―二）である。

氏世系表

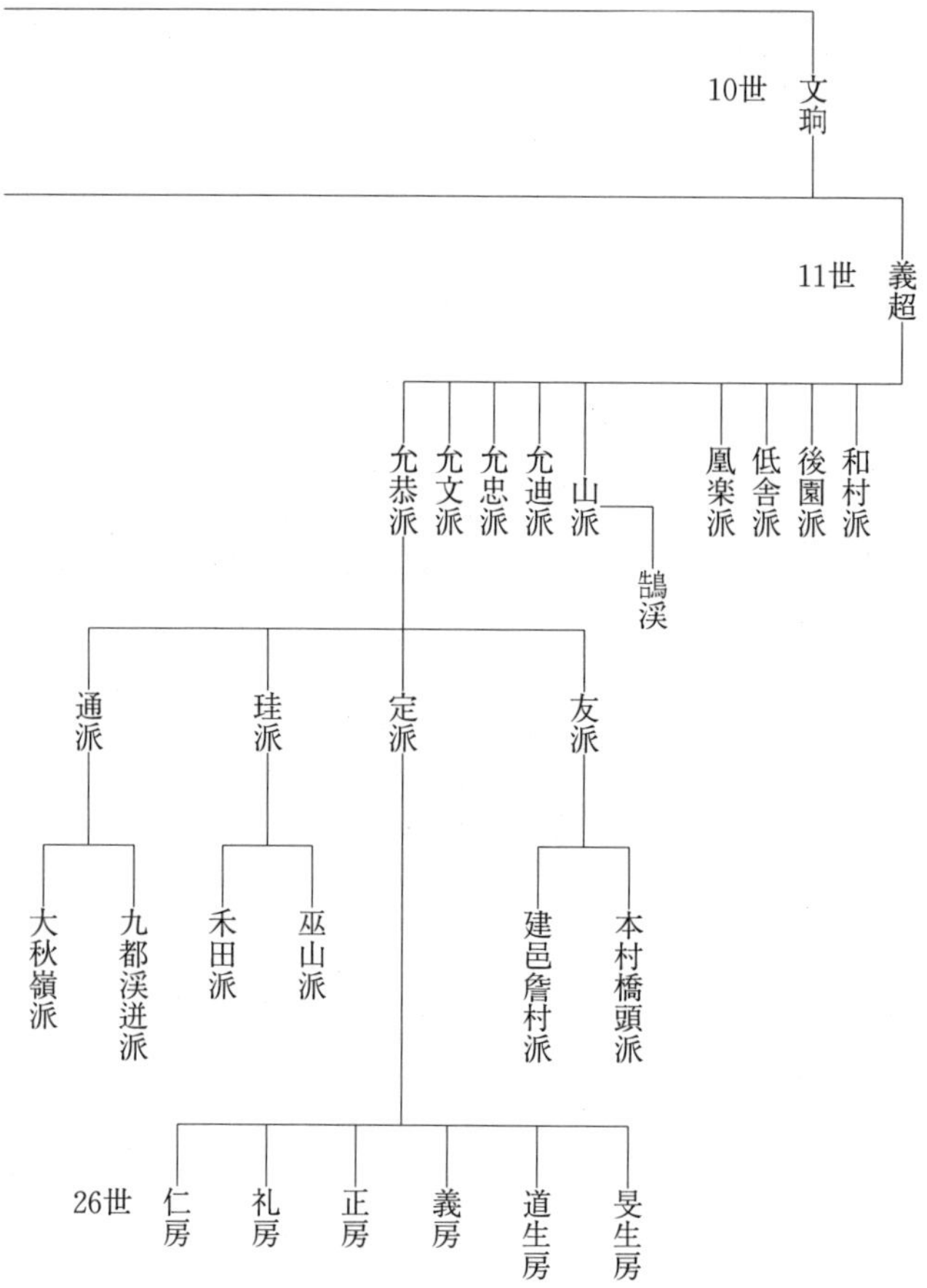

表２－２　慶源詹

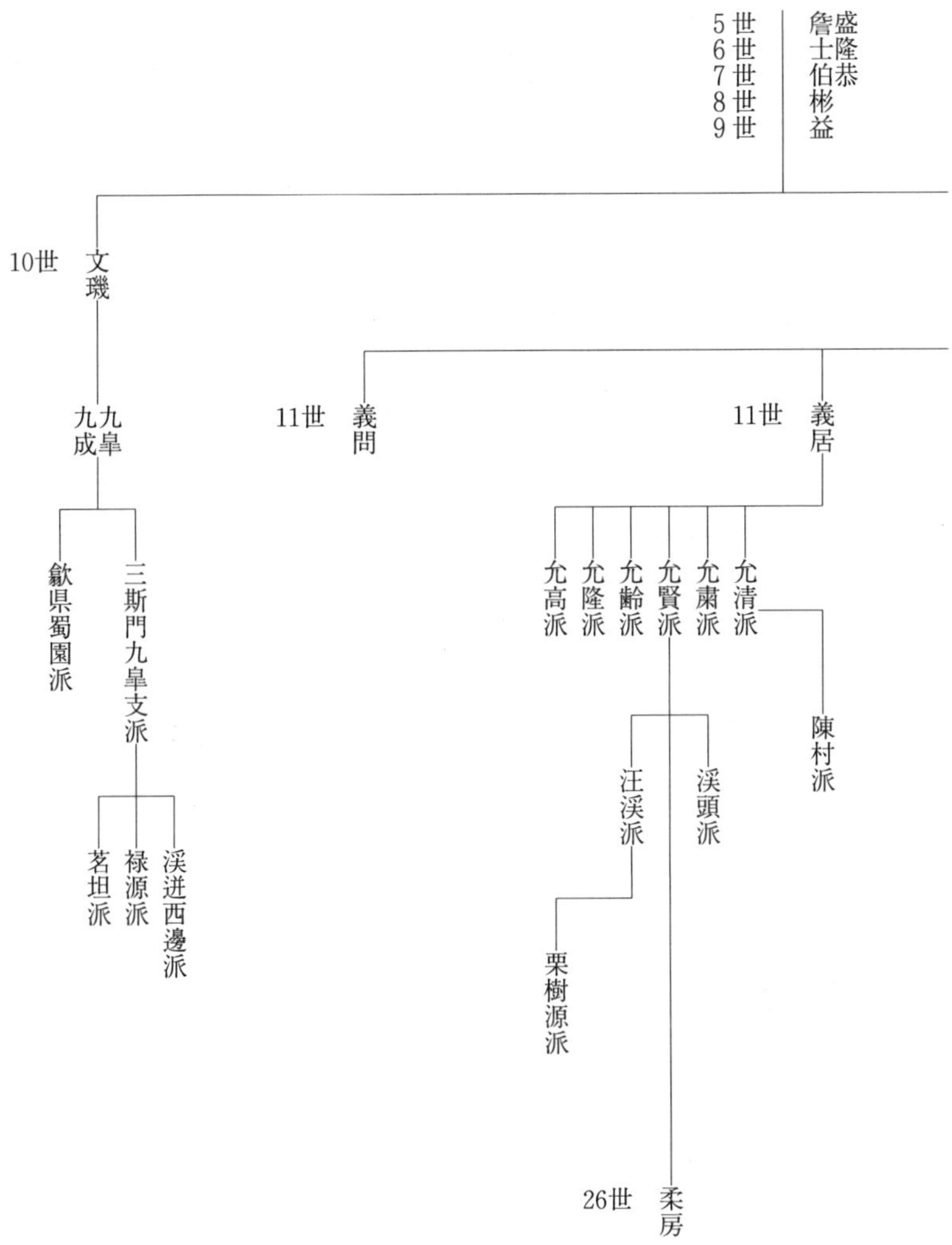
5世　詹盛
6世　士隆
7世　伯恭
8世　彬
9世　益
10世　文璣
九皐
九成
11世　義問
11世　義居
歙県蜀園派
三斯門九皐支派
茗坦派
禄源派
渓迸西邊派
允高派
允隆派
允齢派
允賢派
允粛派
允清派
陳村派
汪渓派
渓頭派
栗樹源派
26世　柔房

表二～二における二六世は、大体明代永楽、宣徳、正統時期に生れ、景泰から弘治にかけて活躍していた人たちである。この表から一部の詹氏は早くから慶源を出て周辺、ないし休寧、歙県等の地方へ移住しており、慶源村に残っている詹氏の主体は柔公房と定派の仁、正、礼、義房であったことが分かる。村内の詹氏の人々がどのように組織されたのかということについては、不明な点が多いが、一般に明代中期以前には、族譜の編集、宗祠の樹立などが、血縁関係を確認し祖先祭祀の場所を確保することを目的としていたことを考慮すれば、宗族活動の内容は主に祭祀を中心とする範囲に止まっており、一族内のメンバーの日常的な生産、生活領域に入ってはいなかったと思われる。

詹氏一族の祭祀施設は、族譜の村落図によれば、起元堂、慶遠堂、瑞環堂、樹槐堂、履坦堂、槐西堂、橋西堂、恒慶堂、三斯堂、儀正堂、恒徳堂、永宜堂、存古堂等である。それぞれの堂は、一つの分節組織として詹氏の血縁序列を反映しているが、堂と堂の隷属関係に関しては不明な点が多い。族譜と日記によればこれらの祭祀組織は表二～三のように推測できる。

表二～三慶源詹氏宗祠分節系統表

| | |
|---|---|
| 宗祠 | 惇叙堂 |
| 一次支祠 | 起元堂　慶遠堂　瑞環堂 |
| 二次支祠 | 樹槐堂　履坦堂　槐西堂　橋西堂　恒慶堂　三斯堂<br>儀正堂　恒徳堂　永宜堂　存古堂 |

表二～三に示したように宗族組織は重層的構造をなしていた。詹氏のメンバーは、こうした組織系統に重層的に属

していた。例えば、日記の作者詹元相は、起濡家の長男として→二房（三二世、万暦四一年に生れた士鏊とその子孫の血縁単位）→樹槐堂（三一世、万暦一三年に生れた尚時——字が樹槐である——を中心とした祭祀グループ）→柔公房派（二六世、永楽時期に生れた柔を中心とした祭祀グループ）→起元堂→宗祠惇叙堂に属していた。

日記の記載によれば、宗族及びその分節組織、即ち各レベルの宗祠、支祠は、一定数量の共有財産をもち[25]、定期的に祭祀と集会（飲食、或いは祭祀用食品の配分）を行なったり、知識人の学力や科挙受験の準備状況を測定したりしていた[26]。いずれにせよ、宗族や分節グループのメンバー全体に及ぶ活動は、極めて少なかった。各分節グループ内部では、共有資産の運営と管理、公共施設の建設、維持をするための集金、ないし罰金などにルールを設けて、ルール違反者に対しては罰を実施していた[27]。

## 第二節　聯宗統譜と祖先史の再構成

宗族組織成立の過程において父系血縁関係は、核心的原則である。北宋中期以降、官僚と知識人の活動、特に范仲淹の義荘、蘇洵、欧陽修の族譜編纂法、張載、程頤、朱熹等の宗族復活理論などの登場によって、祖先祭祀を中心とする宗族組織の形成は、官僚と庶民の間に広がり始めた。唐代以前の世族制度と士族制度の下における宗族と異なって、近世宗族と言われる組織の特徴として、共有地、祠堂、族譜などが従来の研究の中で重視されてきた[28]。宗族の規模とサイズは、一般的に言えば人口、特に男性出生率、父系家族の数量、及び宗法理論における「服制」（父系血縁による人間関係距離の遠近）などの要因に決まられるが、比較的狭い空間的範囲、即ち一つの村、或は幾つかの隣接村落という地理範囲に集まって住むという聚居形態も宗族の存在と維持の重要な条件である[29]。極めて少数の例外を除いて、宋元時代における宗族の象徴としての共有財産、祠堂、族譜の規模はそれほど大きいものではなく、組織は厳密なものではなく、確認できる宗族集団も多くなかった。しかも個々の宗族が広い地理的空間に分布していたと言えない[30]。

しかし元代を経て宗族組織はさらに庶民層への普及が進んで、明代中期以来、華中・華南、とりわけ徽州地域において宗族組織化運動は、次第に拡大された形で展開し、宗族組織の存在と活動は、人々の日常行動に大きな影響を与え、郷村における社会生活と秩序の重要内容となりつつあった[31]。また共通の遠祖を結合の契機とし、同姓の間で日常生活の空間を超えて県、ないし府、省を超える宗族結合を形成してゆく「聯宗統譜」運動が目立つようになった。

宗族組織の形成、普及、及び宗族活動の動向は、前近代中国社会の性格を解明する重要な課題として注目されてきた[32]。宗族活動が発達した徽州地域に関して、宗族の組織形式、構造、公共施設・資産の形成、内部管理と規範、処罰条例、族譜の編纂、宗族と商業経営、とりわけ族長の権力、郷村社会統治における宗族の機能について取り上げた様々な論考が存在している[33]。周知のように徽州は商人が輩出し、経済全体が遠隔地商業活動によって支えられていた地域である。従来の研究において注目されたような辺境地域における水利・稲作生産及び移住・開発先の協力関係という農業社会の新開地モデルでは、必ずしも徽州の宗族の組織化と拡大の契機は解釈できない[34]。宗族活動の展開の中で組織化運動が急速に広がった社会的動因、及び社会集団としての宗族のサイズと地理空間の拡大をどのように認識するか、また郷村社会の人々は生産・生活の安全性、及び社会経済的地位の向上などの現実的要求に応じて、宗族のような社会的制度や装置をいかに利用、維持、再生産したのか、という問題は、明清時代の社会組織の形成と展開だけではなく、人々の行動原理と社会変動を理解する大きな課題である。本節では、徽州地域を中心にし、社会内部における「聯宗統譜」という現象に注目しつつ、同姓関係者の間で宗族結合を拡大化するプロセスにおける祖先史の再構成と祖先、血縁系譜、宗族文献等の偽作過程を考察しながら、宗族形成運動の展開、「聯宗統譜」現象と社会変動との関係、また族譜文献等の偽作が地方的知識の形成及び地方社会の統合との関係についても考察してみたい。

## 一　擬制的宗族関係の形成

### 1　「聯宗統譜」と宗族文献の偽作

同姓、或いは所謂同祖をめぐって血縁関係をもち、或いは血縁関係をもつ可能性が高い集団を明確にグループ化させ、大きな「圏層」を形成しようとする「聯宗統譜」の過程で、血縁関係が全くない同姓集団相互の間で「同宗」を「冒認」し、血縁関係がなくても同族を「冒称」する風習が、知識人、官僚、商人という社会移動性が比較的に高い階層の間に広がっていった。[35] この現象について、顧炎武は、「近日同姓の通譜が最も氾濫している。その実は皆党を結び、私利を営むためである。……五十年来、通譜の気風は、天下に遍く……現在同姓に対し譜を結ぼうとしない人は殆どいないであろう」と述べて、「同姓通譜」は、党派的集団を結成し、私的利益を図って本来の人間秩序を乱してしまう現象であり、天下に普及している「通譜」活動を政府が取り締るべきだと主張した。[36] しかし「通譜」の勢いは止まらず、乾隆期には人々が親近の感覚を強調し、「近日同姓の交際は同族ではないのに皆同宗と称し姓を書かない」ということが例外的な現象ではなくなった。[37] このような行動を取る思惑は、各々の宗族によって異なり、金目当てもあれば、逆に経済的手段を通して、貧困だが由緒ある同姓の一族と系譜を繋いで社会的地位の向上を図ることもあった。当時の人々はこの行動を「貧しい一族は権勢に赴いて宗を冒し、権勢のある家は、賄賂を取って一族の系譜を売った」と評した。[38] また朝廷の権力闘争をめぐる勢力の結合、或いは大族勢力と対抗するために異姓の間で族を合するケースもあった。[39]

実際徽州地域では顧炎武が通譜を問題視した明末清初より早くから「聯宗統譜」が行なわれていた。徽州出身の官僚である程敏政（一四四四～一四九九）が休寧「五城黄氏会通譜序」で「宗法が後世衰えてから凡そ大きな府県において巨室と言ってもただ一つの家族の系譜をはっきり述べられるものは多くない。さらに一族の系譜を述べられるものはもっと少ない。その上に源が同じであるが、流が異なる系譜を明らかにできるものは、僅かに私の故郷（徽州）でも一、二存在しているのみ」と述べたように[40]、成化、弘治年間（十五世紀後半）には、同祖関係を遡って、各地に散在している同姓の脈絡関係を明晰な系譜に整理することは、非常に珍しかったが、徽州ではこのような動きが見える。程敏政が譜序を作成した黄氏の子孫雲蘇は、実際天順六年（一四六二）以来、約三〇年の歳月を費やして徽州府を超える黄氏の資料を集めて「統宗譜」を完成した。この範囲は、「徽州の休、歙、婺、祁、黟、績、饒州の楽平、浮梁、徳興、鄱陽等の十県」であり[41]、参加した各地の黄氏の子孫には二六支派があり、会通譜は歙県斗山の程天相の手を経て編集された[42]。

程敏政は、各程氏の系譜を統合した歙県の程文実の正統年間（一四三六～一四四九）の族譜を基礎にし[43]、さらに資料調査と収集を行ない、自ら徽州と周辺地域の程氏を統合する大規模な『新安程氏統宗世譜』を編纂した。この統宗世譜成立の経緯について彼は「始め僕は最も譜学に関心を持ち、嘗て親父の同意を受けて各族の資料を調べることが二十年間に及んだ。混乱を整理し間違ったところを正し、結びつくことのできる四十四房を得て統宗世譜二十巻に編纂し、刊行し後に伝える」と述べた[44]。この族譜は、成化一八年（一四八二）に編集を始め、わずか六カ月で完成したが、資料調査と関連の準備には約二十年の歳月を要した。この時期には各同姓集団の連合と統宗世譜の編纂は、必ずしも印刷した族譜などの形では表されなかったが、確実に進んでいた[45]。程敏政は、地元の人々の請求に応じて程氏のほか、各姓氏の祠堂、祭祀組織、族譜（統宗譜）の編纂に関する数多くの序、記、跋を書いた[46]。これらの文献によって、景泰年間以来、徽州の宗族活動が次第に展開し、複数の同姓集団を連合し共通の族譜や祭祀場所を作ってゆく同姓統合の趨勢が窺われる[47]。

明末から清朝までの徽州の族譜は、しばしば「通譜」、「統譜」などの題名で表わされているが、このような題名がなくても内容から複数同姓集団の結合の結果であると分かる。多くの同姓集団の「通譜」、「統譜」の活動と相俟って、共通の祖先を祭る専用の場所としての祠堂が建てられた。（統）宗譜と（統）宗祠は、当時宗族活動及び拡大化のシンボルとして重視された。確かに多くの官僚や一般人が始祖を祭る祠堂を建てる傾向は、嘉靖一五（一五三六）年の夏言の提言、つまり明朝政府の礼制改革と関連しているが[48]、先に挙げた徽州族譜から、徽州の宗族形成、及びその拡大化は以前から進行しており、徽州の宗族はある意味で「聯宗統譜」の気風を煽り、宗族組織化、拡大化の運動をリードしてきた存在であると言える。

誰を血縁系譜における重要な人物として祭るべきか。即ち始祖、始遷祖という共通アイデンティティの確認は同族、同姓を統合する先決条件であり、文献の形で明晰な共通の祖先の血縁系譜を確認することは、宗族活動の最優先課題であった。しかし血縁集団の規模や集団の存在する空間的範囲の大きさによるにせよ、宗族活動の主役たちの教養・学識の程度によるにせよ、宗族活動は、まず資料不足の問題に直面していた[49]。長い歳月を経た口頭伝承や断片的家族文献のみを通して、戦乱、移民政策、自然災害、経済の展開等によって起った人口遷移と変動の歴史を整理し、断ち切られた血縁の系譜の空白を埋め、百年以上前の祖先、さらには数百年、千年以上前の祖先の歴史を溯って明晰な系譜関係を整理するのは、唐以前のように専門家を有する官設族譜編纂機構にとっても容易なことではないが、農村の知識人にとって相当困難な仕事である。従って祖先の系譜関係を整序する使命を背負う郷村の知識人は、確かに血縁系譜の曖昧さと歴史の空白を強く意識し、かなり神経を使っていた[50]。

さて、宗族の組織化や拡大化の過程で生み出された成果である族譜（統宗世譜）について、当時の人々は、その性格と価値をどのように評論していたのだろうか。

清代の学者銭大昕は、多くの族譜を研究した上で「宋元以降、私家の族譜は朝廷に登録しないため、族譜の編纂には、ちりちりにこじつけた。紛紜として入り乱れ、編集者は勝手に官職名を作り、年代を逆さに置いた。こうして遙かに遠い由緒ある高貴の一族の歴史がただ識者の嘲笑の材料となった」と指摘した[51]。章学誠は、族譜の性格を総論する際、「譜系を編修することは、官の管理の下に置かないため、家ごとは自ら編集し、人ごとは自ら説を成した。子孫はその祖父・父親を誉め過ぎって頗る国史を齟齬している。不肖の者は、謬って賢哲に託したり、族譜を密かに売ったりして偽物を以って本物を乱し、族譜の内容の誤りと乱雑さは言うにたえない」と述べた[52]。即ち宋元以来、族譜編纂は国家の管理と審査を受けない民間の自主的行動になり、編集者が想像、妄想で祖先史を勝手に解釈し一族の系譜を誇耀するものとなった。従って族譜の内容は、黄宗羲が個人の経験から明言したように、事実性と客観性に欠けている（「以余観之、天下之書、最不可信者有二、郡県之誌也、氏族之譜也。……氏族之譜……大抵子孫粗読書者、為之掇拾訛伝、不知考究、牴牾正史、徒詒蚩笑」[53]）。

一族以外の者や有名な学者が族譜の価値に疑問を呈したのみならず、族譜を編集する徽州の当事者も系譜関係、遠祖や始遷祖の実在性や時代の前後関係等を考証し、同姓族譜の偽作現象を摘出し、祖先史の検証、或いは「弁偽」を盛んに行なった。

十五世紀後半、程敏政は、徽州程氏の家族文献を集めて始祖と始遷祖、及びその系譜関係を解明するために各族譜を研究した。彼は程氏各族譜の手本となった所謂宋代の程祁『程氏世譜』を詳しく考証し、その系譜関係の完璧性と構成過程を疑問視し、様々な問題点と誤りを摘出し、程祁譜の大きな問題点は「行褒（程氏系譜の重要人物）以上の祖先の名前を偽り、系譜を繋ぐところにある」という点であると指摘した。各編集者は程祁譜の枠に合わせるために勝手に人物を増減し、内容の真実性を考えなかった。継続した者も宗族文献と事実の調査を行なわず、推測を事実とした。[54]

程敏政が提起した族譜編纂における祖先と系譜の偽作問題は、単に程氏のみではなく、当時の族譜編纂の一般的プロセスを示している。嘉靖期、蘇州出身の帰有光は、正史等の文章を因襲し、関係もない有名な人物を一つの系譜に取り入れた王氏一族の族譜に「多くのは、むりやり繋がる。それは偽物であるに違いない」という結論を下した。[55]明末の南京大理卿陳文燭は、「休寧茗州呉氏家記序」で、血縁系譜を偽作する気風について「世の中で偽りに趣くものが常に多い。淳安の汪氏は、その身より上に系譜を遡らせ、魯公の族の七十余りの世代に至って人の名前や生卒の年月や埋葬の場所は、自ら見たり聞き取ったりしたようである。その意図にはこれを博識としていたが、これは偽りは堪えない。……呉寧の杜氏は、千年を超えて漢代の杜延年と晋代の富陽侯を祖先とし、その意図は巧妙に成そうとしたが、実際関係がない人物である」と述べている。[56]

清代徽州地域の族譜の編纂においても明代と同じような行動原理が採られた。新安徐氏族譜に「世の中に族譜の編修には多くは大袈裟に言うことを得意技にし、常に古代の同姓の名公鉅卿を族譜の最初に集めて載せる。我の一族一脈ではなくても見落さない。……世の中に族譜の編修には常に宗族のつながりを広く述べて、遠く世代関係を引き出し、これをもって巨族と自慢する。その多くは牽強付会であり、識者に笑われる。百世代にわたる長さや天下にわたる広さはどうやってはっきり筋立てることができるのか」とあるように、よその族譜を批判する口調は、徽州族譜の中にしばしば見られる。[57]潭渡黄氏のように「旧譜に載せている各宗派の族譜の黄氏淵源録、および会通譜の源流と世代では、人物は荒唐無稽であり、各考証は精確で適当ではないため、概ね採用しない」という慎重な態度で真剣に家族文献、特に一族の古い族譜を批判的に扱うケースは少なかった[58]。

聯宗統譜、或いは宗族組織の拡大化の地理的範囲は、明清時代の徽州族譜に即して見れば、大体一つの県、或いは徽州府内の一部地域の同姓である。範囲の大きな事例としては、徽州府を超えて寧国府、池州府、饒州府、厳州府等、即ち安徽、江西、浙江等を含めている場合もある。さらに空間的範囲を無限に拡大し全国へ展開する族譜も現れた。嘉靖一四年に編集された『張氏統宗世譜』は、血縁系譜は簡単であったが、冒頭の十八頁に及ぶ「張氏古今遷居地理図」は北京、南京及び各省に散在する張氏を包摂している。この地図について編集者は「今伊城、魯国、曲沃、陳留、さらに襄国、呉郡、金華からの移住の系譜を以って、『方輿勝覧』、『禹貢九州』、『皇明大一統志』などの諸書を参照しながら図に記した。これは大地に流れる江と河のように脈絡が繋がっている。族譜を見る者に某邑が古くは某郡に属し、某人が古くは某処に遷移したことを知らせる。……図に由らないで各宗族の結びつきを表すのでないものはない」と述べて、張氏の歴史的展開とその遷移、変化を説明している[59]。

大きな地理的空間で厖大な（想像上の）血縁関係を作りあげてゆくプロセスにおいて、共通の始祖、始遷祖の実在性と高貴さを証明するのは、重要な作業である。しかし早期の族譜の簡単な系譜や序言や伝記等はその目的を満たすことができない。宗族の名誉を輝かすために宗族組織の主役は関連の文献を自ら用意して、様々なつてを辿って有名な官僚や文人に提供し、序言や伝記等を依頼することが一般的なのであったが、人脈と適当な予算をもっていない一族は、各文集などから有名人の族譜序言をかき集めて改造し、有名人の執筆と称して堂々と誇示していた。この延長線上に以前の有名人を偽称して粗末な序言等を作る例がかなり多く見られる。徽州族譜は、序言、誥勅封爵、先賢列伝、像賛、人物伝記、系譜図、祠墓図記、及び共有財産に関する契約等の内容からなる。これらは財産等の文書を除き主に始祖、始遷祖をめぐって敷衍して解釈、証明するものである。様々な族譜は、始祖、始遷祖に関わる序言、誥勅封爵、先賢列伝・像賛、系譜図や遠く離れた世代のメンバーの生死の年月日、簡単な伝記等の部分には矛盾し荒唐無稽な点が少なからず見られる。このような現象について盧文弨は、乾隆五二（一七八七）年の「休寧厚田呉氏宗譜序」に「近世以来、宗譜を編修するものは、その序言に必ず古代の有名人のものを借りて重みをつける。僕は嘗て数種類の族譜を読んだ。張や王や李や趙にせよ、その前文に皆宋文丞相（天祥）の文章を載せている。その他の煌煌たる大篇は例外なく皆前代の高官や有名人のものであった。そうではないと、華やかではない。先に湖南にいる時に、複刻した李文正『懐麓堂集』を得たが、その中に幾つかの族譜の序言が入っていた。初刻を調べるとそれがない。一つの序言でも借りて飾ることを憚らず光栄のことだと思われている。したがって遙かに上を遡った貴族の系譜はすべて信じられるでしょうか」と指摘した。[60]

徽州の族譜の中には、司空図、欧陽修、司馬光、黄庭堅、岳飛、朱熹、文天祥等の唐宋時代の有名な人物によって書かれたと称する祖先の像賛、伝記、序言といった類のものが多く残っている。また一族の祖先を誉める像賛には、唐宋時代の皇帝の御筆とされたものすらあった。誥勅封爵等は、明代中期以前に溯って唐宋、さらには漢代のものまでもあった。文章の形式と文字の使用の状況から文献の書き手の教養レベルが高くなかったことが分かる。内容も常識を欠く粗末なものばかりで、まさしく前掲の黄宗羲、銭大昕の指摘にあるとおり、下層知識人の拙い偽作であった。[61]

## 2　慶源詹氏血縁系譜の軌跡

明清時代の族譜に書き込まれた「事実」の非事実性や偽作性は同時代の人によって指摘されていたが、それは主に直感、見聞、経験に得られた認識であり、族譜の偽作のプロセス、メカニズム及び隠された意義などについては資料と認識等の限界のため、十分に掘り下げられることはなかった。以下、元明清時代の婺源詹氏族譜内容の推移に即して、祖先史に関する解釈、偽作と再構成の軌跡について検討してみたい[62]。

族譜序等の資料によれば、徽州府婺源（今江西省婺源）県慶源村詹氏族譜は、少なくとも宋の崇寧、元の至正、明の景泰、正徳、嘉靖、清の乾隆の六回にわたって編集された[63]。筆者は、現存する四種の族譜を調査した。族譜1は、元代至正年間（一三四一～一三六八）に詹晟が編集した、残欠がある十頁程度の『慶源詹氏族譜』である。族譜2は、景泰三年（一四五二）に詹仁、詹厚等が編集した『新安詹氏家譜』（四巻）である[64]。族譜3は、一九七〇年代に慶源村の明代建築から発見した原稿残本（抄本）である。編纂年代については族譜自体に明らかされていないが、像賛や族譜4の記載をあわせて考えると、正徳・嘉靖間（一五〇六～一五六六）の族譜に組みこまれたものと推測できる。族譜4は、乾隆五十年に詹建邦等が編集した『慶源詹氏宗譜』（二四巻）である。また慶源詹氏に関連している三種類の族譜がある。それは、弘治年間（一四八八～一五〇五）の『休寧流塘詹氏宗譜』（刊行本）、嘉靖年間（一五二二～一五六六）の『新安星源竜川詹氏統宗世譜』（刊行本）と万暦一三（一五八五）年に詹文中等が編集した『詹氏統宗世譜』（刊行本）である。族譜1は北京図書館に、族譜2は中国人民大学図書館に、族譜3は慶源村民詹秋炎氏の家に、族譜4は安徽省博物館に所蔵されている。『休寧流塘詹氏宗譜』、『新安星源竜川詹氏統宗世譜』、『詹氏統宗世譜』は、北京図書館に所蔵されている。

これら族譜については検討すべきところが多いが、ここでは、遠祖と始遷祖を中心とする祖先系譜のみに関して、変化と編集者の操作について検討する。

まず、血縁共同体の根幹として宗族の系譜がいかに叙述されたのかという点について考察したい。

族譜1の主体としての「黄公之図」における詹氏の系譜は以下のようである。

黄公（一世）→一公（二世）→小一公・小二公（三世）→雲煙公・雲岳公（四世）→小八公（五世）→十八公（六世）

→二三公（七世）→念五公（八世）→四十公（九世）→二公・三公（十世）（以下、省略）。

族譜2には、詹氏の系譜について外紀と世系がある。その内容は以下のようである。

始遷祖以前の系譜（外紀）　一世始祖文（周宣王の子、詹侯）→二世華→三世顕→四世美→五世礼→六世芳→七世宇→八世綏→九世嘉→十世顒……四二世康邦→四三世良義→四四世兗→四五世洗→四六世宣→四七世弘→四八世敬→四九世文敉→五十逸民。

始遷祖以来の系譜：五一世黄隠公→五二世飛→五三世伯高→五四世顕→五五世盛→五六世士隆→五七世敬→五八世彬→五九世溢（以下省略）。

族譜3の系譜は断片的なもので、族譜2と同じである。

族譜4には詹氏の系譜が「新安祖系」、「盧源祖系」、「慶源祖系」という三つの部分に分けて扱われている。「新安祖系」の序列は、敬→文敉→逸民→初であり、「盧源祖系」の序列は、初→飛→伯高→顕→盛であり、「慶源祖系」の始祖は盛である。

黄隠公を系譜の重点に置いて詹氏の展開を叙述するのは、上述した族譜の共通点である。族譜1では、黄公を始祖と称し（下線は引用者。以下同）、「大興年間、康邦は南陽より来た。その時に中原は戦乱に陥った……康邦公は、始め来て、そこに住んで家を為した。その後、洗は侯官令となった。彼は宣と節という二人の息子を生んだ。宣公の後、敬という者は、新安に移住した。どの世代かわからないが、黄公を生んだ」とあるように黄隠公以前の詹氏の歴史は黄公から遡る形で書かれ、年代、前後関係、事跡などは伝説的性格をもち、以後の編纂者に大きな解釈空間を残し[65]、黄公以後（元末まで）の系譜は二六世に整理された。族譜2では、黄公を始遷祖に、周宣王の息子である文を始祖にし、詹姓の由来から黄隠公までの推移を五十世とし、主に詹氏の河東→南陽→江南→新安という遷移過程を解説し、黄隠公以来の展開（景泰年間まで）を二六世に整理し、人口の増加、分節と変化、遷移等の情報をまとめた。族譜1と族譜2が、ともに黄隠公から編纂時点までの世代を二六世に整理したことは、特に族譜2の編纂に疑義を抱かせるものである。族譜4では族譜1の系譜を基準にし、黄隠公から乾隆後期にかけての系譜は三五世代にまとめられた。族譜4の編纂者が族譜2のやり方に疑問を持った故か否かは、不明である。この時期の族譜編纂は確かに清朝の文字獄政策の影響を受けて祖先に関する過剰の誇示、でたらめな偽作を直さざるを得なかった。(66)

次に始遷祖と定められていた黄隠公と彼の子孫のイメージについて考察する。

A　始祖・始遷祖黄隠公。

族譜1には「始祖の黄公はもともと詹を姓とした。黄と称されるのは大体新安に隠居したためである。公は実は敬の子孫であり、隋の大業年間、汪華が越国公に封ぜられた。江（汪）公が兵を挙げたため闇源へ避難した。亡くなった時に石井坑に仮埋葬し、夫人が倉辺に仮埋葬した。一人っ子飛を生んだ（始祖黄公本姓詹氏、称黄者、蓋取隠居新安。公実敬之後也、隋大業年中、越公汪華封越国、江（汪）公起事、避地至閭源、歿厝石井坑、艮山丁向。婆厝倉辺亥山巳向、生一子一公飛）」とある。

族譜2には「五十一代目黄隠公は名前が初、字が元載、別号が黄隠であり、逸民の息子、宣城県令文敉の孫である。陳後主の至徳元年十月十八日巳時に生れた。先に東陽郡の賛治までに任じだが、郡が撤廃されたため官を棄てて隠居した。隋の大業二年に至って、歙西の廬源竜川に避難し、家を建てて隠居し、子孫が遂に代々そこに住むようになった。亡くなった後、廬源石井坑の桂花樹の下に仮埋葬し、夫人汪氏は亡くなった後、廬源倉辺に仮埋葬した（五十一代黄隠公諱初、字元載、別号黄隠、逸民之子、宣城県令文敉之孫也。生陳後主至徳癸卯十月十八日巳時。其先仕至東陽郡賛治、郡廃棄官帰隠。至隋大業二年丙寅、避地歙西廬源竜川、隠而家焉、子孫遂世居之。没厝廬源石井坑桂花樹下、艮山坤向……孺人汪氏没厝盧源倉辺亥山巳向。生子一人名飛）」とある。

族譜4には「一世初は字が元載、別号が黄隠公である。陳の至徳元年十月十八日に生れ、隋代に東陽郡賛治に任じたが大業二年に歙西に避難し婺の盧源に移住した。その事跡は詳しく県志経済伝の首頁に載せている（一世初　字元載、別号黄隠公、生陳至徳癸卯十月十八日。仕隋為東陽郡賛治、大業丙寅避乱歙西、遷隠婺之盧源、詳載邑志経済伝首）」とある。

族譜1の内容自体は、不可解なところが多く見られるが、時代が一番早い族譜として作為的な痕跡が少なく宗族史の真実に近いと考えられる。同譜の「慶源孝義記」の作者は正直に「星源は歙州の重要な県であり、慶源というところにわが一族が住んでいる。いつここに住んでいるかわからない（星源歙州之岩邑也、地曰慶源、吾家実居之、其年代已不可考）」と述べて祖先史に関する認識の真相を示している。族譜1で編集者は「敬という者は、新安に移住したが、何時の世代かわからない。黄公を生んで閩源に移った。黄公とは、どういう者でしょうか、わが一族の始祖であり、その名前や字も伝えていない（有曰敬者、徙居新安、不知世次、生黄公遷閩源……黄公者何、吾族之始祖也……諱字皆不伝説）」と述べている。これは、黄公の名前、字、号、敬以来の系譜関係などの重要な事項さえもわからなかったことを示している[67]。盧源と慶源の共通の始祖黄公はいったい字なのか名前なのか、どのような事跡があったかについて、元の大徳十年の江氏の序によれば、族譜の編集者詹晟自身が迷っていたらしい。

しかし族譜2では「始遷祖黄隠公の名は初、字は元載である」と整理し始祖という表現も始遷祖へ変わって、名前・字・号及び生年月日なども揃った。黄公のイメージは、「隋大業年中、越公汪華が起事したため閩源へ避難した」（族譜1）という表現から、東陽郡賛治までに昇進し、東陽郡が撤廃されたため官を棄て帰隠し、隋大業二年（即ち二四歳の時）に至って歙西盧源竜川へ避難し定住したことなどが記され（族譜2）、栄耀の官職をもつ人間へと変身した。しかも宣城県令文敉という官僚経験者の祖父のことが補われた。嘉靖年間の族譜に基づいた族譜4では黄公の事跡について族譜2の内容を踏襲し、官界進出の時期を隋に定めた(68)。このように最初名前すら曖昧模糊としていた黄公は、清代までに次第に名前・字、生年月日、官職、移住理由と時期、妻の姓名、墓の所在などが明確になり、立派な人間へと変化した。これは、主に景泰年間、編纂者が当時の要求に応じて、至徳、嗣聖のような年号を重要な祖先の出生年に当てたことを含め、詹氏の由来を整理し黄公及びそれ以来の人物の具体的情報を補足した結果である。これは偽作と言うべき作為的な行動である(69)。

明代中期以来、子孫の努力によって詹氏の始遷祖は、「陳朝に名前が初、字が元載という者はいる。彼は東陽郡の賛治という官職に就いて郡が撤廃されたため官職を棄てて仕を止めた。隋の大業年間に始めてここに移った」や「彼は字が元載、号が黄隠である。陳朝に東陽郡の賛治という官職に就いて、業績が優れていた。東陽の歌謡には『前に沈という官がいるが、後に詹初がいるために東陽は二つの清廉の官を得た』という。唐昭宗の光化元年に入って皇帝の璽を押印した像賛を追加し賜わった。彼は廬源に移住し詹氏の始祖となった（「陳有諱初字元載者、仕東陽郡賛治、因郡廃、棄官不仕、隋大業間始遷於此」と「字元載、号黄隠、陳東陽郡賛治、有治績。東陽謡云　前有沈、後有詹、東陽獲二天。唐昭宗光化元年追賜璽像賛、遷廬源為詹氏始祖」）」という形で徽州の名族志と地方志に堂々と登場するようになった(70)。伝記に精彩を添えるために民間歌謡や唐朝廷の表彰も作られて証拠として加えられた。

黄公以降の人物について、

B　二世飛。

族譜1には「一公の名前は飛であり、礼儀が正しく行動が控え目にでき、また信義と勇気で人々に心服させる。人々は彼がこの県の信義と勇敢をもつ人と言っている。遂に県公と言われた（一公諱飛、隋大公（？）遷閭源、大公能以礼譲自居、亦以信勇服衆、人所敬服之曰　此一県信勇人（之）人也。遂称県公。厝闔源先鋒廟対面、妣厝上木坦、生二子伯高、伯英）」とある。族譜2には「五十二代目は名前が飛、字が鵬遠であり、唐高祖の武徳元年九月壬辰午時に生まれた。彼の天資が敏捷であり、文芸が得意である。幼い頃から遊学して学校に入り、邑大夫にまで昇進した。徳を以って民を化し、民が彼を県公と尊称している。……夫人が胡氏である（五十二代諱飛、字鵬遠、……生於唐高祖武徳元年戊寅菊月壬辰午時。天資仁敏、富於文芸、幼而遊学上庠、積官至邑大夫、以徳化民、民尊之曰県公、歿葬宋村先鋒廟対岸山下乾山巽向。孺人胡氏没厝上木坦壬山丙向）」とある。族譜4には「字が鵬遠であり、同世代の中で出生が一番目である。県尹を歴官し、民はその徳に化した（字鵬遠、行一。歴官県尹、民化其徳）」とある。

C　三世伯高。

族譜1には「小一公の名前が伯高、字が仲嵩であり、親の遺産を受けて闔源を広く開墾した（小一公諱伯高、字仲嵩、承公遺業、漸広拓闔源）」とある。族譜2には「五十三代目は名前が伯高、字が仲嵩、鵬遠の息子である。唐高宗顕慶二年蒲月初六日酉時に生まれた。夫人が清華胡氏で諱は端である。息子が雲煙、雲岳、雲気三人いる（五十三代諱伯高、字仲嵩、鵬遠之子。唐高宗顕慶二年丁巳蒲月初六日酉時生……孺人清華胡氏諱端、没厝里之上木坦　山　向。生子三人　雲煙、雲岳、雲気）」とある。族譜4には「三世伯高の字は仲嵩であり、称賛の声は一郷中で最も高い。唐の顕慶二年五月初六日に生まれた（三世伯高　字仲嵩、行小一。賛声甲於一郷、生唐顕慶丁巳五月初六日。葬廬源中村渇頭山、娶胡氏、葬上木坦丙向）」とある。

D　四世雲煙。

族譜1には「雲煙公は名前が顕、字が（世）栄である。資産は豊かであるが、心は常に淡薄で世に競わなかった。……一人息子である小八公を生んだ（雲煙公諱顕、字（世）栄。家業浸盛、心常淡薄、不競於世、与二弟皆雲字如字。歿厝闔源嶺南山下、生一子小八公）」とある。族譜2には「五十四代目は名前が顕、字が世栄、号が雲煙である。唐神功元年三月二十七日亥時に生まれた。財産は豊かであったが、華やかで浮薄なことを重んじず、祖先の資産を拡大させ、郷里に善人と称されていた。兄弟は晩年にも高潔を重んじ、人に競わなかった。夫人は清華の胡氏で名は尊である。息子は盛である。雲岳公は名前が善、字が世美であり、唐神竜二年丙午に生れ、天宝年間に長安に出仕し万年県令と為った。雲気公は名前が成、字が世祥であり、唐中宗景竜元年四月二十五日に生れた（五十四代諱顕、字世栄、号雲煙公。唐神功元年丁酉三月二十七日亥時生。家資殷埠、不尚浮華、恢広充於先業、郷称善人。公之兄弟晩節尚清高、不与物競。略去行第名諱、以雲自紀者、取物外趣爾。没厝廬源嶺上南山下　山　向。孺人清華胡氏諱尊、没厝廬源上木坦　山　向。子一人盛。雲岳公諱善、字世美、生唐神竜二年丙午、天宝中遊宦長安、為万年令……。雲気公諱成、字世祥、生唐中宗景竜元年丁未四月二十五日、晩年築室里之廬嶺上、乃徙居焉）」とある。族譜3には「五十四代目は……唐中宗嗣聖十四年三月二十七日亥時に生れた（五十四代諱顕、字世栄、号雲煙公。生唐中宗嗣聖十四年三月二十七日亥時）」とある。族譜4には「四世の顕は……唐嗣聖丁酉三月二十七日に生れて胡氏絹を娶った（四世顕　字世栄、号雲煙、生唐嗣聖丁酉三月二十七日、歿葬廬嶺上南山下、見墓図。娶胡氏諱絹、葬上木坦）」とある。

E　五世盛。

族譜1には「小八公の名前と字が不明であり、祖父以上の四世代は閭源に住んでいた。公は、ある日、一つの山をわたって慶源に至って、美しい水と山を見て、遂に移住した。慶源の詹氏には公が始祖である（小八公諱□字□、祖父已上四世並居閭源、犹有鄭氏者而居、公自択地築室、一日度一嶺至慶源、視水山秀美、遂居焉。慶源氏自公始祖也。歿厝大墓塢、又名宅丘、妣同穴。生二子）」とある。族譜2には「五十五代目は名前が盛、字が宗昌、行が小八であり、唐玄宗開元十二年十一月二十日戌時に生れた。人柄が高潔で容姿がハンサムで髯も美しい。弁舌が爽やかである。読書を好んで書物を手から離さない。ある日、高い所に登って遠い所を眺めて慶源を愛し広徳年間に移住し、自らここを小桃源と称した。夫人は清華の胡氏懿である（五十五代諱盛、字宗昌、行小八……唐玄宗開元十二年甲子十一月二十日戌時生。人品清高、豊姿洒落、美鬚髯、善談論、性好読書、倍賓之暇、手不釈巻、間有余閑、放情山水、尋幽紀勝、楽而忘帰。一日登高望遠、雅愛慶源宅幽勢阻、外隘中寛、不減太行之盤谷、武陵之桃源、真隠者之所居也。於広徳年間遂謀卜築而居之。因自号曰小桃源。厥後子孫日以蕃衍、基産富饒、遂世居之。孺人清華胡氏諱懿、歿偕公共厝慶源大睦塢口甲山庚向）」とある。族譜4には「五世盛の字が宗昌、行が小八であり、唐開元十一月二十日に生れ、慶源の美しい環境に気に入ったため、広徳年間に移住した。清華の胡氏懿を娶った（五世盛、字宗昌、行小八、生唐開元甲子十一月二十日。雅好山水、愛慶源幽勝、於広徳間徙家焉、娶清華胡氏、諱懿）」とある。

以上の各族譜の中で重要な人物に関する記述は、時代の変化に伴って差異がある。

族譜1の二世の「礼譲」「信勇」という個人的道徳行為、及び「県公」と言われた叙述は、族譜2に科挙という枠組に当て嵌められ、「邑大夫」に「昇進」し、族譜4に邑大夫が県尹に直された。

四世の生年について族譜2には「唐神功元年丁酉」、族譜3には「唐中宗嗣聖十四年丁酉」、族譜4には「唐嗣聖丁酉」とされていた。年代のずれが存在するのみならず、嗣聖という年号の使用は一年にも足りず十四年は勿論存在しなかった。

慶源始祖五世小八公の諱と字は族譜1では欠落しているが、族譜2では五世は「諱盛、字宗昌、行小八……唐玄宗開元十二年甲子十一月二十日戌時生」となり、しかも「人品清高、豊姿洒落、美鬚髯、善談論、性好読書、倍（陪）賓之暇、手不釈巻」というように人柄、外貌、性格、趣味についての記述が補足され、イメージがもてるような人間へと変貌した。しかし、「盛」という名前は、族譜1の「新安閭源記」では四世の三兄弟の末子雲気に当てられており、雲煙の息子ではなかった。族譜4は族譜2の内容を吸収し、族譜1に基づいて廬源と慶源の共通祖先の序列を編集する際、族譜1、2の矛盾を片づけなければならなかった。そこで慶源の始遷祖たる五世「盛」を系譜における重点とし、四世である顕・善の弟たる盛に関する事実を犠牲にして、「成、字世詳、号雲気、生唐景帝丁未四月二十五日」と書き直してしまった。

このように処理した結果として、血縁における系列関係は、ずれもなく整然と一筋になったのみならず、祖先の履歴は、きれいに化粧され、外貌がハンサムで人柄がすぐれ、官職をもち、善行を行なった立派な人物イメージが作り上げられた。

族譜1から族譜4にかけての編集者たちは、社会地位があまり高くない下層知識人と商業の成功者であった。[71] 彼等は、始祖、始遷祖の状況及び系譜関係に関して曖昧な伝説と糢糊たる歴史の記憶を素材にし、正史、地方志や関連文献を参照しながら、文献における断絶した部分を遡及的方式で補足したり不明の部分を精細に縫い合わせたり、矛盾の部分を書き直したり、一族の歴史を完璧にするために力を入れた。継続的な空白の補填、制作などにより、生年月日、履歴、人品、外貌、妻の出身地と姓名、息子、墓などの要素が揃えられ、祖先の系譜が修飾されていった。祖先史と系譜の完璧性、高い誇り、即ち宗族活動の正当性、合理性を求めることは、明清時代、宗族の形成とその拡大化運動における最も重要な行為として、普遍的に行なわれていた。族譜1から族譜4にかけての詹氏祖先史の推移は、宗族の形成、拡大化の一結果であると思われる。一族は、こうした整理、解釈、再解釈の過程をへて明確な血縁の系譜・祖先関係が構築され、血縁的なアイデンティティが強化され、世の中に対して系譜の明確な一族史を示し、優れた人物の存在（実在するか否かは問わず）を外に誇示していた。族譜1～4の表現の推移を見れば、詹氏一族は、明確な血縁系譜と歴史感覚を求めるプロセスにおいて現実的要求に応じて、祖先史を拡大、改造、包装する作為的手法、ないし偽作を行なった[72]。

以上、慶源詹氏族譜の始祖、始遷祖と血縁系譜に関する表現の変遷を中心に、祖先史の解釈と再構成について検討してきた。

明清時代には族譜編纂が官府や専門機関の審査を受けない民間の一方的自主的行為となり、族譜編纂では事実無根の伝説によって他の族譜、地方文献、史書などの記事が踏襲され、事績が改造され、学歴・官職、栄光の履歴を補うために様々な手法で朝廷、官府の文書、名人の序跋、像賛などが偽造される風習が規制されずに地方社会へ蔓延し、宗族活動の普遍的現象になった。族譜1から族譜4にかけて子孫の手によって加工された始遷祖と重要な人物像は、子孫の働きをも経て次第に地方官府の文献に浸透し、地方志という文献の記載と刊行を通して、もともと伝説であったものの真実さと信憑性も固定化され、終に血縁集団を超えて地方史の一部、ないし地域的知識へと転化してしまった。詹氏始遷祖と重要な人物のイメージチェンジの過程とその結末は、地方社会のアイデンティティ・歴史・知識の「創造」、生成プロセスの一側面を示している。この過程はまさしく地域社会研究における捉えにくい死角だと思われる[73]。ちなみに慶源詹氏族譜の宗族統合の範囲はわりに小さいために祖先史の作為的再構成は、徽州族譜の中ではそれ程甚だしいものではなく、ごく一般的な部類に入るといえる。

## 二　社会変動とネットワークの形成動向

ところが祖先の事績と系譜関係についての偽作は、明清時代のみに特有な現象ではなかった。魏晋南北朝、唐代には祖先と系譜の改造、偽作が、大きな政治問題としてしばしば指摘されていた[74]。唐代以前、門閥貴族政治のもとで高貴な血統の証拠たる族譜の偽作が行なわれたのは、一族の社会・政治的地位の上昇に直接に繋がっていたからである。

明清時代には、政治・社会的地位の上昇は主に科挙試験によって決められた。科挙受験の前提条件として父親、祖父等の社会・法律上の「清白」が確かに要求されたが[75]、遠祖がいくら偉かったとしても殆ど受験・官界進出の成功とは関係なかった。それにもかかわらず血縁の系譜に地位の高い祖先を偽作するという意味は、どこにあったのだろうか。

学界では科挙、社会流動、人口・移住・開発、商業・都市化、国際貿易と銀経済などの側面から明代中期以降の中国社会の変動を把捉し研究してきた。人口膨張と流動、商業化と経済変動などの連鎖的展開は、社会の各領域に大きく影響を与えた。顕著な現象として明代中期以来、風俗・秩序の変動、人々の上下関係の変化がもたらされた。社会内部においては、経済利益を中心とする様々なレベルの競争によって多様な社会矛盾が生じ、紛争・衝突、訴訟が多発する状況を呈した[76]。科挙試験に伴う社会的流動及び商業化は、社会地位の上昇及び富の獲得における様々な可能性を示している。財富と権利の獲得は、既成の社会秩序、人間関係・行為方式、ないし倫理道徳を変えていく。しかも下層官員のポスト・栄誉職は、財政難を解消する王朝の捐納制度を通じて獲得できる。このように財富自体も、社会地位の上昇に直接的力となった[77]。金銭万能という価値観と、欲望・奢侈消費の膨張が、顕在化しつつあり、極端な場合には「専ら県の中で訴訟を引き受けて、高利の金を広く貸し、人口を販売していた。……女房を叩く親分であり、女を陥れる領袖である（専在県中包攬訟事、広放私債、販売人口……是打老婆的班頭、坑婦女的領袖）」と言われる西門慶は、既成の倫理道徳、価値観だけではなく、在来の神霊系統にも挑戦し、「聞くところによれば仏祖も西方浄土で黄金を地に敷くことを要求するに過ぎない。閻魔の庁の十殿も札束を欲しがっている。おれはただこの家財を慈善のことに多く用いたら、嫦娥を強姦し、織女を和姦し、許飛瓊をかどわかし、西王母の娘を盗んだとしても、おれのうなるほどある金を減らせないだろう（咱聞那仏祖西天、也止不過要黄金鋪地；陰司十殿、也要些楮鏹営求。咱只消尽這家私広為善事、就使強姦了嫦娥、和姦了織女、掠走了許飛瓊、盗走了西王母的女児、也不減我潑天的富貴）」といったように金銭の力を強く主張している。[78]しかしこうした世界ではすべての人々に平等な機会が与えられるわけではない。人々は、順調に社会地位の向上、多くの財富の獲得を図るために努力するほかに、各種の社会資源をうまく開発し利用しなければならない。当時の人々は、盟、会、「同縁」のようなパーソナル的関係の結成、郷約組織の成立、団体祭祀活動の定着化、及び政治権力との結託などによって様々な不安や社会危機に対応し、自己利益の保護・展開及び社会・経済地位の上昇を求めていた。[79]宗族の形成と拡大化は、様々な契機と要素に絡み合った、こうした社会変動の流れの一部分と言える。

しかし宗族の形成とその拡大は、学者、王朝統治者の「礼の秩序」を作る意図に沿って宗法原理に基づいて進められたのではないだろうか。乾隆期の江西巡撫輔徳の上奏に指摘されたように実際の存在や一族の祖先でもなく、血縁関係のない無根の伝説上の者を、始祖、始遷祖及び宗族発展史における重要な人物にする現象が江西に遍在している。[80]即ち明清時代の宗族活動は、養子などの問題が起きた際に血縁の真実性という原則を厳しく追求しようとした反面、宗族の出発点や結節点については血縁原則を無視し、宗法原理の核心的部分――祖先や血縁関係の真実性――と大きく乖離していたのである。[81]

族譜は、「敬宗収族」、即ち共通の祖先を礼拝し、関係者をまとめる重要な役割を果すと見なされているが、明清時期、徽州地域における編纂過程で族譜の内容は、すべて事実に基づくわけではなく、より現実的な立場から想像された血縁共同体の方向へ展開していった。以下は一般的事例である。

婺源『張氏宗譜』凡例では、祁門県張氏の編集した族譜は現実の利益、社会資源性が高いネットワークを組み込むために血縁関係や事実を無視し、張氏の歴史とその血縁序列関係を打算的に選択しており、「立身出世した張氏を自分の祖先にするが、衰微している本当の一族をよその張氏に扱う。自分の祖先を棄てて他人の祖先を妄りに祖先にすること珍しくない（於勲庸（栄）顕著者、則引為己祖。式微未振者、則録為他宗。鮮不棄己之祖而妄祖人之祖矣）」という傾向をもっているとして、痛烈に批判している。同譜の「関会統宗譜」によれば、嘉靖初、久しく相互往来が少ない婺源県の張氏一族の間隙に乗じ、祁門県の張姓が統宗を主導した。一部の婺源県の張氏が真相を知らずこのネットワークに組み込まれてしまったという（「有非族無根者得乗此隙、仮以統宗之名、遊説諸張。吾族有不知者亦被所餌、誤与支派、登彼偽譜」）。この誤りを是正するために婺源張氏は、嘉靖一三年に「正譜説」を刊行し各地の張氏に知らせた。さらに編集局を作って婺源県、及び周辺の府県の張氏を統合する族譜を編纂しようとした。婺源県張氏は、編集局を作る際、祁門県張氏と同様に有名人の名を借りて呼びかけた[82]。祁門県の族譜は、前掲の『張氏統宗世譜』と推測できるが、官府等の文献を利用した一八頁からなる地図は張氏の全国的範囲での系譜・展開史を整理し、地域的空間を超える張氏ネットワークを組み立てようとする志向を示している。こうした現実利益を重視する祁門張氏の族譜編纂原則は強く批判されているにもかかわらず、徽州の宗族の活動における一般的な手法であったと考えられる[83]。

先に述べたように徽州の隣接地域江西の宗族活動も同じような特徴をもっていた。江西巡撫輔徳は、「健訟」問題を根底から解決しようとする際、行政システムの全力を動員して宗族の問題について全面的に調査した。彼の朝廷への報告には

異なる宗族は祠を合し、勝手に訴訟を起こし、君主や宰相を妄りに祖先にする。……江西省の各府県の至るところに宗祠があり、その由来がかなり久しい。……風俗が乱れたのは同姓の宗祠を建てたため起こった。今同姓の宗祠を調べれば、……大体単姓寒門が名望ある家柄を誇って欲しがり、或は訴訟ごろや悪党がその中から利を追求するためである。彼らは城から城に及び、県から府に及び、至るところに説得し金を募り集め、公祠を創立し、勝手に由緒がある華族に付し、有名人の後裔を冒認する。不肖の者は争って真似し、遂に普遍的現象になってしまった。宗祠を建てて余った金は或は田産を買い、或は銭や穀物で貯める。その多くは同姓の愚民に貸し宗祠に

頼って利息を加えて収奪する。租金や利息が貯まって使う場所がない。経費が使え、宗祠を利用できるために彼らは勝手に訴訟を起こしてしまう。彼らは横暴をしたい放題にし、また横領をほしいままにする。訴訟が頻繁に起こし、悪党が密かに集まる原因は、実はこれのためである。

その遙かに遠い、根拠もない祖先の位牌は、それぞれの家族より祠に送って、多くが各家の祖先となる。また彼らは苗字を得たばかり頃のことを遡って、昔の有名人を取り入れ、それを共通の始祖とする。各地域のその一族に専属する宗祠も次々にこれを真似し、位牌を立つのではなければ、族譜の冒頭の頁に載せて栄耀を為す。証明できる近い祖先に反って問題にしない。従って各族譜の系譜はまだ繋がって証明できるが、ただその始祖は遙かに遠く関係がないのである。これはもとより後でみだりに書き込まれたからである。今部下にその位牌、さらにその族譜を調べるとその中で唐代宋代の者を祖先とすることは、近世のものだと言えるが、両漢以上、さらに唐虞三代を遡って顓頊や軒轅を始祖とすることは、至るところにある。その上に盤古や地皇を祖先とするものすらある。また古代の奸悪なものを祖先とすることがある。さらに正史の中に載せず、稗官野史だけにみられ、実際は雷震子の如く存在していなかった者を始祖に奉ずることもある

異族合祠、擅起訟端、妄祖君相……江省各属在在有祠、由来甚久。其中同宗嫡属建於本籍郷城者、尚為尊祖敬宗而収其族、此意未嘗不善。而流弊之壊則由於同姓建祠而起。今査同姓之祠、雖不能追其所帰、大概由単姓寒門欲矜望族、或訟棍奸徒就中漁利、因而由城及城、由県及府、処処邀約歛費、創立公祠、随竄付華冑、冒認名裔。而不肖之輩争相倣傚、遂至不一而足。至建祠余貲或置田産、或貯銭谷、多有借与同姓愚民、倚祠加利盤剥。租息積於無用、於是因其有費可動、宗祠可居、動輒興訟、既肆其強梁、復恣其饕餮。獄訟煩興、奸匪蔵聚、実由於此。其荒遠不経之木主、則由各送木主入祠、多系各家之祖。

乃復近溯古初得姓之始、及攀援往代有名之人、以為公共之始祖。而各族専祠因亦転相効尤、非刊立木主、即載入譜首、以為栄耀。其有近祖可考者、反置之於不論。是以各譜世系尚多接続可考、独其始祖則遙遙不相渉。蓋本系従後妄行擬入者也。今飭査其木主、並吊験族譜、其祖及唐宋者已為近代、而両漢以上、唐虞三代、顓頊軒轅称為始祖者、比比皆是。甚有祖及盤古、地皇者。又有古之奸逆……尚為祖宗者。更有正史不載、僅見於稗官野史、実無其人如雷震子之類者、亦皆奉為始祖。其僭越荒唐、鄙俚悖謬、実為已極

とあり、宗祠の建設と祖先の偽作について「荒唐無稽な位牌をもつ祠は一百七十個あり、族譜に荒唐無稽な始祖が載る姓氏は一千一十六姓あり、また公共の建物は一百四十一所ある」という事実を挙げて、江西の人々が根本的な人間倫理を表す祖先・祠堂を不適切に扱う態度を慨嘆している。彼は、祠堂を壊し、族譜を修正するための整理策を打ち出して強制的に宗族組織、特に拡大した宗族組織活動を取り締った(84)。

輔徳の報告で指摘された宗族活動は、江西のみならず、少なくとも長江以南地域の普遍的な問題であった。輔徳の整理と分析によれば、当時の宗族活動は一定の範囲を超えると、国家と儒家学者が提唱・指導する宗法原理から離れる。その範囲が大きければ大きいほど宗法原理から離れる。拡大する宗族連合及び同姓連合に対する輔徳の警戒は、民間社会が王朝イデオロギーや政治の軌道を離れ、組織化していくことに対する懸念に基づくものであったのか否かは不明である。しかし彼は、共通の祖先の位牌、図像、扁聯を壊し、族譜における血縁関係のない「祖先」、族譜の序等を削除し、祠屋田産を処分し、官府の命令によって改めて整理された族譜を提出し官府の審査を受けさせる措置を取った。その意図は共通の祖先、即ち結合の根拠・名目や活動を支える経費源としての公共財産を取り除き、大きな範囲のネットワークを潰すことにあった。輔徳の報告では、宗法原理を離れた宗族の形成や同姓連合を、地方社会の競合・抗争・紛争における集団的力の結集の結果、或いは大きなネットワークの形成の結果と見なしている。これ

は、明代中期以来の基底社会の広域変動を鋭くとらえた見解であったと言えよう(85)。前掲の顧炎武の認識は、輔徳及び一部の官僚の見方と同じ趣旨であった。

地方の政治秩序を守る立場から宗族組織の拡大化に対する批判と異なって、人間関係の結合の強度から宗族形成とその拡大を取る論調があった。戸部員外郎鍾相は、正徳六年に程氏族譜編纂の社会的意義について

> 世の人を見ると同門の友があり、同年の友がある。同門は共に学を受けたのであり、同年は共に合格したのであった。このような出身地と苗字が異なるものは、勿論同じ宗族のものに比べられないが、同時に朝に登れば親しさを増し、同僚であるのなら緊密さを増す。誰かが出世すれば、同門と同年を引っ張る。誰かが不運に遭ったら皆が助け合う。……宗族は有服や無服を問わず同じである。これは一つの血から流れてきたからであり、同門と同年に比べられないものである。……率口の程氏は本宗のものを同門と同年の友のように扱って凡そ有無が通じ合い、災難を助け合い、誤りを正し戒め合う
>
> 観夫世之人、有同門友、有同年友。同門偕受学焉耳、同年偕昇名焉耳。異党異郷、異名異氏、固非本宗之比。其同朝則加親、同事則加密、進則相援、退則相恤。其情分稔厚、雖子孫亦講之、僉知其不為過也。至於宗族、無問有服無服均之、此水本根源也、又非同門同年之比。……安得程氏子孫望於率口者待本宗如同門同年友乎。凡有無相通、変故相恤、過失相規

と述べていた(86)。鍾相は郷約理念に基づいて底辺の相互扶助関係、郷村秩序建設に着目する見方であった。参考対象は、科挙試験の「同門」、合格と任官の「同年」、即ち官界のネットワーク関係である。彼は宗族の形成と拡大によって成立した血縁関係ネットワークの社会的資源性がほかの社会関係より優れていることを主張した。

以上の考察をまとめてみれば、理論上、祖先を溯る年代が遠ければ遠いほど、一族という「圏層」は、次第に拡大

してその血縁関係のネットワークも相応に大きくなる。ところが、宗族集団は、一定の範囲＝サイズを超えると、個人にとって実感できる組織性が薄くなり、共有性が次第に象徴的方向へ推移していく。日常の生産・生活における相互扶助と相関性が消滅する過程で、それぞれの人にとって大規模な集団は、比較的に利用しやすい社会的資源へと変わっていく(87)。

明代中期以後の商業化と流動化の進展とともに社会秩序は不安定状態に突入していった。出身地のような狭い安定した生活圏を遠く離れ、大きな地理的空間範囲、或は見慣れない市鎮において移動や生活を営む徽州の人々は、汪華・朱熹等の信仰、習慣、娯楽（徽劇）、生活技術などのような元の生活システムにおける重要な内容を従業先に持ち込んだと同時に、社会交際や自己の精神安定の重要な内容として、アイデンティティの原点となる祖先の系譜も、彼らの生活空間と視野とともに新しい生活環境の中で拡大し改造されつつあった。このようにして競争的社会に対応し、社会的・経済的地位の上昇を求めている人々は、自主的に基本的な社会関係＝父系の血縁から出発し、自己の秩序、或は広義での支援的体系を作り上げようとした。共通の祠堂の設置や祖先史の再解釈・族譜の編纂などを通した宗族組織化運動とその拡大化は、後に現れてきたギルドや同郷会組織と同じように民間社会の自生的秩序建設の重要な一環であった。自生的秩序や大きな社会関係ネットワークを作り上げるという目標を実現する際、父系系譜関係や宗族文献の偽作という手段も使われた(88)。

宋代以降の宗族は、理念、文化、信仰、政治制度等の要因だけではなく、複雑な現実的要求に応じて現れてきた、弾力性を富む社会組織である。宗法原理、血縁共同体、官僚身分の永続、礼制の改革、或は農村や都市、政治権力の周縁、稲作農業や新開地、移住、ないし西洋の衝撃などのアプローチは、宗族組織の形成及びその普及に対する理解を深めている。しかし宗族組織成立の契機、組織の構造と機能等は、地域や時代によって様々である。経済と政治制度に絡んでいた社会秩序の変動は、時代や地域などの要素を超えて、狭い郷村に「聚居」している人々の宗族形成から県、府の範囲を超えた宗族の拡大化及び同姓の連合にかけて多様な宗族像を整合的に把握できるキーワードであると思われる。

## 三　族譜の意義

以上、辺境地域や新開地の移民社会ではなく、移入と山地開発がほぼ飽和状態に達して住民が移出し、遠隔地の商業活動を行ない、商人の故郷と言える地域の宗族活動と宗族組織の拡大化の動向に注目して、「聯宗統譜」と父系血縁系譜及び宗族文献の偽作を中心に、事実の検出と社会背景の考察を行なってきた。

歴史資料の側面から見れば、明代中期以後現れてきた族譜文献は、地方の社会組織、人物伝記、人口史、移民史、宗族史、女性史などの研究に多くの資料を提供し、下層社会の状況の解明に大いに寄与した。しかし族譜文献の編纂では宗族の文化的活動の原則としての「隠悪揚善」が行なわれ、一族のイメージを損なう事実は取り上げられず、都合の良い側面のみから解釈・再構成、誇張・美化が行なわれた。[89]遠い祖先に関する系譜関係と序言・像賛、「功名」に関する文献、人物伝記等の事実には多くの虚構もあった。地方志の収録や大族志などの編纂というテキスト化過程、有名な官僚・文人の序言作成などの相互作用を通じて、祖先史が巧妙に改造されていった。この過程が何度も繰返して行なわれた結果は、偽作された内容が定着化し、虚構されたものも事実化してしまった。このような始祖・始遷祖、血縁系譜、宗族文献の偽作は、当時の一つの社会動向を示しており、見逃しやすい中国人の意識構造、文化創出、社会の動きなどの側面に様々な検討すべき課題を残している。

ところが、宗族の形成運動とその拡大化において、祖先の事跡の叙述と血縁系譜の構成に関する偽作や作為的行動が徽州地域の共通的傾向になったことは、ほかの意味をも持つ。詹氏族譜の変化の軌跡において、祖先認識に関する混乱状態から明確な系譜をまとめる変化の中に程霊洗、汪華、黄巣の乱の影が見える。[90]即ち王朝の交替、大きな戦乱、移住、混乱期において程霊洗、汪華、黄巣（篁墩伝説）という重要な人物と事件は、祖先史と移住史の構成における骨格や依拠される枠組みとなった。徽州族譜の祖先史と系譜関係の記述について、宋代以前に移入したと自称する各々の一族は、具体的な祖先の由来についても、それぞれの族譜の記載事項についても、大体詹氏族譜のように程霊洗、汪華、黄巣による「南渡」、王朝交替、反乱を背景として構成したのである。程霊洗、汪華、黄巣の事跡と伝説は、後の朱子等のように族譜・統宗譜の編纂（或いは祭祀）を通じて人々の精神構造の深層に浸透し、住民のアイデンティティと徽州地域文化の一部分になった。地域の一員（認同）として地域の同一性に適応しようとする各々集団のこうした行動は、地域イデオロギーの同一化を引起した。[91]族譜内容のフィクション性は、一族の歴史意識や地域イデオロギーの同一化、地域社会の整合という視点から理解できるが、それにもかかわらず、歴史研究の中で族譜資料を史料として用いる場合には厳密な史料批判が必要である。[92]

## 第三節　地域の社会組織　会組織と郷約

宗族組織は、通常の状態の下では、排他的血縁集団として、集落の範囲内にとどまっており、血縁に関する虚構は行なわない。人々は、層を成した宗族組織に重層的に帰属し、日常生活面、特に呼称と礼儀において血縁的上下原則に従っていた。しかし宗族は、第三章で述べるように、日常生活における様々な現実的要求を満たしてくれるような完全な機能をもつ組織ではない。従って人々は血縁関係のみならず複雑な社会関係の中で現実の利益に基づいて打算的、選択的行動を取って経済生活と社会生活を営むわけである。利益原則に左右される人々が所属した社会組織・集団は、帰属的、垂直的構造のものばかりではなく、各種の自主的結合を含む水平的構造のものもあった。つまり伝統社会の内部には、行政組織のように一定の範囲において住民全体を覆う組織がある一方、宗族組織のように一部の特定の住民を内包する組織があった。さらにパーソナルな関係を通じて結成された様々な組織があった。本節では、組織の成立と住民との関係という視点から、清代前期の慶源村を中心に、住民の生活において不可欠な存在である約保・文会と各種の祭祀組織、共済的金融組織について考察してみたい。

## 一　郷　約

郷約は、朱熹が、宋代の呂大鈞等「藍田郷約」の発想をもとに、さらに郷村社会の道徳倫理と行為規範の基本内容を具体的に設定したものであり、人々の「在約」という共通認識の作用を通じて相互に激励、表彰、戒め合い、協力、扶助を強め、各人の最善の性質と能力によって、人々の道徳行為を促進しようとする郷村社会秩序の安定を目指す任意的な社会団体であった。それは、約正・約副、そして約に加入したメンバーからなり、構造が単純で、「学行」より、リーダーシップの「歯徳」が重要な意味をもつ社会集団であり、集団内部の構成員に対する善悪の評論という共通行為や評論結果の記録を通じて最大限に人々の内在的善良性を発掘し、促進させ、悪行を改善させることを主な目的とする団体であった(93)。また、郷約は郷村社会の理想的秩序を打ち立てるために、「首唱」と「唱和」(94)によるプロセス、即ち相互に「約」というプロセスにより形成された自生的秩序構造を持つ。理念に基づいたこのような郷約体制は、明代中頃から地方官により社会秩序の変動に対応する手段の一つとして推進され、次第に複雑化し、住民を覆う組織へ移行していった。郷約は、地方に対する政策として実行され、任意組織から次第に倫理道徳の講習・評論という機能を通じて権威をもつ強制的社会組織へと展開していったのである。[95]

明末の地方の政治制度の枠組みに入れられた郷約体制は、清初の郷約法令の頒布を経て全国的な政治制度の枠に組みこまれた。法令には、

（順治）十六年議准　訳書六論、令五城各設公所、択善講人員、講解六論、以広教化。直省府州県亦皆挙行郷約。該城司及各地方官責成郷約人等於毎月朔望日、聚集公所宣講。康煕九年頒上諭十六条、通行暁諭八旗佐領、並直隷各省督撫、転行府州県郷村人等切実遵行。十八年、議准浙江巡撫将上諭十六条衍説、輯為直解、繕冊進呈、通行直省督撫、照依奏進郷約全書刊刻各款、頒発府州県永遠遵行。二十五年、覆准十六条令直省督撫転行提鎮等官、暁諭各該営伍将弁兵士、並頒発土司各官、通行講読

とある。[96]六論の内容を実践する郷約制度は、当時の各省の官僚により、積極的に実行にうつされ、それは、底辺にまで及んでいた。[97]

明清時代の徽州の郷約については、従来の研究では、成立の契機、組織構成、編成原理と空間の範囲、設置状況、宗族・保甲制との関係、地方官府の関与状況、機能の変化などが取り上げられ、それは、不法行為の取り締まりと治安維持、身分的秩序の整序、共同体的関係の修復、自律的相互扶助などと関連する形で論じられてきた。[98]これらの研究は、共通して、社会秩序の転倒（里甲制の崩壊）と郷村社会内部や官府の対応などを重視している。存在状態や運営に関する資料が不足しているため、徽州の郷約組織の全体像については未だ明らかではないが、以下のような注目すべき二つの類型がある。

一つは、郷村社会において、有力者の「首唱」と住民の「唱和」というプロセスにのっとり、衆人の「合意」を受けた上で作り出された相互的「約」に基づく社会集団である。それは、社会内部から、共通の社会問題と目標に対応

して生み出された自生的秩序の営為である。それは、村落、或いは隣接する村落との間における範囲についての公共的問題を背景にした突発的危機や切迫した実務を処理するといった色彩が濃く、一時的な危機管理措置として使われるという特徴をもつ[99]。

もう一つは、地方官の推進によって一つの県、或いは府の範囲で行なわれた制度である。嘉靖五年に歙県知県の孟鎮は、応天巡按陳鳳梧の指示に従って「為申明郷約以敦風化」という告示を打ち出して各里が約正、約副を選出し、郷約組織を作るように指示した[100]。郷約は、歙県だけではなく、少なくとも徽州地域全体に渡って行なわれた[101]。

ところが、地方官府の関与、特に中央政府の政策として実施されたにもかかわらず、郷約組織の「郷約宣講」は、政府の設計に従ってうまく実行されたわけではなかった。これについて康熙『休寧県志』巻三「約保」には「一再行之、未幾懈渙。至万暦己卯、吉水曾調令我邑、始申飭挙行、隅都立約所者寖盛。己丑、徳興祝令嗣之、毎月朔宣諭後、特書善悪二簿、以昭勧戒。迨法久漸玩、習為具文」と述べられている。清代でも同じように郷約の宣講は時々行なわれ、時には、中断されたりしていた。郷約制度は、政治環境、特に地方官の態度によってその実施状況が異なり、形骸化、空洞化された状況もしばしばあった[102]。郷約は非常に不安定な政治制度であったと言える。

これまでの明清郷約に関する知見は、主に郷約の理念、政令、設立時点における呼びかけ、即ち設計した規則、方法などの研究から得られたものである。村落社会において、郷約組織、郷約を担う人間＝「郷約」の具体的活動は、不明のままである。実際には郷約組織、或いは郷約と称する人々は、宣講などを行なわなかったとしても郷村社会においては大きな存在であった。以下、慶源村を中心に郷約の実態について検証してみたい。しかし、これは、郷約問題を分析する一側面であることを断っておきたい。

地方官府の設計と要求によれば、郷約の編成範囲には、二つの類型がある。一つは、前掲『橙陽散志』巻十「建立社壇示碑」という嘉靖五年の告示に見られるように、里を単位としたものである。嘉靖後期、何東序は郷約を推進した時に「約会依原編保甲、城市取坊里相近者為一約、郷村或一図、或一族為約、其村小人少付大村、族小人少付大族合為一約」と指示した[103]。これは、大体大きな村落、或いは里の範囲に相当している。もう一つは郷を単位としたもので、清代の記述に「近制、毎十家為一甲、十甲為保、十保為一約、約有正副」とあり[104]、また「郷有約、里有保、亦用賤以治賤耳」とある[105]。両者は、在来の里甲制という行政編成に関っており、前者は大きな村落を中心とする「里・保」の範囲、後者は里を超える「郷、都」の範囲に相当していた。上述の資料から郷約組織の二重構造が読み取れる。しかし郷約の実施に即して見れば、里・保の範囲を超えた都や郷の範囲の住民を集めて、月ごとに一回か、二回の宣講を行なうことは、不可能である。それでは里保範囲と郷都範囲という二重構造の郷約は、郷村社会にいかなる機能を果したのか。

「三藩の乱」の影響を受けた婺源県慶源村と周辺の村落は、戦争の危機に直面し協同的行動を採った。段莘の汪乾、慶源生員詹錦等は、「付近諸郷約」と一緒に義勇兵を組織し反乱軍の一部を殲滅した。このとき戦功で表彰されたものは、汪乾、詹錦などの七人のほかに、郷約汪光烈（段莘）、詹惇叙（慶源）がいた[106]。この連合の基本単位は、郷約という空間的範囲であった。慶源と段莘はそれぞれ十二都に属する郷約であった。

慶源村内の公共活動と対外関係において、他にも郷約を範囲とする例が見られる。慶源村では雨乞いを行なう際、その範囲は約内つまり村落であった。慶源村と周辺村落の間で紛争事件が起こった時の状況について、『畏斎日記』に、「備酒接大汜郷約……」（二〇三頁）、「伊（段莘）約写帖接相会求情」（二三五頁）、「衆議至伊（桃源）約投詞」（二四五頁）、「託伊（段莘）約汪文象、文成、綏永諸生求情」（二五五頁）という記載があるように郷約の空間的範囲は、慶源村のような大きな村落だったと判断できる。

同じ日記に、慶源村の「伊（段莘）約写帖接相会求情（両辺倶辦茶）」という要求に応じて双方の郷約が協議を行なったことが記されている。しかし翌日の日記には「祠中議報郷約」という記事がある。これは、段莘約の処理案に不満を示し、さらに「郷約」に解決を求める慶源村の立場を反映しているものと考えられる（二三五頁）。また、康熙帝の江南視察を出迎える「万歳亭」を建てるために建設経費が募金や割り当ての形で調達されたのであるが、その際にしたこととして、「県差下郷叫郷約各郷議費、送県転解安慶支用」とある（二四二頁）。このような郷約の存在状態に関しては不明の点が多いが、日記の文脈によれば、慶源のような郷約組織を「約」できる上位の「郷約」（組織と人間）の存在が窺える。

構成原則によれば、郷約は、約正、約副、約賛、約講などの役員からなる。実際の村落の社会生活に密接な関連を持つ里・保の範囲の郷約は、どのような人間によって担われていたのだろうか。県志の中の慶源村の郷約活動に対する記載としては「（詹潤可）為人排難、不惜労費、挙約正、善俗急公、郷無積逋、邑主畳奨其能、督修宗祠、力疾弗懈[107]」と「（詹承恩）挙約正、宣講条例、郷里息訟[108]」という二個所があるが、八年間にわたる些細なことまで記入されている日記の中で、郷約宣講についての記事は一件もなかった。しかし、これは、郷約組織の形体や郷約を担う人間の不在を意味してはいない。日記の記載によれば詹元相、潤可、儀一（法叔）、含章、蔚林、瑤叔、兼三などが郷約の活動に積極的に関与したことは明らかである。彼らの社会的身分について、日記と乾隆五十年の詹氏族譜は、いずれも慶源地方のエリートであり、科挙の初級資格を持っていたとしている（表二―一参照）。その中の詹元相は、科試、歳試でいつもよい成績をとり、郷試への参加資格を有し、科挙受験に励んだが、その父は県学の生員であり、その伯父も県学の武生員であった。儀一は、受験勉強している生員の中では上の世代、年長者であり、郷試参加資格を有する者であった。含章と蔚林は兄弟であり、彼らの兄弟の中の四人が生員であった。兼三は兄弟の中の三人が生員であった。

瑶叔＝竜瑶は、兄弟の中の二人が生員であった。彼ら個人のみならず、その家族のメンバーも科挙資格をもっていた。これによって彼らは村落の顔役になった。しかも村落間の紛争の解決に関与した上の世代と年配者も科挙資格をもっていた。日記に登場する大氾郷約内の人々の社会的身分は不明であるが、段莘郷約の汪文象、文成、綏永などに対して「諸生」、「諸公」という言葉を用いていることから、彼らは科挙資格などをもっていたであろうことが推測できる。

以上の具体的事例からどのような認識が抽出できるだろうか。朱子が呂氏郷約を校訂して以来、地方社会内部の力を発掘し、自生的秩序を形成しようとした郷約は自主的組織（出入りが相対的に自由である）であった。明代中期頃、官府の指導を経て保甲組織の範囲に基づいて強制的教化組織が成立された。郷約の組織形式、活動の内容は、清朝の樹立に伴って地方的政治措置から中央政府の制度へ変身し、清末まで実施された。しかし郷約制の核心的内容としての郷約宣講は一貫性を欠いており、しばしば中断してしまった。郷約組織も形骸化してしまった。その結果、郷約は、教化組織というより紛争の処理、地方の公共事務を担う地方の秩序組織へと変質した[109]。保甲組織では、保甲に属するそれぞれの家族（戸）は、殆ど選択できない状況下で実際の機能と責任を分担しなければならなかったが、郷約組織は、このような性格と強制性を持っていなかった。その機能は、恐らく上層部、即ち「郷約」と言われる人たちの行動によって実現する。制度上はこの組織のリーダーである約正、約副の資格としては年齢、徳行が要求されてきたが、実際の宣講活動は「先達縉紳」によって主導され、「通知礼文者」によって担当された[110]。

要するに知識人、特に科挙資格を持つ知識人は、郷約体制のリーダー集団を構成していた。若手の科挙資格保有者が郷約事務を主導する慶源村の事例から見て、郷約の実質的担い手の素質は、制度的規定の上で強調される年齢、徳行から社会的地位（功名）へと推移していったと考えられる。周知のように明初における洪武帝の政治設計の中では、耆宿、即ち年齢と社会経験が重んじられ、さらに里老人という形でそれを制度化して、里老人に郷村裁判の特権を与えた[111]。しかし、明代中期以来の幅広い社会的流動とともに、従来の郷村社会の秩序構造において重視されてきた年齢・血縁における上下関係、道徳・経験よりも、より広い社会的関係網と結びつくことを可能にする科挙資格の方が重んじられ、里老人制の動揺を招いたのである。これらの科挙資格の獲得が、挙業の継続を支える経済的余裕や捐納制度と結びついていることを考えれば[112]、明代中期以降の郷村社会のリーダーシップは次第に経済的富裕層に握られることになったと言ってもよいであろう。

## 二　科挙制度における文会

文会とは、もともと「文で友に会う」という意味であり、文人が集まって文才を尽くして特定のテーマについてそれぞれの見解や主張を述べて交流を行なう文筆活動を指している。明代中頃までの徽州地域において、文会は、郷紳を含む知識人の団体であり、むしろ現在の「学会」にも似た儒家経典に関する見解の発表、詩文創作を借りて才智や能力を表現する一時的な組織であった。こうした文会活動自体は、若手参加者の見識の拡大、情報の収集、人間関係の構築などにも役に立った。明代中期以降、社会流動の展開に伴って科挙での出世という価値観が一層重視されて、受験競争が激烈化した[113]。当時の教育体制の補完という一面と熾烈な競争に対応する勉強形式として、受験者が自主的にグループを結成し、定期的に受験内容の推測や、仮想テーマによる作文と受験内容の相互討論を通して、受験能力を磨くようになった[114]。このような環境の下、科挙の受験勉強の道を歩む先輩と後輩の集まりとしての文会は、定期的に合同の試験勉強や模擬試験を行ない、科挙受験合格の確率を高める対策組織へと変容していった。万暦年間、歙県江村では程宇和、江念所という科挙成功者及びその家族の寄付によって聚星文社が設立された。この文社が明清交替期の動乱を経て再興された際の序に、

為族党諸子偕攻制義、爰立規条、兼儲会餼、毎歳按季六挙行之。一時人心鼓舞、争自淬磨。乙酉之役、社中薦賢書者両人、廩学宮者若而人、入膠庠者若而人、文社之益彰彰矣

とあるように、村落内の子弟は、この社での訓練を経て優れた成績を残した[115]。文会のこうした機能が明らかになるにつれ、徽州の村落、宗族とその分節組織及び有力な商人は、人材養成、社会的競争力の向上のための措置として、基金の醵出及び書院・文会館などの活動場所の建設を通じて文会組織を固定化し、経常化させた[116]。商人、官僚と宗族組織の支持、参与を受けて、科挙の受験勉強を主要な目的とする文会組織は、「歙城市郷鎮各立文会」とあるように[117]徽州地域に普及した。この普及は、各村落にまで及んで経常的な社会組織となった[118]。

以下、慶源村の具体的状況を中心に、文会の性格について検討してみたい。

文会は、科挙受験勉強の対策組織として徽州の村落において、活発に活動していた。詹元相が参加した文会は、詹氏宗族文会や樹槐堂の新文会（二一二頁）などの範囲の小さい組織である。確認できるメンバーは元相、文賛（詹秉国一六七二～一七〇八）、儀一（詹廷淑、法叔一六五九～一七二五）、含章（詹茂杞一六五五～一七三一）、高白などを含んでいる。その他詹元相の日記の中には盛文会（二一二頁）、大文会（二六一頁）等の文会の名も見える。前述した慶源村の事例から見れば、郷約事務の担い手としての詹元相、法叔、潤可、含章、蔚林、瑶叔、兼三などは、三十代、四十代の壮年層の知識人であった。その中でも主要なメンバーは、「文会」の「会文」活動の参会者であった。

慶源村の文会が、いつ頃登場したのかは不明であり、専用施設も日記には記載されていないが、清代には存在したようである[119]。康熙期には、童生から生員、貢生、挙人までの知識人は、宗族及び分節組織の主導の下で科挙と同様の基準とルールに基づく学力検査を受けることとなっていた[120]。婺源雙杉の商人王廷鑑は雍正年間、宗族の書院を建てたあと、資産を寄付して文会を作った。雙杉王氏は「尊賢育才」のために、テストの全過程を含む学力検定、賞罰の基

準、科挙試験の参加者・合格者のランクなどに関する「会文条例」（雍正八年）、「考費条例」（乾隆三十年）、「賀儀条例」（乾隆三十年）を設けて、検定の成績によって奨励と処罰を決めた。[121] 雙杉王氏の規定によれば、「挙貢監生童」全員は、毎年、規定の期日に、四回のテストを受けなければならなかった。績渓上荘胡氏の規定には、

凡攻挙子業者、歳四仲月請斉集会館会課、祠内供給赴会。無文者罰銀二銭、当日不交巻者罰一銭。祠内托人批閲。其学成名立者、賞……、登科賀銀五十両、仍為建竪旌匾、甲第以上加倍。至若省試盤費頗繁……毎名給元銀二両、仍設酌為餞栄行……。為父兄者幸有可選子弟、毋令軽易廃棄。蓋四民之中、士居其首、読書立身勝於他務也

とある。[122] この資料によれば、胡氏の場合も王氏のように「挙貢監生童」全員が参加しなければならず、その趣旨も雙杉王氏と同じであり、それは、大体徽州地域の基本的やり方と観念を反映しているといえる。

「士農工商」という伝統的分業の境界線は明代中頃、曖昧となり、明代の商人王来聘が子孫を戒めた時に「四民之業、惟士為尊、然無成則不若農賈」と指摘したように[123]、科挙をめざして失敗すれば農業・商業への転身するのが一般的であった。当時の風潮としては、商の社会的地位が士に拮抗できるという意識も生じていた。[124] しかし徽州商人は商業活動に成功してもコンプレックスは解消できず、科挙の資格や下級官職などの獲得に貴重な財貨を惜しまなかった。[125] 知識人を伝統的四民分業の首位に置く科挙での出世という観念は、強い影響力をもち、彼らは社会流動という相場の中でまさしく岸本美緒氏が「有望株」と比喩したようにもっとも上昇の可能性を持つ存在であった。知識人のこうした可能性と成功後の経済状況の変化については、当時の人の意識構造の中では、

常見青衿子、朝不謀夕。一叨郷薦、便無窮挙人。及登甲第、遂鐘鳴鼎食、肥馬軽裘、非数百万則数十万、誠思胡為乎来哉。……彼且身無賦、産無傜、田無糧、物無税、且庇護奸民之賦、傜、糧、税、其入之正未艾也

と表現されている。[126] つまり、科挙受験の道に悪戦苦闘する知識人は、貧寒ではあるが、国家から刑法上の優免や傜役

等の免除の特権を受けている。彼らは、さらにこのような特権を利用し、「投献」と「詭寄」を受けて、庶民の税金や賦役などの支出を私物化し国家と利を争った。それと同時に彼らの教養と受験内容、つまり価値観と人格内容は、国家のイデオロギーと一致し、底辺社会における一種の国家イデオロギーの代言者、或いは象徴となった。「文会」という組織は、国家や地方官府からの公的な権利の授与などを受けていないが、科挙資格、地方官府とのパイプ、広い社会範囲における人間関係網、経済的余裕・余暇及びその成員の出仕という潜在的可能性によって、郷村社会に大きな影響力を与えた。文会のリーダーや成員は、郷村社会の公共事務に積極的に介入し、主導権を握り、価値判断、村落社会の出来事に対する評論を通じて地方輿論に影響力を及ぼした。

康熙元年に江永治は、聚星文会の変化の経緯について「自程中憲、先中丞立社以来、未有如此之備也。且也昔惟造就人才、今則並崇祀典而礼文、於以植其基。昔僅課挙業於芸林、今則萃一郷之俊彦、講信修睦、教譲墩仁而風化、於以端其本」と指摘した[127]。設立の初めは、文会の目的は確かに単なる科挙受験の勉強及び科挙人材の養成であった。その後、文会組織は次第に読書人の互砺会組織から地方社会の教化や公共事務の処理などの秩序組織へと変容し、その権威は地方行政の末端組織としての保甲を超えた。紛争が起こり、官府に訴えた場合にも、文会の処理意見が地方官に重視された。知識人が地方秩序の維持に関与したことについて、乾隆嘉慶期に編集された『橙陽散志』には

士尚気節、矜取与。其高者杜門却軌、自偶古人、郷居非就試罕至城府。各村自為文会、以名教相砥礪、郷有争競、始則鳴族、不能決、則訴於文会、聴約束焉。再不決、然後訟於官。比経文会公論者、而官藉以得其款要過半矣、故其訟易解。若里保絶無権焉、不若他処、把持唆使之紛紛也

とある[128]。この史料は、おおむね明代中期以来の徽州地域の状況を反映している。乾隆期、方西疇は、「新安竹枝詞」で「雀角何須強争闘、是非曲直有郷評。不投保長投文会、省却官差免下城」と述べ、文会が地方社会の秩序構造の中

で大きな責任を担う不可欠な存在であることを強調していた[129]。雍正歙県譚渡黄氏の宗族規範には「守祠人承値春秋二祭、幇助収租、有事邀請文会門長、並打掃看守祠宇」という規定がある。この規定から宗族の共通事務を処理する文会の成員の権威が窺われる。また黄氏族譜の凡例には黄氏族譜の編集発行について「経文会諸先生曁各堂尊長較明、一体刊発」とあり、文会は最後の審査権を握っていた。道光一四年から咸豊八年にかけての年記『風雲寒暑墨集』にも文会の活動が記入されている。作者は、咸豊五年に太平天国軍が村内に進入したときに文会の主役が主要な責任を果たせなかったことについて批判した[130]。徽州地方の文献の中で文会が紛争を処理した事例に関する具体的記載は少ない。しかし、断片的資料から、上述のとおり村落や宗族が「有事」の場合、文会が、重要な事項に対する対処・決議、紛争処理において中心的役割や責任を持つ組織であったことがわかる。

徽州地域の郷約と文会に関する以上の検討に、詹元相『畏斎日記』によって得た知見を加えてまとめてみると、郷約は地方教化や秩序に対する責任をもつ組織であり、地方行政に関り、その役員は官府に登録されていたと言える。郷村社会で活躍していた文会は、単なる宗族の受験者の学力測定という文教上の組織ではなく、経済力をもち、余暇もあり、将来性があり、或いは上位科挙資格を持つものからなる自主的な知識人組織である。文会の主役たちの存在と活動は、実際上郷約組織の各機能を果しており、郷約組織を支えていた。徽州地方の知識人は、郷村社会の教化、郷村の出来事や人々の行動に対する評論・評価、紛争の調停、郷村事務、特に公共事務への積極的参与・主導を通じて、積極的に地方社会の権力システムに浸透していった。

## 三　郷村社会の祭祀組織としての「会」

第一章で述べたように徽州の村落には、多くの宗教施設が存在している。宗教施設の中に祭られている神は様々であり、それぞれの偶像は宗教系統に関係なく廟の中に並んでいた。底辺の人々は、多くの儀式と実践を通じて神とコミュニケーションしようとした。祭祀活動の固定化、永久化を図って、人員や経費を確保するために徽州の村落では多様な祭祀組織が作られた。祭祀組織は、神や組織の形態によって「××会」と言われた。

徽州の祭祀組織の存在状況について、『徽州会社綜録』には、清代の祁門県善和里の祭祀関連の会組織として、以下のようなものがあったとある。世忠会（会員一〇一人・股份、会員が順番で一一（一一年）回に一回事務を担当する。以下の（年）回数は、一一回に一回担当することを指す。会員はもともとの人数＝股份を単位としているが、股份権の分譲や相続によって一股份権が二分、三分、四分に細分化されたため、股份という単位へと変化する）、元霄灯会（一八人・股份、九回）、懺灯会（一八人・股份、一八回）、天春会（四二股份、三四回）、楽聖会（三〇人・股份、八回）、樹灯会（十人・股份、十回）、鑾光会（十個分、十回）、涼傘会（十人・股份、五回）、重陽十廟会（一二人・股份、六回）、文昌閣玉成会（一六人・股份、八回）、老君会（一八人・股份、九回）、大士会（二三人・股份、二三回）、英義会（一二人・股份、六回）、正義会（五人・股份、五回）、崇義会（六人・股份、六回）、叙義会（八人・股份、八回）、友善会（八人・股份、八回）、崇正会（十人・股份、十回）、復関会（八人・股份、八回）、新張王会（一一股份、一一回）、老張王会（二五股份、一三回）、地蔵会（二三股份、六回）、仏士会（一二人・股份、六回）、預慶周王会（一六人・股份、八回）、十二周王会（一六人・股份、八回）、十三周王会（三〇人・股份、十回）、報慈庵燃香勝会（年に一回）、老経会（二三人・股份、八回）、敬神会（一二人・股份、六回）など[131]。

上述した祭祀組織は、勿論善和里における祭祀組織の全てではないが、そこから徽州郷村における祭祀組織の密度が窺われる。

『畏斎日記』から、特定の時期、即ち康熙三八年から四五年にかけて詹元相が関与した慶源村の祭祀組織の名称を知ることができる。その名称は以下のとおりである。

地蔵会（一九八頁）、社会（一九九頁）、冬至会（二〇二頁）、大王会（二一一頁）、慶源大社（二一六頁）、敦睦堂社（会）（二一六頁）、樹槐灯会（二二九頁）、新関帝会（二四一頁）、関帝会（二四一頁）、張仙会（二六六頁）、興灯会（二六六頁）、神灯会（二六六頁）、灯会（二六六頁）、本房社（会）（二六八頁）、本房関帝会（二六八頁）。

日記の中には各会組織の状況、運営規則と構造に関する詳細な情報は書かれていないが[132]、会組織の規模、範囲についてはある程度窺うことができる。日記の記載によれば、詹元相は、慶源大社のような村落全体からなる組織、詹氏一族全体からなる冬至会などから、樹槐灯会のような小さい集団まで様々なレベルの祭祀組織の成員となり、その義務と役割を果していた。詹元相が所属していた祭祀組織は他の人と比べて多いほうと考えられるが、詹元相の事例から村落の人々が多くの祭祀組織に所属していたことが推測できる。

村落内部に祭祀組織が多く存在するのみならず、徽州地域においては村落を超える大きな合同的祭祀組織が、数世紀にわたって存在していたことも確認されている[133]。しかも定例祭祀は、多くの人々を動員する「遊灯」から、さらに複雑な演劇という儀式を含む形式へと展開し[134]、その「遊灯」や演劇も村落の範囲に止まらず、さらに大きな範囲の地方社会に見せる儀式、或いは地方競合の一種へと変質していった[135]。

慶源村の事例によれば、人々は、個人の信仰行為として専ら一つの神を信仰するだけでなく、様々な祭祀組織に加入し、祭祀組織の定例活動を通じて多くの神にかかわる信仰実践を行なっていた。これは、徽州のみならず、漢民族の多神崇拝、或いは信仰対象の非排他性という共通の行動原理を示している[136]。こうした多神崇拝は、純粋な信仰というより、主に現実の難局や願望に関わる功利目的の祈願であった。即ち信仰を通じ、現実の利益を得たり、或いは災厄を払うというような福や保護を求めていたのである。個人にとって崇拝している神の数が多ければ多いほど多くの福や保護を得られる。しかも崇拝は、単なる個人の精神という無形の世界の中だけではなく、現実の、賑やかで集団的な有形の儀式を通じて有効になると見なされていた[137]。このような宗教意識の構造は、人々ができる限り多くの祭祀組織に加入しようとする傾向を促進した。

民間の信仰活動においては、純粋な宗教信仰の要素よりもむしろ祭祀組織の形成、運営、祭祀活動などが、多くの人を郷村社会のネットワークに編みこんでいった。つまり個人（家族）は、各レベルの祭祀組織への加入を通して、単なる信仰を表す形式のみならず、所属意識と仲間を求める。そして、多くの社会関係の絆＝相互扶助という功利的目的を含む社会資源を維持、生産、再生産し、自己を郷村社会における複雑な人間関係網に組み込み、郷村の社会資源を共有しようとする。それは、少なくともコミュニティにおける人間の相互関係網から疎外、排除されないための営為であるという点を重視すべきである。祭祀組織への加入は、個人（家族）の支出的な消費行為であり、その重要な目的は、信仰、娯楽より、むしろ地方社会に対する参与、協力のほうが重要であった。七〇％以上の家族の経済活動が商業に関わり、遠隔地で商業を行なう家族が多い徽州地域では、外での連帯的経営と相互扶助、即ち血縁と地縁関係が切実な重要さを有する。それは、自然とその故郷に照射され、祭祀組織の結成にも影響を及ぼしたであろう。従って祭祀組織の加入・選択は、様々な目に見えない利害に繋がっており、多ければ多いほど有利になる。このような心理と現実的需要が、徽州地方の祭祀組織の発達を促し、村落内の社会結合、権力構成及び村落間の連合にも大きな影響を与えたと考えられる。

## 四　遍在する共済組織

『日記』の中には、詹元相が関与した慶源村内の会組織の具体的構成や規約に関するまとまった記述はないが、断片的記載からそれぞれの会の概略の性格を窺うことができる。

同庚会（二〇二頁）は、庚戌会（二二七頁）とも言い、康熙庚戌（九年、一六七〇）に之謙伯（一六三二～一七〇〇）によって作られた会組織であり、確認できる参加者としては詹元相（一六七〇～一七二六）、雲級（詹文梯一六七〇～一七三二）、高白（詹茂桐一六六九～一七一六）、江景昭、詹之謙などがいる。潤可（詹永富一六七一～一七二二）が入会した可能性も高い。会員の生年が一致しているわけではないので「聯庚会」（二五一頁）と称していたこともあったようである。この会は長い間、存続してきたものであり、康熙三〇、四〇年代に至ると、中心メンバーは、庚戌年前後に生れたものとなった。これはある種の「同」という縁を通じて人間関係の絆を強める組織であり、単に娯楽組織ではなく、何らかの商業目的の資金を醸出する共済組織である。そのメンバーの中でさらに元相と雲級が「以年誼又相知独厚」という理由で二人の会を作った（二〇二頁）。

九子会（二〇六頁）は、十五両会（二〇六頁）とも言い、含章が息子の嫁を娶る資金を賄うために康熙三五年に作った銭会である。[138]確認できるメンバーには元相、含章、潤可、文賛、廷楹（一六六六～一七〇三?）、庭樹（詹茂槐一六五三～一七二五、含章の兄）、載上（尚）（詹文錦一六六九～一七五七）、懐仁（詹之栄、一六四四～一七一七）などがいる。康熙四二年一二月に節娘は、同じように息子の嫁を娶る資金を調達するために「三両二銭九子会」を作り、詹元相も入会して銀四銭を出資した（二五一頁）。節娘の所属や社会的身分は不明であるが、日記には詹元相に雇われたという記載がある。出資総額から節娘のほか、会員が八人いると推測できる。

七賢会（二〇七頁）は、詹起清（一六四五～?）によって作られた銭会であり、康熙三九年十月の六回目の決算の時にそのメンバーには少なくとも元相、江陽舅、江女孫舅、詹起清などがいた。詹元相等がこの会を経営した時点、即ち康熙四〇年に会の新しいサイクルが始まった時に、メンバーには、少なくとも元相、（詹）富兄、栄弟（詹元栄、一六七四～一七四五）がいた。

百斗米会（二五〇頁）は、康熙四二年一一月に法叔（儀一）の提唱によって組織されたものである。元相は十斗米（時価九銭）を出資した。元相の出資状況から会員が十人いると推測できる。会員は法叔、元相のほか、栄弟（詹元栄）が入っている。この会の出資方式は実物であったが、徽州地域においては食糧が貴重な商品として一つの基金となっていたと理解してもよいだろう。

天又会（二〇七頁）の具体的内容は不明であるが、元相、江景昭、江日三（元相の従弟）が入っている。日記に記載された永萃会（二〇〇頁）は詹氏宗族四房内の会である。それ以外の会、祈雨会（二二二頁）、永豊会（二二三頁）、谷会（二二五頁）、輔仁会（二二九頁）、振甲会（二五一頁）などに詹元相は加入しており、その会の責任を果していた。

宗族内部の祭祀・公共事務等の組織や村落内の信仰組織、公共事務に対応する組織が長い時間的連続性をもっていたことに比べて[139]、共済や娯楽などの目的で自由に作った会の運営サイクルは比較的短く、人数も少なく規模は小さかった。出入りが相対的に自由である会組織は、会の発足や解散、及び会員所持股份の移動に伴って流動的な状態を呈していた。

詹元相が同時に数多くの会に加入したことからみて、村落社会においてはこのような短命的会組織が多数存在しており、一般の人も帰属的祭祀（宗族）組織のほか、少なくともいくつかの共済的会組織を作ったり、参加したりしていたことが推測できる。全体的に見れば、共済的会組織は、人間社会の隅々にまで浸透し、遍在する組織になったと言えよう。こうした会組織は、徽州地域の経済活動、社会生活、もしくは社会秩序にとって、大きな意味をもっていた。

まず、言えることは、会組織は徽州村落内部の資金調達と同好の公平な協力行動の一種類であり、提唱者（会首）の経済困難を解決する有効な融資手段であり、他の会員が貯金や何らかの事業を遂行するための資金を獲得する場であるということである。

次に言えることは、それは資本規模は小さいものの、徽州商人が商業活動をスムーズに展開する貴重な資金源となっており、絶えず外出している徽州商人の経済活動を支えていたということである。『日記』には金銭の貸し借りに関する記載が多い。借り手が多く、特に利息付きのものは、単なる消費目的の借金とは考え難く、事業（商業）目的のためであると推測できる。会組織の基金の運営について詹元相と雲級（詹文梯）からなる二人の「同庚会」は、康熙三九年九月二八日に銀一両二銭八分の貸し出しを通じて、一年後の康熙四〇年一一月一九日に元金と利息一両六銭七分を回収した（二〇四頁）[140]。

第三に言えることは、それは、人間関係における互酬行為として、郷村社会の人間結合の過程で、会員の相互支援、支持、協力の関係が、確かに個々の人間の絆を強めていたということである。レベルの違う数多くの会組織に参加する人は、自己を中心とする様々な「圏子」の形成、及びそれぞれの「圏子」の交錯と連接を通じて個人（家族）を叢生する会組織に組み込んで、蜘蛛の巣のように綿密な社会関係網を作った。参加した会組織が多ければ多いほど、この個人（家族）の発信力が大きくなる。これは単なる経済利益だけではなく利用できる多くの社会資源、或いは支援体系を作り出すという大きな意味ももっている。このように多様な「圏子」を形成しようとすることは、徽州の人々のみならず、中国人の基本的行動原理でもある。

個人の戦略や選択を離れて巨視的な眼差しでこのような「圏子」（会組織）に溢れる徽州村落社会を観察すれば、一つ一つの環節として「圏子」は、村落社会の活性化を促していたことがわかる。人々が絡み合って、排斥しにくく相互依存するということのような関係こそが、生活共同体を形成してきた。しかもこうした「圏子」の形成過程から、尊卑、上下や序列関係原則の束縛を超えて、経済的・社会的地位の如何に関わらず平等の立場で協力しあうという水平的な原理も見て取れる。(141)階級闘争を指導原理とする二〇世紀の中国革命の中で、毛沢東は、このような郷村社会の構成上の特徴を宗族などの権力に帰してしまった。それ以来、農村土地改革における階級区分、ないし文化大革命における政治暴力という解決方法が、郷村社会のこうした社会資源を壊滅的に取り除いてしまったといえる。

## 結　論

第一章では、自然条件への対応という観点から徽州農村における人文的環境の形成について論じたが、第二章では、徽州農村の人々が様々な現実的問題に対処する際、どのような行動原理に基づいて複雑な社会関係網を形成してきたのか、という観点から農村社会における多様な社会組織の形成について考察してきた。本章で扱った対象以外にも国家権力の末端組織としての保甲制度や人間関係の重要な内容としての婚姻制度について触れるべきであるが、それらの面には時間と能力の関係で触れることができず、主に生存戦略の観点から様々な任意的ネットワークとしての各種団体・組織を理解する近年の学界の関心を踏まえて、徽州の特色をよく示す宗族形成や文会・銭会等の自生的社会組織に重点を置いて検討した。この内容をまとめると、以下のようになる。

第一は、宗族の形成とその組織の拡大化である。弘治年間から万暦年間までの関連する徽州詹氏族譜の内容を参照した上で、元末、明景泰年間、正徳・嘉靖年間、清乾隆年間の四つの慶源詹氏族譜を分析し、始祖、始遷祖及び血縁系譜に関する編纂の推移過程について実証的に検証した。族譜の編纂者は、都合の良い側面のみから始祖、始遷祖、血縁の系譜を解釈し、祖先の事跡や人物、関連する文献の偽作を通じて宗族史を再構成していた。また地方志や大族志などの編纂というテキスト化、或いは有名な官僚・文人の序言作成などの相互作用を通じて、祖先史の改造が行なわれ、一族内の「知識」を地域社会で普遍化させた。もともと曖昧で、存在していない「知識」（事実）はこのような作為的過程を経て定着的な知識へと変身した。現在われわれの見ることができる族譜の中には、祖先の事跡における玉石混交が見られるが、始祖、始遷祖、血縁の系譜部分に対する作為的編纂は、誰も納得できるような血縁の系譜の接点や団結力に対する誇り、即ちアイデンティティを提供し、それをテキスト化していた。これは、明代中期以来、大きな社会関係ネットワーク、即ち支援体系の形成と社会資源の開発の過程で、重要な役割を果たしていた。

第二は、村落社会の諸集団・組織の存在状態である。詹氏族譜と同村落内の生員詹元相の日記等を使用して、村落内の文会、祭祀、共済組織の具体的状況を再構成してみた。知識人のみの文会、祭祀、共済を含め、様々な自生的社会団体・組織の密度は、村落社会においてかなり高かった。

文会は、熾烈な科挙競争の環境の下、従来は学会のような知識人の講習団体であったが、いつか、受験勉強の対策組織へと変容し、慶源村のように文会の成員である若手生員が郷村社会の紛争処理に関与し、郷約組織を支え、村落の公共的代表、即ち郷村社会秩序の中心的な存在となった。

村落社会において様々な名目で作られた祭祀組織は、それぞれの規模で叢生して、会員の共同出資などの形で運営され、一定の規則に基づいて毎年の定例的活動を行なっていた。しかも一個人は同時に複数の祭祀組織に加入していた。

遍在する共済組織である銭会は、特定の融資方式であり、貸し借りを超える郷村社会の金融共済の重要な制度である。徽州地域の銭会は、日常の生活、特に冠婚葬祭関連の使途で会首の呼掛けによって作られていた。会員の相互扶助、利益共有、平等などの経済利益原則が重要視され、集めた資金（実物を含む）は、小額ではあったが、商業活動に投入されて徽州商人の資本の一部となったと考えられる。祭祀組織の加入と同じように、徽州の人々が同時に複数の銭会に関与したり、銭会を組織したりということは、普遍的な事柄であった。郷村社会全体を視野に収めて見れば、多様で、多数の任意的団体・組織は、それぞれのサイクルやリズムで生成、維持、解散を行なっており、その中には数百年にわたって存続した長期的組織や数年の間に使命を終えた短期的集団が交錯し、活況を呈していた。

宗族と祭祀、共済組織についての上述した現象はどういう意義をもっていたのか、或いは中国の郷村社会において、このような組織は、どういう意味をもっていたのか。

二十世紀においては「停滞論」と「落伍論」に関する中国伝統社会の認識の中で、宗族問題（宗法制度）と郷村社会の共同体問題が大きく取り上げられてきた。毛沢東は、一九二〇年代に中国社会の階級分析を行なう際、清末民国時期の状況に基づいて宗族問題を過大視した(142)。一九五〇年代以来、共産党政権の宗族組織に対する厳しい取締まり政策は、斬新な社会システムを作るために宗族のみを対象とするわけではなく、すべての伝統的社会組織や制度を消滅させようとする郷村社会の徹底的な改造の一環であった。しかし徽州地域の事例から見れば、宗族は、宋明の間、様々な展開があったが、主に明代中期以降、流動化に伴うて地方社会秩序の転倒と人々の不安の中で、伝統的社会文化資源を発掘しながら官僚、知識人、商人を含む有識者の主導によって形成され、広域に普及した組織であった。明清時代、祖先や血縁の系譜の偽造、再解釈が、徽州地域のみならず、各地域で盛んに行なわれ、数世紀にわたって宗族の歴史とその血縁の系譜が整序化された。祖先と血縁の系譜さえも偽作する宗族形成とその拡大化は、少なくとも以下の両方面から理解できる。

一つは、当時の有識者が社会的流動における秩序の混乱と精神不安に対し、集団や制度的枠組というような形による「礼の秩序」の成立・維持などを通じて対応しようとしたことがある(143)。もう一つ、公平の原則を示して個人の権利の保護を体系化する法律と制度の欠如の下、地位の順調な上昇のチャンスを掴む等の目的を実現するためには、国家の行政システムより、私的資源が確実な有効性をもったということである。相対的に安定的、持久的な私的資源を求める過程で、個人的関係は、集団的、準制度的関係より脆弱である。従って当時の人々は、宗族、親戚のような文化・制度資源を利用し、地縁と血縁の中に根を張って、大きな範囲で開放的なネットワーク、即ち有用な社会資源、及び潜在的支援体系を作り上げようとした。統合的な宗族の形成は、実際に広域の社会関係網を作る民間の制度的、準制度的営為であった。

宗族組織のほかに、祭祀などの多くの目的をもつ多数の集団・組織があった。個人（家族）の経済活動と社会生活にとって、個々の組織は完結的機能をもつものではなく、多様な組織に頼らざるを得なかった。徽州の人々が複数の祭祀組織や銭会等の共済組織に加入した目的は、単純な信仰や娯楽活動や単なる利益損得原則にとどまらず、所属意識、仲間づくり、相互扶助などの功利目的で社会資源を維持、再生産するためであり、生存戦略の選択上、短期的利益と長期的な「人情」の均衡を保ちながら[144]、自己を郷村社会における複雑な人間関係網に組み込むためであった。当時の人々は実際にはほぼ同じような行動様式によって寺田浩明氏が描いた制度的保障の欠如と流動的な秩序状態[145]に対応しようとした。彼らが参加した集団・組織は、構成、目的、性格などが異なっていたにもかかわらず、その核心的部分——共有財産醵出のメカニズム、運営方式と組織の構造は、宗族組織にせよ、祭祀組織にせよ、共済の銭会組織にせよ、「股份」体制という利益均等と責任分担という点で共通していた[146]。

注

（1）田中正俊氏、佐伯有一氏、重田徳氏、小山正明氏、鶴見尚弘氏、森正夫氏、葉顕恩氏等の研究は、代表的である。

（2）宗族形成の社会背景、類型、内部構造、社会機能などについての研究蓄積は、膨大な量がある。重要なものは、牧野巽

『中国家族研究上・下』と『近世中国宗族研究』（お茶の水書房、一九七九年、一九八〇年）、清水盛光『支那家族の構造』（岩波書店、一九四二年）、『中国族産制度考』（岩波書店、一九四九年）、仁井田陞『中国の農村家族』（東京大学出版会、一九六六年）、『中国法制史研究　奴隷農奴法・家族村落法』（東京大学東洋文化研究所、一九六二年）、多賀秋五郎『宗譜の研究（資料篇）』（東洋文庫、一九六〇年）、『中国宗譜の研究』上・下（日本学術振興会、一九八二年）、滋賀秀三氏『中国家族法の原理』（創文社、一九六七年）、Maurice Freedman, *Lineage Organization in Southeast China*. London:Athlone Press.1958（末成道男・西沢彦治・小熊誠氏訳『東南中国の宗族組織』弘文堂、一九九一年）同、*Chinese Lineage and Society:Furien and Kwangtung*. London:Athlone Press.1966.（田村克己・瀬川昌久氏訳『中国の宗族と社会』弘文堂、一九八七年）、李文治氏「明代宗族制的体現形式及其基層政権作用」（『中国経済史研究』一九八八年第一期）、陳其南氏『家族与社会』（聯経出版公司、一九九〇年）、徐揚傑氏『中国家族制度史』（人民出版社、一九九二年）、『宋明家族制度史論』（中華書局、一九九五年）、鄭振満氏『明清福建家族組織与社会変遷』（湖南教育出版社、一九九二年）、馮爾康氏編『中国宗族社会』（浙江人民出版社、一九九四年）、常建華氏『中華文化通志・宗族志』（上海人民出版社、一九九八年）、瀬川昌久氏『中国人の村落と宗族』（弘文堂、一九九一年）、井上徹氏『中国の宗族と国家の礼制』（研文出版、二〇〇〇年）、上田信氏『伝統中国――〈盆地〉〈宗族〉にみる明清時代』（講談社、一九九五年）、山田賢氏『移住民の秩序』（名古屋大学出版会、一九九五年）、菊池秀明氏『広西移民社会と太平天国』（風響社、一九九八年）などの諸氏の研究がある。特に最近の研究では、科挙制度の徹底化による社会の上昇・下降移動、宗法主義と国家礼制、移住・開発と地域の統合などの視角から宗族結合の原理ついての解明が試みられている。

（3）近年の成果としては、主に満鉄の調査を使いながら二十世紀の農村変化に着目している三谷孝氏等による華北農村調査がある。明清時代に遡る華中・華南地域の農村社会、及び農村の中心としての市鎮の調査については、新しい研究動態が出てきている（濱島敦俊・片山剛・高橋正氏編『華中・南デルタ農村実地調査報告記』『大阪大学文学部紀要』別冊、一九九四年。森正夫氏編『江南デルタ市鎮研究』名古屋大学出版会、一九九二年）。また濱島敦俊氏は、前近代中国農村社会を全面的に理解する上で注目すべき多くの示唆的な見解を提示している（「農村社会――覚書」『明清時代史の基本問題』、汲古書院、一九九七年）。

（4）葉顕恩氏『明清徽州農村社会与佃僕制』（安徽人民出版社、一九八三年）、宋漢理氏 Zurndorfer Harriet *T. The Hsin-an ta-tsu chih and the Development* of Chinese Gentry Society 800-1600. *T' oung pao*, vol.LXVIII, 3-5, 1981（「『新安大族志』与中国紳士階層的発展」『中国社会経済史研究』一九八二年第二期、一九八三年第三期）、同 *Change and Continuity in Chinese Local History : The Development of Hui-chou Prefecture, 800 to 1800*, Leiden, E.J.Brill, 1989.）、居蜜氏「一六〇〇年～一八〇〇年皖南的土地占有制与宗法制」（『中国社会経済史研究』一九八二年第二期）、陳柯雲氏「明清徽州宗族対郷村統治的加強」（『中国史研究』一九九五年第三期）、唐力行氏『明清以来徽州区域社会経済研究』（安徽大学出版社、一九九九年）、臼井佐知子氏「徽州における家産分割」（『近代中国』第二五号、一九九五年）、「徽州文書からみた『承継』について」（『東洋史研究』第五五巻第三号、一九九六年）、鈴木博之氏「明代徽州府の族産と戸名」（『東洋学報』第七一巻第一・二号、一九八九年）、「清代徽州府の宗族と村落」（『史学雑誌』第一〇一編第四号、一九九二年）、中島楽章氏「明代徽州の一宗族をめぐる紛争と同族統合」（『社会経済史学』六二巻四号、一九九六年）などの研究参照。

（5）『文天祥全集』（江西人民出版社、一九八七年）に「李氏族譜亭記」、「燕氏族譜序」、「盧陵蘅塘陳氏族譜序」、「瑞山康氏族譜序」、「跋彭和甫族譜」、「跋呉氏族譜」、「跋李氏譜」などがある。なお常建華氏「宋元科挙制下宗族制度的発展」（馮爾康氏編『中国宗族社会』所収、浙江人民出版社、一九九四年）一八九～一九六頁参照。

（6）安徽省博物館に所蔵されている。

（7）曹弘斎宛の陳定宇の書簡（『定宇集』）。

（8）陳櫟『定宇集』巻二の「汪渓金氏族譜序」、巻三の「跋五城黄氏族譜」、李祁『雲陽集』巻三の「兪氏族譜序」、巻四の「汪氏族譜序」、巻六の「沢存祠記」、巻七の「汪氏永思堂記」、鄭玉『師山集』巻五の「鳳亭里汪氏墓亭記」などがある。常建華氏「元代族譜研究」（『譜牒学研究』第三輯、書目文献出版社、一九九二年）「元代墓祠祭祖問題初探」（趙清氏編『社会問題的歴史考察』所収、成都出版社、一九九二年）参照。

（9）『師山集・師山遺文』巻一「方氏族譜序」。

（10）『師山集・師山遺文』巻一「鄭氏石譜序」。
（11）葉顕恩氏前掲書二〇～四一頁参照。
（12）南宋羅願『新安志』巻一「州郡・風俗」に「自唐末賦不属天子、驟増之民、則益貧……比年多徙舒、池、無為界中……休寧……山出美材、歳聯為桴下浙、往者多取其富」とある。南宋、元代になると、「歙……俗与休寧近、読書力田、間事商賈」とある（弘治『徽州府志』巻一）。
（13）徽州商人は、元末明初から成化年間にかけての約百年の間、大きく勢力をのばし、十五世紀半ば以降、徽州人が外へ出て遠隔地貿易活動を営む行為は、ブームになった（張海鵬氏等『徽商研究』、安徽人民出版社、一九九五年、三～八頁参照）。なお嘉靖『休寧県市呉氏本宗譜』巻二「事略」の洪武、永楽から正統にかけての人物伝記参照。許承尭も『歙事閑譚』巻一「歙人出賈時期」に「吾許族家譜載、吾祖於正統時已出居庸関運茶行賈、似出賈風習已久」と指摘した。
（14）王世貞『弇州山人四部稿』巻六一「贈程君五十叙」。
（15）岸本美緒氏『明清交替と江南社会――一七世紀中国の秩序問題――』（東京大学出版会、一九九九年）第一章、第七章等参照。
（16）その一つの象徴である編纂された族譜には程敏政『篁墩文集』の関連する譜序のほか、多数の族譜が残されている。例えば成化・弘治年間、程敏政編『新安程氏統宗世譜』、弘治一二年『新安黄氏会通譜』、弘治一四年『新安黄氏統譜』、嘉靖一二年『嶺南張氏会通譜』、嘉靖一四年『張氏会修統宗世譜』、嘉靖一四年『張氏通宗会譜』などがある。
（17）歙県知県鄒大績嘉靖二八年の告示（『潭渡黄氏族譜』巻三）。
（18）光緒『婺源県志』巻二「疆域」。
（19）婺源県地名志弁公室編『婺源県地名志』、一九八五年。
（20）人口については、『慶源詹氏宗譜』と日記に基づいて推測した。耕地数は、主に元相が雨乞いの費用を醵出する際に記している村内の土地「八四〇〇秤」あるという統計結果による。徽州の食糧の畝生産量と土地数の関係について見てみると、一秤は約十二分の一畝の生産量に相当している。周紹泉氏「明清徽州畝産蠡測」（『明史研究』第二輯、黄山書社、一九九二年）、

江太新氏「論清代徽州地区地契中糧食畝産与実際畝産之間的関係」（『首届国際徽学学術討論会文集』黄山書社、一九九六年）、葉顕恩氏前掲書三六～四〇頁参照。

（21）光緒『婺源県志』巻三「風俗」には「漑田之利無如竜骨車之溥、婺之西南郷多用車、而東北罕用者、地勢高而難達也。梯接而引之、亦可達、顧不願為者、憚其工費多也。亦或田主不肯出費也。且一区之中、田畝散落、田主之心不一也。誠能同心合力、公買半畝之地、為牛車一座、以牛代人、力大而省費、則渓澗之浜皆可為膏腴、不徒仰沢於天矣」とある。

（22）光緒『婺源県志』巻六四通考、祥異、『畏斎日記』参照。

（23）光緒『婺源県志』巻三四、人物一〇、義行七、詹啓勝伝。

（24）光緒『婺源県志』巻一五、食貨一、戸口。

（25）慶源村の紛争事件の中から共有財産の状況が窺える。『畏斎日記』参照。

（26）『畏斎日記』の年末、年始部分には、合同祭祀、儀式、文会活動の実施についての記録がある。

（27）『畏斎日記』参照。

（28）関連の研究は、前掲注二、また李文治・江太新氏『中国宗法宗族制和族田義荘』（社会科学文献出版社、二〇〇〇年）等を参照。

（29）宗族の居住形態と地理分布について呉景超氏『唐人街　共生与同化』天津人民出版社、一九九一年、一二三頁、徐揚傑氏前掲書四頁、馮爾康氏前掲書九～一一頁。

（30）李文治・江太新氏前掲書、馮爾康氏前掲書第三章（常建華氏執筆）、及び本章第一節参照。

（31）多賀秋五郎前掲書第二、三章、馮爾康氏前掲書（常建華氏執筆）第四章、井上徹氏前掲書第四、五章。徽州宗族組織の展開について注四を参照。

（32）中国宗族に関する研究は、注二を参照。

（33）注四を参照。

（34）集権体制の中央を離れる辺境地域、水利と稲作生産、新開地モデルと宗族形成との関係について前掲フリードマン『中国の宗族と社会』第六章、『東南中国の宗族組織』第十五章を参照。
(35) 圏層について費孝通氏『郷土中国』の「差序格局」(北京大学出版社、一九九八年)を参照。
(36) 『日知録』巻二四「通譜」に「近日同姓通譜、最為濫襍。其実皆為植党営私、為蠹国害民之事、宜厳為之禁。……五十年来、通譜之俗、偏於天下。自非明物察倫之主、亟為澄別、則滔滔之勢、将不可反矣。……今人之於同姓、幾無不通譜」とある。
(37) 『巣林筆談』(中華書局、一九八一年)一八六頁に「近時同姓往来、即非共族、皆称宗不書姓」とある。明末の小説『型世言』(中華書局、一九九三年)第一一回には合格した同姓挙人同士が同じ宗族を認めあったエピソードがある。
(38) 朱軾『朱文端公集』巻二「族譜辨異」に「寒門以趨勢而冒宗、勢家以納賄而売族」とある。
(39) 浙江の陳氏と高士奇一族の政治的な通譜について陳康祺『郎潜紀聞初筆』(中華書局、一九八四年)一二一頁、陳其元『庸閑斎筆記』(中華書局、一九八九年)一八七頁参照。福建地域の異姓間の結合と通譜現象について前掲鄭振満氏書一九七～一九九頁参照。
(40) 程敏政『篁墩文集』巻三四に「自宗法不明於後世、凡通都大邑之間、号巨室能僅譜其家者、蓋不多得矣。若進而能譜其族、則加鮮焉。況又能推而譜其所同源異流者哉……或一二見於吾郷。則亦以其居之僻、俗之厚、用能保其典籍丘壟於兵革之余乃克爾邪」とある。
(41) 『新安黄氏会通譜』(台湾中央国立図書館所蔵)弘治一一年(一四九八)黄護「叙新安黄氏文献録」。
(42) 『新安黄氏会通譜』弘治四年陳欽「黄氏会通譜後叙」。
(43) 程敏政『篁墩文集』巻二三、「新安程氏統宗世譜序」。
(44) 程敏政『篁墩文集』巻一四「程氏貽範集目録後記」に「初、敏政最究心譜学、嘗請於先襄毅公、会諸宗族、積之二十年、理湉伐舛、得可会者四十四房、定為統宗世譜二十巻、刻梓以伝」とある。
(45) 例えば、汪鋐は「詹氏休寧五城族譜序」において「正徳間、適会婺之諸宗曰銶、曰鎧、曰良勝、崇睦族之道、発統宗会元之挙、遍歴各派而類之、時遭寇乱、銶、鎧尋歿、未克鋟梓」と指摘している(『新安星源竜川詹氏統宗世譜』)。
(46) 程敏政『篁墩文集』巻一二～巻三九を参照。

(47) 族譜の題名のみから見ても、このような動向が窺える。例えば、弘治一一年『新安黄氏会通譜』、弘治一四年『新安黄氏統譜』、正徳一三年『汪氏淵源録』、嘉靖一二年『嶺南張氏会通譜』、嘉靖一四年『張氏会修統宗世譜』、嘉靖一四年『張氏通宗会譜』、嘉靖一六年『張氏統宗世譜』、嘉靖二七年『新安詹氏統宗世譜』、嘉靖二八年『十万程氏会譜』、嘉靖年間『新安星源竜川詹氏統宗世譜』、嘉靖年間『張氏統宗譜』、嘉靖年間『許氏統宗世譜』、隆慶四年『汪氏統宗正脈』、隆慶四年『武口王氏統宗世譜』、万暦年間『兪氏統会大宗譜』、万暦三年『汪氏統宗譜』、万暦一三年『詹氏統宗世譜』、万暦三一年『休寧曹氏統宗譜』、万暦四三年『三田李氏統宗譜』等がある。

(48) 夏言「献末議請明詔以推恩臣民用全典礼疏」の中で「乞詔天下臣民冬至日得祀始祖議」と「請詔天下臣工立家廟議」などの建言は朝廷に採択された（『桂州夏文愍公奏議』巻二一）。仏山『嶺南冼氏宗譜族』巻二「宗廟議」に「明大礼議成、世宗思以尊親之義広天下、採夏言議、令天下大姓皆得聯宗建廟祀其始祖、於是宗祠遍天下。……所以収天下之族、使各有所統摂」という認識は夏言の提言の大きな影響を示している。夏言提言と宗族組織の展開との関係について馮爾康氏前掲書第四章と井上徹氏前掲書第四章を参照。

(49) 康熙一三年『張氏宗譜』（東洋文庫所蔵）凡例に「先世文翰……遭兵燹燬而莫存」と称する。乾隆三五年『新安徐氏宗譜』（東洋文庫所蔵）徐景京注に「史伝中又欠焉不書」とある。

(50) 徽州族譜の編纂には系譜真偽の弁明、有名人に序言等の執筆を依頼し、知識人の共通審査によって宗族文献の真実や信憑性を高める現象は普遍的であった。

(51) 『潜研堂文集』巻二六「鉅鹿姚氏族譜序」に「宋元以後、私家之譜、不登於朝、於是支離傅会、紛紜舛駁、私造官階、倒置年代、遙遙華冑、徒為有識者噴飯之助矣」とある。

(52) 『文史通義新編』外編四「和州志氏族表序例」に「譜系之法、不掌於官、則家自為書、人自為説。子孫或過誉其祖父、是非頗謬於国史。其不肖者流、或謬託賢哲、或私鬻宗譜、以偽乱真、悠謬恍惚、不可勝言」とある。

(53) 『南雷文定三集』巻一「淮安戴氏家譜序」。

(54) 程敏政『篁墩文集』巻一二に「在於偽作行褒以上祖名、以相聯綴」とある。

（55）『帰震川集』巻五「題王氏旧譜後」に「率牽合聯綴、其為贋本無疑也」とある。

（56）『茗州呉氏家記』（東京大学東洋文化研究所所蔵）巻首に「世之……趨偽者常多。淳安之汪氏、繇其身縁而上之、至於魯公之族七十余世、諱字卒葬、若目見而耳受之者。其心以為博也、而不勝其偽也。……呉寧之杜氏、越千余歳而宗漢之延年、晋之富陽侯、其心以為工也、而要非其本也」とある。

（57）『新安徐氏宗譜』巻首凡例に「世俗作譜、多以鋪張揚厲為事、毎採古昔同姓名公鉅卿、彙載篇首、雖非我族派、亦不遺焉……世俗作譜、毎広叙宗盟、遠引世派、以矜鉅族、而其中多牽強付会、致為識者所嗤。夫以百世之遙、四海之廓、豈能縷析条分」とある。

（58）雍正『潭渡黄氏族譜』（東京大学東洋文化研究所所蔵）凡例に「旧譜所載各派族譜中黄氏淵源録、及会通譜本源世次、人物謬妄、諸考皆引拠未精、茲概不録刊」とある。

（59）その内容は「今以自伊城、自魯国、自曲沃、自陳留、而再襄国、再呉郡、再金華之遷派、参考方輿勝覧、禹貢九州、皇明大一統志諸図書、列於図而志之。譬之江河之行地、脈絡貫通。俾観譜者、知某邑古今属某郡、某人古今遷某処。因地以著姓、縁族以篤親、未必不由是図而啓其統宗之思也歟」という（族譜がコロンビア大学East Asian Library所蔵）。

（60）『休寧厚田呉氏宗譜』（ハーバード大学Harvard Yenching Library所蔵）序に「近世已来之為宗譜者、其弁言必援古聞人之筆以為重。閑嘗閲数譜矣。無論張王李趙、其前率載宋文丞相（天祥）之詞、其他煌煌大篇、類皆出自前代之高官達人、匪是弗華也。前在湖南、得翻刻李文正『懐麓堂集』、羼入族譜序数篇、於其中考之初刻、則無有。夫以一叙言尚不憚仮藉縁飾、以為光栄、則其所推溯而上之遙遙華冑、可尽信乎」とある。盧文弨の見方によれば、族譜序の偽作の手は名人文集の出版のプロセスに及んだ。

（61）具体的事例は多いが、明抄本『戴氏族譜』（台湾国立中央図書館）、『新安徐氏宗譜』第一一等を参照。

（62）社会変動とネットワーク形成及び歴史意識などの側面から極めて示唆的論考がある。臼井佐知子氏は徽州商人のネットワークを論ずる時に族譜編纂の意義を指摘している（「徽州商人とそのネットワーク」『中国――社会と文化』第六号、一九九一年）。族譜内容のフィクション性に注目する瀬川昌久氏は「新しい層」、中間の層、古層の構成プロセスと族譜の性格を検討した（「中国人の族譜と歴史意識」、東京大学東洋文化研究所『東洋文化』七六、一九九六年を参照）。遠藤隆俊氏は、同族ネットワークと社会秩序の側面から明末清初、瀋陽范氏と蘇州范氏の通譜の社会意義を論じた（「作為された系譜」『集刊東洋学』第七五号）。最近井上徹氏は族譜の編纂モデル＝大宗の法と小宗の法に即して近世譜の特質を検証する際、蘇州の王氏、席氏、翁氏の事例を取り上げ、族譜偽造とその社会的な動向の分析を行なった（「中国の近世譜」『歴史学研究』七四三号、二〇〇〇年一一月）。

（63）慶源村には一九九〇年代に編集した詹氏族譜もある。

（64）抄本であり、その内容には成化一四年まで記載がある。

（65）詹晟『慶源詹氏族譜』「新安閭源記」に「大興中、康邦自南陽来。是時、中原版蕩……康邦公始来、随寓為家、其後洗為侯官令、生二子　宣、節。宣公之後有曰敬者、徙居新安、不知世次、生黄公……。胡愚斎曰詹氏之得姓、其系出於周文王食采於詹、入於周、卿士所謂詹父、詹恒伯是也」とある。

（66）遅くとも乾隆二九年以降、宗族活動を厳しく管理する江西巡撫輔徳と広東巡撫王検等の建言に対して皇帝は、各総督巡撫に宗族問題を留意しろと命じた（『清高宗実録』巻七〇九、乾隆二九年四月、同前書巻八一二、乾隆三三年六月）。その後、露呈された族譜における妄想・偽作及び明清交替に関わる叙述は政治問題とされ、文字獄の処理手法も用いられた。例えば族譜4凡例に「奉旨　凡譜内一切違碍文句、悉遵改正。並譜内詩文伝賛概行禁除、只将履歴、生歿年月、娶氏葬所及女適某氏、照所送紅格編注」とある。乾隆四五年の『済陽江氏分修族譜』江南金の序に「今我皇上釐正文体、而於世族一書尤加詳慎。邇者大方伯檄下、凡縉紳士庶族系必由長吏考定。其有叙法舛錯、字句僭妄者、飭令亟加改正。而一時大家巨族、以及単姓寒門、莫不家喩戸暁、奉行恐後」とあり、同譜の江慰祖の跋に「歳己亥（乾隆四四年）奉上憲檄諭、凡一切家譜、恐有僭妄字句、悉加刪改」とある（楊殿珣『中国家譜通論』、『図書季刊』一九四六年第七巻一～二期を参照）。具体的検証は別稿に譲りたい。

（67）族譜1「新安閭源記」は族譜2に「黄公辯」と改名され、内容も改造された。

（68）『新安星源竜川詹氏統宗世譜』に収録された、所謂「明朝国師翰林太学士新安朱允昇」洪武三年序言や吏部尚書汪鋐嘉靖一五年の序言にも同じ内容がある。
(69)詹仁「会編家譜序」に「吾宗自文侯始封於詹、至初祖黄隠公約世五十、屡経兵火、世次不無脱略、別為外紀、書之前集。初祖以後、遷徙、生卒年月、葬娶、至此始著、列以前図後記、以便観覧。然其間宗派差偽、年月謬誤者、今皆正之」とある。
(70)程尚寛等『新安名族志』前集、詹姓。光緒『婺源県志』巻二〇、人物四、経済。
(71)例えば商人詹仁、詹正兄弟は開化県の親友王景東を雇って族譜2を編纂した。
(72)詹氏族譜では推敲に堪えられない細部が少なくない。例えば族譜2の宋代の有名人王汝舟「家譜引」は弘治一二年の休寧五城族譜及び族譜4の内容と異なっている。
(73)顧頡剛は古文献と古代史を検討する際、「古史の層累的造成」説、即ち戦国、秦漢以降の文献における古代史の系統がそれぞれの時代に神話・伝説の積み重ねによって作られたものであると提起した。この説は、明清時代の地域社会史、特に地方の歴史意識と地方文献の性格の研究にも適用できる。顧頡剛「与銭玄同先生論古史書」と「古史弁第一冊自序」(『顧頡剛古史論文集』(一)中華書局、一九八八年一一月)を参照。
(74)「譜牒訛誤、詐偽多緒……是以冒襲良家、即成冠族、妄修辺幅、便成雅士」(『梁書・武帝紀上』)や「官之弊、至於尚姓、姓之弊、至於尚詐」という現象があった(『新唐書』巻一九九、柳沖伝)。
(75)科挙受験者は、童試受験の際に生員クラス以上の者から「清白」を証明できる保証書「保結」を提出させる必要があった。清代「保結」の状況については、東京大学東洋文化研究所図書室の二八点文書(仁井田文庫)を参照。
(76)中村茂夫氏「伝統中国法=雛型説に対する一試論」(『法政理論』一二巻一号、一九七九年六月)、滋賀秀三氏『清代中国の法と裁判』(創文社、一九八四年一二月)二一〇頁、岸本美緒氏前掲書第一章と第七章、夫馬進氏「明清時代の訟師と訴訟制度」(梅原郁氏編『中国近世の法制と社会』、京都大学人文科学研究所、一九九三年)、寺田浩明氏「権利と冤抑」東北大学『法学』六一巻五号、一九九七年)を参照。
(77)何炳棣氏は財貨が権力源ではないと指摘したが、氏の統計に下級官僚の中における捐納者の比率はかなり高い(寺田隆信・千種真一氏訳『科挙と近世中国社会』平凡社、一九九三年、六二頁、六一頁の表二と表三を参照)。

(78)『金瓶梅』第一七回、第五七回を参照。徽州地域では「礼儀不如文章、文章不如爵位、爵位不如金銭」という現実主義の見方もあった（佘華瑞『巌鎮志草』貞集「迂談」を参照）。

(79) 森正夫氏「明末の社会関係における秩序の変動について」（『名古屋大学文学部三十周年記念論集』一九七九年）等、前掲岸本美緒氏書第一章、第七章、「明清時代の身分感覚」（『明清時代史の基本問題』汲古書院、一九九七年）等を参照。

(80)『皇清奏議』巻五五。

(81) このような矛盾的現象は、宗族のみならず、廖赤陽氏の教示によれば出身地原則という閉鎖性と「圏層」拡大という開放性が併存している「同郷会館」のような地縁的組織の展開にも見られる。継嗣について明清の法律と宗族の様々な規定の中に父系血縁の距離関係は、最も重要な原則である。呉壇『大清律例通考』巻八、戸律・立嫡子違法、呉宏『紙上経綸』巻四「謀奪逼嫂事」、康熙『新安休寧戚山金氏続修族譜』（京都大学図書館所蔵）凡例などを参照。

(82) 康熙一三年『張氏族譜』。

(83) 多くの徽州の族譜序言では、同姓の族譜や他の宗族の族譜編纂における問題点と手法について批判しているが、批判者自身がその手法の実践者であった。

(84)『皇清奏議』巻五五。

(85)『皇清奏議』巻五五。

(86) 隆慶『休寧率口程氏続編本宗譜』（東洋文庫所蔵）序。

(87) 広域のネットワークという社会資源を現実的に受益できるものは、組み込まれた同姓のすべてのメンバーではなく、主に社会的、経済的活動の半径が一郷村を超えた科挙資格保有者・官僚経験者や科挙受験の参加者、及び商人、市鎮における仲介的仕事に従事し、宗族の活動に熱心する人たちであったかもしれない。一九八〇年代の湖北省農村宗族活動に対する筆者の調査には族譜編纂の主導者は、族譜の記載による十五〜十九世紀の族譜編集者たちのイメージと相似した点があり、主に村落内の教師や共産党の幹部、及び市鎮から定年した幹部・職員などである。また大きな地理的空間における聯宗統譜活動は、各地の宗族・同姓集団のメンバー（男姓）の分担金や寄付によって支えられていた。その金額は宗族連合の規模が大きければ大きいほど多くなるはずである。族譜の印刷等の費用を除いてその収入の主要な部分は、聯宗統譜活動の主役たちに消費された。したがって聯宗統譜活動は、一定の期間内に少数の関与者にとって一種の商売であった。一九八〇年代の湖北農村の族譜編集に関する筆者の調査には宗族活動の主役が分担金や寄付を持ち逃げたケースも幾つかあった。また前掲輔徳の上奏を参照。

(88) このような動向に主導権をめぐる宗派闘争が起き、統合が失敗に帰する例が少なくなかった。婺源詹氏の統合を脱出し、自ら慶源詹氏の系譜を建てた族譜4の編纂の場合には宗子をめぐって廬源詹氏と確執が起きたからである。宗子に関する確執は実際には宗族組織の拡大化運動における主導権争いであった。康熙一二年『張氏宗譜』の明代中期の族譜編纂に関する往来書簡は、宗族統合の宗派闘争を反映している（東洋文庫所蔵）。康熙『方塘汪氏宗譜』（黄山市博物館所蔵）には、統宗譜の中での各宗派の位置付けをめぐる激しい論争も見られる。渠口の汪氏は、系譜関係をごまかすために「私囑鹿崗而求為主者、又有囑及（譜）局外多人者、又有至三宝橋行賄者。……後天孫至休（寧）、宅上誘上緑渓、引以酒色、信以所許。此時天孫遭父喪未三月、而若此陥人於不義」ということをも行なった（「大畈宗人与渠口（貢生）汪嗣東の手紙」）。

(89) 筆者が見た限りでは、殆ど「隠悪揚善」という原則に従ったものであるが、『方塘汪氏宗譜』には族人の死因として、毒を仰ぎ、首を絞める例を記し、七七世汪学（万暦辛巳――崇禎辛未）について「在於杭州姦人妻、被親夫打死……帰葬」という結末をも率直に記入している。

(90) 族譜1では黄隠公の名、字、号を解釈する時に汪華と黄巣（篁墩移民伝説）に言及している。族譜2の祖先系譜では2代目の名が華であり、四五代目の名が洸であった。

(91) 移住開発地域における宗族活動と族譜の偽作について、近年Faure、劉志偉氏などが、移民、定住、戸籍などの側面から論じている。David Faure: "The Lineage as a cultural invention: the case of the Pearl River Delta." *Modern China*, Vol.15,No.1,1989, 劉志偉氏「付会、伝説与歴史事実――珠江三角洲族譜中宗族歴史的叙事結構及其意義――」『中国譜牒研究』上海古籍出版社、一九九九年）。

(92) 倉修良氏「関於譜学研究的幾点意見」（『歴史研究』一九九七年第五期）、呉麗娯氏「読『周恩来家世』弁紹興周氏族譜中的真偽問題——兼談如何科学使用古代族譜家乘」（『歴史研究』一九九九年第三期）、葛剣雄氏「在歴史与社会中認識家譜」（前掲『中国譜牒研究』）等の研究参照。

(93) 朱熹『朱子増損呂氏郷約』。

(94) 寺田浩明氏「明清法秩序における『約』の性格」（溝口雄三氏等編『アジアから考える　四、社会と国家』東京大学出版会、一九九四年）、「合意と斉心の間」（『明清時代史の基本問題』、汲古書院、一九九七年）参照。

(95) 嘉靖五年に歙県知県孟鎮が推し進めた郷約制度は、リーダーの選出、組織と制度の整備などについては、朱子が修訂した「呂氏郷約」の趣旨と大差がないが、その目的は自主的「過失相規」から「勧善懲悪」という強制的方向へ変化し、郷約組織及びその活動も官府の管理の下に置かれた（『橙陽散志』巻十、「建立社壇示碑」参照）。

(96) 『大清会典』巻七七、礼部二一、郷約。

(97) 例えば、浙江巡撫陳秉直、広東巡撫李士禎、江南巡撫湯斌、黄州知府于成竜等（『上諭合律郷約全書』、『江陰郷約』、『保甲書輯要』等参照）。

(98) 陳柯雲氏「略論明清徽州的郷約」（『中国史研究』一九九〇年第四期）、鈴木博之氏「明代徽州府の郷約について」（『山根教授退休記念明代史論叢』、汲古書院、一九九一年）、上田信氏「山林および宗族と郷約」（木村靖二他編『人と人の地域史』、山川出版社、一九九七年）。

(99) 例えば、倭寇の防御、治安悪化に対応する自衛、差徭などの公共事務に応じる、山林伐採と林業秩序を維持する等の機能がある（『巌鎮志草』貞集、鄭佐「巌鎮郷約叙」、方元楨「題巌鎮備倭郷約」。『千年文書（宋元明編）』巻二嘉靖二六年「祁門汪舎遠等禁止伐樹文約」、乾隆『侯潭約会十二家収支簿』（中国社会科学院歴史研究所所蔵）など参照）。

(100) 『橙陽散志』巻十、「建立社壇示碑」。

(101) 嘉靖時期、徽州知府何東序は積極的に郷約制を推進し、明末から休寧県等の地方官も郷約制を実施した（康熙三八年『徽州府志』巻二、「風俗」、康熙三二年『休寧県志』巻三、「約保」参照）。

(102) 『江陰郷約』「郷約集徵・郷約所考」に「県官不以誠心行之、徒成虚文、而約正、約副反為民害」、「奉行之勤、惟賢令長是

頼、否則循為具文、輒挙而輒廃者有之矣」とある。
(103) 康熙『徽州府志』巻二、「風俗」。
(104) 順治『歙志』巻六、「兵防志」。
(105) 康熙『休寧県志』巻二、「約保」。
(106) 乾隆『婺源県志』巻一八、人物、武略。
(107) 光緒『婺源県志』巻二八、人物九、孝友。
(108) 同上巻三七、人物一一、質行。
(109) 明代中期から明末にかけて郷約体制は「礼的秩序」の維持から「法的秩序」の確保へ変質し階級的抑圧機構となったという鈴木博之氏の見解がある。
(110) 嘉靖『徽州府志』巻二、風俗、「新安郷約」。
(111) 『教民榜文』、『御製大誥』参照。
(112) 北方の軍事危機の対応策として一四五一年から明政府は監生等の資格や下級官職のポストを売ることを通じて軍費を賄った。それ以来軍事行動や自然災害に遭った際、監生や下級官職を売ることは、清末まで国家の財政制度の一環となった。これによって数多くの捐納官員と監生を生み出した。関連のデータ整理については何炳棣氏前掲書四五～四六頁参照。
(113) 万暦『休寧県志』「輿地風俗志」に「(洪)熙（弘）以還、人文駸起、嘉隆間、彙抜聯翩、雲蒸竜変、即試有司、動至数千人。其有懐才而登別籍、或懐貲而登成均、至占籍者、国夥於郷……」とある。清代前期、婺源県一県のみで「承平時、応童試者常二千人」という（『済陽江氏統宗譜』巻四、「謝坑孝子琨美公伝」）。徽州文会に関する研究は葛慶華「徽州文会初探」（『江淮論壇』一九九七年第四期）を参照。
(114) 明清時代、「会文」は受験者同士の間で広く採取された科挙試験対策の一種類であり、「文会」は、一時的な科挙受験者の組織であった。『型世言』（中華書局、一九九三年）第十六回、『儒林外史』第三回に受験者同士の「文会」の例が見られる。
(115) 『橙陽散志』巻一一、芸文「重興聚星文社序」。

(116) 第一章の図四と図五参照。商人が文会のスポンサーとなる例については、光緒『婺源県志』巻三五、人物、義行、程世徳伝、余源開伝、『婺源県採輯』義行、査世祈など参照。乾隆二八年に許登瀛が銀八千両を寄付し、「重建誥敕楼拝堂各五大間、並建宗文会館」などに用いた（『重修古歙東門許氏宗譜』巻八、「規約」）。
(117) 『橙陽散志』巻一一、「重修聚星会館序」。
(118) 『橙陽散志』巻末、徽州地域の「風俗礼教」を論ずる時に「各村自為文会」と指摘した。
(119) 光緒『婺源県志』巻四〇、人物一一、質行八、詹鐘大伝に「字賛如、慶源監生、業儒未售、以父年邁、乃就賈於粤東……十余載有余貲……村有文社久廃、捐貲復興」とある。
(120) 詹元相は、自主的文会の活動や、宗族とその分節組織の学力検定の状況について記録している。例えば『畏斎日記』康熙四二年正月初四に詹氏宗族は文会を開いて模擬科挙試験を行ない、二日後、詹氏柔公房も、同じ形で模擬試験をした（日記二二九頁）。
(121) 『太原雙杉王氏支譜』巻一二、「文会総覧」。
(122) 『明経胡氏竜井派宗譜』巻首「祠規」。
(123) 李維楨『太泌山房集』巻一〇六、「郷祭酒王公墓表」。
(124) 余英時氏『中国近世の宗教倫理と商人精神』（森紀子訳、平凡社、一九九一年）一五〇～一九九頁。
(125) 『二刻拍案驚奇』巻一五に「原来徽州人有個癖性、是烏紗帽、紅繍鞋。一生只這両件事不争銀子」とある。
(126) 『明季北略』巻一二、崇禎九年陳啓新「疎三大病根」。
(127) 『橙陽散志』巻一一「重修聚星会館序」。
(128) 『橙陽散志』巻末、備志「風俗礼教」。
(129) 張海鵬氏他編『明清徽商史料選編』黄山書社、一九八五年、二一一頁。
(130) 雍正『譚渡孝里黄氏族譜』凡例、巻六「祠祀」、『風雲寒暑墨集』（歙県檔案館収蔵）。
(131) 『徽州会社綜録』が厦門大学歴史学部図書館に所蔵されている。関連研究としては劉淼氏「清代徽州的『会』与『会祭』」

（『江淮論壇』一九九五年第四期）、王日根氏「明清徽州会社経済挙隅」（『中国経済史研究』一九九五年第二期）がある。

(132) 渋谷裕子氏「清代徽州農村社会における生員のコミュニティについて」（『史学』六四巻三・四号、一九九五年）参照。

(133) 田仲一成氏は財政的理由から村落範囲を超える神廟と祭祀組織の存在について説明している（『中国郷村祭祀研究』、東京大学出版会、一九八九年、五七七～五八四頁参照）。また「祝聖会簿」に「越国汪公、九相公、胡元帥之神起自明朝、迄今四百余年、実頼神佑。切上荘帥轎自乾隆五十年起、不服神化、以至会内連年空虚、各会公議停演。於嘉慶一六年正月倣会算帳、会内盈豊、是以復議奉神出巡、共祝年豊、人民楽業。人神歓喜、自然福禄永頼」という記事がある（渋谷裕子氏「明清時代、徽州農村社会における祭祀組織について─『祝聖会簿』の紹介─（一）（二）」所引による）。

(134) 田仲一成氏前掲書参照。

(135) 趙吉士『寄園寄所寄』巻一一に「万暦二十七年、休寧迎春、共台戯一百零九座。台戯用童子扮故事、飾以金珠、繒綵競闘、靡麗美観也。近来此風漸減、然遊灯猶有。台戯以綢紗糊人馬、皆能闘舞、較為奪目。邑東隆阜戴氏更甚、戯場奇巧壮麗、人馬闘舞亦然。毎年聚工製造、自正月迄十月方成、亦靡俗之流遺也。有勧以移此巨費以賑貧乏、則群笑為迂矣。或曰越国汪公神会酬其保障功、不得不然」とある。「遊灯賽会」という合同的行事では、豪華さを競って争うケースがよくあり、こうした競争では殴り合いや人を死なせる事態が発生した。明末の歙県知県傅岩と清初の徽州知府は明律・清律の「礼律・禁止師巫邪術律文」に従って禁止令を出さざるを得なかった。傅巌『歙紀』巻八、「紀条示・禁賽会」、呉宏『紙上経綸』巻五「禁神会」参照。

(136) これについて梁漱溟は「於聖賢仙仏各種偶像、不分彼此、一例崇拝」と指摘している（『中国文化要義』、学林出版社、一九八七年、六九頁）。

(137) 侯傑、范麗珠氏『中国民衆宗教意識』（天津人民出版社、一九九四年）参照。

(138) 銭会は、銀会、合会、標会、揺会、輪会等とも言われる。資金の調達と会員の相互貸し借りを特徴とする民間の金融共済組織である。銭会の先行研究については、王宗培『中国之合会』（中国合作学社、一九三一年）、楊西孟『中国合会之研究』（商務印書館、一九三四年）、梁治平氏『清代習慣法　社会与国家』（中国政法大学出版社、一九九六年、一一〇～一二〇頁）、渋谷裕子氏「徽州文書にみられる『会』組織について」（『史学』六七巻一号、一九九七年）参照。

(139) 歙県洪氏の「光裕会」は会帳の記載によれば、少なくとも嘉靖三六年から康熙三年にかけて一〇七年の間存続した。休寧県の「祝聖会」は万暦三〇年から民国三〇年にかけて三〇〇年余り存続した。祁門県「胡氏仏会」は雍正五年から嘉慶二〇年にかけて八八年の間存続した。

(140) 徽州地域の銭会と特定の目的をもつ会組織は、基金の運営を通じて高額の利息や利潤を獲得する。高い利息や利潤の獲得は、商業投資を通じて可能になる。安徽省博物館所蔵『光裕会帳』には会組織経営の一つのモデルを提供している。集めた基金を、高い利息を設定し、会員の経営に任せる。年初に資本金二十五両ぐらいをもらい、年末に元金と利息を含め、三十両ぐらいを返上する。それぞれの会員は、商業活動に従事することによってそれを払っていたと思われる。

(141) 費孝通氏の雲南の農村調査によれば、会組織の経済機能を守るためには、できるだけ親戚や親密な関係をもつ人の加入は避けるという（『郷土中国・生育制度』北京大学出版社、一九九八年、七三頁）。ところが詹元相の日記及び徽州千年文書から得られた知見によれば、親戚同士間の小さい貸し借りでも、契約方式で利息を含む権利関係を明確にしている徽州地域では、このような金融共済組織の運営について、参加者が誰であるにせよ経済利益と合理性が核心的な原則であった。

(142) 毛沢東「湖南農民運動考察報告」「井崗山的闘争」（『毛沢東選集』第一巻）参照。清末民国時期の各地宗族組織の発達も、国家権力のコントロールが弛緩する中で社会混乱に対応してゆこうとする自己防衛戦略の一環として理解し得る。

(143) 宗法主義の視点から王朝の宗族政策と礼の秩序に関連しつつ宗族の展開を全面的に論じた井上徹氏の近業は新しい到達点を示している。井上氏前掲書参照。

(144) 梁治平氏は、経済的な損得勘定のみではとらえきれない関係網の重要性を指摘した。費孝通氏は、各種の会に加入することが地方社会における威信の獲得に役に立つというメリットを提示した。前掲『清代習慣法　社会与国家』一一一～一一九頁、『江村経済』（江蘇人民出版社、一九八六年）一八八～一九二頁参照。

(145) 主に前掲「権利と冤抑――清代聴訟世界の全体像」、「満員電車のモデル――明清期の社会理解と秩序形成」（今井弘道氏他編『変容するアジアの法と哲学』、有斐閣、一九九八年）等参照。

(146) 宗族の共有資産の形成過程は様々である。運営、特に分配と受益原則は、財産の形成方式によって異なる。例えば寄付によって形成された義荘、及び寄付と特別な醵出によって作られた文会の基金の収益は、特定の目的、即ちその基金の目的や資格に合う一部の人のみがその受益者となった。

# 第二部　衝突・紛争における郷村社会と国家

## 第三章　村の紛争・訴訟とその解決
### ——清代における婺源県慶源村を中心として——

#### 緒　論

明清時代の地域社会史に関する研究の中で、社会秩序に関する問題は、地方社会における人々の行動・感覚、経済活動と社会生活、及び社会構造を把握できるキーワードとして注目されてきた(1)。社会秩序問題に接近する方法は様々であるが、民事紛争の実態とその解決方法について探究する作業は、即ち「日常生活の意味的構造」に着目しながら、清代社会の基底における人々を取りまく社会環境や、諸集団と組織の規則（制度）、慣行の存在状態、法律制度の様態等の問題を考える上で、非常に有効な手段となると思われる(2)。

民事紛争の解決形態についての研究において、伝統中国法の雛型説＝空文説及び民事紛争の民間処理説という従来の論調は、最近の三〇年間の実証研究を経て、大きく変わってきた。「情理法」に立脚した「教諭的調停」説の提起、紛争解決における「衡平の実現」、及び紛争解決の最適点を探り当てるという州県裁判の性格の認識、及び郷村社会における「首唱」・「唱和」という相互「約」の構造の抽出は、清代の法秩序、社会秩序の理解に大いに貢献した。(3)近年、清代地方官府檔案の公開とともに、訴訟檔案の利用が可能になった。フィリップ・ホアンは、巴県、順天府、淡新の訴訟檔案を用いて、清代の公定表現と実践とのずれという問題設定から法廷裁判と民間調停の特徴を考察してきた。(4)日本の清代法制史研究の長期的蓄積とは異なって、ホアンの言説は大きな反響を呼び、さらに様々な課題への新たな検討を促進した。ホアンの言説に対する反論、継起的研究、特に「権利と冤抑」、「満員電車のモデル」という問題設定を通じて清代秩序の形成原理、聴訟世界における法原理・本質を剔出した寺田浩明氏の論説などは、構造的に清代の法秩序、社会秩序を理解するうえで重要な成果を提供している。(5)

ところが、明らかにされつつある清代社会の秩序構図の中で、「約」の構造や「第三領域」（ホアン）というような概念の抽出があったにもかかわらず、個人（家族）と地方官府という大きな社会空間で、紛争の内容、当事者の思惑、可能性の選択肢、選択とその意図・原因、個人の調停から官府による裁決までのプロセスを含む紛争、調停と訴訟の実態については、まだ十分に解明されているとは言い難い。しかしこれらの問題の解明は、清代社会の法秩序、社会秩序の全体像を描出する際、不可欠である。ホアンが、官府での裁判と民間での調停の間に位置する「第三領域」の意味について説明するために二十世紀三〇、四〇年代の日本人学者の華北農村調査資料、特に村民の回想を利用して清代郷村社会の紛争・調停・訴訟、ないし裁判のイメージを築かざるをえなかったことは、前近代における関連史料の不足を示している。(6)

確かに中国社会の制度と習慣などに関する連続性は否定できないが、多くの学者が注目したようにアヘン戦争以降は、基底部分から中国社会のもっとも大きな変動が起きた時期である。この時期、国家権力の社会制御力の弱体化と国家権力主導の近代化によって郷村社会をコントロールしようとする努力の相互作用、地方勢力、秘密結社、特に土豪劣紳などの勢力の台頭、宣教師の参入と外国資本・製品の流入による衝撃などの要因により、社会秩序を支えてきた在来の体制が、形式から内容まで大きく変化していったことについて注意を払わなければならない。

本章では康熙三八年（一六九九）から四五年にかけての徽州府婺源県慶源村の紛争、調停、訴訟に関する『畏斎日記』（以下『日記』と略称）の記載[7]、および訴訟文書や地方官の判牘などを使用して、郷村社会における紛争の実態、紛争解決のプロセスを整理し、清代徽州社会における秩序構造の様相を考察する研究の一部として[8]、主に郷村社会における紛争の多発と「健訟」という現象に注目し、紛争の具体的状況、及びその構造的要因、地方社会における紛争の解決、即ち郷村社会の自生的秩序体制と官府、特に教官がいかに紛争・訴訟の解決に関与したのかということについて検討し、その限界と郷村社会における紛争解決のプロセスについて考察してみたい。

『日記』の作者詹元相（一六七〇～一七二六）は、父親、叔父と母方の祖父も生員である徽州府詹源県慶源村に生れ、科挙試験に合格し県学の生員となり、日記の記載の時点では挙人の試験に励みながら、同時に文会の主要なメンバーであり、郷村社会において広い交友関係を持ち、村落内部の事務にも積極的に関与した。彼は、個人的交遊、科挙試験、および彼のまわりで発生した様々な出来事を細かく記録している。その内容は、村民の日常生活、経済活動、社会組織、祭祀、文化、教育、官府を含む外部との関係、紛争とその解決等多方面に及んでおり、郷村社会における人々の行動様式、社会組織の状態とその動き、社会秩序の有り様、社会生活の実態について解明するための基礎的資料を提供している。特に慶源村詹氏に関しては元代から清代にかけて幾つかの族譜が現存し、明末清代前期の多くの村人の資料が含まれている[9]。明清時代の資料の中で一村落についてこれほど細部にわたる情報を提供しているものは稀少である。

一方、徽州の郷村社会における紛争の形態とその解決については、明清時代における人々の様々な関連記録があり、特に注目すべきものとしては、郷村社会の紛争と訴訟処理の第一線に立つ地方官の言説、行政告示、判牘等がある。このような文献は明末から清末にかけて少なくとも五種ある。明代崇禎年間（一六二八～一六四四）の歙県知県傅巌の『歙紀』は歙県、ないし徽州地方に関する出来事や告示などを含む地方政治文献である。その第九巻「紀讞語」は、歙県に関連した銭債、田地、婚姻、風水、墳墓、財産分割、相続、主僕の応役、口喧嘩、売春、人身売買、死亡事故の「図頼」、典売、手数料徴収所の私設、樹木の盗伐などについての訴訟案件に対する判語である。康熙年間（一六六二～一七二二）中頃の休寧知県廖騰煃の『海陽紀略』は休寧県に関する行政命令（告示）、報告書（詳文）、審語、看語、重要な公共施設と活動に対する序言、書簡をまとめたものである。康熙年間の呉宏の『紙上経綸』は、諸方をめぐる幕友をした際に起草した招、詳、駁、讞語、告示などである。その内容は異なる地域にも及んでいるが、タイトルと内容からみれば、彼は休寧知県と徽州知府の幕友となった経験があり、作成したものの多くは徽州の郷村社会における秩序の問題に関わっている。乾隆年間（一七三六～一七九五）前半の休寧知県万世寧の『自訟編』は、殆どが州県自理案件に対する判語である。光緒・宣統年間（一八七五～一九一一）の徽州知府劉汝驥の『陶甓公牘』の主要な部分（二～九巻）は、徽州社会の紛争に関する判牘である。これらの官府の行政や裁判文書は、徽州地方における様々な秩序問題を反映している。また、村落社会の紛争と訴訟については、徽州地域に膨大な訴訟文書が残されている。(10) 行政文書、官府の判語と訴訟案巻は、同一村落や同時代のものではないが、徽州の一村落の紛争、訴訟とその解決方法について理解する際には、多くの材料を提供している。

## 第一節　村の紛争と郷村社会の秩序

### 一　紛争多発と健訟

#### 1　慶源村における紛争

慶源村は、明清時代に徽州府婺源県一二都に属していた。県城から約六〇キロメートル東北の山奥に位置し、村内の耕地は、約一〇〇〇畝、人口は、九〇〇人余りである。詹氏は村落内の主要な住民で宗族組織を有し、そのほかに、江、方、葉、朱、何、夏氏等の姓氏も住んでいた。[11] 康熙後期、農業と商業に従事するこの村落において人々が日常的な生産・生活を営む過程で様々な出来事が起った。これらの出来事は、明清時代の徽州地域において日常的な出来事であり、徽州地域の社会実態を観察できる格好な素材であると考えられる。以下、『日記』を利用し慶源村の紛争を表三－一に整理してみる。[12]

表三－一　『畏斎日記』にみる紛争事件（康熙三八―四五年、一六九九～一七〇六）

| 番号 | 時間 | 当事者 | 相互関係 | 事由 | 解決の過程 | 結末 |
|---|---|---|---|---|---|---|
| 1 | 39、7 | 江万 | | 盗を為す | 官府の裁判 | 充軍の刑 |
| 2 | 39、6―7 | 元相⇕天沐兄弟 | 柔派内同士 | 田産紛争 | 親戚の調停 | 土地購入 |

| | | | | | | |
|---|---|---|---|---|---|---|
| 3 | 39、7 | 江氏⇔江高九等 | 主佃関係 | 田租滞納 | 訴訟→文会処理 | |
| 4 | 39、7 | 慶源村⇔松坑 | 水資源利用者 | 水資源紛争 | 長老の協議 | 旧例回復 |
| 5 | 39、7 | 期男⇔王錦等 | 詹氏樹槐堂内 | 田租の横領 | 起淳等の調停 | 和解 |
| 6 | 39、8 | 宗族四房内 | | 会帳の混乱 | 元相等の整理 | |
| 7 | 39、8 | 宗族⇔夏貴戸 | 宗族と佃僕 | 小作料の滞納 | 三者の協議 | |
| 8 | 38 | 詹氏宗族⇔佃僕 | 宗族と佃僕 | 樹木盗伐 | | 罰金 |
| 9 | 39、9 | 桓叔公⇔官音 | 親子 | 親子喧嘩 | 元相の調停 | 賠償 |
| 10 | 39、9-11 | 元相等⇔冬至会首 | 構成員と会首 | 慣例違反 | 村衆の公議 | 旧例回復 |
| 11 | 39、9 | 元相⇔余允済 | 慶源村と大汜村 | 田皮の二重貸借 | 大汜郷約へ訴える | |
| 12 | 39、8-10 | 詹氏⇔余鳥 | 慶源村と大汜村 | 杉の盗伐 | 郷約と県へ告訴する | 賠償 |
| 13 | 39、10 | 江氏⇔江祝保 | 江氏内部 | 祝保の祀産盗売 | 衆（約）の調停 | |
| 14 | 39、10 | 匠門⇔詹文静 | 隣同士 | 敷地の無断占拠 | 衆（約）の調停 | |
| 15 | 39、10 | 元相⇔? | ? | ? | 県へ告訴 | |
| 16 | 39、10 | 元果⇔仕操 | 慶源と禾田村 | 租の滞納 | 元相等の調停 | |
| 17 | 39、12 | 詹文賛⇔鴻安 | 宗族内の生員 | 土地所有争い | 告訴、元相の調停 | |

| | | | | | | |
|---|---|---|---|---|---|---|
| 18 | 36、3 | 子籌叔⇕四房人 | 宗族内部同士 | 厝屋の過失災害 | 告訴、元相の調停 | |
| 19 | 40、2 | 詹氏集団⇕汪三女 | 慶源村と段莘村 | 墳木盗伐 | 段莘約保、→県へ告訴 | |
| 20 | 40、4 | 詹有信⇕宗族 | 慶源と大秋嶺 | 墳山占拠 | 強制処理 | |
| 21 | 40、8 | 何大起⇕詹烏女 | 項山村内住民 | 墳木盗伐 | 元相等へ訴える | 賠償 |
| 22 | 40、9 | 羅村詹氏⇕詹際飛 | 羅村と慶源村 | 土地の無断占拠 | 慶源約元相等の調停 | |
| 23 | 40、10 | 銘叔公⇕宗族 | 詹氏宗族内部 | ルール違反 | 元相等の処理 | 罰金 |
| 24 | 40、11 | 曹佩生⇕爾攀 | 謝坑村と慶源村 | 祖墳関係 | 慶源約元相等の調査 | 却下 |
| 25 | 40、11 | 法叔⇕永記 | 慶源村内 | 墳木の盗伐 | 元相等の調停 | |
| 26 | 40、12 | 元果⇕賢生弟 | 樹槐堂内 | 共有利益の独占 | 本房尊長の調停 | |
| 27 | 41、4 | 江女孫⇕酉兄 | 慶源村内住民 | 江女孫水盗用 | 法叔等の調停 | 謝罪 |
| 28 | 41、4 | 県内生員⇕知県 | | 巡撫の指示 | 知県批判と罷市 | |
| 29 | 41、5 | 詹文賛⇕葉連生 | 村内住民同士 | 詳細不明。大事件 | 元相等の処理 | 賠償等 |
| 30 | 41、5 | 詹彦章⇕宗族 | 構成員と宗族 | 佃僕の嫁を妾に | 元相等の処理 | 罰金 |
| 31 | 41、6 | 慶源村⇕段莘村 | | 越境、燃料採集 | 慶源村が郷約に訴える | |
| 32 | 41、11 | 同上 | | 越境、燃料採集 | 約に訴え、長老協議 | 和解 |
| 33 | 41、11 | 同上 | | 越境、燃料採集 | 県に告訴し、両村協議 | 和解 |

| | | | | | | |
|---|---|---|---|---|---|---|
| 34 | 41、12 | 方細烏⇕方秋 | 村内方姓同士 | 土地の無断占拠 | 衆（約）の調査 | 罰金 |
| 35 | 42、3–5 | 詹文賛⇕汪氏等 | 慶源村、江湾村等 | 婚約紛争 | 県学へ訴える | 和解 |
| 36 | 42、6 | 桃源人⇕詹氏 | 桃源村と慶源 | 木材の盗伐 | 桃源約の調停 | 賠償 |
| 37 | 42、6 | 地主⇕佃戸 | 徽州地域全体及び江南地域 | 朝廷税糧免除令による主佃紛争 | 3:7の割合で利益を配分 | |
| 38 | 42、6 | 潤可⇕鴻安 | 詹氏族内同士 | 殴り合い | 県学教官の関与 | |
| 39 | 42、8 | 慶源村⇕段莘村 | | 村境を定める際、「祖墓竜脈」を侵害 | 元相、儀一等の現場調査。両村長老の商議 | |
| 40 | 42、11 | 元相⇕余大名等 | 慶源と大汜村 | 編号37と同じ | 元相が県に告訴する | |
| 41 | 42、11 | 詹彦章⇕何氏 | 慶源村内住民 | 何旺死亡 | 官府処理 | 不明 |
| 42 | 43、3 | 元相⇕呂万 | 慶源村と胡村 | 祖父租の滞納 | 中人の交渉 | 返済 |
| 43 | 43、4 | 詹氏⇕戴冬九等 | 慶源と段莘村佃戸 | 墳木の盗伐等 | 官府処理と約の調停 | 賠償 |
| 44 | 43、7 | 石仏村⇕詹之梅 | 石仏村と廬源村 | 墳木の盗伐 | 約の調停 | 賠償 |
| 45 | 43、9 | 元相等⇕允公叔 | 樹槐堂内同士 | 共有地収益分配 | 告訴。生員等の調停 | 和解 |
| 46 | 43、10 | 三房⇕鴻安 | 詹氏宗族内同士 | 杉の無断伐採 | 保甲の現場調査 | 賠償 |
| 47 | 44、8 | 元相⇕合兄 | 宗族内同士 | 債務不履行 | 仲介人の調停 | 和解 |
| 48 | 45、1 | 詹氏⇕段莘村人 | 慶源と段莘村 | 祖墳地の占拠 | 元相（約）等の調査 | |

| | | | | | | |
|---|---|---|---|---|---|---|
| 49 | 45、6 | 県内生員⇕知県 | 府学生員が知県に刑罰を受けた | 生員310名は連判で知府に公呈を出す | | |

表三～一では四九件の紛争事件が含まれている。その中の二件は、元相が新たな紛争や債務を処理する際、追記した康熙三六年、三八年の事件である。八年の間に詹元相が記録していない期間が約二年あり、なお南京の郷試（毎回約二ヶ月）、徽州府や周辺の試験に応じた期間を合計し約半年間のブランクがあった。即ち慶源村に関する有効記載は、五年半ぐらいである。また紛争解決のための様々な選択肢の存在、特に数多くの個人調停が存在したので、表三～一の紛争は、慶源村の紛争のごく一部にすぎないが、元相は慶源村における自らの地位によって得られる情報から村落の重大な出来事を記入していたと考えられる。

紛争の内容からみれば、土地（収益）の所有、土地境界線、田皮の二重租佃、田租・債務、樹木（蔭木）の盗伐、埋葬をめぐる土地所有と風水資源、柴草採集の境界線、水資源の利用、共有利益の配分及び婚姻、盗賊、人命、喧嘩、地方政治に対する知識人の批判などを含む。その内容は、主に住民の日常生活・生産における土地等の財産・資源の所有権及び経営権（収益権）の侵害である。

事件の双方の当事者からみれば、紛争は、親子、兄弟、宗族分節グループ内の構成員同士、宗族分節グループ内部の集団、宗族内の構成員同士、宗族と佃僕、地主と小作人、村落内の住民、宗族及びその分節グループと他村民、村民と他村民、村落と村落、知識人と知県、などの多様な社会関係の中で展開していた。

紛争の発生頻度からみれば、四九件の紛争の中では、元相が直接に紛争当事者の一方になった事件は、七件あり、平均毎年一件以上あった（有効記載期間）。元相が紛争当事者の構成員になった事件は、一六件あり、平均毎年約三件あった。即ち当時、元相のような人は平均して毎年約四件の紛争事件に巻き込まれていたのである。

四九件の紛争の中で村落内のものは二四件で、紛争事件の約半分を占めており、その中で詹氏、江氏の宗族内部は、一五件あり、全体の三〇％を占めている。個人と個人、個人と集団、集団と集団を含む村落間の紛争は一九件で、約四〇％を占めており、その中でも村落間の集団的紛争は八件あり、約一五％を占めている。また「命重盗案」二件、及び知県を批判する二件のほか、一四件の民事紛争が官府（県学）に持ち込まれて（その中の二件は最終的に告訴を実行したかどうか不明である）、約二八％を占めている。

慶源村の紛争の中の二件の「命重盗案」と二九番の内容不明の重大事件を除いて、訴訟の形で解決しようとする紛争事件は三分の一に近くその比率はかなり高いが、それらの内容が実際にどういうものであったか、四五番の事件を例にとって見てみよう。

『日記』はこの事件について以下のように記録している。

（康熙四三年九月）一四日、樹槐戸の中で前年の四二年（一七〇三）に銀三両程度の税金が免除されたにもかかわらず、租を収める段になった三房は、一人占めしようとして、ほかの二つの房の人々と喧嘩になった。その晩、栄弟、王錦弟、朝貞姪の三名は県に行って県学に允公叔を訴えた。

一六日、允公叔が、県学に私を訴えた。

一九日、「我が側は調査を受けるが、同時に相手側にも厳しい調査を受けさせる」という（官の）批が下された。

その後、敏文叔父、儀一叔父、潤可叔父が我が房の人々を説得し、四〇年、四一年の共有地の税金を合計し、三つの房がそれぞれ同じ額を納めることとすると決定した。一〇月六日、儀一叔父、楚良弟は、我々当事者双方の代わりに和解書を官に出し、官の口頭の同意を受けて一件が落着した（二五八〜二五九頁）。

一四日、樹槐戸（康熙）四二年蠲免丁銀三両有零（下線は筆者、以下同）、本年系三房収租、欲独呑不付衆、因互口。是晩栄弟、王錦弟、朝貞姪下邑至学掲允公叔。

一五日、身同淳伯下邑。

一六日、允公叔学内掲身。堂詞並進。

一九日批　我辺准並査、伊辺准拘究。後蒙敏文舅、儀一叔、潤可叔同本房諸人調処、将四〇年、四一年銭糧仍作三房平交。身両房多出七銭、系庇枌、棣兄弟股。一〇月初六日、儀一叔、楚良弟代逓和息蒙面准息案

日記の記載によれば、樹槐堂内の構成員同士は、比較的緊密な相互扶助と協力関係をもっていた。紛争が起きた時点で詹氏柔公房樹槐堂内には一一の家族、八〇人ぐらいの男女構成員がおり、血縁関係に基づき三つの房に分かれていた。争点は樹槐堂の共有地の収益配分であった。もともとその共有地は三年を一つのサイクルとし、房を単位とする輪番経営で、祭祀や納税などの責任を負い、利益配分では争議がなかった。ところが、康熙四〇年代に皇帝が南方を視察した時、万民に恩を賜るために視察地域の康熙四二年の税金を免除し、徽州府も免税される地域であった[13]。この特典による納税不要の三両の銀をいかに配分するかが、問題となった。喧嘩の末、問題を県学の教官に持ち込んだが、当時の物価で計算すると、その利益は、実際は樹槐堂内一人当たり約二・五キログラムの米の配分額に相当するにすぎなかった。

慶源村の訴訟比率やこの〔四五〕の事件の内容からみると、徽州郷村社会においては、ささいな原因で紛争が多発していた。この現象は、「健訟」と言っても過言ではないだろう。

## 2　紛争多発と健訟

明清時代の徽州地域の健訟現象について、徽州出身者は様々な観察を残しており、徽州地方官を悩ませる重要な原因でもあった。

程敏政は、弘治一一年（一四九九）に新任徽州知府張国興の餞別への言葉として、「その悪い点としては、人々は素朴ではあるが、義を好むあまり、争いがちである。そのため、訴訟はほんの些細なところから起き、押し止めれない段階にまで発展してしまう。しかしその原因を考えてみると、争いは遺産と墓の相続などに過ぎなかった。（其弊也、性朴則近愚、好義則近争。故訟起秒忽、而至於不可遏。究其極、又非有奸宄武断若昔人之云者。其争不過産与墓継之類耳）」と述べて、ささいな理由で訴訟が起きて、一旦起きたら止められないという故郷の風習を語っている。[14]　徽州の地方志編纂者は、地方風俗を整理、記述する時に

徽州の習俗は従来柔弱と言われてきたが、負けん気が強く、侮辱に耐えられず、告訴が当たり前のことになっている。……その気風として強引さを尚ぶため、些細な所から訴訟が起きて蔓延し止まらない（康熙三八年『徽州府志』風俗）。

徽俗素称柔弱、然負気不受非理之辱、告訐成風、……俗尚気力、訟起杪忽而蔓延不止

倹約の風習を持ってはいるが、負けん気が強く訴訟が頻繁に起きる（光緒『婺源県志』風俗）。

民俗倹、負気訟牒繁

といった形で健訟の特徴を表現している。

実際は日常政務の主要な内容の一つとして地方の訴訟などを処理する地方官は、徽州地方の紛争と訴訟の動向に最

も敏感であった。明末、歙県知県傅巖は「新安は健訟の地であり、事件が起る度に戸籍を変え、名を改めて、各官府に次々に告訴し、数年間止まらない。（新安健訟、毎有一事、冒籍更名、遍告各衙門、数年不已）」と述べ、「累訟不休」という訴訟の事態、手法及びそれが引延ばされる状態を指摘した[15]。

休寧知県と徽州知府の幕友を勤めた呉宏が地方官の代わりに書いた告示の中には

刁健の気風はあちこちにあるが、これまで休寧県のように甚だしいところはなかった。見たところ、おまえ達民は小さい恨みや少ない額の負債などの些細な問題で、互いに告訴しあい、その訴状は甚だしく多く、毎日百十数件を下らない。しかもその具体的内容を読むと、堪え難い冤抑などがあるわけでもなかった。本県はそれら一件一件を裁決した。却下されたのは、おまえ達の告訴がそのまま気風になって、事情の大小に関わらず、譬え死ぬことがあっても訴訟にしがみつき、そのために恨みはますます募り、結局受理をしないと収まらないと思うからである（「詞訟条約」）。

但刁健之風雖所在有之、従未有如休邑之甚者。毎見爾民或以睚眦小怨、或因債負微嫌、彼此互訐、累牘連篇、日不下百十余紙、及細閲情節、又並無冤抑難堪。本県逐加裁決、有批示不准者、亦念爾等嚚競成風、無論事情大小、動称死不離台、固結讐連、不准不已、風何薄也

口喧嘩のためにとてつもない大うそつきの訴状を出したり、些細な怒りで根も葉もないことを捏造した訴状を出したりする。さらに小さい窃盗を殺人として告訴することさえある。正常の死亡を傷害致死とする。ただ目前の告訴の受理を図るために死罪に価するとして人を誣告することさえある。……さらに事の大小、事情の軽重、理の曲直を論ぜず、何度でも告訴する。一回却下されても必ず再び告訴する。二回目が却下されても、また必ず三回目の告訴を行なう。かつややもすれば冤抑を叫び、その声は聞く人を驚かす。原告を出頭させ、訊問すると実

際は些細な原因にすぎなかった（「禁健訟」）。

或因口角微嫌而駕弥天之謊、或因睚眦小忿而捏無影之詞、甚至報鼠窃為劫殺、指仮命為真傷、止図誑准於一時、竟以死罪誣人而弗顧……更有不論事之大小、情之軽重、理之曲直、紛紛控告。一詞不准必再、再投不准必三、而且動輒呼冤、其声駭聴、及喚至面訊、無非細故

とある。(16) この告示によれば、訴訟を受け入れる日に地方官が受け付ける訴状は百件以上に上った。しかし紛争の焦点となったことは、「睚眦小怨」や「債負微嫌」に過ぎず、その経緯を見れば、「冤抑難堪」ということもなかった。このような細事に対して当事者は、事態の決着のために何回却下されても、繰り返し官に提訴しその裁断を求めた。かつ官の受理という目的を実現するために殆どが大袈裟なタイトルで官の注意を引こうとした。さらに康熙中期の休寧知県廖騰煃は、「その気風は怒りっぽく、争いを好んで命を軽く扱う。言葉による傷は武器による傷よりも深く、鶏や豚に関する争いは極刑に当たる傷害より重いと考える。そのため朝、一人が首吊り自殺して、死亡したことを県庁に知らせ、夕方にはまた別の一人が河に赴き自殺したり、毒薬を仰いだりしたことを県庁に知らせた。其俗尚気、好闘軽生。言語之傷、深於矛戟。鶏豚之争、毒於機闟。朝告一人焉曰投繯矣、絶吭矣。暮告一人焉曰赴河矣、飲鴆矣」と指摘したように、勝敗を争ってあらゆる手段を用い、時に自殺の方法さえも用いて相手を恐喝し、「図頼」し、誣告した。このような社会問題に対して地方官は、「健訟」の悪俗を痛烈に批判しながら、風俗の改善を神に祈祷するのみであった。(17) 乾隆前期の休寧知県万世寧は、同様な事態に直面して様々な民間些事の処理に努めた。各事件の中では梅大勲「強占肆横」案件のように、「案件は七年間にわたり、告訴は六人の知県を経た」という長期にわたる紛糾事例もあった。(18)

上述した資料を整合して考えれば、明代中期以来、徽州地域の地方官は、地方社会の秩序問題に臨む際、管轄下の

住民の「健訟」という共通の悩みを持ち続けて来た。

一方、私文書の中に記された紛争事件の当事者（被害者）の訴訟行動からも、明清時代における徽州の民間紛争の状態を観察できる。

天啓七年（一六二七）に休寧商人戴立志が死亡した直後、屯渓典舗の財産が従業者に持ち逃げされた事件が起って訴訟に至った。息子に恵まれなかったその商人の妻戴阿程は、多くの人がその財産を狙っている状況の下、ばく大な個人財産をいかに守るか、早く「決着を求めないと、終には紛争が起る。不求定着、終必紛争」ことを恐れて、自分の生活費と娘が嫁ぐための費用を控除してそのほかの大部分の私財を手放し、宗族へ寄付した。興味深いことは、戴阿程が、自分の老後のための費用及び訴訟費用四〇〇両の銀をも醵出したことである。[19]

休寧黄氏の一つの家庭収支記録では、雍正一一年（一七三三）から乾隆八年（一七四三）にかけての一一年間にこの家族が様々な紛争事件に巻き込まれて、直接に訴訟へと発展していった事件は八件に上る。[20]

乾隆時期、婺源県北部の旋渓呉氏一族の共有山林が隣人に不法占有されたため、呉氏一族は、共有財産を使い切ってまで、懸命に告訴した。一族の代表としての呉廷灌ら四人は、「五年の間、上は総督、巡撫、学政及び布政・按察司、道に至り、下は府と県の衙門に至るまで告訴し、官府から委員を派遣して調査し合同審判を行なったことも数回に上った。灌らは荷物を負って告訴に駆け回り、数万里の道を辿った。五年間、上自督撫学政司道、下及府県有司衙門、委員会勘会審数次、灌等負嚢奔控、歴越数万里途程、右詘左支、備嘗辛苦」と言ったように勝訴のために複数の官府へ告訴し、最終の結果が出るまで五年もの歳月を費やした。[21]

以上の検討から見ると、徽州地域の多くの人は、一生の間、直接的に何回もの訴訟事件に巻き込まれており、かつ一回の訴訟が長い歳月を要するケースもあり、寡婦戴阿程のように個人財産を投じ「訟費」を醵出せざるを得ない事態もあった。こうした紛争と訴訟が多発している社会においては、訴訟事件に関わらない人はむしろ珍しく、表彰さえされていたのである。(22)

## 二　紛争の類型と郷村社会の秩序問題

### 1　紛争の類型――慶源村の事例から

徽州郷村社会秩序の長期的な状況とその構造を分析する際、紛争の類型とその発生原因の究明は重要である。詹元相『日記』の記載から郷村社会における日常的な紛争の内容、形態を見出すことができる。以下、紛争当事者双方の社会的な関係から慶源村紛争の類型を整理してみたい。

#### 家族内部

表三－一の〔九〕では鶏二羽が疫病によって死んだ。持ち主恒叔公は息子の官音叔が故意に死なせたとして賠償を求めて、親子の間で殴りあった。結局父親としての権威を直接に行使することができず、調停者元相が官音叔の肩代わりをして恒叔公に弁償した。

〔二六〕では詹元果と弟賢生（元本）は共有地を売った。ただし元果がその収益を一人占めしたため、紛争が起きた。族譜によれば賢生は元果の父の起渭の弟＝起漉の息子で、起漉が亡くなった後、起渭に扶養され、養子になったと推測できる。これは養子関係によって利益の分与をめぐる紛争が起った事例である。

#### 宗族の小さいグループ内の構成員同士

〔五〕は凌期男・詹王錦兄弟の間で起きた紛争である。凌期男は、起漉の後妻である。王錦兄弟は族譜によって起漉の兄である起洲の息子だと推測できる。凌期男と王錦兄弟は、渓逬村における同じ納税登録号内に土地があり、この土地はもともと双方の共有地で、何度もの分割手続を経て契約を交わしたものである。従って権利紛争の起きる余地は殆どないと想像されるが、佃戸が田租を収める時に期男所有の田租四秤（約五〇キログラム）が王錦兄弟に密かに横領され、そのため当該佃戸の道具が期男に押収された。期男は、樹槐堂内の年配生員起淳・起洵・起濡に解決を求めたが、尊長の調停も効かなかった。そして期男は住宅区で泣きながら「衆」に訴えて、「約」の「公論」に提訴するように「掲帖」[23]を詹氏樹槐堂内に配った。起洵・起濡は、期男の告発行動を制止し、私財で解決しようとした。その結果、調停の末、王錦兄弟が今後横領しないと約束した。

また、〔六〕は宗族の分節グループ内の会組織財務記帳をめぐる紛争であり、前掲〔四五〕の事件は、樹槐堂内の三房と大房、二房との小さいグループ間の紛争である。

### 構成員と宗族組織

〔一二三〕では三一世銘叔公は、詹氏祠堂、即ち宗族共有財産の管理人として、二回に亘って財務決算の期日が遅れた理由で宗族組織に処罰された。

〔三〇〕は詹彦章の宗族ルールと当地の慣行に違反した事件である。彦章は村内の金持ちで妻査氏（一六六五～一七四三）、葉氏（一六八二～一七四五）を持っているが、宗族や族内構成員からの了承、或いは許可を経ず、強引に宗族の佃僕集団「鹿鳴戸」の何周栄の妻を妾にした。何周栄が死亡していたのかどうか、不明であるが、彦章の行為が宗族と佃僕集団との在来の関係に悪い影響を与えたと見なされたため、宗族は積極的に調査を行ない、事件に対応した。宗族組織の圧力の下、彦章は仲介人に頼んで罰金を受ける意思を表明し、罰金を払う誓約書を書いた。〔一一九〕、〔三〇〕の事件を処理する際に宗祠で行なわれた処理責任担当者の構成員全体像は不明であるが、〔一二三〕の事件を含め、事件処理の関与者の中にいずれも若手の知識人である儀一、元相、蔚林等の姿が現れている。

〔一三〕には慶源村の江祝保が江氏宗族の祭祀用共有財産を密かに売った事件である。江氏の構成員は不満を表し、村落内の「衆」（約）に訴え処理を求めた。

佃僕集団と宗族

〔七〕は「宗寧夏貴戸」と詹氏「生一公衆」の間で起きた紛争である。「生一公衆」は、共有財産の納税責任を佃僕集団「夏貴戸」に一任し、税糧代納の代わりに適当な補助を与えた。しかし康熙七年に増税して以来の三〇年間、宗族組織はその補助を増額しなかった。宗寧戸は、負担増によって宗族共有地の小作料の滞納に至り、その補償を求めた。結局「三面算明」、即ち宗寧戸と宗族共有財産の各股份代表の話し合いによって、宗族は補償を与え、宗寧戸も小作料を完納した。

祭祀組織創始者の子孫と祭祀組織経営者・管理者

〔一〇〕は村内の祭祀組織「冬至会」の利益配分と創始者の子孫の処遇をめぐって起きた事件である。「冬至会」は、明末清初、隣村の壷村との訴訟事件で解散したが、元相の曾祖が、ほかの三人と出資して冬至会を復活させた。冬至会の構成員は、創始者に感謝するために創始者及びその子孫に、会が存在するかぎり定例の酒宴に出席する権利を与えることに合意した。しかし康熙中期以来、会首詹養恬（県学生員、？～一六九六）は、上述の慣例を破って元相らの不満を買った。詹養沈と養恬の死亡後、元相、鴻安が村内の関係者や有力者と協議して衆議を通じてこの慣例を回復させた。

村内住民間

〔二九〕は詹文賛と村内の葉連生兄弟の紛争であるが、その詳細は不明である。文賛は進士で、翰林院編修だった養沈の次男として、県学生員で郷試受験資格をもっていた。彼の男性兄弟五人のうち四人が生員、監生であり、兄弟姉妹七人の婚姻関係者は、殆ど県内の名望家である。彼とその家族は、官僚系統に広い人脈があり、婺源県において有力な一家族である。葉氏兄弟は、宗族に属する佃僕集団「宗寧戸」の構成員であるために、この事件は宗族組織に持ち込まれた。処罰の内容と金額から、文賛が葉氏兄弟に対して重い傷害を与えたか、或いは人命事件（「拝懺銀」という表現による）であったと推測できる。かつ宗族の強制した多額の罰金と処理は、「私和人命」という法律違反の可能性が高いと考えられる。

〔四二〕では詹彦章が慶源村内の住民何旺と樹木を伐採していた際、何旺が何らかの原因で死亡した。何旺の父と解三（詹法詩）は県の官府へ事件を「首報」し、知県は現場調査を実施した。事故であるのか、謀殺されたのか、また官府の処理の結末も不明である。

以上は村落内の紛争である。村内の紛争は、個人間、個人と集団の間で様々な利害関係をめぐって展開された。注意すべき現象は、村内の生員相互間の紛争である。前掲〔四五〕を除いて、〔一七〕では三三世詹文賛と三四世詹鴻安が、典売された第三者の土地をめぐって争った。訴状が最終的に官府に届いたかは不明であるが、文賛は、確かに官府（知県か、県学か）へ提訴しようとした。その争点となった土地の価値は、僅か銀二両二銭であった。事件は元相等の調停によって決着が付いた。〔三八〕は、三三世潤可と三四世鴻安の間で何らかの原因で宗祠において喧嘩し殴りあった事件である。事件は「村衆」の調停を経ても押えられず、県学に持ち込んだ。県学教官は、元相、儀一に紛争を調停するよう指示した。ちなみに鴻安は、表三―一中の幾つかの事件の主要当事者であった。

### 隣接村落間

村落間の紛争は、約慶源村紛争の四割を占めている。これらの事件は集団間、個人と集団間、個人間で発生していた。大きな村落間の紛争は、隣村の段莘村を相手とした。〔一九、三一、三二、三三、三九、四三、四八〕は、段莘村との事件であり、〔一九、四三、四八〕は慶源詹氏祖先の墓とその蔭木の侵害であり、〔三一、三二、三三、三九〕は段莘村民が柴などを採集する際に境界を越えて引き起こした事件である。

資源採集の境界は、しばしば両村の間の争点となり、早くも明末から紛争の発生を防止するために協議し、合意書を結んだ。合意の主旨は、双方の柴草採集者による境界線を超える行為を禁止し、ルール違反者に銀百両の罰金を科するものであった。

〔三一〕では康熙四一年六月に段莘村民が境界を越えて慶源村の範囲に入って柴草を採集し、押えられ、その道具も押収されたが、段莘村民が「約」を通じて解決を求めた。その結末は、元相が南京における郷試に出たため不明である。同年一一月に同じ事態が、二回発生した。〔三二〕では、段莘村の柴草採集の越境者が拘留されたため、慶源村の零細塩商人も段莘村民の待ち伏せに会って拘留された。慶源村は、訴訟費の醵出を協議し、訴訟という手段を選択しようとした。この事件は結局段莘村の有力者汪徳迎の斡旋を通じて段莘村民の謝罪と弁償で決着が付いた。〔三三〕は、〔三二〕の事件が解決された二日後に起こった同様の事件である。慶源村は速やかに段莘「約」に抗議し、また官府へ提訴した。知県が処理の意見を下した直後、段莘村の汪賡先は[24]、慶源村の生員に和解を求めた。紛争を引き起こした人間は、段莘村の一般の人、或いは有力者の僕であったが、段莘村は、明末以来科挙人材を輩出した村である。段莘村民の越境行為は、こうした科挙人材と官界の人物によって支えられたと考えられる。輩出した科挙人材は、僕を含む段莘村民の「対外拡張」的行動を支持していた。表三～二は、この二つの隣接村落の実力を反映している。

表三－二　慶源村・段莘村明末清前期科挙人材表

| 慶源村 | | | |
|---|---|---|---|
| 姓名 | 科挙身分 | 年代 | 官職 |
| 詹軫光 | 挙人 | 万暦7年 | 知府 |
| 詹周国 | 歳貢生 | 崇禎 | 県学訓導 |
| 詹天表 | 武進士 | 崇禎6年 | 鎮守備 |
| 詹養沈 | 進士 | 順治16年 | 検討 |
| 詹光祖 | 歳貢生 | 康熙 | |

| 段莘村 | | | |
|---|---|---|---|
| 姓名 | 科挙身分 | 年代 | 官職 |
| 汪応蛟 | 進士 | 万暦3年 | 戸部尚書 |
| 汪可進 | 挙人 | 万暦4年 | |
| 汪得時 | 挙人 | 万暦一六年 | 知府 |
| 汪鳴鸞 | 進士 | 万暦20年 | |
| 汪尚誼 | 進士 | 万暦23年 | 広西按察使 |
| 汪熙化 | 挙人 | 万暦25年 | |
| 汪大賓 | 監選 | 万暦 | 照磨 |
| 汪大震 | 監選 | 万暦 | 県丞 |
| 汪元孝 | 歳貢 | 万暦 | |
| 汪元兆 | 進士 | 崇禎7年 | 知府 |
| 汪国策 | 進士 | 崇禎7年 | |
| 汪元会 | 監選 | 崇禎 | 光禄寺署丞 |
| 汪賓賢 | 監選 | 崇禎 | 京衛経歴 |

| | | | | | | | |
|---|---|---|---|---|---|---|---|
| | | | | 汪士廉 | 歳貢 | 崇禎 | |
| | | | | 汪三錫 | 武挙人 | 崇禎 | 徽寧道中軍 |
| | | | | 汪匯 | 挙人 | 順治2年 | |
| | | | | 汪聯 | 武挙人 | 康熙14年 | |
| | | | | 汪士元 | 武挙人 | 康熙17年 | |
| | | | | 汪斯淳 | 薦闢 | 康熙時期 | 知府 |
| | | | | 汪爌 | 薦闢 | 康熙時期 | 知府 |
| | | | | 汪起 | 監選 | 康熙時期 | 州同知 |
| | | | | 汪斯汧 | 監選 | 康熙時期 | 州同知 |
| | | | | 汪熣 | 監選 | 康熙時期 | 県丞 |
| | | | | 汪増 | 監選 | 康熙時期 | 県丞 |

注　①詹養沈は康熙二年に順天郷試の試験官として、試験タイトルのミスで追究されて失職し、康熙二七年まで慶源村に暮らしていた。
②段莘と幸源は、一つの「約」に属する。詹元相の日記と『婺源県志』の中では区別して記入する場合がある。
本表は康熙八年『婺源県志』と乾隆『婺源県志』の「選挙」により作成

強い隣人の存在は、慶源村にとっては大きな不安定要素であり、柴草等の資源採集の境界がしばしば犯されて紛争を惹起した。かつこのような紛争は、往々にして官府へ提訴され、暫時的な解決を得た。筆者の現地調査によれば、慶源村人の記憶の中では、明末から民国時期にかけて境界線をめぐる両村の紛争は、後を絶たず、大きな訴訟に至った例が七二件にも上る[25]。

## 村落を超えた紛争

村落間の個人間、集団と個人間の紛争は、様々な形で起こるが、以下、訴訟に持ち込まれた紛争二例を挙げよう。

〔一二〕では大汜村余烏兄弟が、密かに大汜村における樹槐堂内二房所有の杉を伐採したため、元相たちが大汜「約」に訴えたが、保長余汝祥に阻止されて調停が成功を収めず、官府へ提訴した。「保甲や地隣が調査の結果を県に報告し解決する。（保甲地隣回奪）」という知県の批をもって訴状を大汜の約保の余汝南に手渡し、約保の現場調査を求めた。大汜村約保は要請状をそろえ、元相等を酒宴に招待し、知県の意見によって調停を行ない、元相等を説得し処理したが、加害者の謝罪の不十分や官府への「甘結」提出を怠ったため、元相等は、再び官府に訴えた。結局大汜「約」の余亦美、余汝南等の懸命な調停によって終息した。

〔三五〕は詹文賛の結婚問題をめぐる紛争である。文賛は、もともと本県程氏の娘を娶っていたが、程氏が康熙四〇年に死亡した。康熙四二年正月に元相の仲介を通じて縁談をまとめたが、相手は、慶源村と親戚関係をもつ江湾村の県学生員江孟麟（孚尹表叔）の娘嗣生である。江嗣生は康熙四二年に既に二六歳であった。彼女との婚姻関係に関連して、生員である汪魯峰及びその家族（汪掄遠）と何らかの事情が生じたらしく、同年の三月にこの婚姻関係をめぐって紛争が起こった。事件は官府、特に県学教官のところへ持ち込まれて、詹文賛側も、県学教官のところに出頭し事情を説明せざるを得なかった。元相は文賛の代理人として事件の解決過程に参与した。五月四日に紛争の当事者双方（江湾江氏、汪氏）は、県学教官の主導のもとで江氏が汪氏に銀二〇両を支払って和解が成立した。江氏・汪氏は、それぞれ「遵依」（甘結）を書いて県学教官に提出し、双方の生員は「和息呈」を提出した[26]。

〔一一〕では村内府学生員江子瞻の養子江万は、賭博によって財産を消耗し尽くし、無頼党に従って盗を為していたことが発覚した。官府の裁判によって江万は妻と一緒に砂漠地帯に充軍する重い刑罰を受けた。

〔三七〕は徽州地域全体の佃戸が地主に租を納めないことをめぐる地主・佃戸間の紛争である。前掲の〔四五〕の事件のように朝廷の免税命令がきっかけとなっており、利益配分をめぐって連鎖的紛争が起きた。佃戸は朝廷の「蠲免田租」という文句を根拠とし、税金の免除を小作料すらも免除されたと理解し、地主に小作料を納めなかった。地主と佃戸の紛争は夏に勃発し、地方官が様々な告状を受けたと推測できる。冬に至って朝廷の命令によって免税の利益を地主対佃戸＝七対三の割合に基づいて分配し、徽州の地主・佃戸間の在来秩序を大きく揺るがした危機は、ついに収束した。

〔一一八〕では婺源県内の生員たちは、着任したばかりの巡撫喩成竜の「条陳県政不便之事」という指示よりどころに知県張綬（康熙三一～四一年在任）の「民心に合わない所」という施政に対する抗議として、一日の「罷市」を行なった。

〔四九〕では知県蒋国祚（康熙四一～五五年在任）は秋渓村の府学生員（詹）邦貞を無断で杖責して婺源県生員の憎しみを買った。生員たちは連合して、徽州府学と歙県県学の生員を加えた三一〇名の生員が連判した「公呈」を書き、元相、儀一等多数の生員は、徽州知府に提訴した。二つの事件はいずれも地方知識人の集団的行動であり、前者は、地方政治に対する批判的行動であり、後者は、知県の処置の不当性に対する知識人の刑罰上の特権を守る抗議であった。

以上、慶源村の主要な紛争を紹介した。実際には当時の紛争は表三～一の数字を遙かに超えており、特に〔三七、四五〕の事件のように地主・佃戸という関係をもつ人々の間、及び共有地の「輪番経営」方式をとった集団内で、数え切れないほどの紛争を起こし、それらの紛争の一部が官府に持ち込まれたと考えられる。

表三～一に見たように、これらの紛争は、当事者間の関係においても紛争内容や帰結方式に於いても多様であった。その中で「命盗重案」の二件を含め官府に持ち込まれた紛争は三二％を占めている。しかし大多数の争点であった利益関係から見れば、殆ど細事であった。『日記』に記録された紛争事例、特に詹元相の状況によれば、基層社会が「健訟」であるといえよう。先に述べるように、こうした訴訟に対しては地方官が通常「批」という簡単的な処理で郷村社会における約保（文会）体制に解決するよう要求する。[27]判決（審讞判語）を出すまでに至る事件は、訴訟へ至った紛争事件の中では比率が高くはなかったと考えられる。

それでは官府へ提訴し、裁決された事件には、どういうものがあったのであろうか。

明末の歙県知県傅巖の『歙紀』巻九「紀讞語」にある一五四件の訴訟案件の中で人命、盗賊、賭博などの案件が占める割合は二割以内である。残りの八割以上は、主に土地山林の所有権と柴草採集の境界、風水に関わる墓の侵害、債務の不履行、財産（相続）分割・養子になる権利、婚姻、特に再婚に関わる子供の帰属・扶養、主僕の「分」（僕の義務）、嫁と姑の仲、共有財産と他人の財産の盗売、財産所有と経営の「一業三主」形式、契約内容の変更、役の公平負担などの「戸婚田土」に類する案件である。

休寧知県廖騰煃の『海陽紀略』下巻には「審語」、「看語」などの一八事案が記録されている。訴訟案件の中で、命案は、半分を占めており、残りの九件は、墳山・盗葬案五件、母子争産案一件、悔婚案一件、淫奔敗行案一件、地産案一件である。

呉宏の『紙上経綸』の内容は異なる地域にも及んでいるが、具体的なタイトルや地名、姓氏、習俗等からみれば、第一巻、第四巻の全部が徽州関連のものであると言える。徽州の県名などが書かれているものを加え、第一巻八件、第二巻五件、第四巻二八件、第五巻六件、第六巻五件のあわせて五二件、即ち半分以上の内容は康熙三〇～五〇年の間の休寧県や徽州府のものである。その内容は、死亡事件、窃盗、公印偽造、知県の汚職等以外に物業の争い、養子・相続、墓地の侵害、債務不履行、婚姻、主僕関係、図頼誣告、姦淫等を含んでいる。

休寧知県万世寧の『自訟編』は七〇件にわたる訴訟案件に対する「判語」である。その内容は、殆ど宗族などの共有財産、墓と蔭木、土地山林の境界、婚姻及び再婚の手続・権利、債務、土地売買及び「找価」を巡って展開された事件である。

徽州知府劉汝驥の『陶甓公牘』は、清末に新政を実施する際、経費の醵出、人事などをめぐって様々なトラブルに及ぶ内容が多いが、徽州社会における徽税の不正、共有財産の盗売、養子や相続の紛争に関する判牘が少なくない。

慶源村における紛争、明末歙県と康熙休寧県の訴訟事件などを見ると、紛争の状況は千差万別であったが、争論の内容・権利は、少数の例外を除いて、大体以上のような類型であり、大多数の争点となった権益の金額は少なかった。確かに社会流動と商業化は、新たに多くの紛争の種を生じた。傅巌が「徽州人の多くは外地に居住しているから告訴の気風は甚だしく目立つ。常に「冒籍」（居住地の戸籍を偽る）という罪で告訴され、被告は拘束されて故郷まで連行され調査されたことをむしろ喜ぶ。懸案が沢山残っている。（審得徽民僑寓天下、故鎌告之風甚熾、毎以冒籍告行原籍関提為快、懸案不結者比比）」（第一七案）、また「事件は濮陽で起こしたが、その恨みは徽州で生れた（事在濮（濮陽）而修怨於徽）」（第一三三案）という現象について指摘したように「紀讞語」の約三分の一の案件は、遠隔地商業活動に関わって起きたものである。訴訟案件が発生した空間的範囲は、ある意味で当時の社会の流動化の程度を反映している。また「紀讞語」の案件からみれば、偶然の事故、特に様々な原因による死亡事件を利用して、事故の責任者・関係者を恐喝しようとする誣告事例がかなり多かった。これらの訴訟は、「紀讞語」の中の約半分を占めている。傅巌はこれらの案件を処理する際、「新安では誣告が気風になっている。(新安誣鏇成風)」(第三一案)、「徽州の習俗では佃僕は生きている間、半文にも値しないが、死んだ場合、奇貨として利用できる。(徽俗僕生不値半文、僕死居然奇貨)」(第五二案)、「徽州の習俗では雇工が死んだらその死を利用し銭をだまし取ることは、一般的なやり方である。(徽俗雇工隕身詐銭、慣套也)」(第一五三案)と指摘し、訴訟を起こす者の「図頼」、「図詐」という手法を明らかにした。廖騰煃が指摘したように相手を罪に陥れ、或いは相手の金銭を狙って自殺したり誰かを犠牲にさせる手法もしばしば用いられた。単に細事に関わる紛争でも訴訟へ発展しているということを以って、徽州人の法律意識の増強、及び社会進歩といった結論に直ちに繋げることはできない(28)。

## 2 紛争・「健訟」の原因と社会秩序

紛争の多発、細事も訴訟へと発展していく「健訟」という顕著な社会現象は、当時社会の多くの問題を露呈し、明清時代の社会体制について多くの状況を語っていると考えられる。紛争の多発と「健訟」問題に関しては、少なくとも紛争の起きた社会的原因、社会秩序の体制とその機能、当事者の思惑と問題解決の選択意識から当時の社会秩序状態を分析できる。以下の作業によって、当時の人々の理解、特に直接に紛争事件を処理する地方官の観察に即して、紛争原因、とりわけ長期的な原因の検討を通じて、秩序の構造を考察してみたい。

第一に、徽州における土地財産の複雑な所有形式と構造には、様々な紛争の種が潜んでいる。

土地の開墾が飽和状態に達した状況の下、世代の推移によって、均分できる土地財産は、ますます零細化していく。従って土地の管理、耕作・灌漑、労働力や肥料等の投入には、相隣者の協力等がうまく調整できなければ、摩擦を起こしやすい。

徽州の家族形態もその摩擦を増幅した。一夫一婦制は、徽州の一般的家族形式であった。ところが、多くの人は遠隔地商業活動を営み、特に商業や科挙試験の成功者が輩出するにつれて、徽州地域の家庭生活の構造と様態が変化してきた。周知のように徽州商人は「烏紗帽」（官職）・妓女を好むほか、妾を持つケースが多かった。『儒林外史』第四〇回に「我ら総商の家では、毎年少なくとも七、八人の妾を持つ。（我們総商人家、一年至少也娶七八個妾）」と語った塩商人宋為富の自慢話は、徽州豪商の妾を囲う状況を物語っている。『板橋雑記』中巻には「呉天行は巨富で、百万の資産を持っているが、体が弱く常に病気にかかり、人数が甚だしく多い綺麗な妻妾間を駆け回って疲れ果てる。（天行巨富、資産百万。体羸素善病、後房麗姝甚衆、疲於奔命）」という記載は、同時代の人の徽州豪商の生活に対する観察である。『型世言』第六回に姿を見せる歙県商人汪涵宇のような普通の商人は、「両頭大」（故郷と仕事先に二人の妻を持つ）の婚姻や一、二人の妾という形で性生活・家庭生活を営む。

慶源村の状況に即してみれば、前掲詹彦章の事例のほか、詹安国（一六七五～一七四四）には妻査氏（一六七六～一七四九）がいて、二人の妾金陵葉氏（一六八八～一七二五）、如皐倪氏（一六九二～一七五七）を持っていた。蘇州で商売を営んでいた詹之熊（兆佐、一六五六～一七一九）は前妻曹氏（一六五九～一六八七）と後妻王氏（一六七五～一七五〇）、妾の蘇州梅氏（一六八四～一七四五）をもっていた。詹氏柔公房の十六世紀から十八世紀にかけての婚姻状況の統計によれば妾をもつ人は一割に近い[29]。

乾隆休寧黄氏の「家用収支帳」は妾に関する面白い事例を提供している。帳簿の記録者は、江南の典當舗に妾をもち、しばしば妾の生活等に気を使った。その記載によれば貧乏な徽州商人は、妾を買うために借金もしている[30]。

ここでは妾に関する法律や地方慣行などの社会環境を考察する余裕がないが、詹氏族譜を含め、多くの徽州族譜の伝記資料を考察した結果は、徽州人の妾の所持率は詹氏柔公房の男性に比べても、かなり高い水準を示している。多くの男性が妾をもつ徽州人の生活営為は、経済・生活（特に性の）構造の変化、金・欲望、社会地位等の諸要素の奇妙な組み合わせによる結果である。このような奇異な生活スタイルは、徽州人の生活と財産秩序に多大の不穏な根源をもたらした。即ち妾と妾から生れた子供（男子）の存在は、家族の構造や財産所有と分与を複雑化させ、家産均分の相続過程に動揺を与え、権利紛争の種となった。妾が産んだ男子の実際の地位は、家族によって異なり、家産を相続する際、不平等な処遇で紛争を引き起こす可能性が高い。家産相続による紛争について、廖騰煃は、「私が休寧の習俗を観るところ、宗族内同士の仲が悪く、兄弟は訴訟を多く起こしている。しかしそれは、些細な田地産の利益や僅かな墳地の所有に関して起きたものにすぎない。互いに相手を他人のように見なし合い、敵のように恨み合うことは、すべて日常に礼譲の道を知らず、同族の団結と扶助を講じなかったからである。（本県毎見休俗、宗族不相親睦、兄弟多興争訟、不過起於田産之錙銖、墳土之尺寸。至於視之若行路、嫉之若仇讎、皆由平居不知礼譲之道、未講収恤之好者也）」という現象を指摘した。[31]休寧県民呉彦良は息子が一八人いた。呉彦良が死亡した直後、正妻の息子が家産管理権を握って妾たちの息子に財産を分与しなかったために、嫡庶間の地位と財産相続の権利をめぐって激しくもめた（不意日者爾弟志等来見、泣述爾等近者顕有嫡庶之別、其一切物業皆横据以為己有、不許均分）。相続権を主張する妾たちの息子は、紛争を父の親友であった知県のところに持ち込んだ。呉彦良の生前の依頼を受けていた廖騰煃は、私人の身分で呉氏家族の混迷した局面に関与し、儒家の倫理観念をもって呉氏兄弟を説得し、兄弟の和解を求めた。[32]こうした呉氏兄弟の紛争は、当時の家族内部紛争の一事例にすぎない。

明清時代、宗族の組織化及びその内部の分節に伴って一部の共同財産（族産、祠産、祭産）の所有形式としての「股份」等は、世代の推移と人数の増加を経て細分化の問題を抱えていた。土地山林や柴草資源に対する多くの人の共有構造、及び均分による権力の空間的交錯により、「輪流」管業や家産分割文書を通じて財産秩序を固めようとする努力があったにもかかわらず、様々な争議が繰り返し生じた[33]。万世寧『自訟編』の「黄懐玉控黄漢英等審過讞語」（九六～九七頁）、「汪徳勝控汪西垣等審過讞語」（九八頁）、「汪光宗控汪仲輝等審過讞語」（一〇一～一〇四頁）、「金馨文等控金士械審過讞語」（一一九頁）等の案件は、共有財産や想像的権利の共有によって起きた紛争、訴訟であり、また共有の権利から個人利益を実現しようとして、集団との衝突でもある。

徽州地域の村落の多くは、山地開発と移住の過程で形成されてきたものであり、土地売買文書、各家族、一族の土地財産の登録帳、族譜及び『日記』等の資料から得られた知見によれば、村人の土地、祖先の墓と山地は、ばらばらに各地に散在していた。住居地を遠く離れた財産の管理は非常に不便で、佃僕などに任せて経営する場合が多い。従って所有者と経営者の責任は双方とも曖昧になり、山林境界の混乱を招くようになった。呉隆成、呉伯富の山林境界混乱紛争を処理した傅巌は、両家の「山の境界線の混乱はずっと昔からあった」、呉氏両家のみならず、「徽州は大体このようである」と指摘した。権利・義務に関する契約と納税額が、明確に記入されていたにもかかわらず、持ち主が殆ど現場に行かないずさんな管理方式こそ、権利侵害のトラブルが避けられない原因であった[34]。

土地山林の売買、典売・抵当に伴う所有権・経営権の移転の過程から生れた「一業三主」という複雑な所有状況（『歙紀』巻九「紀讞語」第一三案、第二五案）、「田底・田面（皮）」という権利構造、及び絶売後の「找価回贖」という不動産の売買慣行に加えて、所有権や経営権の数次の移転を経た同一の土地財産に対して、多くの人は、権利文書や地方慣行に基づいて一部の権利をもち、或いは潜在的権利を求めた[35]。

徽州地域において、土地・財産の売買、相続・分割、抵当・典売に関して、所有権と経営権を確認する契約関係とその関連の慣行は、早くから発達してきたが、土地山林等の空間形態と所有構造は、非常に複雑である。寺田浩明氏が指摘したように財産の所有権とその境界線を絶対的に保護する国家的体制が存在していないため[36]、財産秩序における周縁が相当曖昧であり、その結果、兄弟、血縁関係者、村落住民同士間の紛争が避けられなかった。

第二に、商業と空間移動、都市への移住という新しい経済構造と生活形式は、在来の徽州地域の社会経済秩序に大きな衝撃を与え、様々な社会変化と問題を引き起こした。

明代中期以降、徽州人は大量に外地に流出し、全国に散在して商業活動に従事し、その人数は、当時の人の観察によれば、徽州成年男子（十三歳以上）の七割を占めた。商業化の流れに乗って遠隔地貿易、或いは頻繁に空間移動を行なう「行商」、遠い都市・町における「坐賈」は、多くの新しい局面と社会関係・人間関係に直面していた。土地・住居を中心とする農業社会の財産管理と経営に関する豊富な経験から産み出された習慣、形式、制度、ないし法律という膨大な知識系統は、こうした経済構造の変化に対応しきれず、一方それに相応しい知識、制度や体制がまだ整わなかった。人員の死亡、貨物・財産の略奪、風雨や水などの災害による貨物損害、及び突発的な事故、また信用関係の不履行に対処する際、非農業経済活動の秩序においては、有効な系統的知識、規範、制度的な枠組みが欠如していた[37]。このために死亡や突発事故による責任紛争が、多く発生し、一部は従業先の地方官府や商人の故郷である徽州の地方官府に持ち込まれ、官府も「情理」に基づいた処理しかできなかった（『歙紀』巻九「紀讞語」第二四、六〇、七八、一〇九、一一一、一二〇、一二四、一二七、一二九、一四二、一五八案）。

外地に流出した多くの人々は商業に従事し、広域で頻繁に移動を行なう。これらの流動者は、それまでの村落、隣人、親戚、同じ行政区などの面識できる社会関係圏、及びその秩序体制から離れて、商品の運搬、仕入れと売りのタイミング・価格を通じてサービス料と利潤を獲得する。頻繁な空間移動は、悪行者の側面から見れば、有効な「監視の目」や牽制できる身近な秩序体制から離れて、投機や詐欺を実施する可能性を増大させた。投機性から詐欺への変化を防止し、信用の履行を確保する商業モラルが流通領域でいかに守られるかが大きな問題であったが[38]、流動中の徽州出身者相互間の投機的行為、詐欺や権利侵害は、確かにしばしば生じた[39]。

家計を支え、法律上の家長の地位をもつ男性の多くは、商業活動、収入、及び婚姻状況の変化等の要素によって数年、十数年、或いは数十年間も故郷に帰れない。こうした状況は、家族内の管理、子女の教育・婚姻関係の結成、貸借・財産売買契約の締結、債務の履行、財産の争い、嫁姑の仲、ないし妻・妾の性的忍耐などの側面で様々なトラブルを引き起した。一部は、訴訟の形で地方官府に持ち込まれた（『歙紀』巻九「紀讞語」第一一、二一、二二、三三、四〇、四一、四三、五五、六一、八二、八六、九〇、一〇七、一三三、一四六案参照。）。かつ、管理者不在の場合には、財産が親戚や地方の不良者に密かに売買された例も少なくなかった。この現象に関して、休寧知県廖騰煃は、

休寧の百姓の中には、半数以上が外地で商売を営み、十何年に一回里帰りする者あり、数十年に一回里帰りするものもあって、その先祖の墓は草に覆われた。……常に土豪やごろつきのようなものがいて、その親族と共謀し、勝手に墓地を売る。その人が帰って墓参りをしてみると、……その墓は既に跡形もない。孫は祖父の骨を探し、子は親父の遺骸を捜し、泣き崩れ、あちこちに奔走する悲惨な状況は言葉では表せない

休寧百姓、強半経商外邦、至有十余年一帰、数十年一帰者、而祖宗墳墓鞠為芳草……毎有土豪積棍、動則串同其家族衆、竟将墳壟擅行変売。及至回郷省墓、而……墓已平為□丘。孫尋祖骨、子覓父骸、雪涕星奔、呼天搶地、惨不可言

と述べて、財産管理者の不在による不正の横行を指摘した[40]。

第三に、財産、家政などの管理、及び納税、訴訟を含む事務代理の構造は、不正の空間を残していた。

商業に従事する徽州人の家族の部分構成員、ないし全部は従業先に移住し、長期的に仮寓しているにもかかわらず、戸籍移転の制限や祖先の墓などの要素の影響を受けて、多くの人は、故郷でも何らかの財産を持っていた。従って財

産や社会的事務の管理と納税義務の履行が問題になった。そこから大きな代理業務の空間が生み出された。徽州地域においては、実際に官府に関わる事務代行の二種類のブローカーが存在した。

一つは、明清時代、大きな社会問題になった納税の包攬者である。これらの包攬者は、委託を受けて事務代行を行なうと同時に事務代行を利潤の元として、国家の税糧を滞納する一方、誣告や様々な口実を作って利益を謀り、外地で商業を営む委託者を食い物にしていた。傅巌は、揚州で商売を経営する汪映斗の死亡後、その妻の父親も包攬者に苛められていたという訴訟案を処理する際、

新安では包攬を行なうやからは、城と郷に溢れている。彼らは手数料を設定して私腹を肥やすが、税糧滞納によって官府に呼ばれた際、人を雇って自分の代わりに刑罰を受けさせる。少しでも思うままにならないと、すぐ税糧の納付を理由にし、関係のない人を官府に告訴する。或は遙かに離れた依頼者の所に行って酒食や旅費を求めるが、委託の通りに税糧を納めたりしない。依頼者汪映斗に対する汪公道のようなやからがそれである。映斗は既に死亡し、妻と子供は揚州から帰っていないため、映斗の義理の父呉仕祥にねじ込んだ。映斗の家政を管理していたことを持ち出したところで、どのような証拠があるというのか。

審得新安包攬之棍充斥城郷、彼已立有津貼自肥、臨比雇人受朴。稍不当意、即仮国課為由、告害無干之人、或行関隔府、索取酒食盤費、而不納糧。如汪公道之於汪映斗是也。斗已物化、妻子維揚未帰、傍及斗岳呉仕祥、言其綜理彼家政、何拠何証？公道何在

として、このような現象の横行を指摘した[41]。

もう一つは、紛争が起こった際、訴訟を煽動し、訴訟の過程を操る訟師である。康熙年間の徽州知府の「禁鉆営」という告示には、城内に巣くい、地方官の訴訟処理を偵察して、訴訟の必勝方法を研究し、紛争の当事者を騙す訟師

の影が見える。[42] 無訴訟という理想状態に達することはできないが、県民の訴訟における負担を減らすために廖騰煃は『海陽紀略』「告詞条規示」で明確な訴訟要件を示し、庶民が訴訟によって破産する理由について分析する中で「ずるい胥吏と訟師はおまえ達の訴訟を食いものにして生活を営む。おまえ達民の財産は奴らに吸い尽くされるだろう。(奸胥訟棍反借覓生涯。爾民膏血、幾為吸尽)」と指摘した。これらの訟師は、地方官府衙門に集まって胥吏などと癒着し、訴訟の過程、ないし地方官の判断に影響を及ぼしていた。また訴訟を思うような方向へと展開するために、地方輿論を操縦し地方官府に圧力をかける者もあった。[43]

この二種類の代理人は、当時全国では普遍的な存在となっており、地方の社会秩序に悪い影響を与えたものであるが、このような代理業は商業化と都市化に伴い社会分業の進展の中から出てきた一つの生業である。この仕事に従事する人は、主に科挙教育の中で成長しつつも科挙や任官に失敗した人々である。周知のように科挙や選任に失敗した知識人の生業、或いは進路は狭く、その選択肢は、大体土地の経営管理、教師、商業、及び各種の代理業であった。落第したものを含む下層知識人の数は膨大であるため、貢生・挙人の任用がしばしば朝廷の政策課題となった。[44] しかし当時は多様な就職領域は開発されず、職業の規制については、殆ど放任状態であった。税糧包攬と訴訟代理に纏わる悪徳業者にとっては、紛争と訴訟事件(時間の長さと訴訟の規模を含む)が多ければ多いほど多くの商売の機会と利益が得られる。私欲を満たすために、彼らは紛争を鎮静するより、むしろ訴訟を興す方向へ走った。多くの男性が遠隔地商業を営み、墳墓、風水を重んずる、膨大な知識人を抱える徽州地域には、この代理業務構造に格好の温床を提供していたと言える。

第四に地方行政システムの経費と官吏の私的収入は、ある程度紛争、訴訟の関連料金に頼っていた。

地方官府には膨大な胥吏・衙役が抱えられているが、関連する予算と支出は極めて少ない。胥吏・衙役は、公務を執行する際、手数料を取ると同時に当事者に賄賂を求めるのが一般的仕組みであった[45]。給料は全くないか、或いは僅かの給料しか得られない胥吏・衙役は、官府の行政事務・官の命令の遂行（実現）を権勢の一表現とし、政治権力を資源として利用しチップを取り、或いは強要し私利を図った。胥吏・衙役は、しばしば賄賂を得て法律の規定を無視し、被告等を拘束する責務を果さず、或いは拘留されている犯人を密かに逃亡させていた。胥吏・衙役のこうした違法行為は、往々にして新しい訴訟を引き起していた。康熙五九年から雍正三年にかけての祁門鄭・倪二姓の複雑な訴訟の中で金銭買収を受けた胥吏・衙役は、勝手に倪氏の被告を拘置所から釈放したために、原告により訴えられた。

『徽州千年契約文書』に収録された訴状は、

儒学生員鄭仙標等は銭を得て犯人を脱走させたために緊急に□□官府に告訴する。（我々の祖先の墓）は悲惨にも倪有寿、倪起社に発掘された。先に知県大人は法廷に犯人を拘束し、その元の差役を変更し、またこれだけでは事件を解決できないことに配慮して、さらに差役である宋太を加えていただいたが、二人が、一心同体で自らの銭財を求めるばかりであり、私たちのような弱者の命脈を顧みるとは思ってもいなかった。鍵の解除ができ、犯人の釈放ができても、官までをも公然と無視できるものでしょうか。……知県大人に法典をはっきりさせ、差役を拘束し厳しく追求するよう懇願する。こうすれば庶民の冤抑が解かれ、衙蠹もあえて官を騙すことはできないだろう。

具稟儒学生員鄭仙標等稟為得銭売放、急叩伸□□□□□□□□惨遭倪有寿、倪起社連環屠挖、前蒙当堂鎖押、插移原差、恐難済事、後又加籤宋太。不意二人拴仝、只知自己銭財、不顧懦生命脈。鎖可開、人可放、而官公然可欺。不思人生世上、根本為主、身肯亡、命肯絶、而祖冤断不肯休。伏叩憲天大父師台大彰法典、拘差厳究、庶民冤可釈、而衙蠹不得朦蔽矣。激切上稟県主青天正堂加三級大父師台下施行。康熙五十九年十月初三日具

とある。知県は「准拿究追」と処理していた[46]。胥吏・衙役の横行の根源は、彼らが行政システムの一環として、ある程度訴訟の過程に何らかの影響を与えられることにある。従って普通は見下されている賤役を含め、このシステムに関与するすべての人々は、何らかの権力資源を利用できる、或いはある程度の権力資源を握っていると見なされる。こうした制度的構造、及び当時の人の意識構造の中で、政治権力は私腹を肥やすための資本として使われていた。一方、胥吏・衙役等は、その象徴的権力資源を実効化、長久化させるために訴訟の当事者から集めた賄賂を、行政システムにおける成層の官・吏、幕友などに持ち込んで再分配を行なわなければならなかった。こうした再分配の構造について、廖騰煃は『海陽紀略』「禁革編審陋規示」に「調べによれば休寧の狡猾な里甲冊書と胥吏は、従来戸籍と税役を登録する際に新たな名目を巧みに作って、それぞれの家族に負担する金額を非情に割り当てる。彼らは実際にこれを借用して官に送ると同時に自分をも肥やす。（査休寧奸里蠹胥、向来毎乗編審、巧立名色、逐戸苛派、実借献媚於官、以為肥己之地）」と述べている。この指摘は直接には訴訟事件ではないが、地方衙門内の利益再分配の一般形式を示している。地方行政システムにおける胥吏・衙役、ないし官、幕友などが一種の営業として管轄下の庶民を食い物にすることは、明清時代の普遍的現象であったが、それは単なる個人の貪欲などのモラルの問題ではなく、政治制度の構造的な欠陥があったからである。権力資源の存在によってこそ、胥吏・衙役という「缺」は、低級官職と同じように商品価値をもち、売買できるポストになったのである[47]。

地方行政システムの頂点に立つ知州・県に対しては、清廉の官でも個人の力で賄賂の収受とその再分配過程を阻止できない。むしろ当然のこととして彼らは、頂点の地位を利用し、自ら、或いは家族構成員・「家人」・親友がその再分配に参与する。このような構造の下では、事件があればあるほど、行政システムにおけるすべての人にとって有利になる。

廖騰煃は、休寧県での政治経験や各前任知県の教訓に基づいて次のように述べている。彼の認識によれば、休寧知県は非常に窮地に陥りやすい職務である。休寧県は裕福な地と言われているために、地方官は、「他人の嫁になった如く上には七、八人の姑がいる。牛や馬のように上には数十人は乗せられる。（如做人家媳婦、便有七、八個婆婆。如做牛馬、便有数十人鞭騎）」というように上司の金銭要求に堪えられず、様々な手法で県民を収奪せざるを得ない。その結果、政治的経歴に傷がつくのが常で、清朝以来休寧知県の中で権勢者とのコネを作って昇任することができたのはわずかに一人のみである。(48) 彼の観察によれば、細かい紛争も官府へ提訴する休寧県民にとっては、確かに「健訟」であるが、地方秩序を保つべき知県は、紛争を鎮静化せず、当事者を煽って事件を複雑化させ、その処理の過程で双方から金を取って私利を謀った。(49) 従来の知県は往々にして執務、特に訴訟案件の処理を重要な収入の手段とし、蚕が桑の葉を食うように県内の住民から財産を収奪した。過酷な搾取のために県内の経済状況が大きく変わって昔の金持ちは貧乏になり、現在の金持ちは一家で外地に逃げ出すという結果になってしまった。(50) 地方官は、職務と権力を営利の手段とし、個人の利益に従って訴訟案件を処理する。処理の原則となる朝廷の法律、事情に対する「情理」と公正さ、ないし常識をも無視し、主に当事者双方の経済状況、特に賄賂の多少によって、事案の内容とその解釈を勝手に操作し、訴訟の進展と勝負の方向を左右する。廖騰煃は上司への報告、ないし県民への告示の中で以下のように指摘している。

訴訟には勝ちを必ず求める。甲と乙が訴訟をし合っている時、県官は、賄賂の多少を見てその是非を操る。本来は小さい罪だが、官は罪名をでっち上げ、重大な罪で罰しようとする。もともとは東の家のことなのに、官はむりやり西の家を巻き添えにする。それはその家が金銭のすべてを出すまでやめないという狙いである。一つの事件に対するのみならず、殆どの事件に対してそうやっている。百姓は県の衙門を虎口と見なしているが、どうにも避けられない。……従来知県になった者で、命案が起こることを喜ばない人はいない。多くの人に波及することが利益であり、裏で操作し、大きな利益をもたらすからである。一ヵ月間に図頼の命案は数件、或は十何件ある。今までも同じような状況であった（「両江総制傳・安徽撫院江詳文」）

前に知県であった人はここをドル箱にし、ほしいままに金を要求した。訴訟の双方に対してただ金（賄賂）の多少を見るだけで事情の是非を顧みず、罪名をでっちあげ法を曲げる（「招徠示」）

訟必求勝、甲乙相訟、県官則視其金銭之少多而操其短長。本小罪也、乃文致而将加以至大之罪名。本東家也、乃迫而使移之西家、計不傾竭其貲嚢不止也。不特一事如此、而事事如是、百姓至視県堂如虎口、然而莫可畏避……従来作令者、莫不喜有命案、利其牽連、以為己可上下其手、奇貨可居之局。計一月之内、図頼命案或数家、或十余家、至今猶然（「両江総制傳・安徽撫院江詳文」）

前此蒞斯土者、利為金穴、任意乾没。両造之下、只視銭之多少、不問理之長短、鍛煉深文、高下其手（「招徠示」）[51]。

廖騰煃の言うところによれば、前任の知県は、訴訟に関わる賄賂のみで一年に銀一万両以上の収入があったという。[52]この数字は、氷山の一角にすぎないが、膨大な胥吏・衙役人数を抱える地方行政システムの荒稼ぎを浮き彫りにしている。[53]『徽州千年契約文書』に収録された寄付証明書の裏に寄付者程文昜のメモが残されている。証明書の表紙には「休寧県知県胡則安親催」と書き、公印を押している。城壁の修理経費は、寄付と表彰についての証明書の発行という形で調達するものであるが、実際には休寧知県胡則安（婺源県西関壩案が起こった時の休寧知県）は募金の仕事を在城の葉、呉等の側近の胥吏に任せ、知県親催の名目を以って各郷のものに寄付を強要したのである。寄付者程文昜はこの事件に不快感を示し、「乾隆二十八年五月二十五日に、安徽省が城の垣を修理するために休寧知県胡公は在城の葉、呉という手先に任せ、すべての郷村に行って寄付を強要した。これを残し備忘とする。（乾隆二十八年五（月）二十五

（日）、為安徽省修葺城垣、休寧県胡公委在城葉、呉鷹犬、遍行各郷勒捐。留此以作回憶）」というようなメモを残した[54]。こうした寄付者の被害感覚は、地方官と行政システムの収奪の興味深い事例を提供している。

公正、正義という原則により地方秩序の守護を背負うべき地方官は、吏部の「考成」や上司の監督等の要因により牽制されているにもかかわらず、行政システムの上層部の「規礼索要」の慣行や、地方衙門の膨大な胥吏・衙役人数と少ない関連予算というきわめて矛盾した行政システムの板ばさみとなり、清廉などのモラルを標榜する知県であっても、その行為は個人的不正行為の自粛や胥吏・衙役系統に対する綱紀粛正の限られた努力のみにとどまり、政治制度の構造的欠陥を変えることは不可能であった。地方官は告示の中でしばしば民の「健訟」を戒めているが、実際には地方衙門における胥吏・衙役の収入や上司への賄賂は、訴訟をめぐる不正収入に支えられるところが大きかったのであり、「健訟」は当時の地方行政システム構造の所産であったと言えよう。

以上、四つの側面から徽州の紛争多発・健訟という秩序状態における長期的動因を分析してきた。勿論この四つの側面は徽州地方社会の紛争多発と健訟の要因の全部ではない。続いて、なぜ明代中期以来、紛争多発と健訟は、ますます顕著な社会現象になったのか、という問題に答えておこう。

簡単に言えば、明代中期以来、明政府は、辺境情勢と国内政治運営の需要に応じて貨幣、税金の徴収、食糧運輸と塩専売の入札方式（「開中法」）等に対する改革を行ない、それが国内の商業、ないし辺境貿易の活発な展開を促進した。徽州地域では早くからこの商業化の流れに乗って多くの人々が遠隔地貿易を行なった。これは、徽州地域における農業・山林の経営と商業という両種の経済構造の形成を示している。商業は、高い利潤という特有の魅力で農村社会の過剰労働力を吸い上げ、農村の階層分化を誘導した。激しい経済地位の上下変動、特に一夜の成金は、既成の経済・社会局面と人々の心理に衝撃を与える。商業活動による貧富格差の拡大は、社会分化を加速させて徽州地域に大きな秩序の変化を引き起した。新しい経済方式及びその流動性が社会秩序に大きな影響を及ぼしたことについて当時の人は、非常に敏感に鋭く反応した。

即ち国家が庶民に与えた恩恵は、弘治（一四八八～一五〇五）時期に至って頂点に達し、その時期、人々の生活は、安定していた。しかし正徳（一五〇六～一五に一）末、嘉靖（一五二一～一五六）初に至って、商業に従事する商人は増え、富の獲得には農業のみに頼らず収入の格差も大きくなった。人々は競争社会に投げ入れられて不安になり、詐欺、紛争や奢侈も目立つようになった。嘉靖末隆慶（一五六七～一五七二）年間に至って、こうした状況はさらに深刻化し、万暦（一五七三～一六二〇）時期に至って巨大な変化が起こって金銭が社会を主導し、社会秩序は全く混沌の窮地に陥れられた[55]。

このような変動の中で出てきた貧困者は、かなりの比率を占めている。その中には自力で家族を養う人もいるが、正当な職業がない、或いは肉体労働の苦労を甘受できないという人々は、地方の秩序に対する擾乱要素となった[56]。これは、実際、明代中期以来社会競争がますます激しくなり生存難の問題も日増しに緊迫してきたことを物語っている[57]。

以上は、明末の社会風潮であるが、社会流動、商業活動と徽州地域の秩序変動との因果関係を示している。明清の王朝交替は、人々の精神と社会生活に大きな影響を与えたが、徽州人の遠隔地での商業と社会流動という基本的経済と社会生活構造は変化しなかった。従って社会分化の進行と貧富格差の拡大が人々の心理バランスの崩れを導いた。康熙年間の休寧県のように金持ち、有力者に対する弱者の「テロ」としての頻繁な誣告、自殺・図頼は、貧富格差の激しさ、弱者の生存難、及び貧富の階層対立を浮き彫りにしていた[58]。他の章節で述べたように、徽州人の意識構造における風水感覚が口実にせよ、実際の信仰・考え方にせよ、徽州の紛争・訴訟の要因になったことは、社会流動化と社会分化の情勢の下での社会競争の激化の一指標であると考えられる。

# 第二節　村における紛争処理

## 一　中人等による紛争解決

表三～一から、郷村社会の秩序構造の中では、個人的な調停によって多くの紛争が解決されていたことが推測できる。というのは、売買、貸借、財産分割・相続、抵当などの契約関係を結ぶ時、特に契約文書を結ぶ際に、契約者双方から信頼されている複数の「中人、中見人、説合人、代書人」が、その過程に参与し、立ち会っており、このような仲介者が、契約に関わる紛争が起こった際、争点の内容、双方の利益バランス、相互の利害関係について配慮し、必要な妥協点などを考案していたからである。徽州文書の中の大多数の契約の中には中人のような名目が存在している。土地等の契約で既に土地売買の手続を終えたのに再び所有権について紛争が起ったために白紙に戻し、土地等の権利を本当の所有者に戻す「退契」を結ぶことになった場合でも中人が大きな役割を果していた。[59]中人は、慣行、或いは社会的制度として、契約関係の成立を促進したのみならず、その契約関係の履行を見守り摩擦と紛争の防止、及び調停、解決の責任・義務を負っていた。中人という緩衝的装置は、財産・交易に関する契約関係における重要性が認識された明代中期以来広く運用され、親戚、兄弟、ないし親子間の契約においても中人が立ち会うようになった。[60]

明清時代、官府の法律にかかわる処理において、当事者の関係者、一族のリーダー、隣人などには、ある種の連帯責任があり、少なくとも彼らは証人の役割を果さなければならなかった。[61]康熙年間の休寧知県は、訴状の書式に「凡民間口角細事、親隣可以調処、些微債負、原中可以算清者、不得架詞誑告」という規定を導入して、親隣と中人の責任を説いた。(62) このことから、習慣上、法律上の責任・義務を担う中人、一族の構成員、隣人が、調停により当事者に新たな利益配置や妥協を達成させ、数多くの紛争を解決したことが想定できる。

慶源村における紛争の解決事例の中には、断片的な記載のために状況を確定できないところもあるが、少なくとも〔二、六、九、二五、二七、四二、四七〕の事件は個人の調停によって解決されたものと考えられる。

〔二〕の事件は元相と天沐叔兄弟の間で元相家の祖先の墓地をめぐって起こされた田産紛争である。元相は二回、澄若叔、巨源伯（詹氏柔公房派）、加伯、学先叔、秀三叔及び（江）孚文舅、（江）景昭等を招待し、事件の解決方法を模索し、最後に紛争を収拾し、澄若叔、孚文舅、景昭兄を中人にして天沐兄弟の田産を買い取った。この調停に関わった人は、元相の同族や親戚である（日記一九四〜一九五頁）。〔六〕は、四房内の「永萃会」組織の財務会計の混乱によって起った紛争である。この場合は、三四世元相と三三世儀一、三三世竜瑞等が頼まれて会組織の財務会計を整理した（日記二〇〇頁）。〔九〕の事件では、元相が恒叔公・官音叔の父子間の喧嘩を調停し、自腹を切って紛争を収拾した（日記二〇二頁）。〔二五〕は墳木窃盗をめぐる紛争であるが、具体的内容は記載されていないが、元相、潤可、蔚林が、当事者の法叔（儀一）の代わり、事件を調停した（日記二二七頁）。〔二七〕は、江女孫が酉兄の農業用水を盗んだため起きた租佃紛争である。江女孫は法叔に仲介を頼んで農業水源盗用事件の防止を誓って租佃＝耕作の権利を守った（日記二三二頁）。〔四二〕では、佃戸の呂万が田租を滞納したために、元相等が細節叔公、細女叔公等に頼んで債務記録をチェックしてもらい、滞納問題の解決を約束させた後の実施段階で起きたトラブルである（日記二五四〜二五五頁、二六九頁）。〔四七〕は、合兄が債務を履行しなかったため元相に強制的に塩を押収した事件である。この場合は合兄は曰旦叔、秀三兄、思原弟に仲介を頼んで債務を返還する計画を立てた（日記二六四頁）。

これらの事件は、『日記』に記録されている慶源村の紛争の約一四％を占めている。事件は主に村落内の住民間の細事に関わる紛争である。仲介と調停に関る人は、事件や人間関係によって異なるが、元相、儀一、潤可、蔚林など[63]は、日記の記載によれば、組織的ではなく個人的にその解決に関与していた。

## 二　宗族と紛争

徽州地域の宗族組織では、「家法大於国法」という一語が示すように、組織の構成員は自らの行動を厳しく監督されていただけではなく、そこでは組織内部の規律が重要視され、私刑で構成員を処罰する時には国家の法律をも無視していたとされる。[64]

徽州地域の文献の中には確かに宗族が私刑で族人を処刑したという記述があり、中には、死刑に処した例も存在している。[65]しかしこれによって「家法大於国法」という前近代中国社会の性格の理解に及ぶ重大な結論を導くことができるかどうかは疑問である。実際には、宗族は、均質的な社会組織ではなく、その規模の大小、共有財産の多少、結合力の強弱、組織性の高低、内部の管理、外部の環境、内部の状況及びその変化、ないし区域によってそれぞれ異なり、時間の推移と人口の変動とともに組織は拡張分節化し、結束力は低下していった。状況によって組織は強化されたり、弱体化したりした。

徽州地域において、膨大な儀礼制度について系統的に整理されている宗族規範として唯一現存するものに、『茗州呉氏家典』がある。その主要な部分は、冠婚葬祭についての儀礼と実行手順などである。宗族全体を規制する「家規」八〇条は、主に日常生活における族人の当為に関る内容であり、罰則に関する内容は少なく、それは、宗族内部或いは当時の人の一般的モラルと行為規範の範囲内の内容である。『茗州呉氏家典』は、呉氏の族人を取り締る準則というよりは、宗族内の知識人の文化活動の一つの結果であった。その他の徽州の宗譜においても、凡例や宗族の規約の中で族人を規制する条目はあるが、族人に対する重い懲罰を含めた系統的「家法」は存在していない。その内容は、『茗州呉氏家典』と同じように当時の価値観、国家の法律・政令の範囲を超えておらず、国家の法律と衝突する「家法」という対立の構図はそこには見られない。むしろいわゆる「家法」は、当時の国家のイデオロギーと法律を補完する存在であったように思われる。また多くの宗族規定の中では、宗族組織による調停、処理、警告などに遵わない族人が起こした紛争、特に重大な倫理違反や他人に対する加害行動及び違法行動については「送官究治」するという項目を設けていた。「送官究治」とは、紛争を起こした当事者が、官に告訴して相手を威嚇する行為というよりは、郷村社会において、一般的な民間組織や個人が持っていない一種の検挙権を意味していた。これは、当時の人の観念の中における国家権力の重さを反映している。

以下では、慶源村の実例に即して、宗族が宗族の構成員の紛争事件についてどのような役割を果していたのか、という問題について考えてみたい。

表三〜一の〔二、五、六、七、八、九、一〇、一三、一七、一八、二三、二六、二九、三〇、三八、四五、四六、四七〕は、宗族内部の個人間、個人と集団間及び宗族に所属する佃僕集団間の紛争である。宗族内の事件は『日記』に見られる慶源村の紛争事件の三五%を占める。

柔公房内の構成員同士の土地境界線に関する〔二〕の事件において、調停に参与し、紛争を解決したのは、柔公房内部の関係者、及び当事者元相の姻戚である江氏であって、詹氏宗族の全体や、柔公房以外の房は直接に関与しない。

柔公房樹槐堂内の構成員同士の田産権利に関する〔五〕の紛争について、被害者は、柔公房樹槐堂内の尊長・生員である起淳・起洵・起濡に頼んで調停を求めた。しかし、結果が出なかったので、被害者は、さらに「投手模保孤」という地方の慣行に従って約へ訴え、公衆輿論の力を借りた。結局起洵・起濡は被害者の行動を阻止し、加害者に説得を繰り返し、自腹を切って事件を押えた。

宗族内のグループの公共組織「会」の財務収支の混乱状況に対する〔六〕の事件では、当事者はグループ以外の族内生員に調停を頼み、グループ以外の者を通して解決した。紛争を解決する際、当事者は必ずしも血縁秩序において上位にいる世代の年長の族員に調停を依頼するとは限らず、むしろ親しい生員仲間に頼っている場合が多いことは、血縁的権威が実際の経済利益の衝突に際してそれ程有効でなかったことを窺わせる。〔九〕の親子間の殴り合い事件には家長の権威が家族内すら統御できなかった事例を示している。

〔七〕の事件は、宗族全体とそれに所属する佃僕集団との紛争である。宗族は、主僕関係における強者であるが、無制限に経済負担を佃僕に転嫁するわけにはいかず、結局、佃僕の利益要求に応ぜざるを得なかった。

宗族が組織として、直接に関与した事件は〔一二、一九、三〇〕である。〔一二〕の事件では、財務管理の帳簿整理が遅れたために宗族組織（元相等の三四世の人々）が、宗族の管財人（三二世）を二回にわたって処罰した（四〇年三月三日に「銘叔公祠中結算租帳清白無欠、因交盤遅緩公罰銀五銭」、同年一〇月二日に「銘叔公因管祠交盤帳遅、罰銀三銭」とある）。

〔一九〕の事件は、詹文賛と宗族の佃僕集団葉氏との紛争である。事件の過程と内容は不明であるが、事件の重大さに対して宗族組織は座視できなくなり、自ら事件を調査し、文賛を呼んで事情を聴取し、文賛に八二両の賠償金と宗族への罰金を強制的に課した（四一年五月六日に「祠中処文賛叔与葉連生兄弟事……文賛立約修祠墻四十両、約蔚林兄執」とある）。

〔三〇〕の事件は、詹彦章が宗族の佃僕何周栄の妻を強引に妾にしたことによって起きた。宗族は、自ら佃僕集団の関係者を呼んでこの事件を調査し、訴状を提出するよう指示した。彦章は、宗族の圧力の下、仲介人を通じて、罰金を払う意向を伝えた。結局宗族は彦章に罰金を課した（康熙四一年五月七～九日に「彦章姪招庄里僕人何生之媳周栄之妻為妾、因未通衆、祠中喚家長何三十、四十至祠面訴、言係強招……是晩罰銀一十八両修祠墻、又立戒約一紙、法叔執」とある）。〔二三、二九、三〇〕の紛争を解決する際、宗族は積極的に関与し、強制的に処理し、当事者に賠償金や謝罪金を支払わせ、誓約書（「戒約」）を立てさせた。

以上の諸事例から見れば、宗族組織が関与し、決着を付けた事件は、ただ三件のみであった。この三件は、直接宗族全体に関って、宗族の共有財産管理規律に違反し、宗族全体の利益や名誉を侵害した事件である。三二世の銘叔公が罰金を支払わされていること、金持である詹彦章が宗族の圧力に屈したこと、社会的地位の高い詹文賛が多額の罰金で宗祠を修復せざるを得なくなったこと（康熙四一年一〇月一五日に「本日文賛叔兄弟起手搭架做祠堂墻」とある）は、当時の宗族の権威を示している。徽州地域における族譜の規定、及び実際の処理内容を合わせて考えれば、宗族による関与、処理、懲罰は、相続、特に養子問題、孝行、不倫関連等重大な倫理上の事件、寡婦（妻・妾）の再婚、及び窃盗などの事件、即ち宗族の血縁秩序、全体の名誉、信用を損なう事件に際して行なわれる。その反面、宗族は一般の紛争事件には殆ど関与せず、当事者が訴訟を選択しても阻止しなかった。また宗族の分節グループの尊長がその権威をもって当っても紛争を押えられない事態もあった(66)。宗族内の紛争の中で房の範囲を超えて、地方の公議へ訴えたり官府へ告訴して解決を求めた事件としては、〔五、六、一〇、一三、一七、一八、三八、四五〕があげられる。そして、その半分（〔一七、一八、三八、四五〕）は、訴訟に至っていた。こうした慶源村の事例から、厳密な組織性が欠如し、内部紛争と構成員行動の管理について多くの場合、受動的に介入するのみであったという当時の宗族の性格が窺われる。

## 三　郷約（文会）保甲と紛争

明清時代、郷約保甲は、通常「約保」、「郷保」と称され、郷村社会の秩序構造の中で、重要な位置を占めていた。

しかし清朝の制度の枠における両者の位置は異なっていた。保甲が行政ネットワークの基底部分として、国家の税糧・徭役の徴収、紛争、訴訟、ないし盗賊、人命にかかわる案件などの処理について責任を担っているのに対し[67]、郷約は主に教化組織として存在し、保甲のように重い実務を負ってはいなかった[68]。

保甲は、税金・徭役を徴収する国家と個人を仲介するものであり、国家の政策を個人にまで及ぼす一方、郷村社会においては、紛争、特に訴訟、及び刑事案件が起きた際、管内の犯人の逮捕、証人の召喚などについて官府に協力する責任があった。以下の文書資料から、紛争・訴訟を処理する行政システムにおける保甲の具体的な役割を見出すことができる。康熙二九年に休寧知県廖騰煃が発した「拘票」には以下のように書かれている[69]。

為叩拘親房等事、拠保甲長項源、范明郷具稟前事、批開着保長協同呉大的、呉懋棣交出（呉）万仙赴質、如違並究。又拠呉煥稟為抗拘越誑等事、批開厳拿赴質、以便報府。為此仰原差姚吉星飛前去、着落保甲協同親房同居呉大的、呉懋棣交出呉万仙、並原票内一干有名人犯、逐拘斉各正身、依限赴県、立等査訊、転報本府親審施行、敢違今限、即帯保甲並呉大的、呉懋棣回話、比拘解究不貸

また、保甲が、管内の土地・賦税の統計、人口の登録などの公務を通じて、その権力を濫用し、有力者の賦税負担を普通人に転嫁して私利を図る現象も大きな社会問題となっていた。保甲体制の弊害について廖騰煃は、このように述べている[70]。

大弊大害、最甚於例規、極挙大蠹大奸、無過於図冊。諸如移甲就乙、指東報西重重。且因公済私、借一派百者比比（「禁革編審陋規示・付休寧県紳衿公呈」）。

査休寧因緯冊久経廃失、図奸里蠹乗機舞弊、売税飛洒、賄賂公行。富者享無糧之産、貧者受虚税之累。相沿数十載、牢不可破、以至争墳争税、訐告不已。此等大害、亟宜清釐。本県披閲旧案、雖屢経前県挙行造冊、終無成効。

撲厥由来、皆縁豪猾之家、自知業多糧少、詭寄飛洒、竟不僉業帰戸。而積奸冊里受賄不挙、借端挨延。経年累月、莫能告竣。冊末開造、科斂百出、徒滋奸人中飽（「清厘田畝示」）

明清時代の徽州では、保長等は普通的に科挙資格を持っていないために軽視され、紛争が発生した場合、当事者が保長へ訴えず文会へ提訴することが一般的になっていた（方西疇『新安竹枝詞』「不投保長投文会」）。また当時は文会の役割の大きさを強調するために紛争を処理する場合、保甲は役に立たないとする言説もあった（江登雲『橙陽散志・歙風俗礼教考』「里坊約保、絶無権焉」）。

約と文会との関係について、慶源村の事例から見れば、文会の主役たちは、約という職名を負っていた。慶源村の紛争とその解決の過程において、約（文会）組織は、宗族を超える村落の公共的権力であり、当事者の提訴を受けて村落内部紛争を処理するだけではなく、村落の代表として、村落間の紛争において村落外部からの提訴を受け、状況に従って処理していた。

表三～一の中で約（文会）が処理した村落内の紛争は、〔一三、一四、一七、二五、三四〕等である。村落間の紛争の中で他村の人が慶源村の約（文会）へ訴えた事例は、〔二一、二二、二四、四四〕である。慶源村内の個人、集団、村落全体が他村の約（文会）へ訴えた事例は〔四、一一、一二、一九、三一、三二、三三、三六、三九、四三、四八〕である。つまり、約保（文会）組織がその解決に関与した紛争は、総数の約半分を占めている。

村落内の紛争の中で約（文会）が事件を調査し、自らの権威によって加害者に賠償や罰金などを強制的に課して、財産秩序を回復させた例は、〔二五〕の事件である。そのほか、状況によって詹元相、儀一、文賛、含章等は、事件を調査したり、それに積極的に参与し、説得によって双方が納得できる形式を考案して事件を鎮静化した。村落内部の紛争に対して約（文会）は、通常強制的な権威で加害者を威圧し、或いは双方の状況を考えた上で妥協を促すやり方で解決を行なった。

一方、村落間の紛争、特に他村からの訴え（訴状や托状銀等）の解決状況を見ると、詹元相、儀一、文賛、含章等が約（文会）の一員としてそれに関わっていたことが窺える。

慶源村の村人が加害者である紛争事件に対して、他村の被害者は、まず慶源村の約（文会）へ提訴して仲裁を求めた。例えば、項山村の何大起の訴え（〔一二一〕）を受けて慶源村の約（文会）は、調停に臨んで決着を付けた。〔一二二〕の事件には処理の結果が記載されていないが、約（文会）は他村からの提訴を受けて現場を調査し、調停を行なった。この事件については、慶源村の当事者が元相にプレゼントを贈った記事によって紛争がうまく解決されたことが推測できる。〔一二四〕は、謝坑村の曹佩生の祖先の墳墓が「驚かれ」、佩生が強い被害意識をもって慶源村の爾攀を提訴した事件である。約（文会）は、事情を調査してから何らかの原因によって状詞と托状銀を返却し、その提訴を却下した。〔四四〕は慶源村以外の廬源村の村人と石仏村の村人との紛争である。廬源村の詹之梅は、「約内」に提訴した。その「約内」＝郷約が慶源村を指すのかどうかということについては、不明であるが、慶源村の詹氏と廬源村の詹氏は先祖が同じなのでその関係によって解決を求めた可能性が高いように思われる。

慶源村の個人、或いは集団が被害者として相手の約へ提訴することは、一般的に行なわれていた。〔一一、一二〕では、慶源詹氏が財産権益を大汜村の村人に侵害されたため、大汜約に提訴した。大汜約は提訴を受けて事件を処理した。〔六〕では、詹氏が自らの所有する木材を桃源村の村人に盗まれたため、桃源約へ提訴していて、この事件は約により、まもなく処理された。〔一九、三一、三二、三三、三九、四三、四八〕では、慶源村が自らの資源境界線や墳地・蔭木を段莘村の村人に侵害されたため、段莘約に提訴し、解決を求めた。その際、訴状が段莘約によって拒否され、難局に陥って官府に告訴せざるを得ない場面もしばしば発生したが、最終的には、約は、民間で調停せよという知県の批を重視せざるをえず、全力を尽してその紛争を鎮静化させた。

以上の内容をまとめてみると、明清時代の徽州地域において、郷約は、自主的に様々な紛争に関する訴えを受けて事情を調査し、公正性を重んじながら処理を行なっており、約内の紛争の解決に優れた効果をもたらしていた。村落間で紛争が起きた際、郷約は、殆ど唯一の公共的機構として訴えを受け、事実を調査して調停したり、村落を代表して、交渉したりしていた。このように郷約は、ある程度の権威をもって、地方社会の公共的仲介を行ない、顔役として地方社会の秩序構造において大きな役割を果していた。また地方官府の指示・命令に従って訴訟事件の調査、処理に協力し、多くの訴訟事件を調停するようになった。こうした郷約の活動は、清代、少数民族地域をも含む全国で見られた。[71]

しかし、郷約による紛争処理は、依頼や訴状（いわゆる投詞）があった場合になされたり、行政の命令を受けて行なわれることが多くそれは受動的なものであった。村落間、特にライバル的な村落間の紛争については、相互協力の欠如や長期的な対抗関係などの要因から、郷約ではうまく紛争を解決できず、さらに上級、特に地方官府の命令、圧力がなければ、解決できなかった。ゆえに、村落間､特にライバル的村落間の紛争は往々にして地方官府に告訴されていたのである。

## 四　官府と紛争

清代中国の地方裁判とその性格に関しては従来様々に研究されてきたが、[72]ここでは特に生員の関与する紛争において教官が果した役割に注目しつつ当時の地方裁判システムについて再考してみたい。

明清時代、多くの文献の中で、知識人、特に生員クラスの知識人による「健訟」について指摘されている。[73]訴訟檔案や地方官の判牘、官府の訴訟案件登録冊から、訴訟に関わる（被告・原告）知識人、とりわけ生監の比率の高さが分かる。[74] 表三～一には訴訟に至った（積極的に訴訟を選択した場合も含む）民事事件が一三件あるが、その中の一一件は、一方、或いは双方の当事者が、生員であった。慶源村という一村落の実例から見ても、生員間の紛争の多くが訴訟へ発展していたことが分かる。

ところが、重罪を除いて、民事紛争に関わる生員クラスの知識人の訴訟事件に対して、地方官は、知識人の特権という厚い壁に直面していた。清朝国家は、教化政策と科挙制度を貫徹するために明代の知識人優遇政策を継承し、知識人の訴訟・犯罪について、特殊な処理手続を規定した。その処理原則・性格、及び国家・政治との関係については専論に譲りたいが、以下の規定は、その趣旨を示している。

順治一〇年に順治帝は「生員犯小事者、府州県行教官責懲。犯大事者、申学黜革、然後定罪。如地方官擅責生員、該学政糾参」と命令し、[75] 康熙九年に康熙帝は、その趣旨を改めて「生員関係取士大典、若有司視同斉民撻責、殊非恤士之意。今後如果犯事情重、地方官先報学政、俟黜革後、治以応得之罪。若詞訟小事、発学懲責」と強調した。[76] 即ち、地方官は、生員クラスの知識人の紛争・訴訟事件については、特定の処理手続によって処置しなければならないということである。その手続の趣旨は、知識人が罪を犯した場合、学政・教官による法的手続を経て、その資格を取除き、社会的身分を普通人としなければ、彼を普通の犯罪者と同様に扱うことができないということである。また、細事に関わる訴訟事件については、教官が該当者（知識人）を訓戒するだけでよいとされる。このような知識人優遇制度により、地方官の行動は大きく制約され、一方、知識人は行動の自由を得て、盛んに違法行為をしたり訴訟へ関与するようになった。このような特権を享受できる人数は、科挙教育の徹底的な実施と捐納によって明代中期頃以来、非常に膨大になっていった。[77] 知識人を管理する法律上の機関は、学校であり、直接生員等に接する州県・府の学校の正・

副教官は、学正、教諭、訓導であった。

国家による教化システムと科挙制度では、教官の役割が強調されていたにもかかわらず、教官に任用された者は、殆ど挙人、貢生、捐納者であり、その職は任用された者を含めて科挙出身者によって、軽視されていた。州県と府の教官は、知州・知県・知府に比べれば、官僚制度においては周縁的な存在であったと言える。清代教官たちによる様々な自嘲的な文学作品、例えば、「諸公莫説教官窮、説起窮来分外窮。両個対頭称正副、一年糊口仗生童。可憐歳考猶難免、縦有優差也不豊。不信但看塩典例、三銭倒有二銭銅」[78]、「百無一事可言教、十有九分不像官」、「教無所教偏称教、官不成官却是官」、「近聖人居大門径、享閑官福小神仙」といった詩は[79]、官僚制度における教官地位の軽さを浮き彫りにしている。

しかし、教官は、歳考・科考などの関連業務や定期的な学力検定等、教化に関わる事務以外に、管轄内の生員等を監督する責を負っており、生員等の規律違反や違法行動に対しては政治制度の規定に基づいて処理をしなければならなかった。これについて『欽定礼部則例』巻五三、教官事例には以下のように規定されている。

> 府学生員…百里以外者……令州県教官帯理、有干犯学規者、即令就近約束。教官専司訓迪、凡有関戒飭生員之処、令赴州県衙門、会同辦理……若捐納貢監、行止或有不法、倶責成州県、其応戒飭者、仍会同教官撲責。教官所属士子内……其有倚恃衣頂、抗欠銭糧、並捏辞生事、唆訟陥人等情、該教官縦容狥庇、不行申報者、事発、照溺職例革職。

この規定によれば、教官は、一般社会のモラルに反する行動をとったり、学校の規律を違反した生員に対して誡告や適当な懲罰を行なう以外に、生員が法律に違反し、ことさらに訴訟を起こさせた場合には、自らそれを解決したり、或いは地方官府に協力してその解決に携わらなければならなかった。その具体例としては、乾隆時期に休寧県の汪西垣が提訴された事件がある。汪西垣は知識人（「衣冠」）であったが、汪氏が共有する祖先の蔭木や他姓の蔭木の盗伐に関与したために提訴された。知県は汪西垣に関して、「候牒学査拘、獲日律究、並追出所得拼価銀十両繳案」という処理をした。[80] 清代の制度においては、地方官以外の官吏が詞訟を受けて民事訴訟事件を処理することは禁止されている。[81] 教官は、司法権に関して制限があったにもかかわらず、生員に関連のある訴訟事件を処理する際、地方官が優遇特権を有する知識人を直接懲罰できないために、多くの訴訟案の解決に関与していた。[82]

そこで以下では、慶源村において生員がどのように紛争にかかわり、教官がどのように紛争、訴訟を解決していたのかということについて、見てみたい。

〔四九〕では、婺源知県が、勝手に府学生員を杖刑で懲罰したため、生員階層の怒りを買った。生員たちは、特権を維持するために内部ネットワークを通して、迅速に徽州府学、歙県学、婺源県学の生員三一〇名の署名を得て、徽州知府に公呈を提出した。こうした猛烈な知県批判の結末が日記には記録されていないが、この事件の発生と生員の反発から、地方社会や地方政治における生員階層の、恐れを知らない行動とその存在感が窺われる。

〔三五、三八、四五〕の紛争は、生員同士の間で起きた事件である。〔三五〕の事件では、江湾の汪氏が、婚姻に関して約束違反をしたということで県学へ江氏を訴え、この提訴を受けた教官は、当事者双方、及び関係者の生員を集めて事件の調査を行ない、調停者を指定して、紛争の解決に参与させた。事件は教官の主導の下で当事者と関係者の交渉、妥協を経て、原告へ補償額を支払うことで合意し、紛争は収拾した。最後は、一般の民事紛争において地方官へ「甘結」等が提出されるのと同じように県学に「遵依」が提出されて、双方の生員は「和息呈」を提出した。最後の「和息呈」の提出先は明記されていないが、元相が詹文賛の代理として胡学師（県学訓導胡縄聖）に礼金（或いは賄賂）を送ったことからみて、事件は主に県学で処理がされたようである。

〔三八〕の事件では、詹氏三三世国学生の潤可と三四世生員の鴻安が何らかの原因で宗祠で殴り合いになり、村落内部の調停では処理できず、当事者が、県学の仲裁を求めている。県学教官の何（教諭何允謙）と胡は、提訴を受けて元相、儀一にそれを調停するよう命令した。こうして県学教官の圧力の下、紛争が解決された。

前掲〔四五〕の事件では、事件が起きた際、当事者が双方とも生員であり、元相側は最初地方官ではなく県学に起洵を告訴した。起洵はこれに応じてすぐ県学に元相を告訴した。県学教官は、事件の調査と処理を開始し、双方の告訴に「我辺（元相側）准並査、伊辺（起洵側）准拘究」と批した。教官の批の働きによって、村内の生員江敏文、儀一、潤可、及び樹槐堂内の生員たちも調停に参与し、事件を解決した。最後の手続として、双方の代理人の儀一と楚良が（県学）に「和息呈」を提出し、教官から口頭で許可を得た。

以上、『畏斎日記』から当事者の紛争解決の手段として県学に提訴した事例を挙げてきた。明清時代の訴訟檔案にあまり見られない州県学・府学教官独自による紛争処理は、明清時代の地域紛争・訴訟処理の中で重要な部分を占めていた。事実上、教官は、生員等が関わる紛争・訴訟が起きた場合に地方官府に協力しながら訴訟の解決に関与すると同時に、州・県学に提訴した生員同士の紛争を一定の手続に基づいて独自に処理していた。教官の独自による紛争処理は、無視されがちであるが、実際の地方社会の秩序構造の中では重要な位置を占めていた。

## 五　郷村社会における紛争解決のプロセス

以上、慶源村の事例に即して、郷村社会の主要な秩序体制・機関がいかに紛争・訴訟の解決に臨んだのかということについて検討してきた。郷村社会において、宗族、郷約文会等は、確かに紛争、ないし訴訟の解決に大きな役割を果していた。勢力が互いに拮抗する村落間（〔一二、一九、三二、三三〕等）、生員同士（〔一七、三八、四五〕）、同一グループの構成員同士間（〔五、一三〕）の紛争のように、当事者双方の勢力・社会的地位が同じような場合、強制的に紛争を処理し、その裁断を執行させる体制が存在するわけではなかった。紛争当事者が、身近な宗族グループや宗族組織、郷約・文会などを超えて、さらに官府の裁断をもとめていたことは、郷村社会の自生的秩序体制の限界を物語っている。争点や対立が複雑な紛争を鎮静化するためには、各組織・機関が、相互作用（協力）する必要があった。

慶源村の事例から、徽州地域における紛争解決に関わる相互作用（協力）の一般的プロセスを見出すことができる。

村落内部で紛争が起った場合、当事者・関係者は、一般的に中人等、一族内の小さい分節グループの尊長、宗族組織、郷約・文会組織、官府に解決を求めた。当事者は必ずしもこの順番によって紛争の解決を求めたわけではなく、例えば、〔五〕の紛争では、最初、仲介人が介入し、結果を得られなかったため、被害者は柔公房樹槐堂内の年配生員の調停に頼んだが、その尊長の威圧と説得も効かず、結局、宗族組織を超えて約（郷約・文会）の「公論」によって解決されたことになった。また、〔三、一三、一七、三八、四五〕の事件のように、宗族組織、村落内の郷約・文会組織を経ず、直接官府に提訴する場合もあった。

村落間で紛争が起った場合、被害者は通常相手の郷約・文会に提訴していた。提訴を受けた郷約・文会は、加害事実がはっきりして、争議が小さい事件に対しては加害者による謝罪、適当な賠償の実施によって、双方の和息を導き出した。〔二四〕のように加害事実が明確ではなく「修墳驚伊祖墳」というような曖昧模糊とした提訴に対しては、事情を調査した上で提訴者にその訴状を返した。

郷約・文会による処理や調停の結果を被害者が受入れれば、和息が成立した。謝罪の状況や経済補償額が不十分、或いは処理が不公平と見られた場合は、その結果は受入れられなかった。

郷約・文会の処理結果を受入れない被害者は、〔三二〕の事件のように段莘村の郷約の解決に不満を示し、さらに上位郷約に提訴し仲裁を求めた。多くの場合、被害者は直接官府に提訴し、行政機関の処理手続に入った。地方官は、田土戸婚銭債訴訟に対しては「批」という形で事案を郷約・文会（約保）に戻し、約保等に調停、解決するよう命じた（〔一二〕の批は「保甲地隣回奪」、〔三二〕の批は「約保査復」、〔四〇〕の批は「約保即与査明催交、再遅稟究」である。〔四五〕の県学教官の批は、「我辺准並査、伊辺准拘究」である）。被害者は、官府の批を持って、再び相手の約保に解決を求めた。このような過程を経て約保は、被害者が大体満足できるように加害者を説得し、双方の妥協を図った。

地方官府は、在地の約保に依頼して、紛争を鎮静化させた。しかし、大清律例の規定によれば、約保は官府の依頼を受けて紛争を処理していたものの、当事者は和息状、遵依、甘結を地方官府に提出して、地方官、或いは教官の口頭や書面の許可をもらわなければ事件の終息ができなかった。このような手続は国家権力が基層社会をコントロールする上で必要な手段であり、親族同士の訴訟でも例外なく最終の処理に遵う意思を文書の形で官府に報告し官府の終了許可をもらっていた。〔四三〕の事件が解決された直後、加害者である段莘村の戴氏は「回官」し、慶源詹氏も「往邑回官結案」（『日記』二五五頁）した。つまり、双方とも約保の調停結果を受入れて地方官府に正式な訴訟終了の保証書を提出した。〔四五〕の事件では村落内の生員たちが調停によって決着を付けた後、生員である詹儀一、詹楚良が、詹氏の小さいグループ内の当事者の代わりに県学教官に和息呈を提出し、官からの口頭による許可をもらった。実際の訴訟・調停の過程でこの最後の手続を一方が行なわない場合、新しい訴訟が引起される可能性が高かった。〔一一〕の訴訟事件では、被害者は地方官の明確な意見によってようやく大汜約保の調停を受入れた。しかし加害者は、約保の処理を受入れて謝罪を表す正式の誓約書としての甘結、遵依を官府に提出しようとしなかった（「猶恃蛮不理、亦不回官」）。これにより、被害者は再度告訴することになった。

以上の内容をまとめてみると、徽州の郷村社会における民事紛争・訴訟の解決のプロセスは、大体個人（契約などにおける中見人、関係者）→一族内の房・堂の尊長（宗族組織）→郷約・文会（約保）→上位の郷約組織→地方官府（知県や県学の教官）→上級官府というような構造をしていた。当事者は、必ずしもこの順番に沿って処理するわけではなく事情と需要によって紛争解決の形式を選択していた。複雑な紛争は、いくつかの形式を経て官府に持ち込まれ、各組織、特に郷約・文会（約保）と地方官府の相互作用（協力）を経て最終的に解決に達した。

郷村社会における秩序体制は、通常当事者から依頼があった場合しか、紛争の解決に関与しない。紛争が起きた際になされる当事者からの依頼手続は、官府に告訴する場合と同様に、文書を中心として行なわれるのが特徴である。以下では、その手続きで必要とされるものについて見てみたい。

第一は状紙である。『日記』では詞、状と呼ばれている。村落間の紛争を解決する際、状紙は、不可欠の要件として加害者の約保に提出することになる。〔一二〕の事件では、その状紙のタイトルは「嵎虎盗砍反肆叢殺」となっている。〔一九〕の事件では、慶源村は「修書一封、状三張」をもって、段莘の約保へ訴えた。〔三二〕の事件では、段莘村の出した状紙のタイトルは「捉殺人命」となっており、慶源村の出した状紙のタイトルは、「違禁惨挖截殺無休請平異変事」となっていた。〔二二、二四、三六〕等には「投詞」・「投状」の記載もある。村落間でなされる「投詞」とはどういうものなのであろうか、〔三二〕の内容について『日記』にはこう書かれている。

蓋聞礼者身之維也、義者事之幹也、信者人之本也、密邇周親、豆觴敦好風之和也。即或侜張為幻、当事者必以礼譲先之、即衅可消而情自洽、寒舎是以前有特駕之迎。自立墨以来、寒舎不為禍始、而上宅採樵者屡肆侵犯、且動行邀截、越人於貨。寒舎未之報復、子弟深以為恥、而父兄重以為戒、弃悪従好、守義故也。諸公言重九鼎、素以忠信服人、既蒙申飭、而汪某等即於封禁之日挖及墳脳、非惟視前人之議墨不啻弁髦、抑且藐諸公之教令無関軽重。易地量情、当無怪寒舎之多事也。而乃旋而攘奪、旋而殺降、致担夫販賈視坦途為機阱、其若国法何？諸公幸有以

教我（日記一二三九頁）

『日記』にある記事は、「投詞」の原物をそのままの写したものではなく、そこには宛先や差出人、日付などについても書かれていない。内容から見れば、これは、普通の状紙と異なっており、外交的色彩が強く段莘村の有力者に対する抗議文でもあり、義理人情でもって以前の合議の内容に沿って事件の解決を求めた文書でもあった。

村落内、或いは宗族組織内部でも紛争解決が正式の秩序体制に託された場合には詞・状が必要であった。〔三〇〕の事件では、宗族組織は被害者の何氏に「首報文墨」を出させて、詹彦章を処罰した。〔一三〕の事件では、江氏は「以盗売祀産」というタイトルの状紙を郷約・文会に提出した。これらの状紙の原物は殆ど見ることができないが、『徽州千年契約文書』には明末の状紙が収録されている。この状紙は、宗族組織に乱倫した者の処理を求めたものである。

投状人胡廷柯年八十、投為藐法滅倫事。身男外趨二載、有媳李氏遭姪胡元佑誘惑婦心、誕胎孕産、覓鳴族衆等証、切思無法無倫、情同夷狄。投乞転呈印准究治、以正風化。上投族衆　施行。

被犯胡元佑　李氏

干証　胡廷侯、胡期明、胡期大、胡期貴、胡期栄、胡尚元、胡尚徳

崇禎十六年八月　日投状胡廷柯。(83)

この状紙によれば、投状人胡廷柯は官府に提訴する意図があったようであるが、この状紙の宛先は宗族組織となっている。状紙の書式は、官府へ提出するものに類似している。郷約・文会へ提出した状紙が、どういう形であったのか、ということについては実例がないため不明であるが、大体官府へ提出した状紙と同じように投状者の氏名、年齢、住所（行政所属）、被害の主要な内容、加害者、証人、日付などが書かれていたと推測できる。(84)

第二は托状銀、つまり紛争解決の要請に必要な手数料である。慶源村の紛争では、正式に郷約・文会に提訴した当

事者は、状紙を提出すると同時に托状銀も出していた。これは、徽州の地方秩序体制が紛争を解決する際に行なう慣例である。村落間の紛争を解決する際には、酒席を以って当地の郷約・文会の顔役を招待する例もあったが、托状銀を出すのが一般的やり方であった。托状銀の額は状況によって異なり、〔二一〕では、事件が解決する過程で托状銀が出されたという記載はないが、事件が解決した翌月（康熙四〇年九月）に元相、儀一等の文会メンバーがこの謝礼七銭二分で土地を購入したとの記述がある（「衆友項山酒銀七銭二分買何成兄井湾生一公墓右臂坦一基」日記二三五頁）。〔二二〕では托状銀は四銭（日記二二四頁）、〔二四〕では托状銀の数字は不明で（日記二二七頁）、〔三六〕では托状銀は二銭六分であった（日記二四五頁）。〔三〇〕の村内紛争事件では「首報銀」が五銭という記載がある（日記二三三頁）。この「首報銀」は被害者が支払うべき手数料であるが、この事件の中で加害者の罰金の一部として強制的に支払われた。〔三四〕の村内紛争事件では加害者に対する懲罰の中に方秋の「通衆酒費四両」が含まれている（日記二四〇頁）。〔四四〕の事件では八銭の「祠衆酒費」が出されている（日記二五八頁）。「首報銀」、「通衆酒費」、「祠衆酒費」は、加害者に対する罰金であったが、もともとこれらの名目は、被害者が出すものであるため、托状銀の別の形態であったと理解してもよい。村落内部の一般的な紛争解決では、托状銀の姿が出てこないが、依頼者は、紛争解決の直後に酒席や贈物によって、紛争の調停者に感謝の意を表していた。郷村社会における秩序体制に依頼して紛争を解決するのに一定のコストもかかっていた。その額は事情、対立の状況、及び依頼者の身分などの要素によって様々であった。

『日記』には〔三二、四三〕の村落間の紛争の訴訟費について記録されている。〔三二〕の訴訟費は三両二銭七分であり（日記二四〇頁）、〔四三〕の訴訟費は、詹氏の男丁と田産の数字によって割り当てられたが、その割り当ての基準によれば五両程度であったと推測できる（日記二五六頁）。托状銀などを含め、郷村社会における自生的な秩序体制による紛争解決のコストは、民間細事の場合、官府への訴訟の費用と比べると大差がなかったと考えられる。

# おわりに

郷村社会の紛争に関する『日記』の記載は不十分ではあるが、清代前期の基層社会の実態を知る上で重要な資料を提供している。本稿では康熙年間の慶源村の事例に即して徽州郷村社会の秩序問題、紛争解決と郷村社会の秩序体制について考えた。本稿の内容をまとめると、以下のようになる。

明代中期以来、遠隔地商業の展開とともに社会流動化が加速し、商業活動は、貧富の格差を拡大し、在来の徽州の生産・生活秩序に大きな衝撃を与えた。諸子均分の相続制度、田底田面や「找価回贖」慣行、及び土地山林の共有状況、墳墓等の管理と絡み合って田土戸婚銭債に関わる摩擦は、親子、兄弟、宗族内、村落内、村落間で数多く発生していた。『日記』に記された慶源村の例ではこれらの紛争の中で村落内の紛争は五〇%強を、村落間の紛争は約四〇%を占め、そのうち官府へ提訴した事件の割合は約三分の一であった。しかし官府に提訴した事件には、被害の金額や争いの内容などは、必ずしも大した事ではなかったし、訴訟のコストの側面から言えば、当事者の提訴は、訴訟へ発展した被害の金額や争いの内容から見ると必ずしも合理的選択ではなかった。人々が些細なことで訴訟を行なうのは、確かに明清時代の制度において訴訟が万人に開かれたということによるのである。しかし徽州地域において男子が大量に外出し商業を営むのは、財産管理、訴訟などの代理空間が生れた。また官府の経費や官の私的収入源も人々の訴訟に頼っていたと考えられる。

社会変動テンポの急速化の過程に富の獲得と社会的地位の上昇、即ち政治的地位（科挙競争に参加する可能性を含む）と経済的地位の相関性は、より明確化し、緊密化しつつあった。商人が輩出する徽州地域において、各地域にわたる人員の往来、情報通信ネットワークの形成を通じて非常に敏速に社会変動を感知し様々な緊張関係を鋭く感じていた。激しい競争の中で人々がもつ心理的な不安と現実的秩序の揺れは、徽州地域における財産・社会構造などの要因によって摩擦しやすい方向へ展開していく過程にますます増幅するようになった。このような状況に対応しながら当時の人々は、郷村範囲で血縁関係の結合を図って宗族を組織し、「聯宗統譜」の形式を通じて郷村を超える広大地域における同姓を拡大化的宗族組織に組み込む[85]。また郷村社会内部においても祭祀、金融共済等の目的で様々な自律（自主）的社会集団、組織を作る[86]。これによって交錯的な人間ネットワーク関係の構築、秩序体制を強めようとする努力は、明代中期以降、目立つようになった。しかしこうした努力は、まだ速い社会変動に対応しきれず、地方社会において強力な秩序組織は存在していない。このような不安の中で紛争に直面する人々は、往々にして訴訟という最後の手段で官府という国家暴力組織に頼り、そこから公正や保護を求めていた。しかしこれは、現代社会において意識的に公共事務サービスを求め、紛争などの解決を客観的公共機構に求めることと異なっている。

紛争の解決と郷村社会の秩序体制及びその構造について、宗族は、郷村社会の重要な秩序体制として、宗族全体の利益、或いは宗族の面子を損なう不孝、乱倫、ないし常習犯に関わる事件だけに積極的に介入し、一定の規則に基づいて強制的に処理していたが、構成員の日常生活に対して強制的な管理をしたり、訴えのない普通の紛争に関与していたわけではなかった。郷約（文会）は郷村社会における公的な代表機関として、主要な紛争事件、特に全紛争事件の約四〇％を占める村落間の紛争を解決する上で、郷約の対抗・協力＝「互酬」及び知識人のネットワーク関係によって大きな役割を果していた。官府では、知識人の「健訟」に関して教官が重要な役割を果たしていた。

郷村社会において、様々な縁で繋がれた個人、血縁組織の宗族、地縁組織の郷約（文会）、及び教官を含む地方行政機構による民事紛争・訴訟の処理は、状況によっては威圧、強制的裁断、処罰をしていたものの、当事者に対して絶対的強制力をもってはいなかった。これは、日常生活の営為の中で膨らみあう風船同士の「押し饅頭」に近い競合・摩擦状態と絶対的土地財産権を保護する制度的枠組みの欠如、利益の境界線の曖昧さに関わっている。官府も、このような財産権の性格によって暫定的に紛争を処理することしかできなかった。[87] 一方、個人（家族）は、冤抑の状況、経済力及び実際の要求等によって郷村社会の自生的秩序体制から州県、府、及びその上の官府の中から紛争を解決する上で適当な場を選択することができた。[88] 従って、紛争の解決は、主に調停、即ち各体制の力の組み合わせと微妙な相互作用（人間関係と利害バランスによる説得、威圧など）を通じて、譲歩の限度と妥協の最適点を捜し出すことによって行なわれた。双方の妥協、とりわけ加害者の謝罪と一定の補償によって、利害関係と当事者の心理が一定のバランスに達することで、秩序を回復したのである。郷村における多様な社会矛盾と多発する紛争・訴訟に対して個人、血縁、地縁組織、官府は、秩序を回復するために、相互補完的な網状構造を呈し、それぞれの役割を果していた。

郷村社会における紛争・訴訟の処理の特徴について考えると、当事者同士の地位が拮抗し、なおかつ有力な調停者が存在しない場合には、当事者は、宗族や村落の範囲を超えて、官に仲裁を求めていたということが指摘できる。しかし、一方では紛争解決の過程で相手に圧力をかけて、その譲歩を早期に引き出すために、しばしば小さい事件でも官府に持ち込まれていた。民事紛争と訴訟の解決の中で約保と教官による独自の処理は最も特徴的なものである。慶源村においては、官へ提訴された訴訟事件は、殆ど約保にさし戻されてフィリップ・ホアンのいう「第三領域」に収拾され、「甘結」・「遵依」の手続を経て完結されていた。約保（文会の構成員）の働きは、威圧、強制を伴っていたかもしれないが、主に説理を通して双方の和解を促成するものであった。郷村社会の紛争解決における当事者の賠償額についての増額要求や譲歩等の交渉過程（一二、四四）は、官府の裁判と調停（判断）の中に見られない事象である。教官による調停・仲裁や約保による紛争解決は、現代中国の単位体制、人民調解体制、及び系統内における紛争解決制度にもつながる特色のあるやり方であると言える。[89]

注

（1）岸本美緒氏『明清交替と江南社会』（東京大学出版会、一九九九年）、中島楽章氏『明代郷村の紛争と秩序』（汲古書院、二〇〇二年）等。

（2）最近西アジアと東南アジアの研究者が十九世紀の村落の訴訟事件と関連文書を通して取り上げた論著、即ちエジプト農村の村落像・農民像の描出と土地制度の研究、ならびにベトナムの村落と国家・植民地統治の関係の探究は紛争・訴訟事件の解決が当時の社会、制度を観察する上でもつ大きな意義を示している。加藤博氏『私的土地所有権とエジプト社会』（創文社、一九九三年）五一七～五八二頁、松尾信之氏「十九世紀末ベトナム北部における村落と統治機関との関係について—訴訟文書の資料意義—」（『史学雑誌』一〇七編第二号、一九九八年）、同「十九世紀末ベトナム北部の訴訟文書からみた『国家』、村落、村落内有力者」（『歴史評論』一九九九年一月号）等を参照。元明時代の郷村秩序に関する研究が進んでいる。周紹泉氏「徽州文書所見明末清初的糧長、里長和老人」（『中国史研究』一九九八年第一期）、「退契与元明的郷村裁判」（『中国史研究』二〇〇二年第二期）、中島氏前掲書を参照。

（3）特に中村茂夫氏「伝統中国法＝雛型説に対する一試論」（『法政理論』一二巻一号、一九七九年六月）、滋賀秀三氏『清代中国の法と裁判』（創文社、一九八四年一二月）、寺田浩明氏「明清法秩序における『約』の性格」（溝口雄三氏他編『アジアから考える　四　社会と国家』東京大学出版会、一九九四年）、「権利と冤抑」東北大学『法学』六一巻五号、一九九七年）、「満員電車のモデル——明清期の社会理解と秩序形成」（今井弘道氏他編『変容するアジアの法と哲学』、有斐閣、一九九八年）、岸本美緒氏前掲書第七章等、夫馬進氏「明清時代の訟師と訴訟制度」（梅原郁氏編『中国近世の法制と社会』、京都大学人文科学研究所、一九九三年）を参照。

（4）Philip C.C.Huang, *Civil Justice in China : Representation and Practice in the Qing*, Stanford University Press, 1996.

（5）滋賀秀三氏「清代の民事裁判について」、Philip C.C.Huang（唐沢靖彦氏訳）「『中国における法廷裁判と民間調停　清代の公定表現と実践』序論」（以上『中国―社会と文化』第一二号、一九九七年）、岸本美緒氏「清代民事法秩序―模式和比較―」（『中国研究』第三巻第一期、一九九七年四月）。

（6）Philip C.C.Huang 著書第一章の研究資料、第三章、第五章。

（7）劉和恵氏整理、『清史資料』第四輯（中華書局、一九八三年）。

（8）明代徽州の紛争と裁判について中島楽章氏の一連の研究がある。「明代前半期、里甲制下の紛争処理―徽州文書を資料として―」（『東洋学報』七六巻三・四号、一九九五年）、「明代徽州の一宗族を巡る紛争と同族統合」『社会経済史学』六二巻四号、一九九六年）、「明代後期、徽州郷村社会の紛争処理」（『史学雑誌』第一〇七編第九号、一九九八年）、「明末徽州の佃僕制と紛争」（『東洋史研究』第五八巻第三号、一九九九年）、「明代の訴訟制度と老人制」（『中国―社会と文化』第一五号、二〇〇〇年）、及び前掲書を参照。

（9）慶源村詹氏族譜について拙稿Ａ「聯宗統譜と祖先史の再構成―明清時代、徽州地域の宗族の展開と拡大を中心として―」（『中国―社会と文化』第一七号、二〇〇二年六月）を参照。

（10）徽州の訴訟文書の由来と性格について拙稿Ｂ「抄招給帖と批発―明清徽州民間訴訟文書の由来と性格―」（『明代史研究』第二八号、二〇〇〇年四月）を参照。

（11）詳しいことは、拙稿Ｃ「徽州の宗族について―婺源県慶源村詹氏を中心として―」（『明代史研究』第三〇号、二〇〇二年四月）を参照。

（12）以下は主に一九九五年五月東北中国学会で報告した内容の再整理である。報告する際に井上徹先生と寺田浩明先生が多くのご教示を下さった。慶源村の紛争について渋谷裕子氏は社会交際の視点からの研究、並びに『日記』に見られた紛争の例という表（「清代徽州農村社会における生員のコミュニティ」『史学』第六四巻第三・四号、一九九五年）を参照。

（13）『畏斎日記』二四六頁。民国『重修婺源県志』巻一一、食貨七、恤政に「康熙四二年、免本地丁地銭糧」とある。

（14）『篁墩文集』巻三五「奉送張公之任徽州府序」。

(15)『歙紀』巻五「紀政績」。
(16)『紙上経綸』巻五。
(17)『海陽紀略』「告城隍文」、「告城隍為民請禱文」、「上汪涵斎府丞」。
(18)『自訟編』五九～六〇頁。
(19)王鈺欣・周紹泉氏編『徽州千年契約文書（宋元明編）』（花山文芸出版社、一九九三年、以下『千年文書』と略称）巻四、二一八～二二〇頁。
(20)同上『千年文書（清民国編）』巻八、一～二六七頁。
(21)光緒『旋渓呉氏支譜』巻二、「旋渓敦睦堂本末序」、国会図書館所蔵。
(22)光緒『婺源県志』巻三六、人物一一、質行、詹之桂伝に「字歩昇、慶源人。……家漸落、遂不赴試、一以啓迪来学為心、謂居家亦為政教、先徳行後文芸、至老姓字従未入公庭、一郷咸推典型」とある。
(23)掲帖は、もともと官府の一種の行政文書であったが、明清時代に意見と主張を広く知らせる貼り紙として民間にも利用された。
(24)光緒『婺源県志』巻七、選挙五、監選に「汪起、字賡先、段莘人、浙江籍、考授州同知」とある。
(25)一九九七年八月二三～二四日に筆者は慶源村に対して現地調査を実施した。この調査を受けたのは、同村の詹秋炎、詹祖仁諸氏である。
(26)乾隆詹氏宗譜巻一二、文賛伝、『畏斎日記』二四一～二四四頁を参照。
(27)第二章第三節を参照。
(28)卞利氏「明代徽州的民事糾紛与民事訴訟」（『歴史研究』二〇〇〇年第一期、一〇四頁）。明清時代、徽州地域における「健訟」問題に関する研究は卞利氏「明清徽州民俗健訟初探」（『江淮論壇』一九九三年第五期）を参照。
(29)乾隆詹氏宗譜巻一一、巻一二、巻八を参照。
(30)『千年文書（清民国編）』巻八「黄氏家用収支帳」を参照。

(31) 『海陽紀略』巻下「山斗程氏通族義塚示」。
(32) 『海陽紀略』巻下「諭監生呉超等兄弟十八人」。
(33) 例えば、番号五の紛争に対して「両家分産関書已経数次、無隙可乗」と言う状態になったとしても、「無法没理、自相呑並、傷残和気、以致敗壊祖宗以来代伝清白、忠厚門風」のような事態が発生した。
(34) 『歙紀』巻九「紀讞語」第五一案。
(35) 田底田面構造、「找価回贖」については、寺田浩明氏「田底田面慣行の法的性格——概念的検討を中心にして」(『東洋文化研究所紀要』第九三冊、一九八三年)、「清代土地法秩序における『慣行』の構造」(『東洋史研究』第四八巻第二号)、岸本美緒氏「明清時代における『找価回贖』問題」(『中国—社会と文化』第一二号、一九九七年)等を参照。
(36) 寺田浩明氏前掲「権利と冤抑」を参照。
(37) 会館体制や義塚等の設置は、災難、死亡等の事故を救済し、処理するのにある程度の役割を果し、乾隆時期、鮑志道も塩の船運災害に対応する商人共済補償制度を発足させた。しかし当時の経済環境に包括的な保険体制が存在せず、徽州商人の空間移動と商業活動はいつも高いリスクに晒されていた。鮑志道の「津貼法」について『鮑氏宣忠堂支譜』巻二一「中憲大夫肯園鮑公行状」を参照。
(38) 明末『江湖奇聞杜騙新書』は詐欺行為の形態を語っている。
(39) 『歙紀』巻九「紀讞語」第二九、三二、三三、一〇八案、前掲戴阿程案(『徽州千年契約文書・宋元明編』巻四、二一八〜二二〇頁)、万世寧『自訟編』「譚旭先控呉典一審過讞語」、「朱召桂控朱振遠審過讞語」を参照。
(40) 『海陽紀略』「為条陳編審並各款通詳両院文」。
(41) 『歙紀』巻九「紀讞語」第八四案。
(42) 『紙上経綸』巻五「禁鉆営」に「徽民健訟成風、人思争勝、百計鉆営。陋弊相沿、由来已久。歴年在城積歇、揣摩官府之批詞、妄謂神通之有准、乗機誆騙、謂之撞歳……逞強好訟之徒、往々誤堕其術」とある。
(43) 廖騰煃『海陽紀略』「為条陳編審並各款通詳両院文」に「凡地方多有奸棍結為夥党、専以兜攬詞訟、窩匿逃盗、騙害愚弱、唆聳闘毆、挟制官吏、仮公鉱（?）上、造設誣謗為事。非清廉執法、徹底無私者、未有不畏其口而曲意容隠以縦其悪、莫敢過問之也」とある。同書「厳禁請托事」に「近聞有等奸胥地棍、揣知本県審理是非曲直、一帰於理、妝成圏套、播弄愚民。或言為爾公稟、或言為爾求情……。雖休邑健訟、向来積習、有理無理、倶以金銭為妥……」とある。

（44）科挙教育と知識人の数量関係について、何炳棣氏『科挙と近世社会』（寺田隆信・千種真一訳、平凡社、一九九三年）、張仲礼氏 *The Chinese Gentry. Studies on Their Role in Nineteenth-century Chinese Society*. University of Washington Press, Seattle Washington, 1955（『中国紳士』上海社会科学院出版社、一九九一年）。包攬と訟師の研究について、山本英史氏「紳衿による税糧包攬と清朝国家」（『東洋史研究』第四八巻四号、一九九〇年）、夫馬進氏前掲論文等を参照。

（45）T'ung-Tsu Ch'u, *Local Government in China Under the Ch'ing*, Harvard University Press, 1962, 四五～六四頁、Philip C.C.Huang 前掲書第七章。

（46）『千年文書（清民国編）』巻一、一九六頁。また『紙上経綸』巻一「特参貪酷等事」、巻二「黟匠告経承婪詐」を参照。

（47）T'ung-Tsu Ch'u 前掲書を参照。

（48）『海陽紀略』「上銭方来給事」、「与同年陳解人枢部」。

（49）『海陽紀略』「上汪涵斎府丞」に「貴郷風俗、類多妒害貴富而思傾陥之、凌忽愚弱而思攘奪之。不論図頼、即小事亦必互相告訐、求勝始快、其意即破家以徇且不顧。為令者乗其勢而巧詆之、以為厭足之道」とある。「上鄭少司寇」に「大約民風尚気好訟、訟必求勝、必不惜銭。由来宦於其地者、類取資詞訟以自肥」とある。

（50）『海陽紀略』「上高皐憲」に「大約以富家多而喜訟、従来県官類以詞訟為生涯、如蚕食葉……昔之富者已朘而貧、今之富者皆驚而遁」とある。地方官は「而官如漁人、視鷸蚌之得失而攫之」という形で紛争と訴訟の処理を通じて利益を得た（「告城隍文」）。また「上鄭少司寇」を参照。

（51）『海陽紀略』。

（52）『海陽紀略』「復鐘世兄」に「前日県官類皆以詞訟為生涯、計詞訟一年可得暮金万有余両。以此、上官責其規礼……計規礼毎年約至万金」とある。

（53）例えば二十世紀初に巴県の胥吏・衙役のリーダーの年収が一千両を超えた。前掲 Philip C.C.Huang 著書第七章を参照。

（54）『千年文書（清民国編）』巻一、三四二～三四三頁。官府所在地の城垣を修理する依拠は熊学鵬の上奏と乾隆帝の指示である。『高宗実録』（巻六六八）乾隆二七年八月一三日に「諭曰　熊学鵬奏外省城垣坍塌、皆由地方官不肯留心経理所致、現在飭行各属査弁一折、所奏甚是。地方城垣、随時保護粘補、本属有司専責、而闒茸之吏、平日視為具文、以致坍塌日久、居民窃用磚土、遂至工程浩大、不得不多糜帑項、最為近来悪習、不独粤西一省為然。著将原折於各省督撫奏事之便、鈔寄閲看、令其通飭各属、実力防護、随時修理、毋致壊工滋費」とある。

（55）顧炎武『天下郡国利病書』巻三二、「歙県風土論」に「至於弘治蓋綦隆矣。於是家給人足、居則有室、佃則有田、薪則有山、芸則有圃。催科不擾、盗賊不生、婚嫁依時、閭閻安堵。婦人紡織、男子桑蓬、臧獲服労、比隣敦睦。誠哉一時之三代也。……詐偽未萌、訐争未起、芬華未染、糜汰未臻。……尋至正徳末、嘉靖初、則稍異矣。出賈既多、田土不重、操資交捷、起落不常。能者方成、拙者乃毀。東家已富、西家自貧。高下失均、錙銖共競。互相凌奪、各自張皇。於是詐偽萌矣、訐争起矣、芬華染矣、靡汰臻矣。……迨至嘉靖末隆慶間、則尤異矣。末富居多、本富尽少。富者愈富、貧者愈貧……奸豪変乱……詐偽有鬼域矣、訐争有戈矛矣、芬華有波流矣、糜汰有丘壑矣。迄今三十余年則迥異矣、富者百人而一、貧者十人而九。貧者既不能敵富、少者反可以制多。金令司天、銭神卓地。貪婪罔極、骨肉相残。……於是鬼域則匿影矣、戈矛則連兵矣、波流則襄陵矣、岳壑則陸海矣」とある。

（56）万暦『休寧県志』輿地志、風俗に「若士而無才、農而無土、工而無芸、商而無貲者、又何啻什之二三也。設非知交可藉、親戚可依、多莫能挙火……献笑呈顔、博飲食於富貴之門。温言蜜語、導紈綺以荒淫之路……又其甚者、作奸啓訟、挿法犯科、群聚而吶無辜、衆口而爍孱弱、何不至也。夫民各有争心、而獻讒者開之衅、舞文者啓之誣、用壮者激之鬪、謀利者導之関、説無厭者錮之、反復守勝而莫顧其所終。彼早夜所趨事者在公門、利於争而不利於息」とある。

（57）万暦『休寧県志』「輿地志・風俗」に「邑称繁訟、皆此属之由、何也。生歯日繁、生計日隘……」とある。

（58）廖騰煃は休寧知県の任期中、このような秩序問題を痛切に感じた。彼は、正直に「富者平日既不好行其徳、群不逞之徒、久成忌嫉、内蓄於心、及一旦有禍、莫不幸而楽之、擠而下石、無所不至」（「告城隍文」）、「貴郷大害、首推図頼一事、一人自殺、禍延数家。……貴郷風俗、類多妒害貴富而思傾陥之、凌忽愚弱而思攘奪之。不論図頼、即小事亦必互相告訐、求勝始快、其意即破家以徇且不顧」（「上汪涵斎府丞」）と休寧の悪習を批判していた。また「査休寧因緯冊久経廃失、図奸里蠧乗機舞弊、売税飛洒、賄賂公行。富者享無糧之産、貧者受虚税之累。相沿数十載、牢不可破、以至争墳争税、訐告不已」と述べたように地方の有力者は保甲を利用し賦税負担を普通人に転嫁した。これも大きな社会問題として紛争・訴訟を引起こした要因である。『海陽紀略』を参照。

(59)『千年文書（宋元明編）』第三巻、九頁。

(60)契約と中人の意義については、楊国楨氏『明清土地契約文書研究』（人民出版社、一九八八年）、岸本美緒氏「明清契約文書」（滋賀秀三氏編『中国法制史――基本資料の研究』東京大学出版会、一九九三年所収）、梁治平氏『清代習慣法　社会与国家』（中国政法大学出版社、一九九六年）一二〇～一二六頁参照。また、親子間の契約における中人については、東京大学東洋文化研究所「仁井田陞博士所蔵北京文書」文書一四～二八三参照。

(61)康熙年間の人である黄六鴻は、訴状の書式について「状刊格眼三行、以一百四十四字為率。凡告戸籍者、必以族長、墳産為定。告婚姻者、必以媒酌、聘定為憑。告田土者、必以契巻、地隣為拠」と規定している（『福恵全書』巻一一）。

(62)呉宏『紙上経綸』巻五「詞訟条約」。

(63)慶源村における有力者については、第二章表一参照。

(64)徽州の宗族組織の権力については陳柯雲氏「明清徽州宗族対郷村統治的加強」（『中国史研究』一九九五年第三期）参照。

(65)『茗州呉氏家記』の系譜部分、前掲陳柯雲氏論文、趙華富氏「徽州宗族族規家法」と「歙県呈坎前後羅氏宗族調査研究報告」（趙華富氏編『首届国際徽学学術討論会文集』黄山書社、一九九六年所収）、「徽州宗族祠堂的幾個問題」（『九五国際徽学学術討論会論文集』、安徽大学出版社、一九九七年所収）参照。

(66)『歙紀』巻九「紀讞語」第一五一案によれば、歙県の項癸兄弟は、しばしば不法行為をしており、また、（官職の封典を受けた）族内の有力者の教化に不満を持って彼を謀殺の形で報復した。

(67)『皇朝文献通考』巻二一、職役考の順治三年の規定には「管内税糧完欠、田宅争辯、詞訟曲直、盗賊生発、命案審理、一切皆与有責」とある。

(68) 上田信氏は明代の徽州地域における山林の保護・管理に関する実務的郷約について考察している「山林及び宗族と郷約」（木村靖二氏他編『人と人の地域史』山川出版社、一九九七年所収）。

(69) 『千年文書（清民国編）』巻一、一〇五頁。

(70) 『海陽紀略』。

(71) 『清代武定彝族那氏土司档案史料校編』（中央民族学院出版社、一九九三年）一二一～一二二頁、乾隆九年雲南武定彝族の事例参照。

(72) T'ung-Tsu Ch'u 前掲書、陶希聖『清代州県衙門刑事審判制度及程序』（食貨出版社、一九七二年）、那思陸『清代州県衙門審判制度』（文史哲出版社、一九八三年）、滋賀秀三氏前掲著書、鄭秦『清代地方審判制度研究』（湖南教育出版社、一九八八年）、前掲滋賀秀三氏編『中国法制史——基本資料の研究』、張晋藩氏編『清朝法制史』（法律出版社、一九九四年）、Philip C.C.Huang 前掲書、岸本美緒氏前掲書等がある。

(73) 汪輝祖や王鳳生等のような有名な地方官も、知識人による頻繁な「干訟」と訴訟現象に対処せざるをえなかった。江蘇巡撫の丁日昌は「松江府稟刊印臥碑分給諸生並飭属将稟貢生監詞訟按季造冊詳送由」に「稟貢生監干預詞訟、最為悪習、応即照章飭属将被控、控人、及他人詞訟作訟者分作三項、按季開冊通詳存案、並詳請学院於歳科考試録遺時、兼査比冊、以定去取。俾知品学並重、争自検束」と指示している。徐棟『牧令書』巻一六「教化」、丁日昌『撫呉公牘』巻三〇等参照。

(74) 淡新檔案、徽州の訴訟文書、万世寧『自訟編』、道光『重（重慶府）属詞訟号簿』、道光『蜀（川東道）訟批案』等参照。

(75) 『欽定学政全書』巻三二、二頁。

(76) 『欽定学政全書』巻三二、一頁。

(77) 許大齢『清代捐納制度』（燕京学報専号、一九五〇年）、張仲礼氏前掲書参照。

(78) 『清稗類鈔』（中華書局、一九八四年）第四冊一七八五頁。

(79) 陳其元『庸閑斎筆記』（中華書局、一九八九年）二八五～二八六頁。

(80) 万世寧『自訟編』「汪徳勝控汪西垣等審過讞語」、「汪兆登控金富九等審過讞語」。

(81) 乾隆『欽定礼部則例』巻五三、教官事例では「(教官)不得干預地方事務、違者州県官照将事務交与不応交之人例、教官照不応得為之例、分別議処」と規定している。地方雑佐の司法権に対する制約については『処分則例』巻四七、『紙上経綸』巻五「禁典史受詞」等参照。また、例えば、道光三年九月二九日には川東道が銅梁県生員の周竜章の「健訟」行為を叱った際「惟該生控殴之案、只応訴県訴府、□於稟県之後、恃衿控学、不知教職例禁擅受、豈能伝民訊鬪」と述べて、教官の紛争処理の権限範囲を示しており(東洋文庫所蔵『重属詞訟号簿』)、また東洋文庫所蔵『蜀訟批案』第二冊三月一三日に「学師擅受民人詞訟、咎自難辞」との指摘があったとされる。先行研究については滋賀秀三氏前掲著書一一頁、一八頁、五六頁、六〇頁参照。

(82) 徽州の訴訟案巻の中で休寧童生の受験保証書に関する訴訟が起きたことに関する記述がある。事件の原告・被告は、童生、生員であり、教官が最初から最終まで事件に関与した。黄山市博物館所蔵道光九年休寧県『王姓科場訟案文牘抄存』。

(83) 『千年文書(宋元明編)』巻四、四九一頁。

(84) 明代郷村における紛争処理における「詞状」について最近中島楽章氏は「郷里の状」と位置付けている(前掲書三二七〜三三〇頁)。郷村社会における「投詞」・「投状」の書式は様々であるが、この二つの例のようなあり方が一般的な形式であったと思われる。

(85) 前掲拙稿Aを参照。

(86) 第二章第三節を参照。

(87) 前掲寺田浩明氏「権利と冤抑」参照。

(88) 徽州族譜の宗族規範では族内構成員の訴訟行為を規制しているが、慶源詹氏の事例はこのような規制の限界を示している。

(89) 現代中国の単位体制下の法・裁判の性格と基層社会の人民調解制度については、王亜新氏『中国民事裁判研究』(日本評論社、一九九五年)、高見沢磨氏『現代中国の紛争と法』(東京大学出版会、一九九八年)参照。

# 第四章　清代徽州地方における地域紛争の構図
## ——乾隆期婺源県西関壩訴訟を中心として——

### 緒　論

乾隆二二年（一七五七）から二四年にかけて婺源県で壩建設をめぐる訴訟事件が起こった。ここで言う壩とは、石で河水を塞き止めて流水量の調節をする施設である。この事件については婺源県図書館に一冊の案巻が所蔵されている。表紙には書名がないが、序と跋には「控毀壩案」、「控毀壩案巻帙」などの呼称があり、正式の名称は「吁控拆毀婺城西関石壩案巻」と称する。訴訟案の審理が終わった直後、原告側が乾隆二五年四月に関連資料を一冊にまとめて出版したものである。一九九七年八月に筆者は徽州文書を調べる時、現在の江西省婺源県図書館に見つけたものである。この案巻は県図書館と同県檔案館（県図書館の収蔵による複製）に所蔵されているが、公刊した国内外の資料目録に登録されていないためか、この本を利用して研究を行なった論文はまだない。

この案巻は、全百十葉、毎葉二十五字十八行、全五万字余りである。序にはやや破損した部分があり、本文中にも虫に食われたところもあるが、資料の保存は比較的に良好である。また八十八点の関連文書からなるが、目次がない。筆者は版行された壩案巻に基づいて以下のように目録を整理した。

表四－一　西関石壩訴訟案巻目録

| 番号 | 名称 | 提出者 | 時期 | 提出先 |
|---|---|---|---|---|
| 1 | 控毀壩案序 | 程盛修（順天府尹・休寧人） | 25・6 | |
| 2 | 控毀婺壩巻帙序 | 江観瀾（挙人・歙県人） | | |
| 3 | 婺壩巻跋 | 程沢（不明・休寧人） | | |
| 4 | 壩巻叙言 | 汪澎（挙人・婺源人） | 25・4 | |
| 5 | 県治河源 | | | |
| 6 | 県治河図 | | | |
| 7 | 婺河説明 | 樵雲（不明） | | |
| 8 | 吁府公呈 | 汪澎等（紳士） | 23・11・22 | 府（批） |
| 9 | 附　城人原請建壩詞 | 王啓等（紳士・子民） | 22・9 | 県（批） |
| 10 | 汪口生員稟阻原詞 | 兪敬倉（生員） | 23・5・6 | 県（批） |
| 11 | 附　復請造壩詞 | 王啓等 | 23 | 県（批） |
| 12 | 城人誑訴県詞 | 王応瑜等（寧夏知府） | 23・12・1 | 県（批） |
| 13 | 控県公呈 | 汪澎等 | 23・12・6 | 県（批） |
| 14 | 附　城人誑訴府詞 | 王応瑜等 | 23・12・8 | 府（批） |
| 15 | 子民控詞 | 兪以万等 | 23・12・9 | 府（批） |
| 16 | 復控詞（附　病民十弊） | 汪澎等 | 23・12・13 | 県（批） |

| | | | | |
|---|---|---|---|---|
| 17 | 船戸稟詞 | 洪慶先 | 23・12・13 | 県（批） |
| 18 | 子民稟詞 | 兪魯瞻等 | | 県（批） |
| 19 | 復控詞 | 汪澎等 | 23・12・15 | 府（批） |
| 20 | 城人再訴詞 | 王応瑜等 | 23・12・16 | 県（批） |
| 21 | 三控詞 | 汪澎等 | 23・12・16 | 県（批） |
| 22 | 府憲飭牌 | 知府 | 23・12・20 | 県 |
| 23 | 啓帖 | 婺源県在郷紳士商民等 | 23・11 | |
| 24 | 控詞 | 汪澎等 | 24・2・3 | 県（批） |
| 25 | 船戸稟詞 | 兪花等 | 24・2・3 | 県（批） |
| 26 | 老民稟詞 | 李成大等 | 24・2・3 | 県（批） |
| 27 | 船戸稟詞 | 李五富 | 24・2・13 | 県（批） |
| 28 | 子民稟詞 | 李細祖 | 24・2・13 | 県（批） |
| 29 | 附　休寧県紳士公呈 | 黄興礼等（官僚等） | 24・2・24 | 府（批） |
| 30 | 府憲催牌 | 知府 | 24・2・29 | 県 |
| 31 | 附　歙県紳士公呈 | 江観瀾等（進士等） | 24・3・4 | 府（批） |
| 32 | 府発風籤一座 | 知府 | 24・3・8 | 県 |
| 33 | 府発火籤一座 | 知府 | 24・3・14 | 県 |
| 34 | 府発雷籤一座 | 知府 | 24・3・23 | 県 |
| 35 | 本県初詳文 | 知県 | 24・3・25 | 府（批） |
| 36 | 随詳控詞 | 汪澎等 | 24・3・29 | 府（批） |

| | | | | |
|---|---|---|---|---|
| 37 | 附　休寧県紳士公呈 | 黄興礼等 | 24・4・6 | 県（批） |
| 38 | 請歙休二邑主会勘詞 | 汪澎等 | 24・4・8 | 歙休二県知県（批） |
| 39 | 附　西郷監生稟詞 | 張起蛟 | | 県（4・16批） |
| 40 | 附　洪饒灘稟詞 | 杜永高等 | 24・4・26 | 県（批） |
| 41 | 復稟詞 | 杜永高等 | 24・5・14 | 県（15日批） |
| 42 | 又稟詞 | 張五等 | 24・5・16 | 県（留署不批） |
| 43 | 東郷船戸稟詞 | 李祥 | 24・5・13 | 府（批） |
| 34 | 船戸稟詞 | 兪観保 | 24・5・13 | 府（批） |
| 45 | 附　歙邑紳士公呈 | 江観瀾等 | 24・5・19 | 県（批） |
| 46 | 撫憲剳文 | 高（巡撫） | 24・5・8 | 府 |
| 47 | 復撫憲稟帖並案由 | 知府 | | 巡撫（24・6・7批） |
| 48 | 商民稟詞 | 周善 | 24・6・1 | 府（批） |
| 49 | 商民稟詞 | 方天吉 | 24・6・1 | 府（批） |
| 50 | 編集者の注釈 | | 24・6・2 | |
| 51 | 府憲拆西関石壩檄 | 知府 | 24・6・12 | 県 |
| 51 | 府憲王批本県主稟帖 | 知府 | 24・6・13 | 県 |
| 53 | 府憲又批本県主稟帖 | 知府 | 24・6・21 | 県 |
| 54 | 会勘聯詳文 | 歙休婺三県知県 | 24・6・13 | 府 |
| 55 | 附　城人阻拆稟詞 | 王応瑜等 | 24・6・28 | 府（批） |

| | | | | |
|---|---|---|---|---|
| 56 | 府憲親勘東北郷迎稟詞 | 耆民等 | 24・閏6・1 | 府（批） |
| 57 | 子民船戸稟詞 | 程文虎等 | 24・閏6・1 | 府（批） |
| 58 | 府憲王臨勘告示 | 知府 | 24・閏6・3 | 婺源県 |
| 59 | 府憲通詳上憲文 | 知府 | 24・6・23 | 巡撫等（批） |
| 60 | 催拆稟詞 | 汪澎等 | 24・7・1 | 府（批） |
| 61 | 子民稟詞 | 兪以万等 | 24・7・1 | 府（批） |
| 62 | 船戸稟詞 | 洪慶等 | 24・7・1 | 府（批） |
| 63 | 会報拆過丈尺申府文 | 知県 | 24・7・24 | 府（批） |
| 64 | 巡憲稟帖 | 分巡道 | | 総督（批） |
| 65 | 控督憲及藩臬二憲詞 | 汪澎等 | 24・8・18（26） | 総督等（批） |
| 66 | 子民控督憲及各憲詞 | 兪以万等 | 24・8・18等 | 総督、巡撫等（批） |
| 67 | 控撫憲詞 | 汪澎等 | | 巡撫（批） |
| 68 | 臬憲発府劄文並提牌 | 按察使 | | 府 |
| 69 | 県主稟帖 | 知県 | 24・10・3 | 府（批） |
| 70 | 巡憲臨勘牌文 | 分巡道 | 24・10・4 | |
| 71 | 藩憲催拆牌文 | 布政使 | 24・9・20 | 府 |
| 72 | 道憲檄文 | 分巡道 | 24・10・8 | 県 |
| 73 | 府申各憲詳文 | 知府 | 24・10・12 | 総督、巡撫等（批） |
| 74 | 藩憲催牌 | 布政使 | 24・10・21 | 府 |
| 75 | 府申復藩憲詳文 | 知府 | 24・11・4 | |

| | | | | |
|---|---|---|---|---|
| 76 | 県申僉希聞執照詳文 | 知県 | 24・10・18 | 府（批） |
| 77 | 府転僉希聞執照詳文 | 知府等 | 24・10・27 | 総督、巡撫等（批） |
| 78 | 稟詞 | 汪澎等 | 24・10・19 | 府（批） |
| 79 | 臬憲催審劄 | 按察使 | 24・10 | 府 |
| 80 | 又稟詞 | 汪澎等 | 24・10・24 | 府（批） |
| 81 | 県報拆竣文 | 知県 | 24・11 | 府（批） |
| 82 | 大鋪司稟帖 | 大鋪司 | 24・11・8 | 府（批） |
| 83 | 道憲催牌 | 分巡道 | 24・11・18 | 府 |
| 84 | 道憲又催牌 | 分巡道 | 24・11・21 | 府 |
| 85 | 県請免解経承詳文 | 知県 | 24・12・3 | 府 |
| 86 | 府審詳蘇臬憲看語 | 知府 | | 按察使 |
| 87 | 府憲申復道憲詳文 | 知府 | 24・12・3 | 分巡道（批） |
| 88 | 編集者の注釈 | | | |

注1　時期は乾隆の年月日である。

その内容は、筆者の整理によれば以下のように三つの部分に分けられる。第一部分は、徽州出身の現職官僚、訴訟案原告側の主役であるとともに案巻の編集者でもある婺源県の紳士、及びこの訴訟案に関与した歙県・休寧県の紳士の代表の序と跋である。第二部分は、壩を建設した河川の資料と地図である。第三部分は、公呈、控状、訴詞、掲帖（啓帖）、官府の批、檄文、調査報告書など、即ち訴訟案の関連文書である。[1] 編集者は、「劇費心力、幸邀各憲恩徳、為民除害、不可無以信今而伝後也」という認識に基づいて案巻資料を収集し出版して、この事件の真相を永遠に伝えようとしている(2)。

この案巻は「伝信」のために原告側の資料のみならず、被告側の主張、原告側に対する批判もそのまま収録しており、原告・被告両方の遵結と巡撫、総督などの最後の批の写しだけが時間的に間に合わなかったために除かれている以外は(3)、総督から知県までの官府の批、命令などを含めて、内容的には訴訟の全過程の主要資料をほぼ網羅している。この案巻は、地域社会内部の人間結合、商人勢力の台頭、紳士階層と地域政治、国家権力システムにおける行政的な上下関係等の問題について様々な分析の手がかりを提供している。

州県官府と家族の間に介する社会空間は、中国社会の基本性格を呈示できる無限の多様性を満ち溢れる世界であり、そこに生じていた様々な社会集団、組織、及び多様的な紛争は、地方社会の秩序の全体像を理解する上で大きな意味をもっている。ところで明清時代における地方社会の秩序については、法律制度、裁判、州県行政からの研究が進められてきた(4)。近年、地方社会における宗族、郷保、里老人等の社会集団、民間の慣習、規範、及び秩序の原理と構造の研究が重視されているが(5)、社会衝突、即ち社会の罅の中で郷村社会の秩序状態を見出す実証的研究もまた必要になる。筆者は、紛争の中に郷村社会の秩序の構造と原理を検出する視点からすでに徽州文献における一生員の日記やその一族の宗譜を利用し、清代康熙時期、徽州府婺源県慶源村を巡る村落レベルの紛争の様態、紛争解決のプロセス、郷村社会における秩序組織とその構造を検討した(6)。本章は、第一節と第二節では村落範囲を超える、貨物流通水路を巡る婺源県内の紛争事件に着目して、壩建設の成立から訴訟案の解決の過程を辿りながら、明清時代における地域社会間の衝突の構図、およびその中で反映されている地方社会の政治構造に対して考察を試みるものである。第三節では『吁控拆毀婺城西関石壩案巻』を中心として徽州の民間訴訟文書の由来の検討を通じて地方の訴訟・裁判の特性に接近してみたい。

## 第一節　西関壩建設訴訟案の成立と展開

### 一　発案から建設へ

乾隆二二年九月、婺源県城の住民は、紳士と子民と自称する二三人が「請倡建壩詞」という公呈で、知県陳士元に婺河に西関壩建設を提案した。このグループは、壩建設の実際の提案者、組織者、運営者であり、史料中では歛首と称されており、その構成員を表四～二に示す。

表四～二西関壩建設の発案者（二三人）

| 名前 | 社会身分 | 資料出所 |
|---|---|---|
| 王啓 | 監生 | 光緒県志 |
| 汪世法 | 山西安邑県尉（典史） | 下同 |
| 王尚瑩 | 監生 | 乾隆県志 |
| 汪世元 | 紳士 | 案巻 |
| 兪際昌 | 紳士 | 案巻 |
| 陳継域 | 紳士 | 案巻 |

| | | |
|---|---|---|
| 兪連三 | 紳士（捐従九品職） | 案巻 |
| 鄭縄武 | 子民 | 案巻 |
| 程美臣 | 子民 | 案巻 |
| 胡兆奇 | 下同 | 下同 |
| 王星耀 | | |
| 張公沛 | | |
| 以下省略 | | |

原告側の訴状の中で犯人と称されたものは、主にこのグループのメンバーである。

このグループの社会的身分について七人の紳士の中で汪世元、兪際昌、陳継域三人の名は地方志などの史料に見えず、その身分を確定することはできない。なお、地方志や族譜と案巻資料によれば、それ以外の王啓、王尚埜、汪世法、兪連三（希聞）等四人の学位と肩書きは、いずれも捐納を通して獲得したものであることが知られる。[7]県志の資料によれば四人の一族の中に上層官僚は見られない。「秉性孝友、見善楽為、凡有義挙、不惜傾嚢」と称賛された王啓の場合、その父廷鑑は、恩貢生と候選司訓を獲得した。[8]実弟藹吉は県学生員から歳貢に選ばれて候選司訓を得た。実弟裕も、乾隆二一年、「循例」の形で山西平陽府岳陽県知県に就任した。[9]王藹吉伝に「兄弟経営虧折、吉多資助之。季弟裕循例宰岳陽、一切需費甚巨、悉取給焉。吉謂藉以顕栄父母、不少顧惜家業」とある。[10]彼の伝記からみれば、王裕の官職は実際の経済利益をもたらさず、逆にこの有力商人家族の財富を消耗したようである。恩貢と歳貢等の学位や候選司訓の肩書きなどは、制度的に科挙試験を経ず捐納を通して獲得できる社会身分である。[11]

表四～二に示した「子民」と自称するものについて、案巻中では地棍、在城歛首、城蠧などと称されている。また案巻には生業が明確にされていないが、その主役の一人の胡兆奇は、県の食糧調達を請負う商人であった[12]。在郷紳士の訴状と啓帖の中で、子民の代表である張公沛、兪希聞、胡兆奇、王星耀等を「城社鼠狐、市屠駔獪」と称していたことから考えれば、彼らは、一般の商人ではなく、県と何らかのかかわりをもつ経紀人、牙商であると理解できる[13]。

以上の資料と分析によれば、壩建設の提案者は、捐納による紳士を筆頭とした在城の商人グループであったと言えよう。

西関壩建設の必要性について、このグループは、前任知県陳士元と後任知県胡玉瑚へ提出した「請倡建壩詞」と「復請造壩詞」において、次のように論じている。

明代に壩が建設された事情は「群山拱列、衆水迴環。因長河至西郊直下、有過宮反跳之嫌。爰創建石碣、横江攔截、為外関之約束。以故匯精萃秀、人文財賦甲於他邑」というものであった。即ち、明嘉靖年間に改築された県城は非常に理想的な山と河の間に位置していた。ただ河川の流れが早いために水が蓄積できないのである。河水が一県の要である県城を経て急速に流れることは、風水学の観点では、いわゆる「過宮反跳」という大きな欠陥であると見なされた[14]。明代において、壩を建設して河の水位を高める風水環境の改造工事は、いい効果をもたらしたが、壩は清朝時代になると増水のために破壊されて、県の「地脈」が傷ついた。乾隆初年、道士程喜が、西関石橋を建てた際、壩の遺跡が完全に消えてしまったために、水が浅くなり、河床の石が顕れていた。風水の破壊によって「人事応之」、社会風俗等が昔に比べて悪くなり、「外関不緊、元気大虧」という悪い結果を招いた。壩は「一邑之関鎖」、県城の「水口」であり、その建設は一県の繁栄と衰退に関わっている。壩を建設すれば「地脈常凝、而文風丕振、財気日新」、即ち人文や経済の振興という効果をもたらすことができると、このグループは力説した[15]。

在城商人グループの最初の提案をみる限り、壩の効用に関するものとして、耕地灌漑、運輸機能の向上、治安、私塩・人口販売の検問などの県全体の経済、政治、社会面の利害には一切触れられていない。提案の主旨は、確かに貯水にあるが、飲用、灌漑できる水を貯蓄するわけではなく、観念としての「水」を貯蓄するのである。その主張は、あくまでも公共の風水利益を強調するものであったと言える。

とはいえ、婺源県の主要な河川に壩を建てることは地域社会に大きな影響を与えるはずである。訴訟案巻の資料では、在城商人グループは、県城とその周辺の住民に対しては何らかの形で運動を行なったようであるが、それ以外の地域には建設計画を十分に説明しないまま、知県の許可で県全体の意志を代表させようとする戦略をとった。建設は、民間の自主的な建設計画であり、水利や交通等の役割を果すこともないために、もとより国家財政から経費を支出することはありえない。最初の公呈で首唱者を在城歛首と称しているように、在城の商人グループは自主的に募金の方式で資金を調達しようとしてその法的な根拠を得る目的で、知県陳士元を説得した。さらに民間からの寄付を獲得し、多くの建設資金を順調に集めるために商人グループは「乞鑑輿悃、恩準挙行、並求勿靳如椽、弁諸縁簿、以便捐輸、将見群相踴躍、刻期而経始者、即計日而観成」と言い、同意の旨を募金簿に記載するように知県に求めた。[16]これに対して知県陳士元は、建設計画に同意し、寄付を勧める「引」を与えている。[17]

前任知県と更代した新任知県胡玉瑚もこの建設計画を批准した。在城紳士の訴詞によれば、新任知県が就任して以来、資金調達は、自由募金に代えて「発帖四郷、通知公建」、即ち寄付を割り当てることにした。[18]募金等の活動がどのような形で展開したかは不明であるが、徽州地区の公共建設は、例えば徽州府の漁梁壩、祁門の聚源壩、平政橋、仁済橋などが主に徽州地域の商人、特に揚子江デルタ地帯で商売を営む商人とその家族を資金源にしたのに対し、[19]婺源県の場合には在郷紳士の控状によれば、在城商人グループは、農村に「勒輸」、即ち寄付を強制的に要求したらしい。在城商人グループは、地方官の同意と支持を得て募金と寄付割り当ての活動を急速に展開し、銀約一万両の資金を集めて建設計画を推進した。

## 二　西関壩訴訟案の開始

在城の商人グループは、壩建設計画が県全体の輿論を代表し、県の紳士の共通意見であると自認して、独走的に建設計画を推進しようとした。しかし募金の過程で、在郷紳士は既に異議を唱えている。乾隆二三年五月、県内の東北地区の生員兪敬蒼は工事段階に入る前に知県に稟を出し、壩建設計画を食い止めようとした。この稟では、壩建設は（一）水上運輸を阻害し、米の価格の値上がりを招く。（二）生計の一半を主にこの川に関連する水上と陸上運輸に依存する東北二郷の住民は、失業し、流離することになる。（三）建設の推進者の在住する県城の南西部にも水害の恐れがあると指摘している。壩建設は、「無益有損、議論紛々、病民傷財、輿情洶々」と言うように、人民に危害を与え、財貨を無駄使いして損害しかもたらさない無益なことであるというのである。[20]

兪敬蒼および東北の在郷紳士は、知県に反対の意見を上申したが、官憲の支持を得られなかった。その間、在城の商人グループは、募金段階から建設工事を速やかに進めている。在郷紳士は、知県との交渉で何の成果も得られないまま、乾隆二三年一一月二二日、公呈の形で県を越えて集団的に府に訴えた。公呈中で在郷紳士は、兪敬蒼の稟の上にさらに次のような論点を付け加えた。東北二郷ないし歙、休寧二県の住民の食糧は、この川を経由する江西からの供給に依存している。この河流は水上運輸業や関連の荷役・陸上運搬業に従事している東北地域の住民の「生路攸関」であり、河川が塞き止められたら水上運輸業者の「千家遊船」は阻害され、帰ることができなくなり、関連の数万の人々も、悲惨にも失業してしまう。壩建設が、東北地方にとっては、「生民命脈」を断ち切るものであることを強く指摘している。[21]

この在郷紳士の上訴に対して在城紳士は、集団として乾隆二三年一二月一日、婺源県知県に訴えた。この訴詞の主旨は、以下の三点にある。即ち（一）壩建設の目的は、深い池を造って県城ないし一県の安全を守ることである。（二）明の隆慶・万暦年間に建設され、その後、崩壊と建設を繰返しており、現在の計画はその旧例に従うに過ぎない。（三）建設計画は在城住民のみならず「閤邑紳衿子民」、即ち全県の人々の意見で建てられるものである。しかも前任知県の許可を得た。新任知県も建設に同意し、四郷に知らせ、公建の形で実施している。壩建設は県全体の利益のため、県全体の輿論の支持を得ており、法的手続きも整い「非為水口営私、実因保障城邑、非敢経営創始、実仍旧貫重修、更非擅権私輯、実已両請県行」のものである。東北二郷の紳士の反対は、河流沿岸で私塩を密かに販売し、人身売買をしている不法の人々の立場に立ち、壩が出来れば検問を受けて発覚することを危惧するからである。また在郷紳士の祖先の中には、壩建設に参与したものも多かったこと、壩が出来れば逆に川の上流の水位が上がって東北地方の水上運輸環境を改善でき、食糧価格が上がるどころか運輸コストを減らすこともできる。以上の三点を述べて反論したのである。[22]

乾隆二二年九月に在城商人グループが壩建設要請を出してから、同二三年一一月までの一年の間、特に在郷生員兪敬蒼が壩建設に対する批判意見を出して以来、壩建設を巡って県内の人々の中で様々な議論が展開されたことは容易に想定できる。その後在郷の商人、船民、耆民がそれぞれ訴訟を行なったが、西郷紳士張起蛟が「在城諸紳士与東北諸紳士互訟」と指摘したように、[23]壩建設の是否を巡る訴訟の原告側・被告側双方の代表となったのは、それぞれ県の東北地域在郷と県城在城という二つの地域の紳士のグループであった。

次に、この対決の実態を解明するために、地域分布と社会身分の両側面から、在城と在郷の二つの集団を整理しておこう。

この訴訟事件に巻き込まれた東北地域の在郷紳士は、案巻資料によれば、乾隆二三年一一月二二日、公呈を出したものは汪澎、王有慶等一三人しかいなかった。同年一二月六日、県に公呈を提出する時に二人が増え、同一三日再び県に控詞を提出する時に江一鴻も加わり人数が大幅に増えて三八人に上った。集団の人数（地域範囲）は訴訟の展開とともに次第に増えた（拡大した）ものである。三八人の中で二〇人以上は詳しい出身地と履歴が不明であるが、県・府志等の公的な文献に個人資料があるものは、表四～三に示すことにする。

表四～三　在郷紳士（三八人）

| 名前 | 出身地 | 科挙資格 | 資料出所 |
|---|---|---|---|
| 汪澎 | 浯村 | 乾隆9年挙人 | 光緒県志 |
| 王有慶 | 詞川 | 乾隆6年挙人 | 下同 |
| 江一鴻 | 江湾 | 乾隆6年挙人 | |
| 兪阜 | 鵠渓 | 貢生 | |
| 兪鳳来 | 汪口 | 貢生 | |
| 江光綬 | 竜尾 | 監生 | |
| 江元林 | 江湾 | 貢生 | |
| 汪家栄 | 大畈 | 監生 | |
| 王廷桂 | 詞源 | 副貢 | |
| 李国錡 | 理田 | 生員 | |

| | | | |
|---|---|---|---|
| 江如松 | 江湾 | 監生 | |
| 江正祖 | 官源 | 貢生 | |
| 洪文竜 | 官源 | 貢生 | |
| 兪化竜 | | 監生 | 案巻 |
| 以下省略 | | | |

表四~三によれば挙人と貢生が大きな比重を占める。張仲礼氏の区分によれば紳士階層における上層である。[24] これらの在郷紳士は、東北の二郷の各地に在住するものであるが、主に武口より上流の東北支流沿いの挙人・貢生等であり、つまり東北支流沿いの紳士たちが、訴訟活動の中心的存在であった。府・県志の伝記では、これらのメンバーの共通特徴は、儒家経典を熟読し、学問が優れているとともに家族・親族の扶養援助、宗族の公共施設の整備、郷里の救済等のことに熱心な、いわゆる孝友、義行の人物として評価されている。リーダーの汪澎は、「学問淹博、湛深経史」たるもので、乾隆十九年県志の編纂にも加わって、晩年、候補知県となったが、改めて呉江県の教諭を授けられた。[25] 彼は、県内の紳士の中での名望の高かった人物であると思われる。

なお表四~四は、在城紳士の五二人の中で府県志に関連資料のあるものである。

表四~四　在城紳士（五二人）

| 名　前 | 出身地 | 科挙資格等 | 資料出所 |
|---|---|---|---|
| 王応瑜 | 西清源 | 乾隆16年進士、現職寧夏知府 | 光緒県志 |

| | | | |
|---|---|---|---|
| 朱世潤 | 県城 | 世襲翰林院五経博士 | 下同 |
| 董昌祠 | 城東 | 雍正11年挙人 | |
| 何士瑛 | 城南 | 準貢（副貢、下同） | |
| 程応鵠 | 城居 | 準貢 | |
| 程応騮 | 城居 | 準貢 | |
| 程応鳳 | 城居 | 生員 | |
| 程応鶡 | 城西 | 準貢 | |
| 程文遴 | 城西 | 準貢 | |
| 程文連 | 城西 | 準貢 | |
| 程文達 | 城西 | 候選州同知 | |
| 程栄 | 城居 | 生員 | |
| 董大鵬 | 城東 | 貢生 | |
| 董大京 | 城東 | 候選衛経歴 | |
| 王応球 | 西清源 | 生員 | |
| 王名標 | 城北 | 生員 | |
| 王嵩 | 城北 | 生員 | |
| 王元英 | 城北 | 候選経歴 | |
| 王藹吉 | 城北 | 準貢、候選司訓 | |
| 王一増 | 城北 | 生員 | |
| 王佩蓮 | 西清源 | 生員 | |

| | | | |
|---|---|---|---|
| 胡芬谷 | 城東 | 生員 | |
| 汪国林 | 城西 | 生員 | |
| 詹依 | 城西 | 生員 | |
| 鄭煌 | 城西 | 生員 | |
| 以下省略 | | | |

現職の甘粛寧夏府知府と世襲翰林院五経博士を除いて、挙人一人、貢生一人、副貢七人がいる。そのほかは、捐納による官職・学位保持者と生員である。彼らの出身地は県城とその周辺にある。リーダーは朱世潤である。朱世潤は朱熹の直系の子孫で清朝の制度に従って翰林院五経博士を世襲している[26]。清初における朱子学の隆盛とも相まって、徽州地区においては、李応乾が休寧「茗洲呉氏家典序」に「我新安為朱子桑梓之邦、則宜読朱子之書、服朱子之教、秉朱子之礼、以鄒魯之風自恃、而以鄒魯之風伝子若孫也」と書いたように朱子は絶対的威信をもった[27]。朱子の祭祀に関連する「文公祠」と「博士庁」の運営は、婺源県の財政支出の一部門をなしていた[28]。朱世潤は朱子の威光を利用して、学校、文廟や県内の風水・環境の建設、および救済活動に積極的に参与し、大きな社会的影響力を行使した[29]。

従って前掲の商人グループと在城の紳士集団とは壩建設推進派と称することができよう。また壩建設の提案から在城紳士集団が訴訟活動に登場するまでをみると、在城勢力の結集の過程を窺うことができる。即ち訴訟の展開につれて県城の紳士集団は推進派の代言者になった。推進派の構成員の間の関係には不明な点が多いが、『雙杉王氏支譜』巻六によれば表四～二の王啓、王尚塋は、表四～四の王名標、王嵩、王藹吉、王一増等と、一宗族に属している。同譜巻一五の「像賛」と「序」によれば、表四～四の王応瑜の名前はこの支譜には入っていないが、同一の王氏の他の支派に属しているらしく、董昌祠一族も王氏と婚姻関係があることがわかる。他のメンバーの間にも、このような血縁や婚姻関係があるだろう。案巻中の記事によれば、知府が婺源県の経承を処罰しようとする動きも見られるが、兪連三のような退職胥吏のほか、現職の胥吏たちも深く紛争に関わったことが見て取れる。(30)

壩建設を巡って、在城と在郷の紳士は、それぞれ県内ないし県以外でも名望のある人物を中心に結集することで地域の勢力集団を形成し、組織的に訴訟を起した。紛争は、訴訟の構造から見れば地域の間の対立である。これについて在郷紳士は、「城郷水火」(31)、「水火構怨於城郷」(32)などの言い方をしており、明確に紛争が在城と在郷の間の対立であると指摘している。在郷の紳士・商人・住民の告訴に反発した在城商人らは、県城を経る在郷の商人・住民にさまざまな嫌がらせをした。これに対して在郷紳士は在城者のこうした行為を「嗔控尋衅、虐郷仇民」と称して非難している。(33)

## 三　西関壩訴訟案の展開

空間的範囲から見れば、婺源県城は広い東北の農村地帯に比して狭い場所に過ぎない。しかし表四～四のとおり紳士の数の多さが大きな力を生むのである。しかも後述するようにこの力は、城に住んでいるということによって生み出されたものを含んでいる。在城と在郷の紳士が対決する力の構造の中で、在郷紳士の勢いは一見弱いようであるが、壩建設の提案から訴訟を経て壩が取り除かれるまで、府県の地方官がさまざまに関与することは、在郷と在城勢力の間の対決を支えていたと言えよう。以下、知府と知県とがそれぞれどのような対応をとってどのような処理を行なったか考察しておきたい。

在城商人グループの「請倡建壩詞」に対して当時の知県陳士元が与えた批には、

邑城関通県盛衰、人文乃山川鍾毓、理之自然、非形家曲説也。西郊下手、蓄水凝脈、匯精萃秀。本県登渉之下、已志及此。諸紳士以建修石碣為請、何其有同心耶。但功図久遠、事非細微、経始慮終、不可不預期必成之良策、測浅深、度広狭、権工程之久暫、量石料之多寡、皆当熟籌、不得鹵莽従事、仰候示期親勘、估計而後酌奪可也

とある。この批で知県は、壩建設が「形家（風水師）」の不正な説ではないと認め、商人グループの提案を明確に支持していた。さらに工事の実施を周到に準備するよう指示している。[34] 乾隆二三年になると、その二年前に知県に就任していた陳士元が離任し、新しい知県に交替した。その離任した原因に関する具体的な内容は、不明であるが、県志によれば、事に坐して罷免されたとある。[35] 職務交替の際に、壩建設の計画は陳士元から新任の胡玉瑚に引き継かれた。

この新任知県は、兪敬蒼の反対意見に対し、

査請建碣、原因保障一邑而設、況明季曾経建築、並非創自今日、且功（工）程浩繁、目下尚託諸空言。該生即出而硬阻、豈通邑紳士尚未愜於輿情、而一人浮議遂足当於公評耶。候察奪

という批を下し、[36] 壩建設が県全体の紳士の意見であるとして、反対意見を抑圧した。胡玉瑚は壩建設紛争の行政責任者として、前任者と同じように壩建設を支持したのである。そして壩建設の十弊を指摘した在郷紳士の控詞に「本県身任地方、如果有害民生、久急禁止、豈猶煩爾等饒舌耶」と批し、[37] 反対派を押え続けた。訴訟の展開の過程で注意すべきことは、在郷紳士の反対と上級官庁の命令の挟み撃ちに直面した知県は、在郷紳士を抑えるための調和策として、在郷紳士に壩付近で一つの「子壩」を建設するために県内で資金を集める許可、或は私的利益を謀る機会を与えたが、このような買収行為に対して在郷紳士は、「害上加害」、すなわち少なくとも東北地域の利益に符合せずという理由で厳しく批判し、拒否したのである。[38]

ところで徽州知府は、乾隆二三年一一月二二日、在郷紳士たちの公呈を受けたその当日に、知県の取った態度とは

全く異なり、

西関河路、係民商船隻往来必由之道、何物歙首、敢藉風水為由、倡議攔河造碣、而欲阻截行舟、深属不法、仰婺源県速査禁止。如已私築、即押拆卸疎通、抗違立提解究

という批を下し、[39]壩建設は違法行為で「私築」であると見なし、知県に事件を再調査し、違法工事を禁止し、取り壊すよう命令を下している。知府が建設推進派と反対派両方の控状・訴詞や知県等の報告書に対して与えた批、及び上司への報告書をみる限り、知府の判断は一貫して、訴訟の解決まで変わらなかったのである。

しかし知県は、知府の二三年一一月二二日の批、即ち県に対する命令、および相次ぐ在郷の反対派の控状に対する批の中に示された知県への指令等を無視し、二四年三月二五日、知府の三回にわたる異例の催促の下でも、在郷の汪澎らの告訴を「不察根源、不権軽重」と見なし、壩建設が東北地域の水上運輸に対して「毫無妨碍」であると断言し、「地方有益之挙」、「舟子商人均有裨益、利於民、復於古、此応虹古壩之急宜修造也」と強調し、知府に「応請俯順輿情、准令造完、以利地方、以慰民望」という旨を要求し、壩建設を支持する報告書を提出した。[40]知府は知県の報告と処理が「並不妥洽」であると考え、歙県、休寧の知県からなる連合調査チームを派遣し、歙県、休寧の知県の口頭調査報告によって、婺源知県を、

任聴好事棍徒藉名風水、擅将舟楫往来通流要河、築壩阻截、以致水不能洩、旁流衝刷田疇廬舎、並損船隻、貽害地方、有妨民生、大属不合

と見なし、壩撤去の結論を出した。[41]乾隆二四年六月に婺源県知県は知県連合調査チームの調査報告書に署名しないまま、壩建設を支持するように、稟の形で知府に再び要請した。稟の内容は未詳であるが、知府の批に「本府畳経批飭押拆、(知県)尚不遵辦、乃以前明久廃之碑誌、藉為飾復。今……何得罔知軽重、猶執前説率稟」とある表現からは、

知県の態度が容易に分かるであろう。(42) その後も依然として知県は知府の命令に抵抗し、命令の執行を引き延ばしたのである。

以上述べたように、西関壩を建設するか、撤廃するかを巡っては、行政システムにおいて、知府と知県の対処が最初から全く違う方向へ展開しており、知県が知府の処理方針に抵抗したために、こうした行政システムにおける上下の対立が形成され、省レベルの官庁が介入する実態にまで至ることになった。

一方、府に最初の公呈を提出した在郷紳士の行動は、訴訟手続きから言えば越訴の性格があることになろう。越訴自体は、知県の態度と立場に対する批判である。上訴の際、程度の差こそありながら、在郷紳士は様々な場合に知県と県政を批判している。

乾隆二三年一二月、在郷の紳士・商人・住民によって、壩建設の経緯、推進派の意図と訴訟の過程を述べている啓帖が出された。その内容は以下の如くである。

> 縁西関有未成之橋石、視為奇貨可居、規両岸多可造之地場、必求龍（壟）断在此。於是託已故陳侯（前任知県陳士元）之術説、鼓惑城中諸民士、造壩則発越非常、捏無拠陸守（明代徽州知府）之堤文、巧乗新任（胡玉瑚）亦蜀人、再来為継節不偶、刊伝引帖、涎批助之万金、築截渓流、計罟呑乎一網。有兪生（兪敬蒼）之稟阻、批置罔聞。際県駕之公行、工加迸塞、致子民之駭憤、吁府憲以陳情。方頌讞檄之煌々、疎通有頼。詎意矗権之悖々、藐抗不遵、串博士（朱世潤）作招牌、捏遠宦（現任甘粛寧夏府知府王応瑜）為呈首。……激邑主以徇批、謂爾等尚煩饒舌。膝前讒搆、致慈父不無偏怙之心。堂下哀号……未拡保民之量。雖経士庶之畳吁、無如壅蔽以難回

即ち在城の商人等は、風水説で県城の住民を煽り立てて理由を作って知県から建設募金の許可を得て、西関に壩を建設し、河川運輸の利益を独占しようとした。在郷の建設反対の上訴を受けた知府は明確に壩建設を止めると命令した

が、在城の建設推進派は命令に従わず、逆に急いで建設を進めた。さらに県城の紳士を動かし、有名人の名を借りて、在郷の紳士と訴訟の形で争った。知県は県内住民を平等に扱うことができず、在城者に偏った支持を与えている。啓帖の最後では「伏翼当路仁賢、済時君子、鑑念河路宜通不宜塞、民生宜利不宜殃、溥賜鼎言、代伸輿悃、諭城士無虐郷人、救婺民並済徽属、共安自然之利、用弭無已之争」と呼びかけて、訴えている。[43]知県の在郷紳士等に対する意見抑圧と在郷紳士の知県批判によって、県内告訴と府、省への上訴が繰り返し行なわれる過程で、在郷紳士集団と知県との対立も形成されていったのである。

このように壩建設による在城と在郷の紳士の紛争は、在郷紳士が知府に公呈を出してから壩が撤去されるまで一年余りかかったが、ここで訴訟案の過程を簡単に整理しておこう。第一段階（二二年九月～二三年一一月）は、発案から在郷紳士が集団的に知府に公呈を出すまでである。この段階では知県と意見を交換したり、交渉したりする在城商人グループと在郷紳士の活動は、県内に止まっていた。

次に第二段階（二三年一一月～二四年五月）は、在郷紳士が、集団的に知府に訴えた時点に始まる。これに応じて在城紳士も集団的に知県と知府に訴詞を提出した。在城と在郷の紳士の間の対立が本格的に顕れて、事件は県の範囲を超えた。この段階では在郷紳士は、知県の処理に不満を表明して上訴する一方、社会輿論の力を借りようとして掲帖を貼る形で徽州府内の公議を求め、結局、二四年二月二四日、休寧県紳士は、「事雖隔邑、害実切膚」という認識の上で婺源県在郷紳士の意見を支持した。公呈を出した紳士は、主に同県の食糧運輸路の沿線の社会地位の高い二八人からなる。[44]これらの紳士を表四～五に作成する。

表四~五　休寧県紳衿（二八人）

| 名前 | 出身地 | 科挙資格等 | 資料出所 |
|---|---|---|---|
| 黄興礼 | 東南郷 | 原任仏山分防同知 | 案巻 |
| 程世績 | 率口 | 現任長芦都転塩運使 | 下同 |
| 程家棟 | 率口 | 現任南安州知州 | |
| 戴保予 | 東南郷 | 現任茶陵州知州 | |
| 呉敦仁 | 率口 | 現任鎮南州知州 | |
| 程沢 | | | |
| 戴兆復 | 隆阜 | 乾隆4年進士、現任常州府教授 | 道光徽州府志選挙志 |
| 程烈 | 率口 | 乾隆12年挙人 | 下同 |
| 程鐘元 | 東南郷 | 雍正13年挙人 | |
| 程自雄 | 率口 | 乾隆17年挙人 | |
| 呉賽 | 隆阜 | 乾隆18年挙人 | |
| 程学道 | 率口 | 乾隆22年進士 | |
| 畢儲元 | 閔口 | 準貢（副貢） | |
| 戴廷魁 | 隆阜 | 準貢（副貢） | |
| 以下省略 | | | |

同年三月四日、歙県紳士は、前掲の啓帖を同県の利益の面から支持する意見を表明した。彼らはいずれも食糧集散

地の近辺の在住者で同県の代表的な紳士であった。(45) これらの紳士を表四～六に作成する。

表四～六　歙県紳衿（二一人）

| 名前 | 出身地 | 科挙資格 | 資料出所 |
| --- | --- | --- | --- |
| 江観瀾 | 県城 | 乾隆元年挙人 | 道光徽州府志選挙志 |
| 張炳 | 県城 | 乾隆9年挙人 | 下同 |
| 曹学詩 | 雄村 | 乾隆13年進士・元知県 | |
| 汪昱 | 県城 | 乾隆17年挙人 | |
| 汪坤 | 県城 | 乾隆21年挙人 | |
| 程徳烱 | 荷池 | 乾隆21年挙人 | |
| 汪其純 | 県城 | 乾隆21年挙人 | |
| 程啓祐 | | 乾隆21年挙人（銅陵教諭） | |
| 潘宗碩 | 貢生 | | |
| 胡珊 | 城北 | 貢生（乾隆27年挙人、31年進士） | |
| 胡頤 | 県城 | 準貢（副貢） | 道光歙県志巻9歳貢 |
| 以下省略 | | | |

休寧県と歙県の紳士は集団的に知府に壩建設を反対する公呈を出して、訴訟事件に介入した。

この段階では、推進派にとっては不利な出来事が発生した。壩水位の落差が大きいために運輸船が奔流によって転覆する水難事故が頻発したのである。又梅雨による洪水が起こって壩建設地にある洪饒灘という集落を直撃し、田圃、家屋、墓、道路などが水に押し流されてしまった。同時に食糧の価格も、在郷紳士の最初に告訴したとおり上昇し、人々の生活に影響を与えた。

そして第三段階（二四年五月~同年年末）に至り、安徽巡撫高晋の関与によって、壩紛争の影響は、府の範囲を超えて総督、巡撫等の省レベルの官庁にまで及ぶことになった。この段階では、推進派は建設の主張を固持している。三県知県の連合調査や知府の調査を経て江南分巡安徽寧池太広道は明確に「仰飭該府拘提張公沛等到案重責示懲」という意見を下し、壩を全部除くように徽州知府に命令した。上級官庁の命令は繰り返し下されたにもかかわらず婺源県知県は最後まで積極的に事件を解決しようとする動きを見せなかった。壩訴訟案は、最終的に県と府によって解決を見たわけではない。分巡道沈世楓が、総督と巡撫等の意見によって建設現場を調査し、婺源県知県を叱責し、直接に在城商人のリーダーを処罰して、紛争を収拾したのである。

## 第二節　地方行政と県内における「中心・周縁」の構図

### 一　風水建設の社会基礎と紛争の焦点

既に述べたように、壩建設を巡る紛争解決の過程では、在郷紳士・商人・住民と在城紳士・商人、在郷紳士と知県、知県と知府という三つの対立の構図が形成されている。この対立の構図における中心は、在郷紳士・商人・住民と在城商人・紳士とにおける対立にあった。さらにここで注目すべきは風水建設が重要な問題点であったことであろう。そこで次に、現在の我々から見れば一見、実際上の機能がないように思える風水目的による当時の壩建設を実施する際には、はたしてどのような社会基礎があったか、換言すれば当時における建設推進派の提案や建設は、どの程度の合理性があったかについて考察してみたい。

住居・生活環境と家族や一族の出世・繁昌などの関係を風水の立場から重視する考え方は徽州地区にかなり古い時代から存在した。[46]徽州の人々は、一つや複数の重要な風水地の確保、或は改善を通じて一定の範囲内で現在と将来の人々に利益をもたらすことができると信じていた。「泥於陰陽、拘忌廃事、且昵鬼神、重費無所憚」という行為様式は、[47]明清時代における徽州の社会経済と人々の日常生活に浸透し、生活常識の一部分となった。従って風水環境の改善を目的とする公共土木工事は、至るところで存在した。水口、橋、塔の建築、湖（池）の掘削、植樹などによって村落の環境を人為的に改造する記載は、地方文献、特に族譜の中に多く残っている。[48]これに対して風水地の確保や破壊を巡って多くの紛争と訴訟が起った。[49]風水を大事に扱う観念と営為は、一家族（一族）、一村落に止まらず県全体の「竜脈」の保護、[50]県・府城の周辺の川に壩などの工事を起して風水環境を改善しようとする如く地域全体へ広がることになった。

ここで二つの大型建設の例を見てみたい。まず、徽州府城における漁梁壩であるが、これは、宋代以来、しばしば建設され、康熙二六年、地方紳士・商人・住民と知府の参与によって風水師の提議に従って再建されたものである。[51]徽州知府朱廷梅は「記」の中で、「予不佞承乏茲郡、惶々憂之、慮民気之不静、民俗之未醇。呉太使告予曰　漁梁不修、徽俗将自敝、為歴言往事、多有明徴」と述べている。[52]灌漑等の目的も明確に挙げられているが、風水環境の改善によって徽州府全体の風俗を改善することも確かにその建設の意義の一つであると認識されていたことが明らかである。

次に、祁門県の聚源壩は徽州地区の風水工事の典型例と言えるものである。代理知県趙国用が「募修聚源壩序略」

で

> 予承乏海陽（休寧）迄今三載、……奉委署篆茲邑、見風土人物古道猶存、敦厖之気不亜於休、而環顧市廛、荒瘠蕭瑟、則不及遠甚。夫休祁咫尺耳、而気象不同如此。因怪而問之、諸父老告予曰、邑南鳳凰山之麓、水勢迅急、下流直瀉、為形家所忌、旧有壩名聚源……昔之人文蔚起、生業勃然者、皆此壩功。今廃矣、則源不聚、源不聚、則民生不遂。吾邑日就凋敝者、職此之由。遂群然以修復為請、予以興利除害、分所当為、不敢透躬履其地……此壩為閤邑関鍵……且如父老言、則修復之後、山川融結、霊秀凝注、自必戸口滋殖、生民楽業、蒸蒸然家礼楽而戸詩書、科第蝉聯倍置於往昔、以視夫炫耀一郷、造福一時者、其功之大小為何如也

と述べるように、この壩の建設においては風水観念が大きな作用をもっていた。趙国用の後、乾隆二二年に知県を代理した唐元勲が、続けて建設し、同二三年に知県呉嘉善が完成させている[53]。

以上の二つの風水による大型建設の事例からは、地方長官が積極的に地方の風水建設の要望に応じ、風水建設に関与したことがわかるだろう。特に聚源壩の建設意図と建設の時期は、婺源西関壩建設と重なり合うものであり、両者の間に同じ社会観念と背景を見て取ることは可能である。徽州の人々の風水観念と風水建設の営為から見れば、風水建設に関する提案および建設自体は、不正常なわけではないことは明らかである。

ところが、壩という風水建設は、在城の商人・紳士の期待したように県全体の人々に人文や経済の振興の効果をもたらすことができるのか。在城者と風水常識を共有している在郷紳士と商人・住民の反対理由を整理すれば、以下の四点のようになろう。

第一は、前述したように壩建設が、「生民命脈」を断ち切るほど、東北二郷の運輸業と人々の生活に直接の影響を与えたことである。

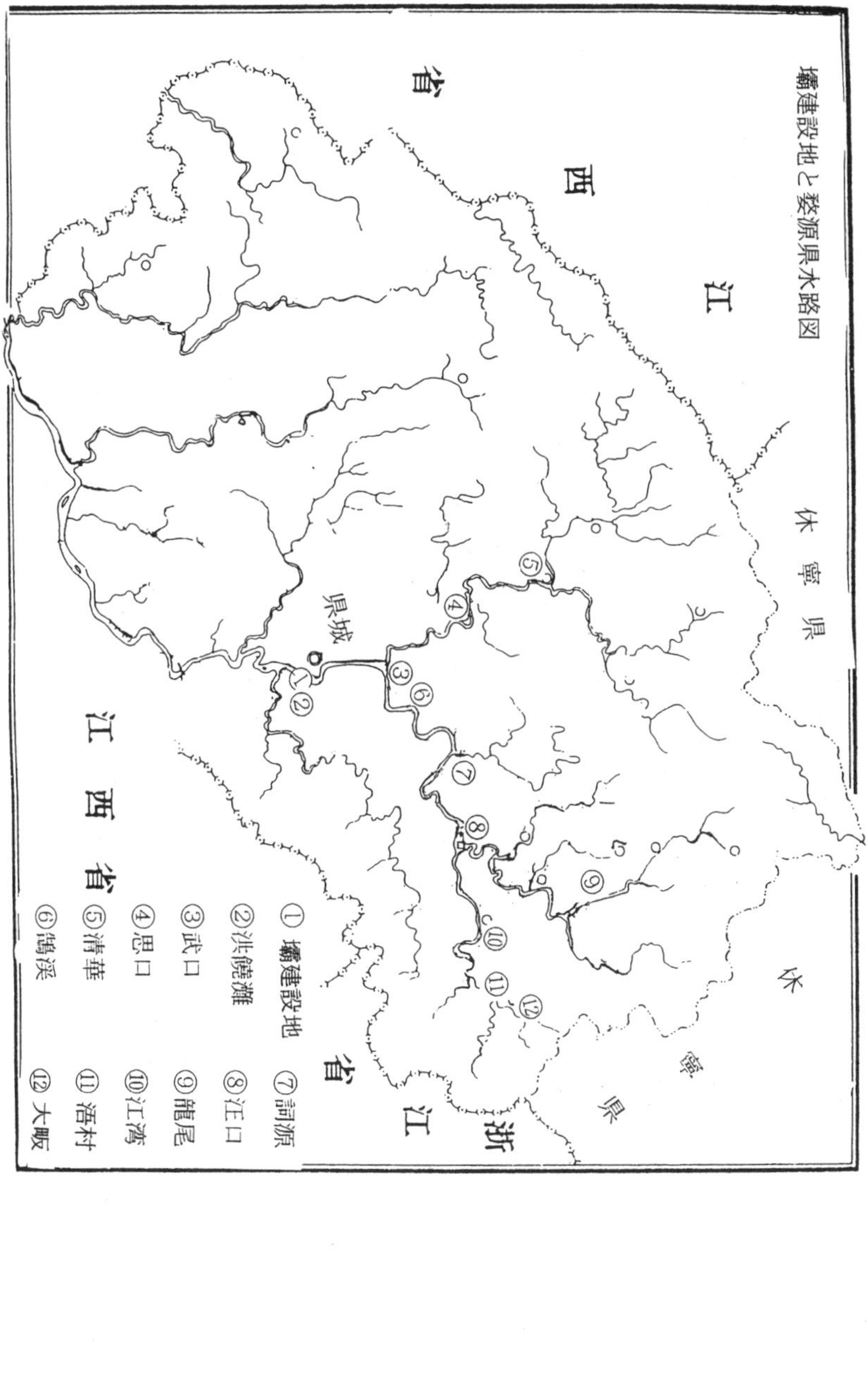
壩建設地と婺源県水路図
江西省
休寧県
県城
江西省
休寧県
浙江省
①壩建設地
②洮饒灘
③武口
④思口
⑤清華
⑥鵲溪
⑦詞源
⑧汪口
⑨龍尾
⑩江湾
⑪浯村
⑫大畈

婺源県は徽州府のほかの県と同じように高い山々に囲まれ交通が不便である。山勢に沿って大小の河流から成る一つの水系は、婺河に注いで江西の饒州府に通じている。この水系は、南流して、江西を経て、湖広、ないし福建、広東等の地方とつながっている。

徽州地区と南方とを結ぶ一つの通路であり、婺源県を外部世界と繋ぐ唯一の水上交通路である。東北から江湾、汪口を経て南西へ流れる支流と西北から清華、思口を経て東南へ流れる支流は、県城の北部に位置する武口で合流し、一つの川になる。壩建設は、県城より約一キロ離れた南西部の西関に行なわれた。壩建設は水系の主流をせき止め、地図に示したように交通機能を利用できる県内の半分以上の地域の水上運輸に影響を与えたわけである。

第二は、前掲の在城紳士の訴詞で指摘したように、知県の交替の際に壩建設の資金調達が、在城歛首の自主的募金から県の全域に割り当てて寄付する方式へ変化したことである。従って壩建設の被害地域となった東北二郷も在城歛首の「勒輸」の対象にされ、壩を建設するために寄付せざるを得なかった。

第三は、壩建設の提案グループの意図が、在郷紳士、商人・住民の啓帖に「曰脚夫、曰牙行、顕露把持行市。有灰印、有串票、明言貨物稽査。是設壩以為関、任客貨之邀截。府檄屡行禁止、蠹蘙現更加工。立見春夏洪波、船無停泊之所、秋冬涸轍、路遙搬運之程、孤客之照管難週、過手之侵漁可慮。夫頭把踞而刁蹬、牙獪操縦以留難。風雨之不時、必嗟暴露。盤駁之多事、無限姦欺」と指摘したように、壩の側に牙行を設置し、通過する貨物運搬の脚夫の配置などの措置を通じて手数料等を取って貨物運搬などの利益を独占し、徽州府内の他地域をも含む婺源の北部地区の運輸業ないしその地域と江西、広東との商業活動を制約しようとすることにあったことである。その狙いは確かに運輸業者や中小卸売商人、零細商人、消費者からの収奪である。

要するに、壩建設の利益は在城の商民に帰するが、被害は、すべて東北地域の人々が蒙る。従って壩建設が進められれば、在城と在郷の利害は極めてはっきりすることになるのである。

第四は、在郷紳士の見聞によれば在城商人グループは「詎（胡兆）奇現在雖奉憲（知県）委買谷、而伊子得志猖狂、日与（張）希聞等督工迸造、且声言県近府遠、任府批飭、不能押毀」、つまり商人は知県との特殊な利害関係を持ち、壩建設に対しては知県の意見が重要であるが、知府は壩建設を食止める能力がなく、知府の命令を執行しないと公言したことにある。(54)訴訟の展開に伴って官庁間のやり取りにおいて、知県が上級官庁の命令に抵抗して壩建設を支持した理由は、建設推進派の公呈と訴詞の内容と同様であり、ほぼ公呈と訴詞の原文をそのまま使用したのである。壩建設紛争を巡って浮き彫りにされた在郷と在城の利益のバランス問題に対して、父母官としての知県は、完全に在城者の一味として行動していたのである。

## 二　州県における「中心・周縁」の構図

以下、壩建設訴訟を処理する過程の中で現われた知府ないし巡撫・総督等の命令に対する知県の抵抗、在城商人・紳士に対する在郷紳士集団の抗争は、当時の社会構造を理解する際にどのような意味を持っているか考察してみたい。

周知のように、清朝の任官人事制度においては、地方官は科挙試験や地域回避等の規定によって任地の事情に詳しくない、試験勉強から得た知識が実際の政務に必ずしも役に立たないという二つの基本問題を抱えている。地方を治める過程で、江蘇巡撫丁日昌が「不知刑名銭谷為何事、催科撫字為何物。凡与上交接者不能不聴之幕友、与下交接者、不能不聴之門丁、申行則書吏主之、勾摂則胥吏主之。……故一旦得所藉手、有如盲夫夜行、不能不聴命於他人之指揮」と指摘した如く、(55)行政事務のすべてを幕友・胥吏に頼らざるをえず、結局彼らに操縦される窮地に陥ることになった。しかし知県等を補佐し、地方政務を執行する胥吏集団は、「市井無頼之子、無由策力功名之途、惟作奸犯科耳」と軽蔑されるものでもある。[56]明清の地方政治における胥吏の悪と横については、夙に当時の人々と研究者に指摘されている。[57]その中で、顧炎武の「今集百官之権、而一切帰之吏胥、是所謂百官者虚名、而柄国者吏胥而已」という表現は言い過ぎかもしれないが、[58]胥吏は外来知県の背後の実力派であるというウェーバーの見方は確かなこととして支持できよう。[59]その原理と実態については専門的な考察がまだ必要であるが、ここに簡単に言えば地方政治の理念、或は地方官の職責は、地方の安定を守るが、政務を執行する胥吏は、罪に陥る恐れもなく職務を利用し民を掻き乱し私利を求める集団である。従って州県行政システムにおける上下の間には、秩序を守ろうと秩序を乱すという構造的矛盾と乖離が生まれていたことになる。

ところで地方官が流動的な存在であるのに比して、胥吏は、輪班制等の規定にもかかわらず、姓名変更、世襲、名義売買などの手段を通じて州県・府城に巣くい、地方政治と行政に甚大な影響を与える相当安定的な勢力となった。[60]地方の住民にとっても、地方政治の枠組みのなかで州県長官、および幕友、家丁などの側近に付き合ったり、姚廷遴のように政務の施行者（胥吏）の一員になったり、[61]胥吏と結託するのは、州県政治に影響を与えることを通じて私利を実現、あるいは保護する有効の手段であった。科挙試験の他、地方官や胥吏とのコネを作るのは、有力者が地方政治に介入し、地方政治において競争するための主要形式であった。

壩訴訟の処理過程を見る限り、知県の意見と批の内容は殆ど推進派の意見のままであり、上級官庁の命令に対する知県の反応、上級官庁への報告書の提出の遅延が非常に目立っている。この現象は江西巡撫陳弘謀の「文冊実填経承姓名檄」に「案件遅延、固由官司疲玩、亦由胥吏有意沈擱、希図藉事需索者居多」と指摘した如く、[62]合理的に解釈し得る。地方政治において厄介な存在としての胥吏は、自己の都合に応じて行政事務の手続きを左右し、行政効率を影響する。壩建設と訴訟の解決過程に在郷紳士の告訴に対して在郷住民兪以万等が「生員兪敬倉稟県批查、房弊不理……

（胡）兆奇等計糾豪宦、党脅県主、房弊朧詳、張揚府遠県近、批置不理、莫敢誰何」と述べたが、その房弊とは、胥吏が職務の便利を謀って行政手続きを妨害して壩建設を支持し、在郷者の訴訟、及び壩建設紛争の法律解決を阻害したことを指すものにほかならない(63)。

また壩建設に直接の利害関係がない西郷紳士も壩建設を批判する稟詞に、「恭惟父台、催科有術、撫字無方。差費浮於正供、私徴厳於搏撃。雖云氷心自矢、而日以情面相尚、在城紳士出入衙署公門如同客舎。此次倡造石壩之挙、亦無非一時之偏聴耳」と述べている。この偏聴の背景には知県が偏聴せざるを得ない事情、即ち知県に対する在城の有力者の影響力があったと思われる(64)。壩訴訟過程の中で現われた在城の者の「匪維視府批如廃紙、抑且藐憲法若弁髦、蠹棍党横、胆大包天」といった現象の物語ることは(65)、壩建設と紛争の陰の主役としての胡兆奇等の有力商人が、県城の紳士と結びつき、胥吏と結託し、利益団体を形成し、地方政治を規制し、農村を収奪対象としていた状況があったのである。このような県城の上層は、胥吏の手を経て一般の地方公共事務のみならず地方政治のやり方およびその過程に、即ち知県や国家行政システムの運営に大きく影響を与え、極端な場合には知県、或は県庁というものを集団、地域利益を実現する道具としていたのである。

ところで中国の伝統的政治構造の中で、県という役所は行政システムの基点として、地方秩序の維持、住民の教化、生産の監督指導などを行ないながら、国家財政のために生産品の実物・労働力・金銭などを徴収し、底辺から財富を吸い上げている。こうした行政プロセスにおいて県内の各地、主に農村は、不正政治行為を通じ地方官と州県胥吏の収入源、搾取対象となるわけである。商品の購買を含め、行政に関わる科挙資格の予備試験、納税、訴訟等のために州県城に行く農村の人々にサービスを提供する過程で州県城の商人は、利益を獲得し、農村の財富を吸い上げる一環になった。

水利、教育、宗教、慈善施設などの建設の企画、資金調達、建設、運営、ないし食糧蓄積などの地方行政事項への参与を通じて、明清時代における有力の商人は、国と民、官と私に介在する地方「中間領域」、或は「公共領域」社会に進出し影響力を発揮し、余英時氏の研究の中で強調されるように社会的役割を増大させ、紳士と同じように国家と社会との間の重要な中介的存在になった(48)。地方財政支出の規模が小さい清朝の前期において、公共領域における様々な事業の資金調達の方式は、具体的状況に応じて異なるが、主に税金以外のルートを通じて集められたのである。農村社会は重要な資金源の一つとして地方の公共建設を支えていた。公共領域に登場する有力商人は、様々な行政手続きの必要から地方官と胥吏集団と結びつき、公共事務の企画、施行を通じて公共事務を遂行すると同時に、一石二鳥、地方官や胥吏と同じように農村における商人を含む農村を商業利潤以外の収奪対象とし、私的利益を謀った。商人の社会的役割と公共的精神に対する評価が高まる一方、商人の上層は、徽州商人、特に塩商人のように最も強い武器としての経済力を駆使して官僚と胥吏に接近し、政治権力に浸透し、政治権力を借りて私利を実現するのであった。

農村は県内で周縁的な存在であり、県城との周縁・中心関係が専制国家の政治統治を形成していることは言うまでもない。県城との関係において農村の弱い立場は、東北郷の耆民が知府の現場調査を迎える時に出した訴状に「汪挙（澎）等公事公言、非比朱紳（世潤）等営私営利。似応対而形穢、何堪遇輙逞凶。況乎交税、納糧、賓筵、赴試、郷民難避城地。若不突稟予防、誠恐遭辱叵測」と語っていたことによく反映されている(67)。明代中期以来、商品経済と都市化の展開につれて異なる経済空間としての県城（都市）・農村＝中心・周縁関係は、市場構造という経済関係においてますます明確化し、中心が周縁に対する影響力を増大しつつあり、県城（都市）が農村に対して経済的支配力を振るうことになる(68)。

　このような政治と経済等の複雑な回路において、農村の財富は（一）国家の徴収、（二）商品交換と行政的サービス、（三）行政における不正と腐敗などによって絶えず県城等の都市に吸い込まれた。この中で官庁の権力を濫用し、民間の財富を多く奪い取る胥吏集団の行為は、当時の人目からは「従来天下之乱、固気運為之。有洪水之害、有猛獣之害、有暴君之害、豈今之気運在吏胥耶」と見なされ、地方社会の不安や動乱の種であった。[69]さらに商人も地方官や胥吏集団に癒着し、政治的手段で農村の財富を収奪する過程に参入するとともに、県城と農村との対抗的な圧力が次第に増大していく。この圧力がある程度溜まると、農村の反発も特定の形で現われる。[70]婺源県壩建設訴訟において、在郷の紳士が関連の地域を連合し、訴訟という平和的方式を以って在城の商・紳と戦い続けたのは、こうした対抗と緊張の一側面であると理解できるだろう。

## 第三節　訴訟文書の掲示・批発、伝送と訴訟展開

### 一　明清徽州の訴訟文書

　明清時代の徽州社会の訴訟については、様々な研究成果が積み重ねられてきた。[71]明清時代における地方の訴訟や裁判の性格、当時の社会秩序の実態について解明する際、巴県檔案、淡新檔案、および順天府檔案は、貴重な史料を提供してくれる。この三つの檔案は、文書の形態としては地方官府文書である。一方、各図書館、博物館、檔案館に散在している膨大な徽州文書について見てみると、地方官府の訴訟檔案は系統的に保存されてはいないものの、明朝前期から清朝、民国にかけての訴訟文書は、数多く存在している。[72]

先に『吁控拆毀婺城西関石壩案巻』を簡単に紹介したが、案巻資料の文書形式や、訴訟当事者が如何にして官府の意見、相手の告詞、訴詞、関連文書を入手し、地方官等の意見などの訴訟情報を獲得していたのか、といった訴訟の過程と地方裁判の性格については触れ得なかった。本節では、西関石壩案巻を中心として徽州民間における訴訟文書の検討をして地方の訴訟・裁判の性格について考察してみたい。

## 二　抄招給帖

現存する徽州訴訟文書の数量については正確な統計がない。公刊された資料、および筆者の調査によれば、数多くの訴訟文書の中で文書の存在形態は、大体以下の三種類に分けられる。(一) 訴訟案を処理した後、地方官府の担当部門によってファイル化し管理された、官印、事務用押印等のある原文書、即ち官府の訴訟檔案。(二) 訴状の下書き等、民間で抄録され管理された関連訴訟文書。(三) 当事者が、訴訟事件が終了した直後、官府の許可をもらって原文書に基づいて写した、官印を押した二次文書。

原文書としては、正式の控詞と訴詞、原告・被告が提出した関連の契約・地図等の証拠文書、地方官の批、拘票及び両造、参考人を拘引したことについての報告や原告・被告の病気、或は親戚の死亡によって拘引できなかった等の事情説明、点名単、堂審の口供記録、地方官の審語、両造の甘結、ないし同一事案に対する上下の行政機関の間でのやりとり等がある。それぞれの文書の性格は、規定に基づいて告状事宜を含めて印刷した状式紙、代書の印鑑、地方官の公印や私印等によって判断できる。このような文書に訴訟の過程と官府の処理の手続きを見ることができる。[73] また保存情況によって現存する原文書の中には、控詞、稟文、拘票、審単などの文書が他の関連文書と切り離され、バラバラに存在しているものも少なくない。[74]

現存する訴訟文書の中では、民間で保存されてきた訴訟文書が圧倒的に多い。それらの書類は、家族、一族、或は地域の重要な法律文書として、一冊の抄本、あるいは刊行された訴訟案巻[75]、訴詞等の下書き[76]、複写した「散件[77]」、族譜等の宗族文献に挟み込む「散件」の集合体である[78]。

民間の文書にせよ、官府の檔案にせよ、これらは訴訟当事者双方が権利等の帰属をめぐって争った際に官府へ控訴され、裁判、調停がなされるという過程の中から生み出されたものである。民間に保管された訴訟文書は、契約文書における「白契」に類似し、官府の証明印鑑が押されていても文書の内容や数が限られ、容疑者を拘留する拘票、証人と参考人等を集める際に地方官の命令状、及び容疑者、証人等を集めた際に出される胥吏の報告書等を含まない。それは訴訟過程で作られた原物ではないためである[79]。

それら文書の多くは官府に存在する文書の写しであるが、民間ではこのような文書を如何にして官府から入手したのだろうか、この問題について高橋芳郎氏は、明代徽州休寧県の両姓氏の争訟を紹介する際、『著存文巻集』という文書は、訴訟が決着してから原告側の請求により官府の許可を得て抄録したものだと指摘した[80]。徽州文書には確かに氏の指摘したように「告抄招状人謝学立告為懇賜抄招給帖、以防後患事、市悪馮貴旦等聴唆告争査木塢東山塢、蒙恩審明……<u>爺台不日高遷、</u>……乞賜懇招印信給帖、以杜後患……上告県主爺爺台下施行」（下線は筆者、下同）といった当事者の請求書が残っている[81]。万暦二五年のこの申込書は「告状」の形で示されたが、地方官は直接申込書に「準照」として許可した。

現存する徽州文書によれば公式の申請、地方官府の確認、許可等の正式な手続きを経て当事者が官府から控状、訴状、地方官の審語、批等関連する訴訟案巻を抄録することは可能であった。このような訴訟文書は、給付の際、チェックした意味を表すために、官府の証明印鑑が押されている。明代徽州文書の中では、こうした訴訟文書の抄録の申請と給付を「抄招給帖」という。[82]

万暦二八年祁門県給汪以敬抄招存照事帖に「祁門県為抄招存照事、拠汪以敬状告前事……俯賜抄招作証……等情、拠此除抄招外、合行帖給本告前去収執□証、以後混争、許齎此帖陳理、定行従重（?）究治不貸」とあるように[83]「抄招給帖」は二つの内容がある。明代の徽州文書をあわせて分析すると招、或は招由は訴訟・裁判を行なう際、当事者の招供、即ち供述の記録である。帖は、案由と裁判の結果を叙述した当事者（勝者）の「抄招給帖」の申込書に、官憲の確認、加害者（敗者）に対する警告、案巻の抄録に対する許可、及び抄録した案巻の状態・数量、宛名などの要件を書き加えて、勝者に給付される、裁判の結果を示した官府の証明文書である。[84] したがって二つのものを合わせた「抄招給帖」という制度は、当事者（勝者）が、官府に正式の申請を提出し、官憲の許可を経て訴訟・裁判の過程と結果が書かれている案巻、審問記録、批、判決を入手できるという制度であると言ってもよい。当事者（勝者）は、「抄招給帖」制度を利用し、地方官の確認、許可、官印や割印押印という正式の手続きを経て、訴訟の経緯と官府の処理（調停・判決）の結果を記した関連の案巻を入手できる。当事者（勝者）による案巻等の訴訟文書の入手と帖の獲得は、官憲の判決を固めて自己の利益を保護し、同一事案の紛争再発を防止するための重要な方策である。

清代の訴訟と裁判においては、「抄招給帖」制度が存在していた。順治一六年に祁門県の黄昆は、墓地をめぐる紛争が決着した後、官憲の処理結果を改めて確認した上で、「爺台金参鉄案、永釘莫移。但伊（被告）神機不側（測）、万一爺台高遷、復盟（萌）占覇祭、冒行標掃、臨難分辯」という理由で「抄招給帖」を請求した。その要求は、「拠此、擬合抄招帖給本告収執照証、日後黄忠元等生奸謀占、許本告□此帖文赴県陳稟、以憑按律究治施行」として許可された。[85] 康熙三二年休寧県出起きた訴訟も同じである。当事者は「憲陛指日、曲心砌害、復萌種種奸謀、誠難逆料、亡羊己肇目前、思患尤当預防、一之為甚、其可再乎。為此叩懇憲天大父師恩賜抄案賞印、珍執鋤強弭害、扶弱安生、迫切上呈等情」と述べた上で「抄招給帖」を請求した。官府はこの件について「拠此、擬合給帖抄招。為此抄給原呈本生収執。嗣後李浩等敢再冒僕生端、欺凌胡一等、許執此帖文前赴所在官司控告参究施行。須至抄招者。許抄招。一件凶殺父命等事巻壱宗」というふうに処理した[86]。

地方官が処理したすべての民事訴訟で、紛争が再燃するわけでは必ずしもないが、当事者は、一旦紛争が鎮静化した後の官府の判決や処理の効力を疑問視し、紛争の再発を恐れながら自己利益を永久的に確保できる方法を求めた。その方法とは、紛争が再発した際、有力な証拠として官印を押した帖文と官府の判断、及び関連する訴訟案巻の謄本を入手し保存することである。それは、ただ「以為子孫世世張本[87]」、「懇乞□□□□印照、以杜後患、俾魍魎遁跡、奸謀潜消、良善獲安[88]」、「懇賜抄招執証杜患」という目的のために[89]、「金参鉄案、永釘莫移」という官憲の処理の確定力を強調しようとする民間における営為であった。官憲の処理・判決の効力とその連続性に対する不安と憂いは、「爺台指日喬遷、尤恐奸豪翻害」という「抄招給帖」の請求書の決り文句に示されている[90]。官憲の判決は、人事異動によって水泡に帰してしまう危険性が常に存在したので、公的文書の形でこの判決を明確化し残す必要性も切実であった。「抄招給帖」制度により、明清徽州の民間において、相手の主張や官府の批等を含む大量の訴訟案巻を入手できる所以である。同一事案に関する紛争が再燃する可能性の存在が、長い間、訴訟案巻が保存されてきた背景にあるとも考えられる。官府の処理に対する民間のこうした現実的不安感は「判決の確定力観念の不在」という民事訴訟・裁判制度の性格に関する滋賀秀三氏の論断を支持するものである[91]。

ちなみに「抄招給帖」によって得た訴訟文書は、胥吏が訴訟原巻に基づいて関連する文書を抄録し官府の証明用印鑑を押したものであり、胥吏への指令書や胥吏の復命書等の官府内部文書は抄録の範囲から外されていた。また、訴訟文書の複写を獲得した請求者が、胥吏等に手数料を支払っていたことが推測できる[92]。

以上では、徽州民間の訴訟文書が、官府の処理が終了した後、民間の人々によって入手し保存されてきたことを明らかにしてきた。そして、それは、訴訟・裁判の結果によって紛争の再発を防止する策であったと考えた。ところで訴訟の進行中には、官府の批、相手の訴状、告詞などが入手することはできないのだろうか。以下、壩案の訴訟文書を中心とし、この問題を分析してみたい。

## 三　批発と抄録

提出者の地域、社会身分等を見れば、これらの文書は、五つに分けられる。（一）東北在郷の紳士、商人、船戸、子民、老民、耆民等の呈詞、公呈、控詞、稟詞、請会勘詞、啓帖。（二）在城の商人、紳士の請建壩詞、訴詞、稟詞。（三）壩建設地洪饒灘住民の稟詞。（四）県内西郷紳士の稟詞、休寧県・歙県紳士の公呈。（五）婺源県知県陳（士元）、胡（玉瑚）、徽州府知府王（尚渭）、休寧県知県胡（則安）、歙県知県王（廷琮）、分巡道沈（世楓）、安徽布政使託（庸）、安徽按察使蘇（爾徳）、安徽巡撫高（晋）、両江総督尹（継善）、代理総督陳（弘謀）等の批、飭牌、催牌、籤、詳文、劄文、案由、檄文、会勘聯詳文、告示、牌文、看語等。

控詞、訴詞のほか、上訴文である呈詞、公呈、稟詞が多い。呈と稟という書式は上司へ提出する公文として使われているが、両者の相違は何であろうか。滋賀秀三氏は台湾の淡新檔案資料に基づいて、社会身分によってそれぞれ「呈」（一般人民）、「稟」（紳衿や地方の世話役）を使っていたとしているが[93]、清代徽州の訴訟文書において稟は、社会身分を問わず使用され、逆に呈は、科挙資格者や官僚経験者がよく使用した書式である[94]。この違いは、台湾と徽州の訴訟の地域差を示しているのであろうか。

飭牌・催牌などの牌文、檄文、劄文、籤等は、上級官庁から下級官庁への行政命令。詳文、会勘聯詳文は、下級官庁が上級の命令に従って事件を処理した報告書。会勘聯詳文は、連合調査を行なった三県知県が署名し知府に提出した報告書。案由は、地方官府が、訴訟の経緯と処理の状況を整理した案件報告。告示は、知府が婺源県在城及び周辺の紳衿、住民に命令を発する公開文書である。

ところが、編集者はこの案巻の中に取入れなかったものとして、知県が出し、在城の「斂首」によって刊行され県内に散布された「引」がある。この「引」は、西関石壩建設や募金の法的根拠として極めて重要な役割を果したものである。その内容は、前知県陳士元が在城商人の「請建壩詞」に与えた批から部分的に窺われるが、その正体は、不明である。しかし徽州文書の中には「光緒十九年祁門県勧捐資修閶壩諭文」があった。その内容は以下のようである。

正堂石　諭紳董十九都汪肇鎔等知悉：拠博士衙前署建徳県教諭康誥等以疎通水利、修複河壩、公叩賞給印簿勧募等情到県、拠此除批該職等以戡乱後地方凋残、生意零落、擬修閶壩、以復水道、以通商賈。察核所稟、具見該紳等維持大局、心存利済、深堪嘉許、自応俯如所請、発給印簿、俾得勧捐、以期集事。仍由本県親詣査勘情形、一面出示曉諭、並諭各都紳董一体分投勧捐、庶幾衆擎易挙、剋期興工、是所厚望。惟事関水利、俟将来辦有頭緒、仍聴候通稟各大憲査考、以昭鄭重外、合発印簿諭飭。諭到、該紳等立即遵照、前往各市鎮、勧募商民、一体楽輸、以済要工、共成義挙。倘有棍徒造言阻撓、許即赴県指稟、立予提究、決不姑寛。該紳等務期妥為辦理、毋稍延誤。切々、特諭。

計発勧捐印簿一本。右諭

汪明烈、王巨川、王建章、汪上之、葉光銓、汪肇鎔、葉蘭芬、汪光烈、王運昌、陳履和　准此

光緒十九年十一月初十日諭（県印）。(95)

このような「引」は、民間の自主的地方公共事業で資金を調達することに対する法的許可であり、官の威圧と反対

者に対する厳しい警告を伴った。数多くの清代地方公共建設事業において、このような「引」は、往々にして私利を計る胥吏・紳士・商人等建設推進派等による強制的な募金活動の法的依拠となった。

さて西関壩の訴訟においては二年あまりの間、当事者双方が一度も官において直接対面せず、文書だけで処理していたが、その間、双方は、相手の具体的主張、やり方、争訟の焦点となった事件の進展、及び官府の立場などに関する情報を知らずに、盲目的に訴訟を行なっていたのであろうか。換言すれば双方は、どのような状況のもとで相手の思惑や官の態度を理解、推測し、正しい対策を取り、自己の主張の正当性を訴えたのであろうか。

乾隆二三年一一月二二日に在郷紳士は、徽州知府へ在城の商人の請建壩詞及び陳知県の処理を批判する公呈（資料八）を出した。在城の紳士は、まもなく反応し、一週間の後、婺源県知県への訴詞（資料九）で「……始嘱兪敬倉飾詞阻撓……鼓簧煽動挙人汪澎等於十一月念（廿）二日、以公吁疎通等事朧稟府憲、奉批：西関河路、係民商船隻往来必由之道、何物歛首、敢藉風水為由、倡議攔河造碣、而欲阻截行舟、深属不法、仰婺源県速査禁止。如已私築、即押拆卸疎通、抗違立提解究……」と述べて、在郷紳士の公呈に反論した。彼等は、さらに一二月八日に徽州知府への訴詞（資料一四）で在郷紳士の公呈（資料八）に反論した。

一二月一三日に在郷紳士が再び婺源県知県への控詞（資料一六）を提出し、つづいて、一二月一五日に徽州知府への控詞（資料一九）を出したが、その中に「切蠹等自称倡首、引帖伝輸、明指魚袋山前過宮反跳、顕以風水為由、迨奉憲斥、遁称事関城池、及固金湯等語、不思婺城四門深水、無煩壩蓄、上流百里通商、難引漁梁壩例、至架防寇大題、尤属見解悖謬。婺城素号金湯、流賊従未犯入、如果恃壩防禦、建邑之初、何不造設。今際昇平、孰萌異志、敢藉掩飾、造語府祥。且原請建碣、畳係王啓呈首、今揑王宦、明思脅制。査従前碑記、凡関邑治、均勒志乗、如有陸守堤記、志何不載、又何有文無碑、且何不呈明於請建之初、偽揑顕然。至県詞誣汪泰魁等為澎等之祖、旧碣共事。不思澎祖世仕

忠貞、名昭史乗。（王有）慶祖崇禎四年始生、何容謬指。又詆販略私塩等語、更属無端噴蔑。拠捏壩成、盤運毎石只費二三厘……」とあり、資料九（訴県詞）、資料一四（訴府詞）における在城紳士の意図、方法、資料等について分析した上で徹底的に反論している。

一二月一六日の再訴県詞（資料二〇）において在城紳士は、「況壩成自有条規、脚夫必然約束、牙行不許加派、挑力不過厘毫、用灰印以杜侵漁、挨次序以免争奪、截串票、則食貨可稽、過駁船、則任客自喚」と述べ、在郷紳士の批判に対し、建設計画の意図、牙行の設置、壩での貨物運搬の管理方法、サービス料の問題について隠さず説明した。そして、三日前の在郷紳士の復控（県）詞（資料一六）で指摘された壩建設の「十弊」に対して「何有一二三弊」、「彼等所称弊在四五六七者、皆装点以惑人者也」、「則八九十之弊無害於人也明甚」と強調し、壩建設の正当性を再び弁明した。在城者の主張に対して在郷紳士は二四年二月三日に知県への控詞（資料二四）の中で更に「後則明称夫牙印票、儼設関津」という清律例と関係のある事実について指摘した。[96]

当時の距離の計算方法および交通条件に即して言えば、在郷者がいたところは、県城と約四〇キロ、府城と約八〇キロ、在城者がいたところは、府城と一二〇キロ以上の距離がある。婺源県城と徽州府城の間にある慶源村を例にとれば、県城への移動には、一日以上かかり、府城への移動には約二日間かかった。つまり在城者は、府への移動に、約三日間の路程を要した。[97]空間移動に時間がかかる環境の下における訴訟の過程について考えてみると、西関壩訴訟には以下のような特徴がある。

第一点は、双方が速やかに県、府への控詞・訴状を出し、相手の主張、或は状紙の具体的内容を知り、相応の対策を取って有効な攻撃、反論を行なっていたということである。当事者は、相手の主張を十分に咀嚼した上で知県、知府へ控詞・訴状を出し激しい論争を行なっていた。

第二点は、双方が官憲の一般的行動、態度を知り、知県、知府等の批や意見を武器として相手（あるいは知県）の不当・不正に対する批判を行なっていたということである。

これは、当事者（双方）が、相手や官の動向等の情報を収集し相当効率の高い訴訟行動を取ったことを示している。一方、西関壩案の訴訟では、婺源知県のみならず知府、総督、巡撫、布政使、按察使、分巡道、歙県、休寧県等の官庁も関与し多数の意見を出していた。また、在郷紳士、住民等、在城商人・紳士等の複数の当事者のほか、歙県、休寧県紳士の公呈（資料二九、三一、三七、四五）[98]、西郷紳士の稟県詞（資料三九）、洪饒灘地方の被災者の稟詞（資料四〇、四一、四二）なども存在している。訴訟の進展に対応するために地理的に遙かに離れている官庁、個人、集団の意見、報告、公呈、稟詞などの資料を集めることは、行政システムにおいて相応の制度がなければ、単なる個人的収集に過ぎず、或は胥吏への賄賂を通じて入手することは、たいへん困難である。

壩案巻においては、当事者がどのようなルートを通じて相手の訴状及び官府の批等の具体的内容を入手したのかということについて解明する手掛かりが幾つか残されている。

知府の命令によって歙県、休寧県の知県が壩案を調査する途中で東北両郷の住民は、大規模な控訴を行なったが、その内容が不明のままであった。このことについて編集者は、「歙、休二邑主臨婺会勘、東北郷民、船戸迎稟詞紙約計数百、未蒙批発、亦未入詳、因未査彙付梓」と注釈していた（資料五〇）。

婺源知県は、三県の連合調査の結論が出た後、また再度壩を取り除くように、という知府の命令の執行を阻止する稟帖を知府に出して「罔知軽重、猶執前説率稟……切勿膠執自誤、致干詳参」（資料五二）という警告を受けた。編集者は、知県の稟帖に対する知府の批（資料五二、五三）を「批発」によって入手したが、知県の稟帖が「無従査抄」（資料五二）という理由で入手できなかったと説明している。

案巻の最後に編集者は、案件資料の状況について「□憲批示処分全巻仍存府署、俟発補梓」という説明をしている（資料八八）。

資料八八によれば、壩案巻は、系統的な官府の檔案が「発」せられる前に、分巡道が要求した在城者の甘結等以外は、すべてすでに出版されていた。資料五〇、五二、八八によって、民間の状紙の内容、及び官の批を、「批発」と「入詳」即ち状紙の内容を官の報告書に組み込むということを通じて関係者が入手できる、ということが明らかである。

壩案巻には、官憲が状紙、下級官庁の稟、報告書を処理する際、「批発」と「発」という文字がよく現れ、「批発」と「発」の日付もしばしば記録されている。

清代地方官の政務記録を見てみるとそこから「批発」と「発」の意味は以下のようなものである。

何士祁は、訴訟の不正行為を防止する際、「幕友擬批於副状、官過目画押、然後墨筆、幕友録於正状、過朱発榜、此通例也。然輾転稽遅、榜未懸而批詞已洩。莫如閲定画押、即令清書至二堂写榜簽押、家人眼同対明、即加印加朱発出、実貼頭門、然後過批、既不匆忙、亦可免弊（所批呈詞宜先発榜）」と述べて、状紙処理と批の公開における発榜するタイミングの意義について強調した(99)。

方大湜も同じように「呈詞有正状、有副状。刑幕擬批写在副状之尾、墨筆謄批写在正状之尾。収詞後先送刑幕擬批、擬批後再送本官核定、核定後再送墨筆謄写、謄写後再令経承填写状榜、此通例也。輾転需時累人、久候且恐無心者漏洩、有心者賄売。不如本官核定批語之後、即照副状填榜、俟榜発後再謄入正状、庶状、榜可期迅速」と指摘していた(100)。

劉衡は、胥吏の不正と民間の健訟問題を解決するために「接収呈詞、宜当堂親収、本日批示也。……何若臨涖大堂、親収呈詞、於接呈時向告状人逐細詰問、……当時即行榜、其情節支離、有心播弄者、即時取結立案、立予薄懲、自可破莠民之胆矣。其已准者、亦即日批出榜示」という建言をしていた[101]。

以上三人の地方官の関心は、訴訟活動での不正行為の防止にあったが、その中から地方官庁が民事紛争を処理する際、官憲の批と当事者の状紙を公開するという慣行が現われている。官憲の処理から公開までの手順については黄六鴻が「不準詞状、即将不準縁由批原詞上、内衙管詞状人抄単発該吏、並準過詞状即日写示、入簽套送簽、次早領簽貼出」と述べている[102]。公開の場所は、官庁建築物の「頭門」、即ち専用の掲示場である[103]。この掲示場は、相当の公開性があり、関係者が掲示場で状紙と官憲の処理を見て、抄録することができた[104]。公開されたこのような文件から、訴訟のアドバイザー・代理者としての訟師は、紛争の類型、地方官の処理パターン、判断の準拠、紛争の展開とその結末などの訴訟知識を習得し、いかに官府と付き合うのかという方法をも研究していた[105]。

民事紛争を処理する地方官のやり方は人によって異なるが、地方行政では公文書を扱う「批発」と「発」制度が存在していた。「批発」と「発」制度は、それぞれの訴訟に即して関連の文書を処理する際、その文書をファイル化し、また、「下行」公文（副本）として、民事訴訟の案巻と官の「批断」等を下級官庁や訴訟関係者に対し一定の形で公開する手続きであると考えられる[106]。なお、壩案巻について言えば在郷紳士が、如何にして官府の「上行」公文の「申詳」、「詳文」から必要な内容を（査抄）抄録したのかということについては未詳であり、今後検討すべき問題である[107]。

以上、地方行政システムにおける明清時代の「抄招給帖」制度と清代の「批発」制度から徽州民間の訴訟文書の由来と性格について検討してきた。この二つの制度、即ち訴訟案巻の入手およびそのタイミングは、当事者の訴訟過程と紛争の再発に関わっていた。最後にこの二つの制度の意義について考えてみたい。

第一点としては、訴訟の決着が付いた後、当事者は、案巻の抄録を申請し官の許可を経て関連する案巻を入手できたということである。これは、判決の申し渡しに代わって、当事者（勝者）が官憲の判決を固定化し、紛争の再発を防止する策であり、それは、明清時代、民事訴訟・裁判制度の一環として紛争当事者にとっては主に「事後」を保障する効果をもっていた。ところが、「廷訊」を経ていない西関壩案訴訟の進行中でも、当事者双方は、官府の意見を知りながら互いに相手の状紙の内容を咀嚼した上で県、府等へ状紙を出して争った。これは、地方行政システムにおける状紙等の「批発」や掲示等の慣行によってその場ですぐに関連する情報を入手できたからである(108)。官庁の掲示場は、相手の主張、根拠等を把握できる最初の公式的場所として民間の訴訟の過程に大きな影響を与えていたと言える。これは、相手と官府の情報を収集する際、人力と経費がかかり、長引くと多くの官庁に及ぶ訴訟コストが非常に高くなるため、有能な地方官が「息訟」を強調した重要な理由である(109)。

第二点としては、訴訟が明清時代、万人に開かれたと同時に(110)、民事紛争の状紙や官の意見は、地方行政システムの実務手続きの一環として、ある程度社会に公開されるようになっていたということである。状紙・批の掲示と抄録の可能は、もっと大きな場で訴訟行為を官・原告・被告三者の相互作用の過程に持ち込み、状況によって終息、或は上訴の方向に導くことになる。このような有限的公開性は、訴訟における裏工作の不在、及び地方政治の透明性を意味するわけではなく、百姓を「教養」し「教化」する「親民官」の重要な使命や役割を浮き彫りにしている。一番多い「田土戸婚銭債」のようなトラブルは、庶民の日常生活に密接している。官府がこのような紛争の経緯や官憲の判断・説教などを掲示板で公開し、加害者に対する叱責と懲罰を行なうということ自体が、社会生活と行為規則における「禁宜」を明示することになり、それは、基層社会の秩序に大きく影響を与えていた。これは、官府にとって文官が少ない王朝時代において、地方秩序の維持と社会コントロールする上で尤もコストが低く効果が高い方法であったと思われる(111)。

第三点としては、訴訟の処理を含む地方官府の一定の公開性によって州県官府という場が各種の情報の発信地として国家と社会、民と民との交流媒介になっていたということである。ここで民は官府に統治されながら、官府や地方官の動向等を知り、地方政治、特に地方官に対する抵抗や協力などの政治行動をも行なうことができたのである[112]。

## 四　公文書の伝送と訴訟の展開

壩案の展開において、在郷紳士商民は、在城紳士商人の態度、壩建設或は壩の取り壊しの状況、及び知県の傾向を見ながら様々な訴訟対策を取り、繰り返し複数の官庁へ控訴、或いは上訴した。これらの訴状を受けて官府は、原告への批、官庁内部のやりとりを通して処理を行なった。分巡道、知府等が現場調査を実施したことを除いて、行政システム内部のやりとりは、殆ど文書の往来を通じて行なわれていた。従ってそれぞれの地方にある官庁間の公文書の処理と伝送の速度、その意見・命令の執行は、訴訟の解決、ないし当事者の訴訟行為に直接に繋がっていた。

表四～七　壩案訴訟処理時間表

| 番号 | 提出者 | 提出先 | 官庁処理 | 発送 | 到着 | 備考 |
|---|---|---|---|---|---|---|
| 35 | 婺源知県3月25日 | 徽州知府 | 3月29日 | | | |
| 45 | 安徽巡撫5月8日 | 徽州知府 | | | 5月17日 | 資料47によれば到着の時間は16日である。 |
| 47 | 徽州知府5月21日 | 巡撫 | | | 閏6月7日 | |
| 65 | 汪澎等8月18日 | 総督 | | 9月8日 | | |
| 65 | 汪澎等8月28日 | 布政使、按察使 | 布政使の批 | 9月7日 | | |

| | | | | | | |
|---|---|---|---|---|---|---|
| 66 | 兪以万等8月18日 | 総督 | | 9月8日 | | |
| | 兪以万等9月7日 | 巡撫 | | 9月12日 | | |
| | 兪以万等8月26日 | 布政使 | | 9月7日 | | |
| 68 | 汪澎等9月7日 | 巡撫 | | 9月12日 | | |
| 71 | 布政使 | 徽州知府 | 9月20日 | | 10月8日？ | |
| 72 | 分巡道 | 婺源知県 | 10月8日 | | 10月9日 | |
| 73 | 徽州知府10月12日 | 巡撫 | 10月26日行司 | 11月14日司行府 | 11月30日府に到着 | |
| | | 総督 | | 11月19日司行府 | 11月24日府に到着 | |
| | | 布政使 | | 10月18日行府 | 11月16日府に到着 | |
| | | 按察使 | | | 10月21日府に到着 | |
| | | 分巡道 | | | 10月28日府に到着 | |
| 74 | 布政使 | 徽州知府 | | 10月21日 | 11月1日に到着 | |
| 76 | 婺源知県10月18日 | 徽州知府 | | | 10月21日到着 | |
| 77 | 徽州知府10月27日 | 布政使 | | 11月19日 | | |
| | | 総督 | | 12月4日司行府 | | |
| | | 巡撫 | | 12月4日司行府 | | |
| 78 | 汪澎等10月19日 | 徽州知府 | | 10月21日 | | |

| | | | | | | |
|---|---|---|---|---|---|---|
| 80 | 汪澎等10月24日 | 徽州知府 | | 10月26日 | | |
| 82 | 大鯆司11月8日 | 徽州知府 | | | 11月11日 | |
| 83 | 分巡道 | 徽州知府 | 11月18日 | | 11月27日 | |
| 84 | 分巡道 | 徽州知府 | 11月21日 | | 12月1日 | |

壩案巻には上訴、各官庁の批・発、公文が県や府に到着する時間などが記録されている。記載の時間と実際の時間は、多少のずれがあるかもしれないが、大差がないと考えられる。公文書の処理と伝送の状況を観察するため、壩案文書の時間を表四～七に作成する。

表四～七の期日は、いずれも乾隆二四年である。時間的に見れば、行政システムの公文処理において、正常な場合には県と府の間の公文は、三、四日間で処理済みとなり、民間の訴訟と上訴（府、省）に対して官庁の処理は、比較的に速いが、県→府→省の「上行」公文の批、及び県への回送という処理のプロセスに入ると、公文の往来時間は、少なくとも二〇日間はかかり、一ヶ月以上かかったケースも多かった。その原因は、府の「上行」公文は各上級官庁に発送しなければならない。ところが、各上級官庁は、異なる駐在地にあり、例えば、両江総督、安徽巡撫・布政使・按察使、江南分巡安徽寧池太広道の駐在地が、それぞれ江寧府、安慶府、蕪湖県にあった。公文伝送の空間距離と上級官庁の政務繁雑という要素があり、同一事案に対する上司の処理意見が一致したとしても各官庁の公文を揃えて執行の段階に入るのは、相当の時間を費やすようになっていた。また、既に指摘したように胥吏等の遅延などの不正行

為もその一因であった。

壩案においては、婺源県在城紳士商人が胥吏に癒着し、県政を操って上級官府の命令に抵抗しその執行を阻止した。西関壩の撤去を命ずる総督、巡撫、布政使、分巡道、知府等の命令に対して、在城紳士商人は、口実を借りてその執行を遅延しながら、同県西南郷の挙人、貢生等を動かし（資料六〇）、西南郷紳士を利用し「捏題勧処、四郷招揺、横阻停工不拆」といった説得と工作を行なった（資料六一）。在城商人を処罰する省、道、府官憲の命令の執行は知県に放置され、難航し、なおかつ県城を経由する東北郷商人に嫌がらせと障害を繰り返す在城商人等の行動が激しくなった（資料六二）。在郷紳士商民の忍耐が極限に達して、乾隆二四年八月一八日、二六日、二七日にそれぞれ総督、巡撫、布政使、按察使に「越訴」をした（資料六五、六六、六七）。原告側は、在城紳士商人、知県の動向を把握し各官庁の意見を窺いながら、徹底的に被告側に打撃を与えようとし、過剰上訴の傾向もあった（資料八六参照）。県官府の抵抗、公文処理・伝送及び執行から生じた過剰訴訟の傾向は、反って行政システムの負担を増やし、行政効率と訴訟との悪循環を導いたといえよう。

## 結　論

婺源県西関壩という風水建設は、徽州地区において相当の社会的基礎があるにもかかわらず、壩建設は、県内と府内の多くの人々の生産（運輸業、商業）と生活に重大な打撃を与えたため、在郷と在城の紳・商の間に紛争を引起こした。本章第一節と第二節では、壩訴訟案の経緯を整理した上で在郷紳士・商人・住民と在城紳士・商人、在郷紳士と知県、知県と知府という三つの対立の構図を描き出した。こうした在郷と在城との紛争を農村と県城（都市）＝中心と周縁という異なる社会経済空間の関係、特に県庁という政治権力競争の足場に置いて考察を試みた。本章第一節と第二節の結論をまとめるならば以下のようになろう。科挙制度や地方官の任命制度などの伝統政治体制のもとに生じた地方政治における理念と実際との乖離的構造の中で社会階層、居住地、経済状況によって、様々な階層と人々に異なる社会や経済機会があった。地方社会の競争において、社会的地位は重要なものであるが、経済力は、もっとも直接的な力として社会と政治の情勢を利用し自己利益を実現できる要素になった。県城（都市）の有力商人は、経済力を振るって紳士と胥吏と共通の利益集団を結成し、胥吏を仲介として県庁を私的利益を謀る梃子にし、政治的手段で農村の財富を収奪する過程に参入した。このように在城の有力者は、ともに地方政治に影響力を発揮し、私利を求めるために県内の在郷と在城との間の緊張と対立を引起こした。

本章で取り扱った㶚案訴訟の過程では、訴訟の先頭に立つ人々は、それぞれ在郷と在城の紳士であったが、当時における紳士階層の間で長期的対立が続いていたとは限らない。彼らと地域社会との関係はおそらく出身地（居住地）を原点として拡大していく円、あるいはネットワークにたとえられ、人間関係の交錯や利害関係によって彼らの結合や帰属が異なり、彼らの存在の有り様は、非常に複雑で多様である。(113)

本章第三節では、官府の訴訟処理の手続、特に批発、掲示及び公文書の伝送と当事者の訴訟行為との関係を考察してきた。この考察を要約すれば、以下のようである。

徽州地域において、官府檔案、官府から抄録した重要文書、当事者の下書きや複写したものからなる訴訟文書が多く存在している。訴訟文書、特に相手側の関連文書を入手する手段は、二つあると考えられる。第一に訴訟が終わった後、当事者（勝者）は、「抄招給帖」の申請手続を通じて重要な訴訟文書を抄録できる。第二に訴訟の展開段階において、地方官の訴訟処理の批発、即ち訴訟詞状と官の批の公開掲示や行政システム内部の報告等によって当事者は、それを抄録できる。「抄招給帖」は、紛争再発の防止効果があるが、訴状を含む訴訟案の批発・公開は、直接的に当事者の訴訟行為（終息か上訴か）と過程に影響を与える。複数の官庁に及ぶ上訴案件において、官処理の低効率と行政システム内の公文書の伝送速度問題は、原告側の過剰訴訟を招いた。

注

＊　本章第一節・第二節は、『東洋学報』第八一巻第一号（一九九九年六月）に発表したものである。なお、大田出氏は、『史学雑誌』第一〇九編第五号の「一九九九年の歴史学界―回顧と展望―：中国―明・清」（二〇〇〇年五月）の中で、拙稿を紹介され、「紛争の原因を風水のみで説明しており、その裏側に潜む水運・水利等まさに〈地域〉をめぐる問題について十分に言及していない」と指摘している。大田氏が、拙稿を、徽学（徽州文書研究）の成果として紹介されたことについては感謝したいが、この指摘は大田氏の誤解である。拙稿の論点は、十分に言及していない点もあるかもしれないが、まさに水運等をめぐる地域紛争の構図にあるのであり、決して紛争の原因を風水のみで説明したわけではない。この点については、ここにおいて改めて指摘しておきたい。

（1）　以下、案巻資料と略称する。

（2）　案巻資料四。

（3）　案巻資料八八。

（4）　滋賀秀三氏『清代中国の法と裁判』（創文社、一九八四年）、鄭秦氏『清代地方審判制度研究』（湖南教育出版社、一九八八年）、張晋藩氏編『清朝法制史』（法律出版社、一九九四年）、T'ung-Tsu Ch'u, *Local Government in China Under the Ch'ing*, Harvard University Press, 1962）、陶希聖氏『清代州県衙門刑事審判制度及程序』（食貨出版社、一九六二年）、那思陸氏『清代州県衙門審判制度』（文史哲出版社、一九八三年）。

（5）寺田浩明氏「明清法秩序における『約』の性格」（溝口雄三氏等編『アジアから考える　四　社会と国家』東京大学出版会、一九九四年）、「権利と怨抑」東北大学『法学』六一巻五号、一九九七年）、Philip C, C, Huang, *Civil Justice in China : Representation and Practice in the Qing*, Stanford University Press, 1996、梁治平氏『清代習慣法　社会与国家』（中国政法大学出版社、一九九六年）、「評論」と「跋」（王亜新・梁治平氏編『明清時期的民事審判与民間契約』、法律出版社、一九九八年）、岸本美緒氏「明清契約文書」（滋賀秀三氏編『中国法制史――基本資料の研究』東京大学出版会、一九九三年所収）、徽州文書を駆使し明代の郷村社会の紛争と老人制に関するのは、中島楽章氏「明代前半期、里甲制下の紛争処理――徽州文書を資料として――」（『東洋学報』七六巻三・四号、一九九五年）、「明代徽州の一宗族を巡る紛争と同族統合」『社会経済史学』六二巻四号、一九九六年）、「明代後期、徽州郷村社会の紛争処理」（『史学雑誌』第一〇七第九号、一九九八年）などの研究がある。

（6）「村の紛争とその解決」一九九五年五月、東北中国学会の報告。

（7）『雙杉王氏支譜』巻六、光緒『婺源県志』（以下、県志と略称する）巻七、選挙五、監選、乾隆『婺源県志』巻二六の二、人物一一、質行四、道光『婺源県志』巻二〇の三、人物九、孝友四、案巻資料七七。

（8）県志巻二八、人物九、孝友。

（9）同上支譜巻六。

（10）道光県志巻二〇の二、人物九、孝友三。

（11）何炳棣氏『科挙と近世中国社会』（寺田隆信・千種真一氏訳、平凡社、一九九三年、五八～六三頁）、許大齢『清代捐納制度』（燕京学報専号、一九五〇年）、張仲礼氏 *The Chinese Gentry. Studies on Their Role in Nineteenth-century Chinese Society*. University of Washington Press, Seattle Washington, 1955（『中国紳士』、上海社会科学院出版社、一九九一年、二六～二七頁）などを参照。

（12）案巻資料二一、四二。

（13）『皇朝経世文編』巻二四、侯方域「額吏胥」には、城社鼠狐は胥吏を指す。市屠駔獪は牙商、経紀人あるいは商人を指す。

（14）案巻資料九、一一。
（15）同上。
（16）案巻資料九。
（17）案巻資料一一。
（18）案巻資料一二。
（19）道光『徽州府志』巻四の二、営建志、水利。道光『祁門県志』巻一二、水利志、壩および同祁門県志巻八、輿地志を参照。
（20）案巻資料一〇。
（21）案巻資料八。
（22）同上。
（23）案巻資料三九。
（24）前掲張仲礼氏書四〜二八頁。
（25）県志、巻二〇、人物四、経済。科挙資格をもつ候補知県が、教職に着くことは、年齢と人数によるものである。挙人の候補者に対して皇帝は「候選知県之改教、蓋不得已而為之。其人則無過也、但老邁竜鍾、令往司民社、亦随即参処耳。……已属無可如何」と説明している（『清高宗実録』巻五五一、乾隆二十二年十一月戊申条）。
（26）県志巻一八、人物一、朱子世家。
（27）雍正『茗洲呉氏家典』。
（28）県志巻一六、食貨四、徭役。
（29）県志、巻二〇、人物四、経済。
（30）案巻資料八五。
（31）案巻資料一九。
（32）案巻資料二三。

（33）案巻資料六五。
（34）注（一六）同じ。
（35）県志巻一三、官師、県職「坐事革職」と記載する。その「革職」の原因は同県の納めるべき「学租」が納められなかったことに関連するらしい。安徽巡撫高晋の乾隆二十三年六月六日の題本（張偉仁氏編『明清檔案』第一九七冊、中央研究院歴史語言研究所、一九八七年）を参照。
（36）案巻資料一〇。
（37）案巻資料一六。
（38）案巻資料三五、三八。
（39）注（二）に同じ。
（40）案巻資料三五。
（41）案巻資料五一。
（42）案巻資料五二。
（43）注（三二）に同じ。
（44）案巻資料二九。
（45）案巻資料三一。
（46）王鈺欣・周紹泉氏編『徽州千年契約文書（宋元明編）』第一巻（花山文芸出版社、一九九三年、以下千年文書と略称）。葉顕恩氏『明清徽州農村社会与佃僕制』（安徽人民出版社、一九八三年）二一六頁。張十慶氏「風水観念与徽州伝統村落形態」（『文化：中国与世界』第五集、三聯書店、一九八八年）を参照。
（47）弘治『徽州府志』巻一、風俗。
（48）これは、残存する黟県の西遞、宏村、南屏などの明清時代の村落に見える。
（49）趙吉士『寄園寄所寄』巻一一、「泛葉寄・故老雑憶」に「風水之説、徽人尤重之。其時構争結訟、強半為此」とある。

（50）婺源県志の芸文の中に関連の記事が少なくない。

（51）光緒『安徽通志』巻三九、輿地志、関津、歙県条。

（52）同（注五一）巻六八、河渠志、水利治績。

（53）道光『祁門県志』巻一二、水利志、壩。

（54）案巻資料二一。

（55）同治刊『牧令書輯要』「牧令書輯要書後」。

（56）袁守定『図民録』巻二、一頁。

（57）『皇朝経世文編』巻二四を参照。

（58）顧炎武『日知録』巻八、吏胥。

（59）Max Weber, *The Religion of China, Confucianism and taoism* p49-50（New York Press 1968）。地方政治における胥吏問題については、なお服部宇之吉、細井昌治、宮崎市定、T'ung-Tsu Ch'u、那思陸、川勝守、佐伯有一、Prasenjit Duara 諸氏の研究を参照。

（60）『皇朝経世文編』巻二四、顧炎武『亭林文集』巻一、「郡県論八」、白鋼氏編『中国政治制度通史』（郭松義氏他、第一〇巻［清代］人民出版社、一九九六年）五九六～六〇一頁を参照。

（61）『歴年記』（『清代日記彙抄』上海人民出版社、一九八二年）。

（62）陳弘謀『培遠堂偶存稿』、文檄巻一五。

（63）案巻資料一五。

（64）注（二三）に同じ。

（65）案巻資料二一。

（66）余英時氏『中国近世の宗教倫理と商人精神』（森紀子氏訳、平凡社、一九九一年）。中間領域社会について斯波義信氏「南宋における中間領域社会の登場」（『宋元時代史の基本問題』汲古書院、一九九七年）を参照。

（67）案巻資料五六。

（68）G・W・スキナー（今井清一氏他訳）『中国農村の市場・社会構造』（法律文化社、一九七九年）。同（今井清一氏訳）『中国王朝末期の都市——都市と地方組織の階層構造——』（晃洋書房、一九八九年）を参照。

（69）『皇朝経世文編』巻二四、侯方域「額吏胥」。

（70）明代、福建の寧洋県の新県設置運動は、中心・周縁の対抗的圧力において周縁が中心に対して反発、抵抗した政治的行動であると考えられる。青山一郎氏「明代の新県設置と地域社会」（『史学雑誌』第一〇一編第二号、一九九二年）を参照。

（71）夫馬進氏「明末反地方官士変」（『東方学報』京都第五二冊、一九八〇年）、周紹泉氏「清康熙休寧『胡一案』中的農村社会和農民」（周紹泉氏他編『九五国際徽学学術討論会論文集』、安徽大学出版社、一九九七年）、高橋芳郎氏「明代徽州府休寧県の一争訟——『著存文巻集』の紹介——」（『北海道大学文学部紀要』XLVI-2、一九九八年）、中島楽章氏の一連の研究、卞利氏「明代徽州的民事糾紛与民事訴訟」（『歴史研究』二〇〇〇年第一期）等の研究参照。

（72）周紹泉氏は近年、徽州地域の訴訟関連文書を精力的に調査し収集している。氏の教示によれば宣徳二年から民国一三年にかけての徽州の訴訟文書は、ほとんどすべての年について文書例が現存している。訴訟文書は、主に黄山市博物館、安徽省博物館、中国社会科学院歴史研究所図書館、安徽省図書館、南京大学歴史学部図書館などと民間に所蔵されている。徽州文書の状況について周紹泉氏（岸本美緒氏訳注）「徽州文書の分類」（『史潮』新三二号、一九九三年）、臼井佐知子氏「徽州文書と徽学研究」（同前）、同「徽州文書と徽学研究」（『明清時代史の基本問題』汲古書院、一九九七年）等参照。

（73）既刊の徽州文書の中にも幾つかの清代の案巻がある。康熙・雍正年間、祁門鄭・倪二姓互控案、『千年文書（清民国編）』巻一、一八三～二〇七頁、二一二～二一八頁、二三四～二三六頁。乾隆三九年祁門王・査・程氏訴訟案、同上巻一、三八三～四一二頁。光緒一〇年績渓程徳安・程梓馨互控案、巻三、一一七～一六三頁。光緒一〇年績渓程八春呈控程金元案、巻三、一九五～に〇九頁。光緒二〇年績渓倪広進喊控陳徳福等案、巻三、二〇一～二四五頁。光緒二〇年歙県天王寺僧如南控徒孫明輝案、巻三、二四九～二五四頁。光緒二三年休寧李王氏告績渓商人恃捐欠案、巻三、二六八～二八四頁。光緒二四年績渓程肇栄呈控程肇発案、巻三、二八五～三一六頁。光緒二四年績渓張観慶等控程尚金串搶孕孀案、巻三、三一九～三四七頁。

（74）清朝のほうが多い（『千年文書（清民国編）』巻一～巻三参照）。明朝の訴訟文書について中島楽章氏の一連の研究参照。

（75）明代の『糸絹全書』（前掲夫馬進氏論文、同「明末反地方官士変補論」富山大学人文学部紀要第四号、一九八一年）、嘉靖年間『楊干院帰結始末』（中国社会科学院歴史研究所）、明代の『著存文巻集』（前掲高橋氏論文）、『不平鳴稿——天啓、崇禎年間潘氏訟詞稿』（南京大学歴史学部）、『康熙三十二年休寧渠口汪・李・胡控案』（中国社会科学院歴史研究所）、乾隆年間『叶控拆毀婺城西関石壩案巻』、光緒年間の黟県・歙県『公控銭糧案巻』（抄本、『千年文書（清民国編）』巻一八、二八七～三八七頁）等がある。安徽省図書館・檔案館・博物館、黄山市博物館、南京大学歴史学部図書館等、及び民間に訴訟案巻も多く残っている。

（76）『千年文書（清民国編）』巻一、二五三頁。

（77）『千年文書（宋元明編）』巻一～巻四、清民国編、巻一～巻三参照。

（78）例えば、黄山市博物館所蔵清代「西渓汪氏家譜」巻四。

（79）康熙年間、休寧知県の「詞訟条約」の規定によれば、当事者の告訴の正副詞状は、代書の押印が正式の訴訟プロセスに入る条件として強調された。かつ当時の新しい規定の中で「詞（詞状）内務要遵用新頒副状格紙、照式謄写、付入正詞之内。正状批発、副状存宅、以便不時査閲、如無副状者、不准」とある。『紙上経綸』巻五参照。

（80）前掲高橋氏論文。

（81）『千年文書（宋元明編）』巻三、二八四頁。

（82）『千年文書（宋元明編）』巻二、二六五頁に「直隷徽州府祁門県為懇乞天恩憐準抄招給帖、以杜後患事……計抄粘招由一紙」とある。巻三、七四～七五頁に「直隷徽州府祁門県為抄招給帖事……懇準給帖……。計抄給告訴詞各一紙、招由一紙」とある。同上巻、一一八頁に「直隷徽州府祁門県□乞天給帖杜患事……懇天抄招給帖以杜後患……計開発招由一道」とある。前掲「西渓汪氏家譜」巻四の「汪祀赴県請府文巻告領抄招執照」に万暦年間、「直隷徽州府歙県為恩準抄招賜照、永保祖墓事……状結、詳申批允憲巻在府、原詞納贖在県。身等思得墓轄豪居、節被占害。若無照拠、年久弊滅招巻、難杜豪奸深謀。叩天金批、総賜抄招執照、庶存歿獲安、謀占杜釁、祖墓世守。……今拠告称前因、合行抄招給帖。為此除外、今抄詳允招由給付本告収執備照。日後毋許程佳等仍前不悛、恃強肆行侵界、許令賫此照帖赴官呈告、以憑験実究罪」とある。

（83）『千年文書（宋元明編）』巻三、三〇〇頁。

（84）帖文は捐納した儒官の証明書として発行する例もあった（徽州文書［宋元明編］巻二、四四六頁）。徽州文書の中で当事者（勝者）が紛争が終った直後「保産執照」などの執照の給付を求めた目的は、例えば万暦一八年に「告執照人李吉告為懇照杜害事、訟有休時、害無了日……豪（加害者）弊一旦復起、祖骨難存。告乞批照、庶使豪孽不生、祖塋獲安」とあるように「抄招給帖」と同じ文脈である（『千年文書（宋元明編）』巻三、二四〇頁）。保産執照について『千年文書（宋元明編）』巻一〜巻四参照。

（85）『千年文書（清民国編）』巻一、四九〜五〇頁。

（86）同上一一一〜一一七頁。また周紹泉氏「清康熙休寧『胡一案』中的農村社会和農民」（周紹泉・趙華富氏編『九五国際徽学学術討論会論文集』、安徽大学出版社、一九九七年）を参照。

（87）前掲高橋氏論文三三一頁。

（88）『千年文書（宋元明編）』巻四、一二二頁、天啓三年朱世栄懇求杜奸執照呈文。

（89）『千年文書（宋元明編）』巻二、四三八頁、隆慶三年徽州府給付呉伯起杜害文告。

（90）『千年文書（宋元明編）』巻三、一一八頁。注八一、八五、八六参照。

（91）滋賀秀三氏『清代中国の法と裁判』第三参照。

（92）明代、「抄招給帖」の手続きを行なう時には担当のした吏の名前を記している。

（93）滋賀秀三氏「淡新檔案の初歩的知識——訴訟案件に現れる文書の類型——」（『東洋法史の探究——島田正郎博士頌寿記念論集』汲古書院、一九八七年）。

（94）『千年文書（清民国編）』巻一〜巻三参照。

（95）『千年文書（清民国編）』巻三、一九〇〜一九一頁。

（96）旧暦の年末と年始の間、官府が公務を休止する封印期間があった。

(97) 詹元相『畏斎日記』（『清史資料』第四輯、中華書局、一九八三年）参照。

(98) 資料六六に兪以万等の控詞は歙県、休寧県紳士の控案を証拠として扱ったとある。

(99) 徐棟『牧令書』巻一八、刑名中。

(100) 『平平言』巻二、呈詞批語榜示宜速。

(101) 『庸吏庸言』巻上、「稟制憲札詢民風好訟応如何妥議章程遵即議復十条由」。

(102) 黄六鴻『福恵全書』巻一一「批閲」。

(103) 『平平言』巻四「判語須列榜」に「断案之後、両造向承行書辦鈔録堂諭、往々任意需索。若将堂諭榜示頭門、即需索之弊不禁自止、其有関両造永遠者、不妨将堂諭鈔録蓋印給両造収執……」とある。『台湾私法』第三巻下、四六四頁を参照。

(104) 掲示場としての頭門の位置について『台湾私法』第三巻下、四六九頁の図を参照。

(105) 康熙時期、知府幕友をした呉宏は徽州知府の立場から出した告示に「豈爾徽民健訟成風、人思争勝、百計鉆営。陋弊相沿、友来已久。歴年在城積歇、揣摩官府之批詞、妄謂神通之有准、乗機誆騙、謂之撞歳、亦曰金鐘。逞強好訟之徒、往々誤堕其術」と指摘した。『紙上経綸』巻五、「禁鉆営」。

(106) 処理済みの公文書には「標印封発」という管理方式がある。盧崇興『守禾日紀』巻二、堂規参照。

(107) 四川壁山県生童朱有光等は、訴訟の目的でコネを通して吏房と兵房の数十年間の檔案資料を調べた。これも以前の資料を抄録する可能性を示している（東洋文庫所蔵『蜀訟批案』第一冊八月二二日参照）。

(108) 壩案巻の編集者は、資料六四に分巡道の報告と総督の批の入手時点について、特に「原臨徽査壩、沮末親勘、旋署稟覆。此稟及批、倶於事後始得抄読」と注釈した。即ちほかの資料は現時点で入手したと読み取れる。官の批等の抄録について滋賀秀三氏『清代中国の法と裁判』第一九〇頁注二四を参照。

(109) 汪輝祖『佐治薬言』、劉衡『庸吏庸言』等参照。

(110) 夫馬進氏「明清時代の訟師と訴訟制度」（梅原郁氏編『中国近世の法制と社会』、京都大学人文科学研究所、一九九三年）参照。

(111) 筆者は、訴訟・裁判の公開的性格に関する教化の意義について触れたことがある（熊遠報、王余光編『為人古訓』序、湖北人民出版社、一九九四年）。『州県事宜』「聴断」に地方官の役割について「州県為民父母、上之宣朝廷之徳化、以移風易俗、次之奉朝廷之法令、以勧善懲悪。聴訟者、所以行法令而施勧懲者也」と強調した。裁判の場を民に公開するかどうか、地方官によって異なっていた。例えば黄六鴻、盧崇興は裁判の際、訟師等の訴訟指導を防止するために関係者以外のものの立ち入りを禁止する傾向があったが、汪輝祖は裁判の場を万人に公開し、教化の役割を果させると強調した。彼は、官が内衙（二堂）ではなく大堂で聴訟を行なうことを主張し、「不知内衙聴訟、止能平両造之争、無以聳旁観之聴。大堂則堂下佇立而観者不下数百人、止判一事、而事之相類者、為是為非、皆可引伸而旁達焉。未訟者可戒、已訟者可息。故撻一人、須反覆開導、今晩然於受撻之故、則未受撻者、潜感黙化、縦所断之獄、未必事事適愜人隠、亦既共見共聞、可無貝錦蝿玷之虞。且訟之為事、大概不離乎倫常日用、即断訟以申孝友睦姻之義、其為言易入、其為教易周。余前承乏寧遠、俗素囂健、動輒上控、兼好肆為掲帖、以誣官長。……余唯行此法、窃禄四年、府道未受一辞、各憲因為余功、乃知大堂理事、其利甚溥也」といっている。黄六鴻『福恵全書』巻一一「審訴」、盧崇興『守禾日紀』巻二「堂規」、汪輝祖『学治臆説』「親民在聞訟」参照。清代の訴訟案においては、紳士と在郷官員に関わった事件、「姦情」に及んだ事件の訊問が秘密に行なわれる以外、その審理はほとんど公開に行なわれて一般の人々も審問の過程や結果を傍聴できたという指摘もある（陶希聖『清代州県衙門刑事審判制度及程序』第四章第二、第三節参照。食貨出版社、一九七二年）。

(112) 明清時代において、地方官に対する慰留、生祠の建設、及び批判、追い出し等の活動は、紳士・民衆の政治参与として相当普遍的である。このような活動が可能になったのは、地方官府、官の活動が一定程度公開されて民の目に晒されていたからである。姚廷遴の『歴年記』参照。また、明清時代における数多くの紛争、事件、才子佳人の恋愛葛藤が速やかに野史、小説、演劇の素材になったのは、訴訟案件を含む官府の或る程度の公開性があったからといえる。

(113) 徽州府の紳士の政治行動については、前掲夫馬進氏論文を参照。

# 終章

本章では、各章の内容を要約的に振り返りながら、検討した徽州地域社会の諸特徴を再確認する。徽州地域社会は、複雑な長期的変動の過程を経て、次第に形成されていったが、本書では、徽州内部の開発と対外関係を念頭に入れて、地方社会において、しばしば突発する多様なレベルの紛争と訴訟に着目し、その紛争の発生から訴訟の提起、裁判の展開、解決への道程を検証した。その上で、様々な社会集団の組織構造、紛争解決に至るメカニズム、複雑に交錯する各集団間の諸関係等を中心に、社会内部を支える秩序装置とその原理を検討するとともに、国家と社会との交互関係に重点を置き、地域社会の秩序構造とその変動の実態を描き出そうと試みた。

第一部（第一、第二章）が取り上げたのは、徽州における村落景観の様態、景観を作る際の人々の社会的認識のあり方及び行動原理である。これは主に徽州村落の外在的形態と内在的社会構造を整合的に把握し、人々を取り巻く（或いは人々によって作られる）組織・集団と様々なネットワークの交錯的社会環境を再構成しようとする試みである。

第一章では、従来の研究の中で殆ど使われていない民間人の作成した村落図を基本的素材とし、当時の景観をとどめる村落の現地調査とつきあわせて、自然条件への対応という観点から徽州農村における人文環境の形成を論じ、村落の社会的、精神的構成と権力構造を初歩的に考察してきた。徽州村落の景観は、人々が自然環境、内部の社会構成、及び外部の社会経済の変動に対応しながら積極的に作り出した、人と自然、人と人の関係を凝縮した社会的生態である。

第一に、街のような密集性、二階建、三階建など上方に多層化する住宅群、多くの風水施設、宗族組織の公共施設、ないし牌坊、宗教施設等からなる徽州村落の独自な住居構造と景観は、村民の日常生活における不可欠の物質的・精神的環境をなしている。これは、耕地と人口の増加という構造的矛盾に制約されながら、明代中期以来、徽州人の遠隔地商業活動と宗族形成運動の展開とともに、形成されつつあった。この過程は、徽州商人の商業活動の展開、拡大、繁栄という過程とほぼ一致していた。即ち商人は、故郷に対する資金投入を通じて、敷地の調整を含めて村落の住居構造を改造し、宗祠等の公共施設を建設、修復し、風水環境を整備し、また政治的、文化的な象徴としての貞節や善行や勲功を示す牌坊を樹立していた。商人の送金、商業利潤の再分配過程は、徽州村落の景観を大いに変化改善させたのみならず、商人の存在は、宗族を組織化することを含めて各種の社会活動の底流であり、明清徽州の社会生活と社会構造の変化にも強く影響を与えた。

第二に、徽州の村落は、一定の境域をもつ社会共同体である。この境域の標識は、主に風水関連の建物と自然物という有形や無形のものであった。徽州村落の境域は、開発が飽和状態に達するとともに次第に明確化してきて、明代中期以来、村落の風水建設の風潮がこうした生活上ないし精神上の領域を固定化させていった。

第三に、徽州地域には「一村一姓」という社会構造をもつ同姓村落は、個別的には存在していたと考えられるが、基本的に一つの姓が優越する傾向があったにせよ諸姓氏の雑居村落であった。宗族は、確かに村落社会の重要な存在であったが、特殊な祭祀組織であるにとどまり、村落社会の唯一の権威体系ではなかった。村落図に宗祠、支祠のほか、様々な象徴的な建物が存在していることから窺えるように、村落社会は多元的関連性をもち、統合、服従、抗争、牽制、協力、扶助、互酬などの要素を内包し様々なレベルの同心円集団、或は「圏層」の交錯関係から成り立つ複合的地方社会であった。

第四に、村落と国家の関係について、村落図における象徴的建物は、ほぼ科学制度と礼教に関わって、国家の価値観を形象化した。これは、国家イデオロギーが郷村社会の隅々に浸透し、社会に対する文化的コントロール機能を十分に発揮していたことを物語っている。

第二章では、徽州の人々が様々な現実問題に対処する際、どのような行動原理に基づいて複雑な社会関係網を形成してきたのか、という観点から農村社会における多様な社会組織の形成を考察してきた。

第一に、元末から清乾隆年間にかけての四つの慶源村詹氏族譜、および同村詹氏関連の複数の明代族譜を発掘し、始祖、始遷祖及び血縁系譜の編纂の推移の考察を通して、明清時代の祖先と血縁系譜に関する再構成、ないし偽作の過程を具体的に検証してきた。即ち族譜の編纂者は、都合の良い側面のみから始祖、始遷祖、血縁系譜を解釈し、祖先事跡、関連の文献の偽作も敢えて辞せずに宗族史を再構成していた。さらに地方志や大族志などの編纂というテキスト化、有名な官僚・文人の序言作成などの相互作用を通じて、こうした一族内の「知識」を地域社会に定着させ、普及させた。もともと曖昧な、或いは架空の「知識」（事実）がこのような作為的過程を経て定着的な地方知識へと変身してしまった。この作為的編纂は、人々に血縁的アイデンティティを提供して、明代中期以来、宗族の形成や拡大化の過程に重要な役割を果たしていた。

第二に、村落社会において諸集団・組織の存在密度がかなり高いという現象を検出した。文会は、知識人の講習団体から受験勉強の対策組織へと変容し、郷村社会の紛争処理に関与し、村落の公的代表となった。祭祀組織は、様々な神像を祀るという名目で、多様な呼称（灯会など）のもとに作られて一定の規則で運営されていた。遍在する共済組織である銭会は、独特の融資方式として、二者間の貸し借りを超える郷村社会の金融共済の重要な制度であり、会員の相互扶助、利益共有、平等などの経済利益原則が重要視されていた。郷村社会全体を視野に収めて見れば、多様な、多数の任意的団体・組織は、それぞれのサイクルやリズムで生成、維持、解散を行なって、数百年にわたって存続した組織や数年の間の短期的集団が交錯し、人員の出入りを含めて活況を呈していた。

二十世紀中国革命の中で、宗族制度は旧中国社会の骨格をなすものとして打倒の対象となってきたが、宗族組織の活発な形成は、それほど早いことではない。徽州地域の事例から見れば、宗族は、主に明代中期以降、流動化に伴う地方社会秩序の転倒と人々の不安の中で、官僚、知識人、商人を含む有識者の主導によって形成し、拡大し、広域的に普及してきた組織であった。秩序混乱と精神不安という動向に対し、当時の有識者は、集団や制度的枠の形成と、それに付随する「礼の秩序」の成立・維持などを通じて対応しようとした。次に当時の人々は、公平の原則を示し個人権利の保護を体系化する法律と制度の欠如の下、相互扶助と社会的上昇を求めて宗族のような文化・制度資源を利用しようとした。統合的な宗族の形成は、広域の社会関係網を作るための民間の制度的、准制度的営為である。

個人（家族）の経済活動と社会生活にとって様々な機能を併せ持つ完結した組織は存在せず、彼らは、多様な組織に頼らざるを得なかった。徽州の人が同時に複数の祭祀組織や共済的銭会に加入することは、単純な信仰や娯楽活動や単なる利益損得原則にとどまらず、所属意識、仲間の形成、相互扶助などの功利目的で、短期利益と長期的な「人情」の均衡を保ちながら、自己を郷村社会における複雑な人間関係網に組み込もうとする生存戦略上の選択であった。彼らが参加した集団・組織は、構成、目的、性格などが異なっていたにもかかわらず、その核心的部分——共有財産醸出のメカニズム、運営方式と組織の構造——は、宗族組織にせよ、祭祀組織にせよ、共済の銭会組織にせよ、「股份」体制という利益均等と責任分担の原則において共通していた。したがって郷村社会には、多様な目的をもつ集団が簇生し、その生成、維持、解散のプロセスにおいて交錯的社会関係網が構成されていた。郷村社会の秩序は、このような交錯的な状態のもとに形成し、維持されて、郷約・文会や宗族などの組織に統合されていた。

第二部（第三、第四章）では、紛争とその解決から地域社会の秩序状態、秩序体制とその限界、地域間の抗争、国家と社会との関係を観察した。

第三章では、康熙年間、慶源村の事例に即して紛争多発と健訟という現象に着目し、郷村社会の秩序状態、紛争発生の長期的要因、及び郷村社会における自生的体制と官府の関与状態、機能と限界、当事者の選択、紛争解決のプロセスについて考察した。

『畏斎日記』に記される慶源村の事例では、村落内の紛争は五〇％強を、村落間の紛争は約四〇％を占め、総事件数のうち官府へ提訴した事件の割合は約三分の一であった。慶源村の状況は、明代中期以来、遠隔地商業と社会流動化の展開などの諸要因により、親子、兄弟、宗族内、村落内、村落間で田土戸婚銭債に関する摩擦が多発し、訴訟が頻発した「健訟」の状況を示している。紛争多発と健訟の背景には、土地財産の複雑な所有形式、広域的商業の展開、社会事務の代理的構造、公私が峻別されない行政システム構造という長期的要因があった。

郷村社会内での様々な秩序体制が紛争解決に関与した。宗族は、郷村社会の重要な秩序体制として、一族の全体利益、或いは宗族の面子を損なう不孝、乱倫、ないし常習犯に関る事件のみに積極的に介入するが、構成員の日常生活に対する強制的な管理や、訴えもない普通の紛争に対する関与の仕組みが存在するわけではなかった。郷約（文会）は郷村社会における公的代表として、主要な紛争事件、特に約四〇％を占める村落間の紛争に際し、郷約間の対抗・協力＝「互酬」及び知識人のネットワーク関係を通して大きな役割を発揮した。慶源村においては、官に訴えられた事件は、殆ど約保体制にさし戻され、そこで収拾されて、「甘結」・「遵依」の手続を経て完結した。約保の働きは、威圧、強制を伴ったかもしれないが、主に説理を通して双方の和解を促成する。官府体制については、知州県系統ではなく、生員クラスの知識人の健訟に注目し、従来注目されてこなかった教官系統の重要な機能を考察した。教官の訴訟処理の権限は制限されたものであったが、知識人間の紛争が多発するために、教官は地方官に協力するのみならず、独自に知識人の紛争を処理していた。郷村社会において、様々な縁で繋がれた個人、血縁組織の宗族、地縁（行政）組織の郷約（文会）、及び教官を含む地方行政システムの民事紛争・訴訟処理は、状況によって威圧、強制的裁断、処罰があったにもかかわらず、当事者に対する絶対的強制力を欠いていた。一方個人（家族）は、冤抑の状況、経済力及び実際の要求等によって、郷村社会の自生的秩序体制から州県、府、或いはその以上の官府まで、紛争解決の適当な方法を選択することができた。従って紛争の解決は、主に調停、即ち各体制の力の組み合わせと微妙な相互作用を通じて、譲歩の限度と妥協の最適点を捜し出すことによって行なわれた。双方の妥協と一定形式の補償によって利害関係と当事者心理の一定のバランスに達することで秩序を回復した。郷村の多様な社会矛盾と多発する紛争・訴訟に対して個人、血縁、地縁組織、官府は、秩序を回復するための相互補完的な網状構造を呈し、それぞれの役割を果していた。

郷村社会の自生的秩序体制の紛争解決における訴状・托状銀と教官の調停・仲裁は、最も特徴的である。教官の調停・仲裁や約保（文会）体制の紛争解決は、系統内で紛争を処理しようとする性格において現代中国の単位体制、人民調解体制にもつらなる特色をもつものと言えよう。

第四章では、地域の中心と周縁という視点から、県城と郷村の間の紛争・訴訟事件の一事例を取り上げ、ケーススタディを行なった。

乾隆二二年（一七五七）から二四年にかけて婺源県で壩建設をめぐる訴訟事件が起こった。在城商人等の有力者が提案、組織、運営した婺源県西関壩という風水建設は、県内と府内の多くの人々の運輸業、商業と生活に重大な打撃を与えた。しかも在城の商人等は牙行の設立を通じて壩を通過する貨物運搬の利益を独占し、そのうえ徽州府内の他地域をも含む婺源の北部地区の運輸業、ないしその地域と江西、広東との商業活動を制約しようとしたため、県内の在郷と在城の紳・商の間に紛争を引き起こし、休寧県と歙県の紳士たちも巻き込まれた。

本章の第一と第二節では案巻資料によって壩訴訟案の経緯を整理した上で在郷紳士・商民と在城紳士・商人、在郷紳士と知県、知県と知府という三つの対立の構図を描き出した。こうした在郷と在城との紛争を県城（都市）と農村、つまり中心と周縁という異なる社会経済空間の関係、特に県庁という政治権力競争の場に置いて考察を試みた。即ち科挙制度や地方官の任命制度などの伝統政治体制のもとに生じた地方政治における理念と実際との乖離的構造の中では社会階層、居住地、経済状況によって、様々な階層の人々にそれぞれ異なる社会や経済機会があった。県城（都市）の有力商人は、経済力を振るって紳士や胥吏と共通の利益集団を結成し、胥吏を仲介として県庁を私的利益を謀る梃子にし、政治的手段で農村の財富を収奪する過程に参入した。このように在城の有力者は、ともに地方政治に影響力を発揮し、私利を求めるために県内の在郷と在城との間の緊張と対立を引き起こしたのである。

第三節は官府の訴訟処理の手続、特に批発、掲示及び公文書の伝送と当事者の訴訟行為との関係を考察した。訴訟文書、特に相手の関連文書を入手する経路としては、二つの側面が考えられる。第一に訴訟が終わった後、当事者（勝者）は、「抄招給帖」の申請手続を通じて重要な訴訟文書を抄録できる。第二に訴訟の展開段階において、当事者は、地方官の訴訟処理の批発、即ち訴訟詞状と官の批の公開掲示や行政システム内部の報告等によってそれを抄録できる。「抄招給帖」には、紛争再発の防止効果があるが、訴状を含む訴訟案の批発・公開は、直接的に当事者の訴訟行為（終息か上訴か）と過程に影響を与える。官処理の低効率と行政システム内の公文書の伝送速度の問題は、原告側の上訴を促すこともある。

以上、村落図資料から出発し、徽州村落の景観の形成、様々な社会ネットワークの成立、故郷の外在的景観から内在的社会構造に対する商人の影響、様々な社会ネットワークの形成動向、及び多発した社会紛争と健訟、地域間（中心と周縁）の抗争といった問題をめぐって、多様な社会ネットワーク（組織・集団）の相互作用を通じて社会秩序の生成、維持を検討し、清代徽州地域社会の複合的な性格を把握してきた。本書では十分に検討し得なかった問題として、明清時代の徽州地域社会を理解する際の以下の二つの問題を今後の課題にしたいと思う。

第一は、徽州社会のもつ対外的ネットワークの問題である。これは、徽州社会とその外部との情報伝達の問題に関連する。徽州地域と地域外に活動している徽州商人との間で物、金、情報の移動と交換はいかに行なわれていたのか。即ち徽州の深山に位置する村人は、いかに素早く外部地域の情報を獲得し、定期的に江南デルタ、漢口、広東などの地域における家族成員の活動状況を知り、これらの地域から送金、冠婚葬祭の用品（例えば上質なアクセサリー）、及び豚油、薬剤、衣料品等の日常生活用品を得ることができたのか。また全国、ないし国際的規模をもつ徽州「商幇」＝徽州商人のネットワークは、どのような技術手段で成立し、維持されてきたのか。徽州商人の遠距離の取引と金融決済（例えば会票の使用）はどのような形で行なわれていたのか。その信用関係は、どういう形式を通じて履行されていたのか。これらの問題は、明清徽州地域社会の外在的景観と内在的社会構造の変遷、社会生活と人々の意識構造を理解するための重要な課題であるのみならず、徽州「商幇」、ないし明清時代の商業ネットワークの形態、さらに明清時代の社会経済の展開水準を測る重要な尺度であると考えられる。

第二は、徽州社会内部の個々のネットワークを超えた「公論」の形成の問題である。この問題は、地域社会内部の情報伝達の問題に関わる。例えば、婺源県西関壩案の訴訟とその解決の中で婺源知県、徽州知府の処理が行き詰まった場合、在郷紳士商民は集団署名の掲帖を使用し、壩建設の弊害、在城紳士商人の意図、婺源知県の偏向を徽州府等の街に宣伝し、公議の場に持ち込んで、社会世論に訴えた。在郷紳士商民のこうした行動は、休寧県と歙県や婺源県の紳士集団の支援を得て、省の行政システムをも動かし、直接に紛争の解決に連なっていった。掲帖とは、明清時代の公文書の一種であったが、官府への民間人の正式的訴えを含み、政治経済の中心地としての街、交通の要所、官府の建物、公文書の専用掲示場所＝州県衙門の頭門、ないし皇帝の居場所の紫禁城まで貼られる場合があった。公文書以外の掲帖は、私掲と言われ、ある目的で冤抑などを表す私的文書である。明律、清律例や地方行政文書の中で禁止されていたにもかかわらず、私掲は様々な形式で広域の地域で存在していた。掲帖の存在形態、その役割を果すメカニズム、国家権力の立場などの問題に対する検討は、壩案のような具体的事案の解明のみならず、地域社会における強い勢力、ないし政治権力を牽制する諸要因の分析に役に立つであろう。さらに掲帖に関わる公議の形態とその言論空間の分析は、「地域社会」というものの内実を再考する手掛かりをも提供すると考えられる。

# 付録一　清代民国時期における北京の水売買業と「水道路」

## 一　はじめに

明代中期以来、市鎮数の激増と都市規模の膨張という都市化の進展とともに市鎮と都市が地方の中心地として大きな受け皿となり多くの農村人口を吸収していったことについては、数多くの研究がある(1)。都市の成長は、境域の拡大、人口と住居の増加、街路や橋などのインフラストラクチャーの整備、商業・手工業活動の展開、商工業施設の拡充などの物的側面のみならず、都市住民が都市の社会空間をどのように認識していたかという問題と切り離して考えることはできない。しかし、前近代中国について、この都市空間の問題を、とくに政府や上層住民でなく外来下層住民の視点からとりあつかった実証研究は、資料の制約によって極めて手薄であるといわざるを得ない。

本稿で扱う契約文書は、下層民の目からみた都市空間を考察する上での貴重な資料ということができる。一般に、大都市において、生活用水の供給は、都市住民の生活を支える最も重要な条件の一つである。生活用水の供給と管理がどのように行なわれたかという問題は、その都市の性格を端的に示す一つの指標といえるであろう。周知のように十六世紀中期から北京の境域は南へ拡大し、人口の増加も続けて当時世界で有数の大都市になった。元代以降首都としての北京の供水問題は、統治者に重要視されなかったわけではないが、皇室に給水するために宮廷専用の金水河の引水工事が元代に行なわれたほか、様々な河川工事の出発点は、水運（漕運）能力、首都と宮廷の安全、すなわち護城濠、都市火災の予防、皇室・貴族の園林などの用水確保であり、ないし洪水及び下水の排出であった。(2) 十七～十八世紀、城下町建設の推進にともなって北京と同じように百万を超えた人口をもっていた江戸では、早くから苦しんできた飲料水問題をめぐって幕府の財政支出と直接の関与によっていくつかの上水道が建設され、水質の管理と水量の調節などの技術も進んで十八世紀後半まで樋と枡などの組み合せで生活用水を敷地内に引き込む便利な上水道網を形成してきた。(3) ヨーロッパでも、十六世紀以降都市の成長に伴って慢性的水不足に悩まされ、上水道、とくに導水工事の建設と送水技術の展開が課題となり、ローマ、ロンドン、パリなどの大都市は、政府の関与と民間の水道会社の経営によって生活用水の供与システムを整備してきた。(4)

政府や都市の自治的組織が生活用水の管理に深くかかわっていたこれらの地域と比較して、清代中国では、地方政府が都市の生活用水の供給管理に直接関与することは殆どなかったといえる。下述のように、人口百万にのぼる北京のような大都市でも、生活用水の供給は、民間の零細な給水業者の私的経済活動によって支えられていたのである。これは、北京のみの事例ではなく、天津、重慶、上海、漢口など、清代中国の他の大都市でも同様であった。都市住民の基本的生活条件の一つである生活用水供給が、地方政府によって公的に行なわれるのでなく、民間の自生的な交易関係を通じて維持されていたことは、前近代中国の都市社会の性格を考える上で留意すべき事象である。生活用水供給のこのようなあり方が北京住民の間に様々な紛争や社会問題を引起こしていたことは確かだが、また一方で、都市に流入した下層民の間の独特の商慣習を通じて、当時の世界のなかでも最大規模の都市の生活用水需要が曲りなりに満たされていたことにも注目しなければならない。

本章では、北京における給水業者と生活用水売買の所有権・経営権の取引に注目しつつ、契約文書の主要概念の分析を通じて清朝から民国にかけて北京の水売買の実態、「水道路」という権利と都市空間の分割・商売境界の成立、及び水売買業者の出身地、都市における存在状態などの諸問題を考察してみたい。その究極的関心は、明代中期以来の農村人口の都市流入と都市化という複雑な社会変動の過程である。

## 二　北京の生活給水

### 1　北京の人口と水資源

元代以降、政治中心という磁力作用のもとで北京の人口は増加し、当時の中国最大の消費都市となった。明代半ばには、北京の居民は「百万」に上った[5]。清朝になると店の持主、商人、職人、満州貴族、八旗の軍人とその家族等を含め、戸籍統計によれば人口が百万前後に達し、清末には百万を超えた[6]。また官僚に付随する遊学者、塾の教師、親戚に寄宿するなどの形で北京に来た「遊宦」、読書人等がおり[7]、商売や科挙受験の滞留者や京控、及び様々な目的を以って上京したものが外城に雲集していた。アヘン戦争以降、対外戦争、太平天国の反乱等が相俟って清朝は極めて不安定な時期に突入し、軍隊の配置を含む流動人口が増加していく。一過性の流動人口のほか、増加し続ける外来人口は生活秩序に大きな圧力を与え、朝廷は、外来人口の「冒籍」行為を厳しく規制せざるをえなかった[8]。一方、光緒年間、「京師は地が広く人口は稠密である。現有の井戸は飲用等に供応するのに足りない」という水源問題を解決するために、皇帝は歩軍統領衙門に「状況を調査し、各街において水井を多く掘って地脈を通じ居民の生活に便ならしむべし」と命令した。[9]これは、北京の緊迫した生活用水不足を端的に示している。

周知のように水資源の不足は、これまで北京が抱えてきた、大都会として成立するための立地条件の最大問題であった。水道局ができる前には人々の生活用水は主に地下水に依存し、数多くの井戸が存在していた。[10]その中には個人所有の「私井」のほか、在来の公用井戸もあった。もし北京の人口と公用井戸の比率を推算すれば、千人に一つの井戸も存在しなかった。その分布は、不均衡な状態であった。また水質と味によって甜水（軟水）と苦水（硬水）の別があり、軟水井戸の数が少なかった。「京師の水は最も味が悪い。水には甜水と苦水の区別があり、苦水はもとより飲むことができず、甜水も良いものではない。また業者は、その値段を高くし、さらに地を画し界をなす。寄寓者は往々これに苦しめられる……北京に居住する者は米の高さでなく薪と水の価格の高さを憂えていた[11]」という清朝人の経験は、当時の生活用水の状況をよく反映している。

人口の規模、水源と汲み上げの形態、空間の分布状況、また社会階層や経済地位、分業、及び定着や寄寓等の居住者の構造的諸要因が絡み合って都市の日常生活と消費の需要に応じて生活用水の人力運搬と売買が生じたわけである。

## 2　水車から水道局の成立へ

旧北京を中心とする多数の回想録中には水売買に関する記事が、とくに目立った景観として残されている。[12]清代以来外部の人々、例えば北京に関する日本人の唐土名勝記や旅行記では「水夫」と飲用水の売買という生活事象が注目されていた。[13]二十世紀二十、三十年代、中国人やアメリカ人社会学者は都市住民生活の調査の中で同じように水売買や、水売買を営む階層が存在していたことを指摘している。[14]時代を溯って明末清初の詩文や小説には「京師の各巷では水を汲んで車に載せて売っている。勝手に井戸から水を汲むことはできないが、苦水を汲むのに制限がない」という記事がある。[15] 山西の「担水人」が各家族に出入りでき、上層社会の内部事情をよく知っているところから、宮廷の「秀女」を選ぶ際、朝廷は大興、宛平二県の官吏に、「担水人」の判断と報告によって某家の娘を決めるよう命じた。これは次第に制度化したという。[16] 宦官魏忠賢が出世する前、病気になった「水夫」に代って北京の町で甜・苦水を売り稼いだという物語もある。[17] 以上の資料によって明代半ばから民国時代にかけて北京では甜・苦水の売買、「担水人」、及び商売範囲などが存在していたことは明らかである。

一方、「京師自来水公司」が一九〇八年に清政府の支持を得て発足して以来、一九二二年には水道管が通じていた世帯は五〇〇〇戸であり、北京人口の約三%を占めていた。[18] 一九三四年には約人口の五%を占める九六〇〇世帯に、[19] 一九四二年には約二万世帯に、[20] 一九四七年には三万世帯に増加した。[21] 市場占有率の推移から見て水道水の市場は確かに順調に伸びていたが、新中国が成立するまでは二割以内に止まっている。即ち二十世紀前半の北京で、水道局という近代的給水体制と伝統的人力給水体制が併存し、多数の都市住民の日常生活は、伝統的給水体制に依存していた。

以上の各種の現象をまとめて見れば、少なくとも明代半ばから二〇世紀五〇年代まで北京居民の生活用水は、主に「担水人」或は「水夫」から購入し、「水夫」と水の人力売買形態は、日常生活にとって重要な意義をもっていた。もちろん人力給水というサービス業は、北京だけではなく近代的施設が整備するまで、各大都会で殆ど例外なく存在していた。[22]

学界では、北京の都市用水問題に対する研究は、施設の建設、水路の開鑿、河流の疎通などの水利と運輸の技術史の視角、[23] 公共事業・公共領域・都市行政に注目し、清末水道局の事業を考察する都市近代化の視角等[24]から新しい成果を挙げている。しかし、二十世紀前半における水道局事業が進展していた時期を含め、明代中期以来、数世紀にわたって北京居民の生活用水が如何に確保されたのか、給水サービス業は、どのような形式で展開したのか、給水業者は、どのようなもので、どういう形で北京の社会経済生活に関わったのか、即ち北京の生活給水の実態と構造は殆ど解明されていない。

## 三　「水道路」の成立

### 1　「水道路」という権利・財産

仁井田陞博士が収集した北京の関連契約文書の中には乾隆から宣統年間にかけての水売買文書（以下、北京水文書と略称）は二四三件ある。これらの契約文書は、明清時代の資料の空白を埋めて「水夫」と水売買という給水実態を解明する手掛かりになるものと考えられる。この契約については寺田浩明氏が濱下武志氏等編『中国土地文書目録・解説下』所収の「北京文書」の中で、夙に都市史研究における価値を指摘し幾つかの文書例を挙げて重要な解説をしている。本稿では、寺田氏の解釈の恩恵を被りながら、さらに一五〇点ほどの資料を加え、文書以外の史料をもあわせて分析しながら、清代・民国期、北京の水売買の実態を考察してみたい(25)。

二四三件の文書の概況については、立契の時代から見れば、乾隆期一件、嘉慶期一件、道光期二〇件、咸豊期一五件、同治期三二件、光緒期一六八件、宣統期二件、時期不明のものが四件ある。

契約の名称としては、租契・租字・租帖・租到・租約等一一件、転租約・転約等五〇件、借帖・借字等二八件、売契・売字・売約二〇件、絶売契四件、合同五件、分単二件、押帖・押帳単三件、交売買二件、清白二件、実租約二件、実約二件、憑帖・字・摺字・代租・倒字・文契・清単それぞれ一件、頭欠五件ある。借帖・借字交売買、実租約、

実約、合同などの中では、実際には租約であるケースが、少なくない。契約の種類を分別してみると、租約、転租約、（絶）売約、借金抵当としての借帖・押帖、合同、その他になる。

以上の数字から見れば文書は光緒年間に集中し、契約の内容は、水売買に関する営業権の租約と転租約、即ち貸借や二次貸借に集中している。

以下寺田氏の見解を踏まえていくつかの北京水文書の内容に即して主要な概念の説明を行ない、都市生活用水の販売に関する権利形態を中心として、売買の実態、特に「水道路」の成立について考察したい。

（一）租約

水売買の営業権の貸借に関する文書は、北京水文書の中で圧倒的に多い。以下のものは租約の一般的形式をもちながら当て字、誤字が多い例である（一四〜一八〇）。

立阻（租）約人王奉鏢因無銭使用、情願将自己姻婄（胭脂）胡同路東路西門戸水鈎担一分、嫁貨（傢伙）倶全、東皮条瑩（東壁営）路南路北門戸、西皮条瑩（西壁営）路南路北門戸、山石（陝西）巷路東門戸、万福寺前門戸。井絶（座）落在百石（順）胡同路北。無身成酌（承做）、阻（租）於王春輝、五月初一日接酌（做）一年、交於本主。同中見人言明市平松江銀七〇両正、外有芽（押）帳、誰接誰擡。光緒二四年五月初一日接做、二五年五月初一日交本主。立阻（租）約為証。

中見人　　王春明（押）王春露（押）

借字人　　王之維（押）

光緒二三年一二月一八日立（押）

水売買関連の文書には取引の理由として「無銭使用」や「無身承做」などがあり、所有者の希望のもとに取引を行なって強制的行為がなかったことを強調している。取引の対象は、自分がもつ胭脂胡同の路東路西における「水鈎担」である。井戸、ないし「水屋子」の所在地と「押帳」などの付属の要件が、契約文書に示される。

（二）転租約

転租約、転租は、実際の水売買活動を行なわず水売買の営業権を借りて第三者にまた貸しする仲介的経営形式である。転租約は北京水文書において五分の一を占めている。以下の文書は転租約の一般的例である（一四〜一七四）。

立転租約人杜大海今有自租甜苦水鈎担一分、傢伙倶全、水井、水屋子仝座落在轤轤把、主戸座落在錦什坊街路東路西一帯等処。因無身承做、情願転租於王徳名下承做為主、仝衆言明租価市平松江銀二六両整、当交不欠。恐口無憑、立字為据。押帳在内、往下誰接誰擡、有押帳単子為証。

計開年頭：自光緒二三年一一月初一日接做、至二四年一一月初一日完、交於本主。月錢使到月底。（中見人、借字人等、省略）

光緒二三年九月初六日　　　　立

取引の対象は甜苦水鈎担である。甜苦水鈎担とは、甜水と苦水の売買を行なうことを指す。この契約文書には、押帳単、年頭のほか、月錢という概念がある。

（三）売契

売契、売約、絶売契などは、権利所有者が水売買の営業権を全部、或いは部分的（利用期間を限った売買）に売却する時に契約文書を交わしたものである。以下の文書は、売契の中でもっとも古いものである（一〇〜一五四）。

立売契人喬志因為無錢使用、将自己海甸西上坡水鈎担一分売与宋作智名下永遠為業、同衆言定価錢一八〇吊正、当日交足、並無欠少。若有争差不明、有売主一面承管、恐後無憑、立売契為照。

計開四至分明：南至胡同、北至柵欄、東至石頭道、西至河沿。

代筆人　趙光同（押）

説合人　張百福（押）王栄（押）鄧山（押）張百祥（押）

乾隆三八年五月一五日　　立売字人　喬志（押）

形式を見れば土地取引契約に似ているこの売契は、売買理由、取引価格と決済形式、売買後紛争が起こった場合の法律責任、権利対象、即ち水販売の範囲――四至、仲介人、契約の書き手などを含めている。この契約文書によれば北京において、少なくとも乾隆期までには水売買の営業範囲、或は水売買の固定市場を権利対象として売買が行なわれていたことが分かる(26)。

（四）借帖

借帖は、水売買業者が水道路の経営権を抵当として金融業者に借金することを指す。以下の文書は、借帖の例である（一〇～三五三）。

立借帖人徐富新今指南海甸水鈎担一付借到天泰軒清銭六〇吊、此銭言明毎月二分行息、言定二九年二月一五日将銭還清。如若還銭不到、即将南海甸水鈎担一付天泰軒承做二年為主。

四至：東至僧王爺園子、西至菜園子、南至観音堂、北至灯楼（篭）庫。

道光二七年一二月二四日　　立借帖人徐富新（中見人、代筆人、省略）

借帖の作成者の徐富新と天泰軒とのこの借金契約には、抵当としての物件、借金の額、利息、返済の期限、返済不能の際には南海甸の水売買の二年間の営業権を天泰軒に渡す、などの内容が書かれている。

（五）合同

合同とは、立契者が共有している水売買の権利対象についてその権利と営業形式などの権利範囲を確認し決めることである。「合同」（一四〜二〇七）の例は以下の如くである。

方成立

立合同人　　二人買到梁姓甜水車子一把、主戸座落在西江（交）（民）巷

杜文会

街南路北、高碑胡同、安福胡同街南路北、板橋東道、東道西耳頭眼、拴馬荘主戸一帯等処。計開年頭：方、杜二人夥作四年、光緒八年四月初一日接至一二年四月初一日為満、交於方姓作二年、光緒一二年四月初一日接作至光緒一四年四月初一日完、往下方、杜輪流接作、毎人二年、永遠為業、立合（同）為憑。自立之後、方、杜二人不許後悔。恐口無憑、立字為据。

中見人　　崔国佑（押）

借字人　　徐登雲（押）

光緒一四年三月初一日　　　　　　立

ここの合同は、契約者が購入した物件に対する権利形態を規定するものである。物件は「甜水車子一把」とあるが、実際には水道路、即ち空間範囲を決めた水売買の営業権であった。契約双方は、この水売買の営業権を共有し、四年を一つのサイクルとしそれぞれ二年間の権利をもち、「輪流」の形で経営している。

以上挙げた五つの文書例には、各契約の名称と種類は異なるにもかかわらず、契約を結ぶ理由のほか、水鈎担・水車子・甜苦水鈎担、傢伙、門戸・主戸・四至、井戸、水屋子、租価、年頭、押帳・押帳単、月銭、中見人・代筆人などの表現がある。これらの概念は、北京水売買文書の基本的形式、内容、要件、性格を反映している。

北京水売買文書では、取引の対象＝所有権・営業権は、水鈎担、水道路、甜苦水鈎担、甜苦水道路、甜水車子、水売買、甜水井等の語で表されており、その中で水鈎担の使用頻度はもっとも高い。水鈎担とは、もともと水売買を営む担水人、すなわち「水夫」が使用する天秤棒と水桶からなる基本的道具であり、契約文書では水売買を行なう所有権・経営権という意味で使われていた。

権利対象は文書の表現によれば、水鈎担、水道路等であるが、具体的内容は「××××一帯等処」という「主戸」の範囲、すなわち生活用水を買う固定客の所在範囲とに示されている。水文書では主戸、住戸、水主戸、水住戸、水道主戸、水道住戸、鈎担主戸等の表現があり、これらの表現の中で重視される権利は、生活用水を買う固定客、及び彼らが所在する地域に対し水を売る権利であると考えられる。利用者、すなわち主戸の所在地とその空間範囲は、水売買の所有権・経営権を限るキーワードである。もし水売買の空間範囲が固定商売の対象ではなく、営業活動を通じて確実な利益が得られるとは限らない場合、それは水売買の経営者にとって取引の権利対象にならないわけである。従って「主戸」の所在空間範囲は、権利対象として土地や不動産の所有のように疑う余地のない独占性を持っている。

咸豊、同治以前の文書でその空間範囲には、不動産の契約によく見られるように「四至」という表現をしばしば使っていたが、「南至胡同、北至柵欄、東至石頭道、西至河沿」というように建築物、或は施設を方位として限定することは、その「四至」の特徴である。光緒期、「四至」という表現が残っているが、多数の契約文書には、水道路の空間範囲は、具体的名称をもつ街、特に胡同を単位とし計算している。北京では、一つの通りを中心とする住宅区が胡同と呼ばれていた。北京水文書では一つ、或いは複数の胡同という住宅区が、「一分」の水道路の範囲となる。

しかし「甜・苦水道路」、「甜水車子」、「甜・苦水鈎担」などという水質にかかわる権利表現は、営業内容に対する限定であり、同じ「水道路」が営業内容、すなわち「甜水」、「苦水」の違いによって同時に二人及びそれ以上の所有者に占有される可能性も存在するわけである。また多くの契約文書の具体的内容によれば、一つの「水道路」と「水鈎担」は必ずしもその胡同のすべての戸を包括するわけではなかった。「水道路」の範囲は、もっと細かいところまで、一つ、一つの世帯、或は一つの「四合院」[27]を単位とする「門戸」からなるものまである。

門戸については、文書一四～二六七では利用者の空間範囲を述べた上で、更にそれを証明するために「有門戸単為証」ということを強調している。北京水文書には門戸単、すなわち利用者のリストという実物は含まれていないが、光緒三三年の「租約」の営業対象について、「夾道□前路西南至小廟北頭個（？）門戸、車子営小五条門戸六戸、下坡門戸一個、黄梅館前門戸一個、大猪圏口里口外門戸二個、芦々（轆轤）把以南門戸一個、獅子店以南、曲家大院一概（帯）等処、南大街路南二合店門戸一個、初章胡同西頭一門」とあるように、「門戸」を契約文書に書き込む例もある。[28]

また、先に挙げた文書一四～二〇七の以前の形と思われる光緒八年の合同には、甜水売買の営業範囲に対して「主戸坐（座）落在西江米巷街北門一個、街北門四個、高碑胡同門二個、旧連（碾）子胡同橋東橋西門二個、土地廟一東一西門一六個、安福胡同道南門三個、道北一個、後水泡子道南門一個、道北一個、小六部口門二個、西（細）瓦廠門道東門一個、板橋街南路北門二個、拴馬荘道東道西門二個、又有西単牌楼長安街門四個、二道街門四個、頭条胡同門一個、石虎胡同門一個、鼓子街門一個、手帕胡同門一個、一帯等処」と述べているように、[29]水道主戸は、天安門——西単牌楼——南海——前門という大きな官庁の庁舎、民間住宅区にばらばらに散在している。従って水売買の空間範囲は、必ずしも契約文書に書かれたような一つの街ではなく、この区域の一つ、一つの四合院、或は一軒、一軒の世帯である。

生活用水販売経営の権利形態は、上述した独占的商売空間という性格のほか、断続的時間占有に最も大きな特色が見られる。すなわち「水道路」、「水鈎担」の所有権や営業権は、「股分」の形で権利所有者の契約内容によって共有されている。水売買の契約に即してみれば、一人（家族）、二人、三人共有であるが、所有権の時間的範囲は出資によって異なり大体数年を一つのサイクルとし、それぞれ相応の権利、例えば一年間とか、二年間とかの営業権を持ったのである。文書一四～二〇七に見えるように水売買の営業は、権利所有者としての双方が期間を決めて「輪流」の形で行なわれる。契約の中に見える「番」、「年頭」などの概念もこうしたいわゆる「合伙」という共有状態を示している。相続の契約文書としての「分単」（例えば一四～二〇八）には、兄弟同士が遺産として分割した財産は、親の「水道路」である。「水道路」が土地や不動産のように権利・財産として扱われている。また多くの借金契約「借帖」や「押帖」の中で借金の抵当として文書一〇～三五三におけるような「水鈎担」が挙げられていることは、借り手と貸し手の間でこれらを財産とみなす意識が非常に明確であったことを示している[30]。

北京水文書では、決済の貨幣について「市平松江銀」、「清銭」、「当十銭」等の形態がある。租価とは特定の主戸に売水サービスを行なうという営業権の貸借料である。

水井と水屋子は、多数の文書の要件である。北京の水井は、在来の公用「官井」と民間住宅・寺観等の中における「私井」に分けられる。公共井戸は、もとより誰でも汲むことができるはずであるが、住民に送水サービスを営む過程で業者は、水を汲む道具を設置し、井戸のそばに水車等の道具の倉庫、営業者や「水夫」の住所として水屋子を建てて、水売買業者の間で次第にその水源を独占しつつあり[31]、水売買を営む権利の一種となった。公共井戸は殆ど苦水井戸であり、また多くの井戸は、個人や寺観の私有である。水源、主戸等の権利が各々の人に属しているため、水源・水屋子、関連道具と主戸を併せて所有する水売買業者もいるが、こうした条件を備えていない水売買業者も少なくなかったと考えられる。

多数の文書には押帳銭という項目があり、その数量は通常は租価の三分の一から十分の一までであったが、租価をはるかに上回った例があり[32]、租価をはるかに下回った例もある[33]。押帳、押帳銭[34]とは、一般的に考えれば水売買を行なう際、営業者が持主に出す敷金のようなものであると理解できる。

ところが、少数の文書では押帳銭の具体的由来が窺われる。文書一〇～二五九に見える水槽銭は、文書の書式に即して見れば押帳銭であると考えられる。これが水槽を修理する支出を指し、この押帳銭がもし払われなければ罰金一〇〇両という厳しい罰則が定められていた[35]。北京水文書の中には二つの「押帳単」があり、一つの内容は井戸をさらうこと、「光緒三二年五月初二日、因紅門淘井、共化□（銭？）八五吊正、按四股均分、毎分按押帳二一吊二四〇文、誰接誰擡。此分半股一〇吊六二〇文。経手人：于漢東、殷文魁　立押帳単」とある[36]。この文書では淘井に支出した費用が押帳銭として扱われている。もう一つの内容は理解しにくいもので、大体大口の利用者を固めるための費用であると読み取れる[37]。文書中に見える「誰接誰擡」という語は、他の文書では「誰接売買、誰擡押帳」等の語で現れるが、この「擡」の意味は何であろうか。「立借帖人姜培基因無銭使用、今借到中義聚市平銀二〇両整、言明二分行息、按月帰還、若擡銭不到、指邱家街北一截水鈎担一分、許中義聚接做」という光緒一三年の契約文書から[38]、それは金を「支払」することであると理解できる。

押帳銭の帰属と使用について、大多数の文書には詳しく記録していないが、租価が二〇五吊（押帳銭三七吊を含む）である租約には、押帳銭の使途を「道光二九年潤（閏）四月挖河使押帳銭二吊正」と補筆している[39]。一つの転租約では権利所有者と貸借者が、施設の修理費用の捻出について「月銭一五日以前上手経管、一六日以後下手経管。仝本主言明：屋子碎修拘摸、本主化銭、修劃子、還水槽、俱以按押帳」と契約している[40]。水屋子の修理は、権利所有者から出費するが、水を汲む滑車や貯水槽等の道具の修理は、借り手の押帳銭から出費することになる。契約を解除する際、押帳銭を借り手に戻すかどうか、多数の文書においては不明であるが、高額の押帳銭は、借り手に戻す可能性が高い。文書には確かに借り手に戻す例もある。(41) また「前後押帳誰接誰擡」という表現があるが(42)、「前後押帳」の意味は、数次にわたって押帳銭を出した場合の、その合計ということであろう。例えば文書一四～三四八租約には、租価銀六二両のほか、「上帯押帳、前押帳市平松江銀五両四銭整、新押帳另有一紙為証、誰接誰擡。又有水桶一付、扁担一条、櫃乙口、均係誰接誰擡」とある。この契約にある新押帳或は後押帳ともいうが追加された押帳であり、営業道具の利用料も押帳の中に含まれていると思われる。

押帳銭の性格は、水源、利用客、水売買の営業を行なう道具の所有状態によって異なるところがあり、実際の水売買に従事する営業者及び契約者が水売買営業権を貸借する保証金であると同時に、先に挙げたいくつかの文書を分析すれば、水道路の貸借料に対比して、水源や貯水池などの施設・道具に対する修理料、使用料、ないし主戸を獲得する費用に当てるものであったと考えられる。

実際の水売買業者は、少なくとも水道路（水源を含む場合あり）の所有者、水源の所有者、住民という三者に関わっていた。住民が業者に支払う料金の形式について、旧北京回想録から得た知見によれば、毎回払い、数量を集計し月に一回支払、「包月」、すなわち毎月の固定の金額を決った月決めの支払、という三種類を含む。もし水文書に見える「月銭」を住民から受取った送水サービス料であると考えれば、それは「包月」の支払形式に当るのである。ただ一つの水道路のすべての住民が、「包月」の方式を取ったかどうかは、資料不足のために不明である。一ヶ月の実際の購入量を集計する支払は、現在の都市ガス、水、電気等の公共料金の集金形式の如く住民が毎月一回に「水夫」に支払う代金に当り、「月銭使到月底」という意味の月銭ではない。

前掲文書一四～三一三において、「月銭一五日以前上手経管、一六日以後下手経管」という契約の内容には、月極めの区切りと前後の経営者の責任、或は権益が明示されている。この「月銭」が経営者と住民との関係であるか、またはは水源所有者との関係であるか、摑みにくいところであるが、北京水文書の中では、経営者・住民の間ではなく「水道路」の所有者・経営者と水源所有者の間で支払われており、ここでの「月銭」は、「水道路」の経営者が水源所有者に支払う料金と考えられる。一つの「甜水井」を巡る道光二五年の「租約」によれば「甜水井」(甜水道路を指すと理解できる)を借りて経営を行なう王応泰は、租約を結んだ(甜水道路の)所有者徐鈴に四年間の「租価」一一五五吊、「押銭」三〇吊を支払うほか、「毎月交文宅井銭二吊五〇〇文、不準托(拖)欠」と約束した。[43] 甜水井戸の所有者文宅に納める金が「月銭」であると思われる。

道光二八年の王培印と天泰軒の「合同」には「王培印有自己甜水車於天泰軒上水、同衆言明毎月取水銭清銭一七吊正、言明不長(漲)不落。立字以後、自(只)許天泰軒不用、不許王培印不拉」とある。[44] 北京水文書においては、水売買の権利として甜水車という語が使われる場合、甜水井のように水道路を指し、王培印の甜水車とは甜水道路ではないかと理解できる。天泰軒は、水道路等を借金の抵当に水道路の所有者にも金を貸して水道路の経営権、ないし自ら水道路の所有権をもつ質屋であり、[45] ここにいう「上水」、「取水」は、王培印が天泰軒所有の甜水水源から水を汲むことを指し、「毎月取水銭」とあるものが「月銭」と理解できよう。

以上の検討をまとめてみると「水道路」、あるいは「甜苦水鈎担」、「水車子」は、常識上の道路や水路と異なって、一軒、一軒の利用者からなる生活用水の固定の商売路線、商売空間である。この路線は、「四至」と「門戸単」という用語に即して考えればその基本的なものは一つ一つの「四合院」、或は世帯、即ち「水住戸」である。従って「水道路」は必ずしも特定の町のような一円的空間を指さず、ある(例えば胡同)地理空間に散在している特定の世帯である。また「番」、「年頭」、「輪番」という表現に即して考えれば「水道路」の所有時間は、契約の内容によって複数の所有者に分割され断続的に占有されることもある。この権利の起源については、契約文書に「自置」(買到)、「祖遺」、「租到」という用語があり、契約を結ぶ時点では売買、貸借、相続を通じて獲得したことが分かる。また水質によって分けられた甜水道路、苦水道路、甜水車子、甜苦水鈎担などという権利的表現は、営業内容に対する限定である。要するに「水道路」は、地理空間、時間、売買内容によって規定される独占的水売買権利の存在状態である。

水売買に携わる水源、取水・運輸道具、及び営業道具の預り所や「水夫」の宿泊所などの関連施設には水車子、水井、水屋子、水槽、水桶、扁担などがある。水住戸という核心的権利に比べると上述のものは、付属的権利であると言えよう。契約文書の水井・水屋子と水住戸は、空間的にむしろ分離しているほうが普通である。生活用水売買の過程で水主戸=商売市場、井戸=水源、関連道具・施設は、それぞれの所有者に属している。(46)「水道路」の経営権と所有権が移動する際、こうした権利の分離状態によって「租金」=「水道路」の賃借料、「押帳」=水売買営業権の取得の保証金、関連施設の修理料、利用料等、「月銭」=住民が経営者に支払う用水料、及び経営者が水源所有者に支払う利用料などの概念が生み出された。

## 2　「水道路」成立のメカニズム

以上、契約文書における主要な概念の検討を通じて水道路という権利の内容を検討した。ここに水道路という権利の移動と契約文書の若干の特徴を見てみよう。

「水道路」という所有権は、利用客=都市住民を中心としていた。しかし前掲の契約文書一四~三五一等における「門戸単」及び各文書における「四至」という空間範囲の表述には住民の姓名が現れず、地名や門戸に止まった。しかも前掲文書一四~一八〇のように契約者双方が権利の範囲を示す北京の地名をも正確に理解できないまま「水道路」

という権利を取引していた。

既に指摘したように北京水文書の中では転租約の数がかなり多い。転租文書によく現れる名前から見れば水売買経営のブローカーが確かに存在していたと考えられる。転租という現象は、水売買の経営権を貸借する過程で相当の利潤が出たことを物語る一方[47]、転租が、なぜ活発に行なわれたかという疑問も浮上する。

以下の契約はこの疑問に答えるのに一定の参考となろう。

立代租人張孟友（押）因張振合（押）祖遺石頭井北小分苦水拘（鈎）担一分、屋子・井在石頭井、住戸在大街東、大街西一代（帯）等処、因無身承做、情願租於盛福義名下做二年為主。計開年頭：自光緒二二年冬月初一日接做、至二四年冬月初一日完、交於本主。仝衆言明租価市平松銀一両正、当交不欠、並無押帳、恐口無憑、有家信字約為証[48]

この契約は、権利所有者が不在の場合、委託を受けた代理人によって権利対象を経営者に貸借する契約を結んでいる代租である。取引の合法性を証明するために所有者張振合の「家信」をも挙げている。

同様に光緒一九年に他人から二つの甜苦水鈎担を貸借した李堂昇は、「因不能脱身赴京、情託衆人提名出租於康連仲名下承做三年……両分水道路照期交与本主、同衆人言定租価市平松銀七八両整」という転租約を立てた[49]。この転租契約を結ぶ理由は、経営権の所有者が事故があって北京に赴くことができず、知人等に任せ康連仲に貸借したものである。

この二つの契約文書にみえる権利所有者と権利対象は、地理的に遙かに分離した状態である。このような状態は、少なからぬ契約文書の中で「京中×××水鈎担一分」というように具体的地名を欠いた書き方がなされていることからも推測される一方で[50]、水道路の所有権、或は経営権の所有者が水売買の現場である北京にいないからこそ、水道路の貸借や中間的貸借（転租）の活発化が導かれたと考えられる。

伝統社会にせよ、現代社会にせよ、普通の商品生産者、或は商人は、商品と販売活動を通じて利益を得ることになる。市場独占の現象があってもそれは恐らく商品に対する業者内部での競争や統合によって実現したのである。直接に水購買者を独占的財産・権利として扱うことができないわけである。ところが、北京水文書では業者の間で水売買を営む際、特定の門戸、すなわち住民からなる水道路を私有財産として取り扱い、売買、抵当、貸借行為を行なうことが基本的内容となっている。

また紛争を決着した二件文書を含む北京水文書は、契約税を納めない「白契」である。そのプロセスに現れている信用関係は、主に「水道路」の所有者や経営者・契約者双方、仲介人と立会い人を中心とする関係者など、ごく小さい範囲で築かれてきた。この権利、或は「水道路」という秩序状態を維持する装置は、権利の境界、売買、貸借、期間、価格、決済方式、引継ぎ、保証に関する内部慣行である。この内部慣行は、その表現形式において前近代中国の土地契約と非常に類似している(51)。

水道路を財産として扱う慣行に対して国家権力はまったく気づかなかったわけではない。乾隆三五年一一月に水道路所有権の帰属をめぐって山東招遠県の民婦康藍氏は、「覇占伊故夫所遺挑水売買」という理由で康世勲等を官府に告訴した。この事件は、北京の市場秩序と水売買における問題点を露呈している。この案件を審理した歩軍統領福隆安は、水売買業者の権利慣行に対して「京城官地井水、不許挑水之人把持多家、任意争長価値、及作為世業私相售売。違者、許該戸呈首、将把持挑水之人、照把持行市律治罪」という取り締り策を上奏した。朝廷は、福隆安の提案を法律化し、乾隆三七年に『大清律例』戸律・市廛、把持行市の条例とした(52)。朝廷はさらに水売買業者のみならず地方官、地方の保甲組織に対する処罰条例を設けた(53)。法律条例の設定は、国家権力が北京における水売買の秩序を整頓しようとする傾向を反映しているが、清末まで北京水文書に現れている水道路所有権・経営権の活発な取引は、「私立水窩名色、分定地界、把持売水、不容他人挑取者」というやり方に関する法的規定には、水売買業者の営為を取り締まる効果が殆どなかったことを示していると言えよう。これによって水道路という権利は所有者や経営者という業者内部で確立したものであると言える。

以下、都市住民が、如何に水売買業者の権利対象になってしまったのか、水売買業者の権利や慣行は、如何に成立してきたのか、という問題を探ってみたい。

各種「行業」の中で水売買は、下水と糞尿などの処理と同じように北京住民に「賤業」と見なされていた。水は住民の生活必需品として備蓄しにくく、毎日、または二、三日に一度購入する商品である。人力を利用する技術条件のもとで水売買業者は、雨、雪などの悪天候と泥道、特に長く厳しい冷風や氷に対応しなければならない。このようなサービス業の厳しさと辛さが普通の都市住民には耐えられないのである。清人の観察によれば北京の「土着」は頼るべき生業があり、また怠惰でもあり、給水や塵芥収集のような「賤業」に従事することを避けた。山東地方の人々は、苦しみに耐え、労に堪えるから、その隙間に入ってこうした「賤業」を行ないながら、ついにこの業で大きな勢力を形成した[54]。

都市成長の過程では、地理的便利と関連資源、知識・才能、社会・経済上で優位にあるものが早めに都市の経済構造に相応しい位置を見付けて、生業をもつ都市の一員となって相対的に安定した生活を営むことになる。都市化の進展とともに増加し続けるこれらの住民に様々なサービスを提供するマーケットも拡大し、都市サービス業の中では、最も辛い肉体的労働は、経済劣勢にある周辺の農民や出稼ぎの外来者によって担当されることになる。このような推移は、清朝人が理解したような都市住民の道徳的欠陥の結果ではなく経済の展開と社会的分業の自然なプロセスである。

山東の人々が北京において水売買を行なうようになった契機については不明な点が多いが、明清時代、人口膨張の圧力のもとに山東地方の人々は、隣接地域に拡散し、とくに河北、東北等の地域へ流動しつつあった[55]。明清政権が交替する際に八旗に付き従った山東の流民は、北京に散在している軍隊の駐屯地に入って「火夫」を勤めた。このために彼らは、満州軍隊の余勢を借りて各町の井戸を管理する機会に乗じて水売買に手を出した[56]。水源や給水への関与は、生活用水の運搬という仕事の機会を生み出した。生活用水を井戸から利用客の家へ運搬するサービスにおいて、水の利用者こそ利益のもとであり、固定客の確保が安定収入の獲得を意味する。そこに相当安定した利益が生じるため、利用客を巡る従業者の排他的競争に伴なって、業者の間でそれぞれ各戸の利用客（四合院、門戸）を固めて、利用客範囲の縄張りから次第に独占へ推移し、さらに特定の門戸を自己の財産として扱うことになった[57]。門戸・水道路という財産を守るため、水売買業者内部では、「以刀守水道」と言ったように[58]武力で戦うこともあった。このようなプロセスから生まれた「水道路」という権利・秩序は遅くとも乾隆期には、定着していた[59]。この権利と秩序の維持は、同業者が互いにそれぞれ所有している水道路の権利を尊重し、特定の所有者・経営者と特定の門戸・住民の間でトラブルが起った場合でも他人の水道路に水を絶対に売らないことを通じて実現してきた。これは、以下のようなことを物語るものである。水売買業者の間では、水道路という商売空間を独占する権利秩序と取引の慣行が一旦定着して以来、「水道路」の所有者、営業者が「水道路」権利の売買や貸借や抵当を行ない、各戸の都市世帯が誰の水を購入すべきかを決める際、決定権が「水道路」の所有者、経営者に握られて、住民は業者の強制的な水売買を受けざるをえなかった。「水道路」のような権利・秩序は、移住、開発における処女地の開拓、占有、商品流通やサービス業の各領域においても類似の現象を見出すことができよう[60]。

## 四　沈黙していた外来者

北京では、水売買に従事する「水夫」の人数については正確な統計がないが、水道局と伝統的給水業が並行している民国時代の調査・推計によれば、水売買者は数千人に上った。[61]百万の都市人口、流動・寄寓人口、及び多くの茶館、飯店、会館等の施設を抱える都市に水を提供するためには、人力運搬の技術条件の下、給水「水夫」は清末には一万人近くいたと推測できる。北京人口の約一％を占めるこうした「水夫」は、住民の日常生活に大きな役割を果していた。

「水夫」の出身地については北京水文書には出てこないが、前に述べたように「京都」、「京中」という財産・権利の所在地の表現を見れば、北京から遠く離れていることが分かる。旧北京回想録の作者は、疑いもなく給水と塵芥収集業者が山東地方の出身者であると指摘する。官府文献によれば、例えば嘉慶六年四月に西四牌楼の九天廟で起った殺人事件において死者林聡は刁珍の「夥計」であり、廟内に住んでいる十数人が「山東挑水民人」であったと述べているように山東「水夫」の姿が出てくる。[62]これらの資料によって清朝以来、水売買者は山東地方の人であったと推測できる。

また北京水文書の契約者双方、関係者の姓名を合せて分析すれば「水道路」の所有権と経営権の移動が、相当閉鎖的な範囲で行なわれていたこと、その内容が主に経営権の貸借であり、[63]また「水道路」の一括絶売は親族間で発生し、その数量は少なかったことがわかる。所有権は、親子相続を通じて継承された。

清末にはこのような閉鎖的社会集団の間で公式的同業者組織「井業公会」が成立した。『北平市工商業指南』の記載によれば民国期、加入メンバーは二四六社である。その中で二〇社の所有者は河北出身であり、総数の約八%を占めている。他の九二%は、山東省の二五県の出身者である。その中には平陰県の出身者が四九人、文登三六人、栄城三六人、東阿二九人、招遠二九人、肥城九人である。[64]清朝前期から民国時期にかけての二百年以上の間、時期的変化もかなりあったと考えられるが、各種の調査と観察から得た知見によれば「水道路」という権利は、強固な内部ネットワーク関係に基づいて相当安定していたと考えられる。[65]すなわち同業競争がありながら生存競争も厳しい外来者の地縁関係は、同業内部ネットワークにおいて最も重要な絆となる。北京の水売買業者は、県の範囲を超える山東人の地縁的集団であったと言える。

ところが、この山東人集団に対して北京住民が抱いていた社会的イメージは、非常にマイナスなものであった。民国期の文人徐国枢の『燕都続詠』には「晋人（山西）は勢弱く魯人（山東）は強く彼等の凶悪な勢いは誰にも抑えられない。壟断把持し官府も制御できず彼ら水屋はなんと官庁の権威に比せられる（晋人勢弱魯人強、若輩凶威孰与当。壟断把持官莫制、居然水屋比堂皇）」という「水夫」非難の詩がある。[66]北京大学教授馬叙倫は、「水道の制は糞道と同じであり、住民はこれに頗る苦しめられ、南人（南方出身者）の苦しみが尤も甚だしい」と指摘した。[67]山東「水夫」に対する悪印象があった故に、水道局ができた頃、住民は水道局に大いに期待して山東「水夫」を批判する数多くの手紙が水道局に寄せられた。その一通には、「水夫」が「団結が固く独占し暴利を求めて利用客に対してしばしば横暴な行動を加えた。住民が虐められながら耐えてきたのは長期間のことである」と言う。[68]近代化の象徴の一つとしての水道局は、水道管の敷設と生活用水の販売が「水夫」集団の強烈な抵抗に遭って大きな被害を受け、当時の新聞を通じて水道水に関する「水夫」のデマの悪影響を取り除くのに大変苦労したという。そのため一九三〇年代になっても会社の業務報告の中で「水夫」を「水閥」と言い、「水夫」の専横な振舞いを罵倒している。[69]さらに「水夫」は、自分たちの要求に応じない住民を各種の方法で困らせて水を供給せず、脅迫したという指摘もある。[70]市政府衛生局は、水売買の容器と価格の統一、「水夫」の登録制等を通じて、行政の手が及ばない「水夫」に対する規制策を取って「水夫」と住民の間で多発する紛争を鎮静しようとした。[71]上述の詩文、手紙、会社の報告書、行政管理文献の中では、「水夫」は「水道路」の独占経営を通じて水の価格と数量を勝手に決めたり、チップを強要したり暴力を振うなど都市住民を欲しいままに虐める社会集団として描かれている。

「水夫」の悪イメージは、確かに「水道路」を私有財産として独占して、価格等の問題で住民とトラブルを起したために生まれたものである。北京における官僚、文人、商人、住民の非難に対して[72]「水道路」の所有者と「水夫」自身の手になる唯一の文献は、契約文書である。しかし自筆で書いた契約文書が少なく関係者に頼んで代書してもらったものが多い。

北京水文書には定められた文書形式があるにもかかわらず、契約の重要内容となる販売範囲「××××一帯等処」という四文字を、「一代等処」、「以待登処」、「絶代等処」などと書いており、また契約文書における「一帯等処」という四文字の位置が不適当でもある。[73]文字の使用と文法の状況から見てみると多数の契約文書には、当て字、誤字、脱字、文法の間違いが随所に見られる。文書一四～二八〇で示したように当て字、誤字は主に北京の地名に当たる部分である。これは各人の識字レベルと地方出身者と関係があり、北京地名等の発音を正確に聞き取れなかったことを示している。この現象は「水道路」の所有者、経営者の教育レベルの低さを裏付けるのである。従って山東「水夫」は、自己の意見を主張する文字資料を残せず、歴史文献において、沈黙している社会集団と言える。

事実、山東から上京した「水夫」は、いずれも重い肉体労働で都市住民にサービスを提供し生存を求める下層民、或は農村出身者である。彼らは厳しい自然と社会環境のもとに一所懸命に働いても収入はあまり多くなかった。死んだ時、故郷に棺を運ぶ費用にも足りないケースもある。[74]彼らは素手で都市に闖入し、都市の社会経済構造の中で、彼らの活動空間はあまりにも狭く、体力のみを頼りに、サービス業、とりわけ都市住民から見下される「賤業」に従事せざるを得なかった。彼らは差別されながら、出身地域と方言、教育レベル、生活と仕事のスタイルなどのさまざまな要因によって北京の住民としっくり行かずコミュニケーションがうまくできないままであった。

巨大な北京市においてこうした孤独な外来者集団は、数百年間、内部ネットワークと慣行を作る一方、都市の中で自己の生存基盤と経済秩序を築くために給水という領域で恣意的に都市の町と世帯を「水道路」で分割し私有財産として独占した。そして「水道路」内の住民に生活用水を強制的に売買することによって自分を都市の経済構造と社会生活形態に組み込んで都市の経済と社会生活の不可欠な一部になっていった。彼らは独自のやり方で都市の中で作り上げた自己の秩序、或は利益を維持するために住民と衝突したり集団的に水道局の市場拡大に抵抗・破壊したりすることを辞さなかった。[75]このような「水夫」の結合は、明代中期以降の都市に関して従来注目されてきた同業団体の形成の一つの例と見ることもできよう。しかし、明末から清代を通じ、都市の商人ギルドが公益事業、公共建設の担い手となり、たがいに競合しつつも一つの包括的都市秩序をつくりあげていったのに対し、[76]「水夫」集団はむしろ、そうした都市秩序を擾乱する異質の存在とみなされていた。[77]

彼らの自己秩序の中心的なもの＝「水道路」は、上下水道等の近代的市政施設の整備に伴なって消えていくべきものである。しかし「水道路」という権利・秩序が崩れるまで彼らは、『北平市工商業指南』の記載のように北京の住民として正式的に認知されることなく、山東地方の戸籍をもったまま、都市におけるマージナルな存在に止まった。

ちなみに一九二五年に「五卅惨案」が起った時に「井業公会」は北京城の数千名の「水夫」を集めて暴虐に反対するデモを組織しイギリスと日本の関連施設に水を提供しないことを決めて会長が政府を応援する請願書を出した。[78]このような社会集団は激動の二十世紀の中国で都市における自己秩序を守りながら政治活動にも巻き込まれつつ社会的勢力として登場してきたのである。(79)

## 五　むすび

以上、清朝から民国にかけての北京市における「水道路」という権利・秩序の成立を中心に整理しながら論じてきた。本稿の内容を要約すると、以下の如くなる。

官僚、読書人、商人等に比して、山東農村から北京に流入してきた人々は政治・社会・経済上の劣位にあって唯一頼れるのは自分の肉体労働能力であり、消費都市の社会経済構造の下、汚い仕事や骨の折れる仕事以外に、選択の余地がなかった。明清政権が交替する混乱期、八旗軍隊に炊飯等のサービスを提供するこうした流入民は、軍隊に服役する関係で生活水源への関与を通じて住民への給水サービスを行なってきた。当時北京の地元の人々が、長く厳しい冬季におけるきつい給水業を敬遠した結果、この隙間を填めて給水に手を出した山東地方の人々は、水売買を行なう際、縄張りを定めて他の「水夫」を排除しつつ、独占的商売境域を形成し、この境域を財産として扱っていた。このようにして「水道路」という権利、内部慣行が成立した。利用客の独占を中心とする「水道路」という権利は、土地のような私有財産として相続、分割したり、売買したり、貸借や抵当権を設定したりする対象となった。この権利は、官府の許可や住民の合意ではなく独占や地縁関係や内部慣行・ネットワークの形成、すなわち「水道路」の所有者・経営者の相互承認に基づいたものであり、一九四九年まで数百年の間に形成しつつ維持されてきた。都市の生存基盤を築くために識字レベルが低い「水夫」集団内部で生成したこのような独自な権利・秩序は、相対的に開放された都市経済・社会生活秩序と乖離し、様々なトラブルを生じていた。これが文献に現れた「水夫」集団のマイナス社会イメージの由来である。

「水道路」は、「水夫」が自己意識で排他性をもつ送水サービスを通じて都市という商売空間を恣意に分割し、利用客を赤裸々に独占することによって成立したものである。水売買契約文書における北京は、「水夫」によって様々な形状の境界で分けられていた。このような都市の境界は、都市地理、建築、政治、文化、社会等の機能区分ではなく、一般意義上の経済区分でもなく、特定のサービス業者の独自の区分である。同様の縄張り行為は、清代都市において珍しい現象ではない。脚夫、火夫、かごかきなどの縄張りによる独占行為は、清代の史料中に多く見出すことができる。[80]「水夫」について天津でも独占の弊害が指摘されていた。[81]

「水夫」及び「水道路」の所有者は、数百年にわたって代々北京で水売買を営んでいたが、二十世紀三〇、四〇年代まで彼らはまだ都市社会に溶け込まず、マージナルな社会集団という性格を変えていなかった。「水道路」の経営者・「水夫」は、清末、万人単位の数となった。「糞夫」、燃料、食品等の運搬、住民の移動を担当する人力車、及び様々な分野の肉体労働者は、北京のような消費都市において総人口の一割近かったと推測できる。[82]このような人口は、長期に都市に住んでサービス業に従事しながら故郷の戸籍を持ちつづける。この現象を巨視的に見れば明清時代以来、都市の成長に伴なって農村人口が都市に流入しつつあったことの一つの側面である。都市近郊の地主のほか、戸籍制度に制限されながらも読書人や商人は、政治・経済・社会地位や経済力、及び社会変化に適応できる能力をもつところから都市に受容されその一部分になったが、肉体労働力しか持たない都市の流入者にとっては都市の制度的、心理的、文化的壁があまり厚すぎたため、彼らは数百年にわたって都市生活において必要不可欠の存在でありながら都市世界と乖離した存在であった。[83]これは、明清時代以来、都市化の過程で見逃されやすい側面である。このような現象と過程は、今日の中国でも見られるものと言えよう。

## 注

（1）明清時代の人口移動、商業化と都市化の展開については、葛剣雄・曹樹基氏等『中国移民史』第五巻、第六巻（福建人民出版社、一九九七年）、斯波義信氏「中国における資本主義の展開と都市化」（社会経済史学会編『社会経済史学の課題と展望』有斐閣、一九八四年）、同氏「移住と流通」（『東洋史研究』第五一巻第一号、一九九二年）、史学会編『アジア史からの問い・アイデンティティー複合と地域社会・第二部　東アジアにおける人の移動と社会変容』（山川出版社、一九九一年）。梅原郁氏編『中国近世の都市と文化』（京都大学人文科学研究所、一九八四年）、劉石吉氏『明清時代江南市鎮研究』（中国社会科学出版社、一九八七年）、Rowe, William T., *Hankow: Commerce and Society in a Chinese City*, 1796-1889, Stanford University Press. 1984。同氏 *Hankow : Conflict and Community in a Chinese City*, 1796-1895. Stanford University Press, 1989。隗瀛涛氏編『重慶城市研究』（四川大学出版社、一九八九年）、G・W・スキナー（今井清一氏訳）『中国王朝末期の都市――都市と地方組織の階層構造――』（晃洋書房、一九八九年）、張仲礼氏編『近代上海城市研究』（上海人民出版社、一九九〇年）、樊樹志氏『明清江南市鎮探微』（復旦大学出版社、一九九〇年）、韓大成氏『明代城市研究』（中国人民大学出版社、一九九一年）、陳学文氏『明清時期杭嘉湖市鎮史研究』（群言出版社、一九九三年）、羅一星氏『明清仏山経済発展与社会変遷』（広東人民出版社、一九九四年）、曹子西氏編『北京通史』（中国書店、一九九四年）、呉建雍氏他『北京城市生活史』（開明出版社、一九九七年）等々を参照。

（2）侯仁之氏『歴史地理学的理論与実践』（上海人民出版社、一九八四年）、侯仁之・鄧輝氏『北京城的起源和変遷』（北京燕山出版社、一九九七年）を参照。

（3）堀越正雄氏『井戸と水道の話』（論創社、一九八一年）、伊藤好一氏『江戸上水道の歴史』（吉川弘文館、一九九六年）を参照。水道網と市区水道管の配置について堀越氏書一二五頁、一四二～一四五頁の図、伊藤氏書四七頁の図を参照。

（4）鯖田豊之氏『水道の文化――西欧と日本』（新潮選書、一九八三年）、同『都市はいかにつくられたか』（朝日選書、一九八八年）、同『水道の思想――都市と水の文化誌』（中公新書、一九九六年）を参照。

（5）例えば、『明憲宗実録』成化五年一二月の条には「京師居民、不下数十百万」とある。万暦時期には、「今京師の貧民は百万を」下らない（『明経世文編』巻四一五、呂坤　憂危疏）と言われている。新宮学氏は、明代北京人口に関する諸説を検討した上で明末、北京人口が百万を超えたと推算する（「明代の首都北京の都市人口について」『山形大学史学論集』第一一号、一九九一年）。

（6）韓光輝氏『北京歴史人口地理』（北京大学出版社、一九九六年）を参照。

（7）『清高宗実録』巻七一。統計によれば乾隆末、北京における八旗の軍人は約一六万人で（韓光輝氏前掲書）、その家族を含めると約五〇万人と推測できよう。

（8）例えば政府は乾隆年間、「大（興）、宛（平）等県多士雲集、土著、寄居不免参雑」という現象に対して既に「厳定冒籍禁令」を打ち出した（『清高宗実録』巻一〇四二）。なお韓光輝氏前掲書を参照。

（9）『清徳宗景皇帝実録』巻五〇〇百、光緒二八年六月癸卯の上諭。

（10）朱一新が『京師坊巷志稿』に各胡同の井戸の有無を詳しく記載した。蔡蕃氏の統計によると清末北京内外城を合せて井戸が一二四五あった（『北京古運河与城市供水研究』、北京出版社、一九八七年）。

（11）『燕京雑記』（北京古籍出版社、一九八六年）一三三頁。

（12）北京文史資料研究委員会編『北京往事談』（北京出版社、一九八八年）、金受申氏『老北京的生活』（北京出版社、一九八九年）、果鴻孝氏『旧北京大観』（中国建材工業出版社、一九九二年）、北京燕山出版社編『旧京人物与風情』等（北京燕山出版社、一九九六年）、鄧雲郷氏『増補燕京郷土記』（中華書局、一九九八年）等々。

（13）岡田尚友『唐土名勝図会』（十九世紀初刊）巻二、京師・皇城、巻三、京師・内城。服部宇之吉他『北京誌』（博文館、一九〇八年）、安藤更生『北京案内記』（新民印書館、一九四一年）等。

（14）Sidney D. Gamble と陶孟和は、北京市民の経済生活を中心として各家族の収入・支出の実態と構造を分析した。彼らの研究によると、光熱及び水への支出が平均で各家族の総支出の約一割を占めており、水の支出は総支出の約一％であった。

陶孟和『北平生活費之分析』（商務印書館、一九三〇年）三三頁。Sidney D. Gamble. *How Chinese Families Live in Peiping*. New York : Funk and Wagnalls. 1933、一六二頁。

（15）談遷『北遊録』紀聞上、二三、甘水。

（16）史玄『旧京遺事』（北京古籍出版社、一九八六年）七頁。また、陸人竜『型世言』（中華書局、一九九三年）第五回を参照。

（17）長安道人国清『警世陰陽夢』（春風文芸出版社、一九八五年）四六〜五一頁。

（18）『北京自来水公司檔案史料』（北京燕山出版社、一九八六年）八頁。

（19）『北京自来水公司檔案史料』一六七頁。

（20）『北京自来水公司檔案史料』一二頁。

（21）『北平市政統計』（北平市政府、一九四八年）一二八頁。

（22）中国では、水道局の姿が出現するまで天津、重慶、上海等の都市に「挑水者」が活躍していた。天津について顧道馨氏「乾嘉以来的津門風尚」（張紫晨氏編『民俗調査与研究』河北人民出版社、一九八八年）を参照。調査によれば重慶市では二十世紀二〇年代に挑水を生業とするものが約二万人いた（「重慶自来水事業的興建和経営」『重慶工商史料』第二輯、重慶出版社、一九八三年）。上海居民の飲用水については『申報』一八七二年五月一〇日の社説「擬建水池議」に「居民所食之水、毎多泥沙而未能清潔。上海居人当潮汛猝至之時、使水工荷担而来、人先已後、至啓争競」とある。馬敏氏の教示によって漢口にも「水道」というものが存在していた。

（23）侯仁之氏、蔡蕃氏前掲書。

（24）史正明氏『走向近代化的北京城——城市建設与社会変革』（北京大学出版社、一九九五年）と“From Imperial Gardens to Public Parks :The Transformation of Urban Space in Early Twentieth-Century Beijing”（*Modern China*, Vol.24No.3,1998）。清末以来北京の消防組織「水会」について今堀誠二『北平市民の自治構成』（求文堂、昭和二二・一九四七年）がある。

（25）本稿で扱う北京水文書の中で、九一件の目録は、寺田浩明氏によって作成し公開されている（東京大学東洋学文献センター叢刊四八輯、昭和六一年を参照)。それ以外の一五二件は、東大東洋文化研究所の笠井伊里氏等と筆者によって作成し公開している。目録を作成する際、寺田氏の担当部分と我々の担当部分にそれぞれ一〇、一四という請求番号が付いた。

(26) 後注五二と五三を参照。

(27) 北京の民間住宅は、「四合院」という構造を呈していた。地域や経済状況によって四合院の大小とその住民の世帯数が違っていた。一つの門戸は複数の世帯からなる。徐勇氏『胡同』(新潮社、一九九四年)を参照。

(28) 文書一四~三五一。また文書一四~三〇五(宣統元年)は一四~三五一(光緒三三年)の門戸範囲と同じであるが、門戸数量の表現は、「戸」、「個」に代えて「算」(扇)を使っている。文書一〇~三〇〇には李順と李文茂は、「主戸不清」という水売買の固定客をめぐる紛争が起った際、紛争の再発を防止するため、それぞれ「門戸単」をもち、それを証拠とした。また文書一〇~二九四が同じように「門戸」で水道路の範囲を示している。

(29) 文書一〇~二九四。

(30) 文書一四~二三四には「立売契人王平遠因有租業甜水主戸在潘家河沿堂子胡同、忽被倉子王並非本族人盗売与田培経、張朋年十数家主戸、因此口角分(紛)争。憑衆人調説、将此十数門戸作為王平遠出売、各有主戸単為証、価銀二五両正。自今以後、両家各安本業、不準混挑。若有混挑者、罰銀百両、恐口無憑、立字為証、亦不準多要王姓之主戸、亦不準王姓多到(要?)張、田之主戸。再待到同治二〇年上、王平遠再交一家主戸与張朋年。中見人　隋占庭、王平遠親筆、同治八年九月初六日立」とある。この文書に門戸の帰属を巡る紛争の発生とその落着は、財産としての門戸の経済価値を浮き彫りしている。

(31) 旧北京回想録によれば、井戸周辺の貧しい住民は井戸水を汲めるが、業者の道具を使うことができない。

(32) 文書一四~三〇三では租価銀が八両であり、押帳銭が二七吊である。文書一四~三三〇では租価銀が三五両であり、押帳銭が一八四千九八〇文である。

(33) 文書一四~三一二には租価銭が八八〇吊であり、押帳銭が九吊である。

(34) 文書一四~二七七には、押租銭という用語がある。

(35) 寺田浩明氏前掲論文を参照。

(36) 文書一〇～四一〇。
(37) 文書一〇—三八九には、「光緒三二年冬月二二日為找増寿寺街（?）南（?）隔壁街（?）南（?）公議局甜水一門、仝衆言明、化拈人洋銭五元、誰接誰擡。外有酒飯銭合市平銀一両正。説合人　劉邦俊、姚金凱、李□□。経手人　崗福仁　押帳単」とある。
(38) 文書一四～二二四。
(39) 文書一〇～二五八。
(40) 文書一四～三一三。
(41) 文書一四～二九三には「立租字人劉邦俊因有自置祖業苦水鈎担一分、甜水車子一把……情願出租於温桃和成（承）做二年、光緒二八年冬月一五日起、光緒三〇年冬月一五日満、交於本主、接擡押帳銀一一両正交於温姓」とある。
(42) 文書一四～二九一。
(43) 文書一〇～二五六。
(44) 文書一四～三三〇。
(45) 北京水文書に天泰軒に関わる水売買の関連文書が一〇件あった。
(46) 売水事業の展開と水道路などの所有権の移動に伴って、独占的な市場・水源・関連施設の諸条件を備える、経済力をもった経営者の動きが見られる。
(47) 文書一四～三二三と一四～三三一には兄劉巨錚から二〇ヶ月の水道路経営権を貸借した劉巨欽は、その経営権の二年五ヶ月を従兄弟劉巨崗に転租した。この水道路の経営権（所有権）は劉巨錚・劉巨欽兄弟の共有のものと推測できるが、注意すべきなのは、二〇ヶ月の租価が五〇両で、即ち月に二点五両であるが、二年五ヶ月の租価が一八〇両で、即ち月に約六点二両であった。そこから見れば転租の利益は少なくない。
(48) 文書一四～三三五。
(49) 文書一四～二六三。

(50) 文書一四～二七三には「欒超租於欒麟祥実租約立在家中」という補足説明は、転租契約を結ぶ際、転租者の元の租約が現場にないことを示している。
(51) 岸本美緒氏「明清契約文書」（滋賀秀三氏編『中国法制史――基本資料の研究』東京大学出版会、一九九三年所収）を参照。
(52) 『大清律例通考』巻一五、戸律・市廛、把持行市第九条例文。
(53) 『大清律例会通新纂』巻一四、戸律・市廛、把持行市、条例には「無稽之徒、私立水窩名色、分定地界、把持売水、不容他人挑取者、将私立之人照把持行市律治罪。該地保甲知情不即挙報通同容隠者、照不首告律分別懲治。地方官不行厳禁、降一級調用」とある。
(54) 夏仁虎『旧京瑣記』（北京古籍出版社、一九八六年）九七頁。
(55) 山東の人口膨張と東北地方への移住が『大清律例』の禁令から窺われる。『大清律例通考』巻二〇、兵律・私超冒度関津第七条例文「凡山東民人前赴奉天、除各項貿易船只、並只身帯有本銭貨物貿易者、査明係往何処、貿易何物、確有憑拠、仍準地方官給票出口、毋庸禁止外、其有籍称尋親覓食出口、前赴奉天並無確拠者、地方官概不許給票。如不査明確実、濫行給票放行、致有私刨樵採及邪教扇惑等事、別経発覚、将給票之地方官、照濫行出結例議処」。同書巻二〇、兵律・関津、私出外境及違禁下海第三七条例文「東省登、莱等処有票船只、如有夾帯無照流民私渡奉天者、将船戸照無票船只夾帯流民例、量減一等、杖九〇、徒二年半、船只入官」とある。また『徐雨峰中丞勘語』列伝に引用されている江蘇布政使徐士林乾隆五年の上奏に「資送流民、原為国家軫恤之恩、即不可無防維之法、近湖広資送山東流民経過両江、数日内竟至三〇〇〇有奇、蜂涌江干、恃衆逞刁。有司憂其需索、商民畏其糾擾……」とあるように山東の流民は、多方向へ拡散した。山東人の東北地方への移住について、荒武達朗氏「清代乾隆年間における山東省登州府・東北地方間の移動と血縁組織」（『史学雑誌』第一〇八編第二号、一九九九年二月）を参照。
(56) 果鴻孝氏前掲書七八～七九頁を参照。
(57) 住民や門戸は、水売買という行動に限って言えば水売買業者の財産である。住民は自分自身が水売買業者の財産であると意識してはいなかった。

(58)　中国人民政治協商会議北京市委員会文史資料研究委員会編『北京往事談』二七六～二七八頁（北京出版社、一九八八年）、また前注三〇を参照。

(59)　北京の「糞道」の成立プロセスは「水道路」の成立を理解する際に役に立つと思われる。呉廷燮等編『北京市志稿二・民政志』二三五頁に「京市糞夫、由来久矣、其初散漫、略無挟制。康熙中、承平既久、戸口浸滋、糞夫瞰利、始劃疆守。糞道之名、由是而起。道咸字拠上記『某街某巷糞便帰某人拾取、他人不得擅収』、至今多有存者、尤可案験。相沿既久、居為私産。私不挙正、官不査究、把持要挟、市民疾首、蓋非無因」とある。また前掲『大清律例』の条文を参照。

(60)　現代社会における各サービス業の独占現象、闇社会の縄張りなどは、複雑で重層的な都市社会経済構造を浮き彫りにしている。

(61)　「水夫」の人数については統一された数字がない。二〇世紀二〇年代の調査には二五〇〇人とある（Sidney D.Gamble: *Peking: A Social Survey*. New York. George H.Doran. 1921。三二頁）。『晨報』民国一四年六月一六日の報道によれば一五日に反英デモに参加した「水夫」は数千人いるが、『順天時報』同月二〇日の報道によれば一五日にデモの参加者は西南城区域の「水夫」だけであった。『北京市志稿二・民政志』二四二頁に一九三六年に北平市政府に登録した「水夫」の人数は一九一七人とあるが、「水夫」登録を担当する衛生局の『二十四年（一九三五年）度業務報告』四七頁では「水夫」は井業公会の会員と非会員に分けており、登録している井業公会の会員でも飲用水の衛生管理に警戒心をもち、積極的に協力しなかったと指摘した。従ってその統計数字が「水夫」の実際の人数であるわけではない。なお一九三二年に北平市社会局が発行した『北平市工商業概況』（三七九頁）の推測によれば「「水夫」」の人数は約六、七〇〇〇人とあり、この数字が実際の「水夫」人数に近いと考えられる。

(62)　『清仁宗実録』巻八二。

(63)　水道路の経営権の貸借も母子の間で行なわれた。文書一四～二八三には「立租契人董馬氏因京中観音寺苦水鈎担乙分無身承作、情願租於次子進賢。住戸坐（座）落……貴子廟街東路西、水屋在磚瓦舗内、井作（座）落在観音寺廟前楊樹竹斜街、傢伙俱全、以待登処（一帯等処）、各照門戸、押帳在外、誰接誰台（擡）、言定租価銀三六両正」とある。

(64)『北平市工商業指南』（正風経済社、一九三九年）。
(65)給水業者は「井泉竜王」、「井泉童子」、「挑水哥哥」、「水母娘娘」という同業神の信仰と祭祀を通じて内部秩序と関係の調整を強めていた（李喬氏『中国行業神崇拝』中国華僑出版公司、一九九〇年、二六九～二七〇頁を参照）。
(66)成善卿氏『天橋史話』（三聯書店、一九九〇年）一三六頁を参照。
(67)前掲鄧雲郷氏書四四七頁を参照。
(68)『北京自来水公司檔案史料』一二八～一二九頁を参照。
(69)『北京自来水公司檔案史料』一六三頁。
(70)『北平市工商業概況』三八〇頁。
(71)北平市政府衛生局編『二十四年度業務報告』四七頁。
(72)この非難は、安定した生活を送っている北京の文人・住民が山東「水夫」に対する偏見を含んでいたかもしれない。外来者に対する都市住民の態度について「蘇北佬」に対する根強い偏見をもつ上海人の社会行動と心理は興味深い。Emily Honig, *Creating Chinese Ethnicity :Subei People in Shanghai 1850-1980*. Yale University Press. 1992を参照。
(73)文書一〇～二九四、文書一四～二八三等を参照。
(74)文書一四～二三七に「因父在京亡故、霊柩回家路費無資、情願将乾石橋鈎担一分……売与族兄復信名下為主、永遠為業」とある。
(75)水道局ができたころ、「水夫」は、水道局が「水道路」を侵蝕する展開を食止める目的であらゆる手段を使った。それと同時に水道管を敷設するコストが高すぎるところから蛇口が少数の有力世帯にしか通じず、多くの地域は胡同に設置せざるをえなかった。そのため水道局が「水夫」に譲歩し一部の蛇口が井戸に代わって「水夫」の水源になった。二十世紀前半の北京の給水業において、近代的水道局の進展が予想より遅く「水井業」が逆に伸びて近代的と伝統的給水体制が工業等の用水要求や住民の衛生・消費需要の拡大につれてともに展開することになった（『北京自来水公司檔案史料』、北平市政府衛生局『二十四年度業務報告』二〇八頁、二五九～二六〇頁、三一四頁、史正明氏の研究を参照）。また水道局と「水夫」との衝突・

妥協を取り上げた白仲倹の小説「京水春秋」がある（『北京老字号伝奇』、中国旅遊出版社、一九九三年、二〇四〜二五〇頁）。

（76）　仁井田陞『中国の社会とギルド』（岩波書店、一九五一年）、今堀誠二『中国封建社会の機構』（日本学術振興会、一九五五年）、『中国封建社会の構造』（日本学術振興会、一九七八年）、夫馬進氏『中国善会善堂史研究』（同朋舎、一九九七年）、何炳棣氏『中国会館史論』（台湾学生書局、一九六六年）、王日根氏『郷土之鏈——明清会館与社会変遷』（天津人民出版社、一九九六年）二三七〜二四三頁参照。近年清、民国期における都市の公共領域と市民社会の問題が注目されている。Rankin, Mary B. *Elite Activism and Political Transformation in China :Zhejiang Province*, 1865-1911. Stanford University Press. 1986. Rowe, William T. "The Public Sphere in Modern China," *Modern China* Vol.16 No3,1990; Philip C.C.Huang "Public Sphere"／"Civil Society in China," *Modern China* Vol.19No.2.1993。岸本美緒氏『「市民社会論」と中国』（『歴史評論』五二七、一九九四年）。また前掲 Rowe, William T., 史正明氏、後掲 David Strand、王笛氏等の研究を参照。

（77）　都市の秩序における士変、民変、兵変、無頼の活動等の衝突的要素があった。田中正俊氏「民変、抗租奴変」（『世界の歴史』一一、築摩書房、一九六一年）、夫馬進氏「明末の都市改革と杭州民変」（『東方学報』四九、一九七七年）、川勝守氏「中国近世都市の社会構造——明末清初、江南都市について」（『史潮』新六号、一九七九年）、上田信氏「明末清初、江南の都市の『無頼』をめぐる社会関係——打行と脚夫」（『史学雑誌』第九〇編第一一号、一九八一年）等を参照。

（78）　前掲『晨報』と『順天時報』の報道によれば西南城の「水夫」は東北城の「水夫」の施設を壊して内部ではトラブルも発生した。当時の「水夫」等の肉体労働者が政治運動に参加する情況について David Strand.: *Rickshaw Beijing :City People and Politics in the 1920s*. University of California Press.1989、一五〇〜一五六頁、一八八〜一八九頁を参照。

（79）　義和団メンバーの出身地と一九二五年に「水夫」集団の政治参与から見れば、山東「水夫」は何らかの形で北京の義和団運動に関与したと推測できる。

（80）　例えば康熙期、清朝は、北京の検死を担当するものと葬式屋の縄張りについて「旗民遇有喪葬、聴憑本家之便、雇人擡送。不許件作私分地界、覇占扛擡、分外多取雇値。如有恃強挽奪、不容本家雇人者、立拿枷号両個月、杖一百」というルールを設けた（『大清律例』戸律・市廛、私充牙行埠頭第二条例文）。また『大清律例通考』巻一五、戸律・市廛、私充牙行埠頭第四条例文には「京城一切無帖舗戸、如有私分地加界、不令旁人付近開張及将地界議価若干方許承頂、至発売酒斤等項貨物、車戸議立名牌、独自覇攬、不令他人攬運、違禁把持者、枷号両個月、杖一百」（雍正一三年定例）とある。道光二九年、徽州府の休寧県知事は、婚姻と葬式の時に「休邑向有火夫違例私分地段、串同覇踞。凡遇民間収斂出殯、高抬工価、任意措勒、本家另雇他人、即滋生事端、実為民家大累、屡経前県示禁有案、乃日久玩生、故智復萌」という横暴な「扛擡」業者の縄張りに対して具体的価格を決めて告示を出した（王鈺欣・周紹泉氏編『徽州千年契約文書（清民国編）』巻二、四六七頁）。清朝都市の脚夫、駕篭かきの縄張りについて中村治兵衛氏「都市のかごかき人夫の闘争――喪葬礼と扛夫、吹手をめぐって――」（中央大学『アジア史研究』第一号、一九七七年）、王笛氏『跨出封閉的世界――長江上遊区域社会研究―― 一六四四～一九一一』第九章、中華書局、一九九三年、及び同氏の近業“Street Culture :Public Space and Urban Commoners in Late-Qing Chengdu”（.*Modern China* Vol.24No.1 ,1998）、また上海博物館図書資料室編『上海碑刻資料選輯』（上海人民出版社、一九八〇年）四三三～四三九頁を参照。

（81）天津市の給水業にも民国時期、所謂「四覇天」が売買範囲を独占する現象がある。北京のような「水道路」があったかどうか分からないが、同業内の慣行があった。「水夫」の多くは山東出身の人々であった。李紹泌、倪晋均氏「天津自来水事業簡史」『天津文史資料選輯』第二一輯（天津人民出版社、一九八二年）、前掲顧道馨氏文を参照。

（82）李景漢の民国初の調査によって北京における人力車の労働者だけは、少なくとも五五〇〇〇人がある（「北京拉車的苦工」『現代評論』第三巻六二期、一九二六年）。

（83）清代、外地の官僚、読書人、商人の北京定着の問題について前掲『旧京人物与風情』一七七～一七九頁を参照。

図１　婺源県慶源村図

三十五世孫來繪

A－宗祠
B－瑞環堂
C－大夫第
D－永宜堂
E－節孝坊
F－喬木里
G－三斯堂
H－御覧進士第
I－恒慶堂
J－太史第
K－慶遠堂
L－橘西堂
M－槐西堂
N－存古堂
O－節孝坊
P－履坦堂
Q－樹槐堂
R－儀正堂
S－起元堂
T－恒徳堂
U－儒学庁
V－如岩書屋
W－臨南館
X－小八公墳
Y－渓東廟
Z－渓西廟基

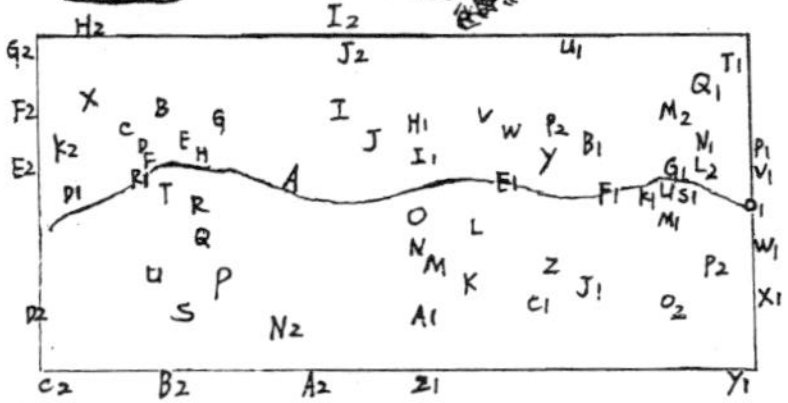

A1－査木塢
B1－鄭家巷
C1－方家塢
D1－碓
E1－迪凡閣
F1－石秀楼
G1－登瀛橋
H1－砥跰
I1－蒼阜
J1－嘯天龍
K1－石印
L1－石笏
M1－石紗帽
N1－文閣
O1－水口
P1－塔
Q1－石碗亭
R1－銀杏
S1－二本松
T1－虎岩
U1－傘山
V1－天馬
W1－旗山
X1－丁峰
Y1－杉樹尖
Z1－三台
A2－方屏
B2－葫蘆尖
C2－甕培
D2－鳳合山
E2－鶏峰
F2－馬鞍山
G2－大声山
H2－土屏
I2－卯峰
J2－圓鏡山
K2－案山
L2－纛山
M2－虎形
N2－鶴頂
O2－獅形
P2－象形

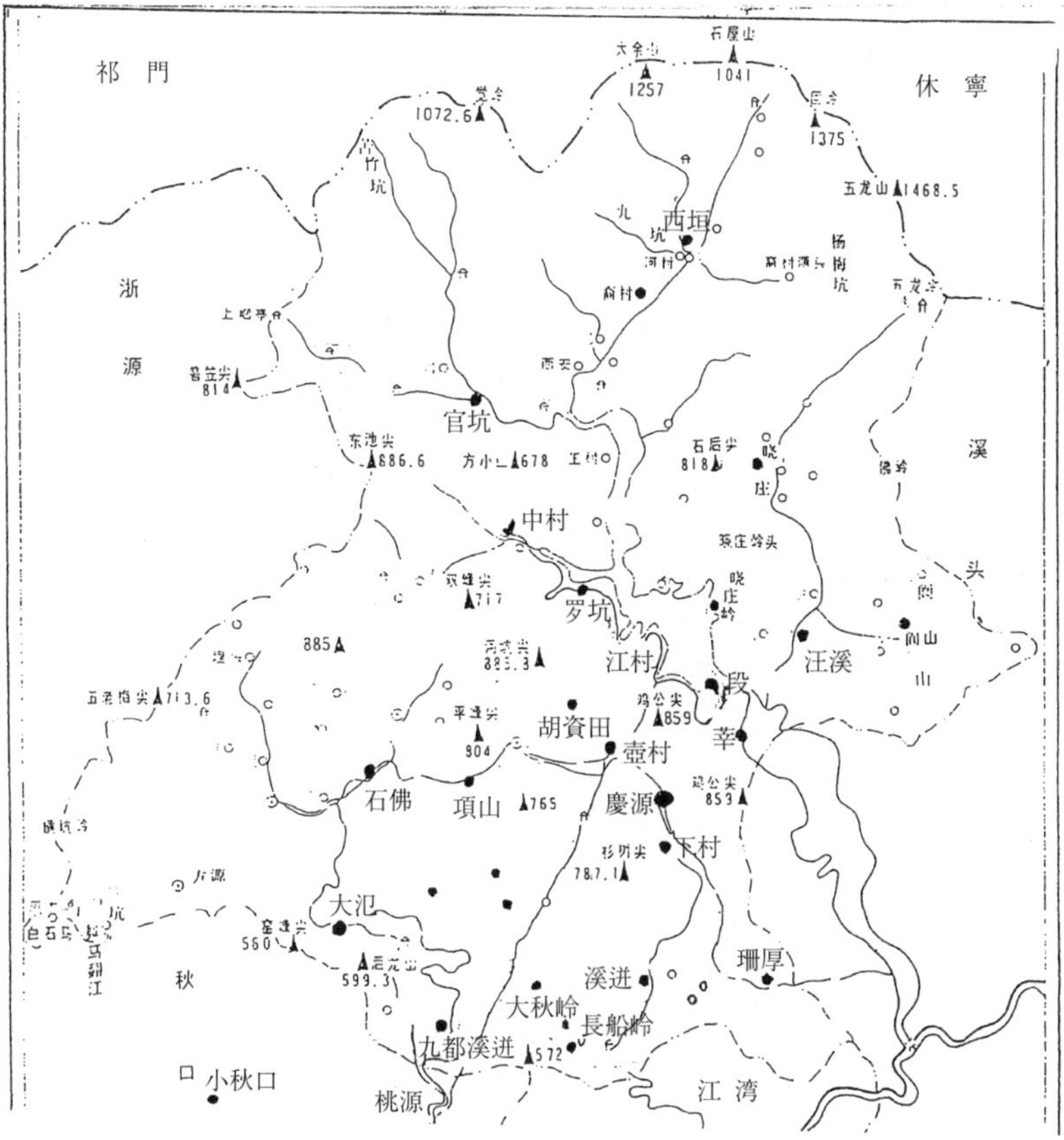
祁 門
休 寧
大命山 1257
石屋山 1041
1072.6
1375
五龙山1468.5
九
西垣
河村
扬梅坑
浙
源
814
官坑
东池尖 886.6
方小山678
王村
石后尖 818
晓庄
溪
头
中村
717
罗坑
晓庄岭
885
885.3
江村
段
汪溪
五老尖713.6
鸡公尖859
平遥尖 904
胡資田
壺村
莘
石佛
項山
765
慶源
853
下村
787.1
方源
大汜
560
599.3
珊厚
溪进
秋
大秋嶺
長船嶺
九都溪进
572
口
小秋口
桃源
江 湾

慶源村位置図

## 写真１　婺源県慶源村の過去と現在

①

⑤

②

⑥

③

①道路＝石板
②廊橋＝迪凡閣
③慶源村の入り口
④石笏・石紗帽・松
⑤簡易橋・住居・山
⑥明代詹氏族譜の収蔵者詹秋炎氏
⑦銀杏
⑧河川の下流：橋と道路＝石塊

④

⑦

⑧

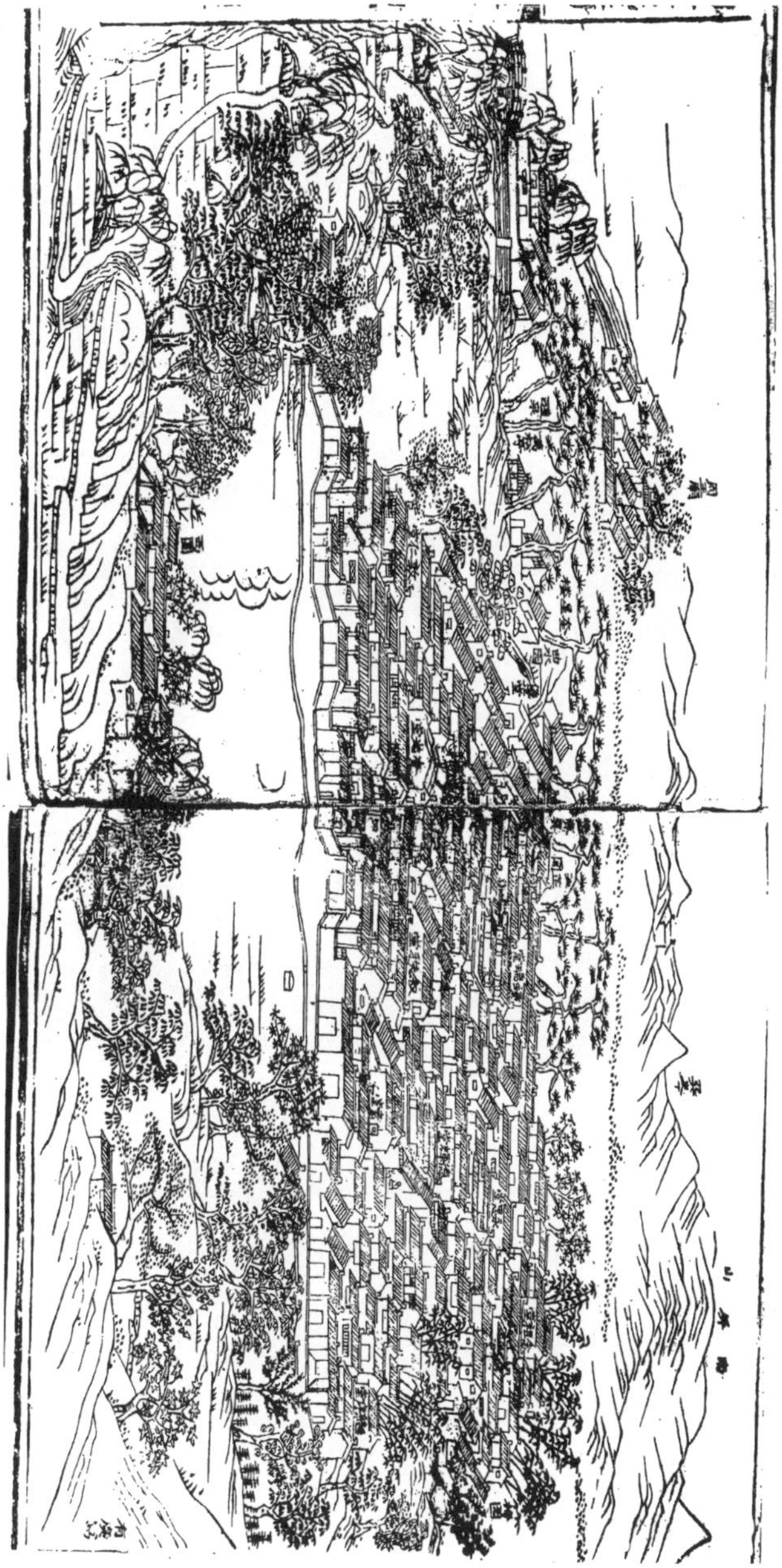

図2　黟県南屏村図（嘉慶17年、1812『南屏葉氏族譜』）

## 写真 2　黟県南屏村の過去と現在

①

⑤

②

⑥

③

⑦

④

⑧

①葉氏宗祠奎光堂内部
②葉氏支祠
③南屏村水口写生図
④南屏村
⑤南屏村住居
⑥程氏宗祠
⑦李氏支祠
⑧商人葉氏の家と子孫

図３　黟県西遞村図（道光６年、1826『西遞明経胡氏壬派宗譜』）

舒育珍・胡時濱『西遞』による

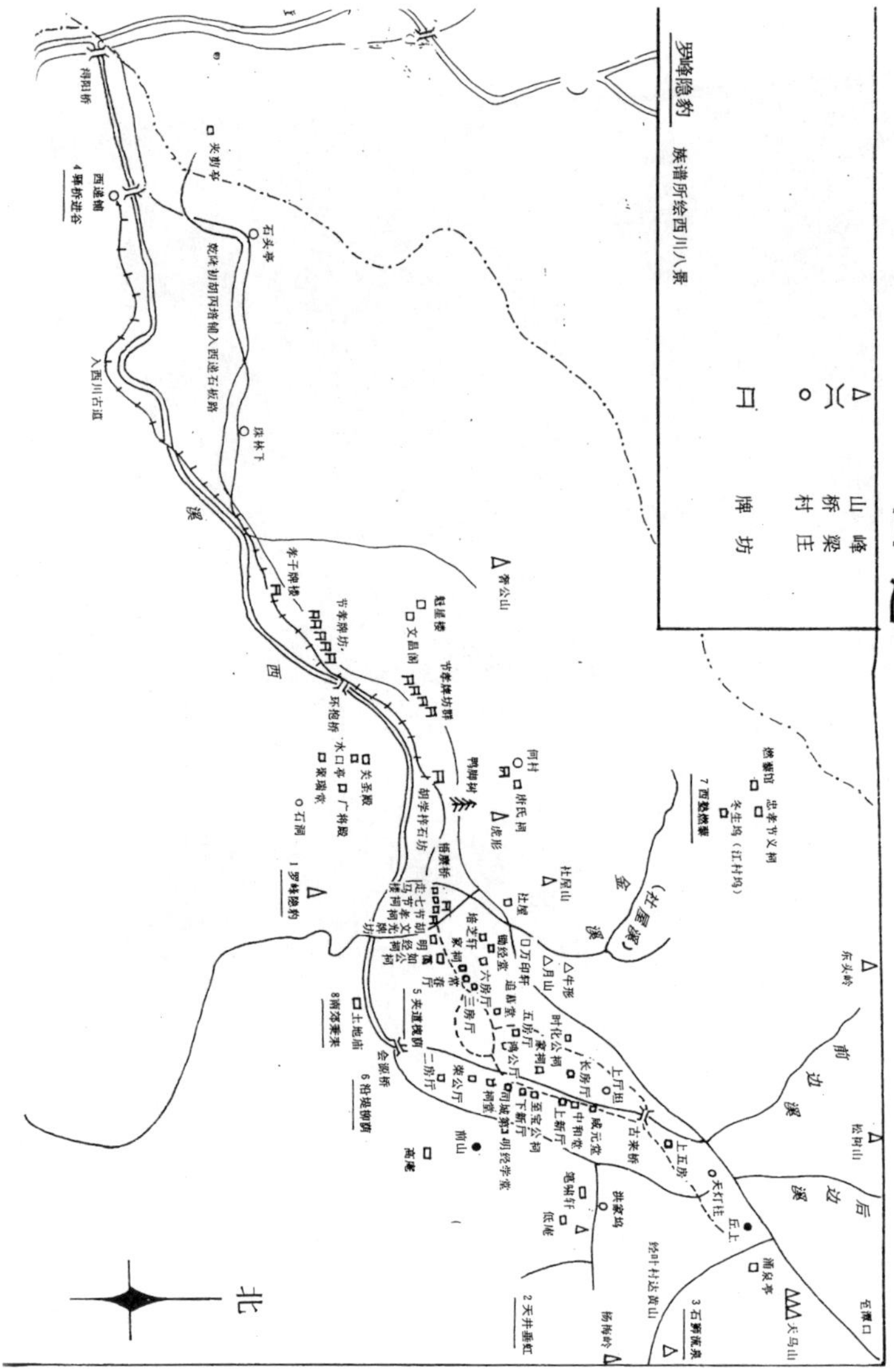

## 写真３　黟県西逓村の過去と現在

①

②

③

④

⑤

⑥

⑦

⑧

①明代胡文光牌坊　⑤胡氏敬愛堂
②胡氏宗祠　⑥西逓村水口図
③胡氏宗祠内部　⑦胡氏子孫
④西逓村　⑧西逓村の商店

図4　歙県棠樾村図（嘉慶10年、1805『棠樾鮑氏宣忠公堂支譜』

## 写真４　歙県棠樾村の過去と現在

①

②

③

④

⑤

⑥

⑦

⑧

⑨

①官聯台斗牌坊
②樂善好施牌坊
③矢貞全孝牌坊
④鮑氏清懿堂（女祠）
⑤牌坊と棠樾村
⑥鮑氏始祖墓
⑦鮑氏敦本祠と広場
⑧鮑氏子孫：地方史研究者鮑樹民氏
⑨鮑芳陶事件碑文

図5　歙県江村図（嘉慶14年、1809『橙陽散志』）

図6　歙県潭渡村図（雍正9年、1731『潭渡黄氏族譜』）

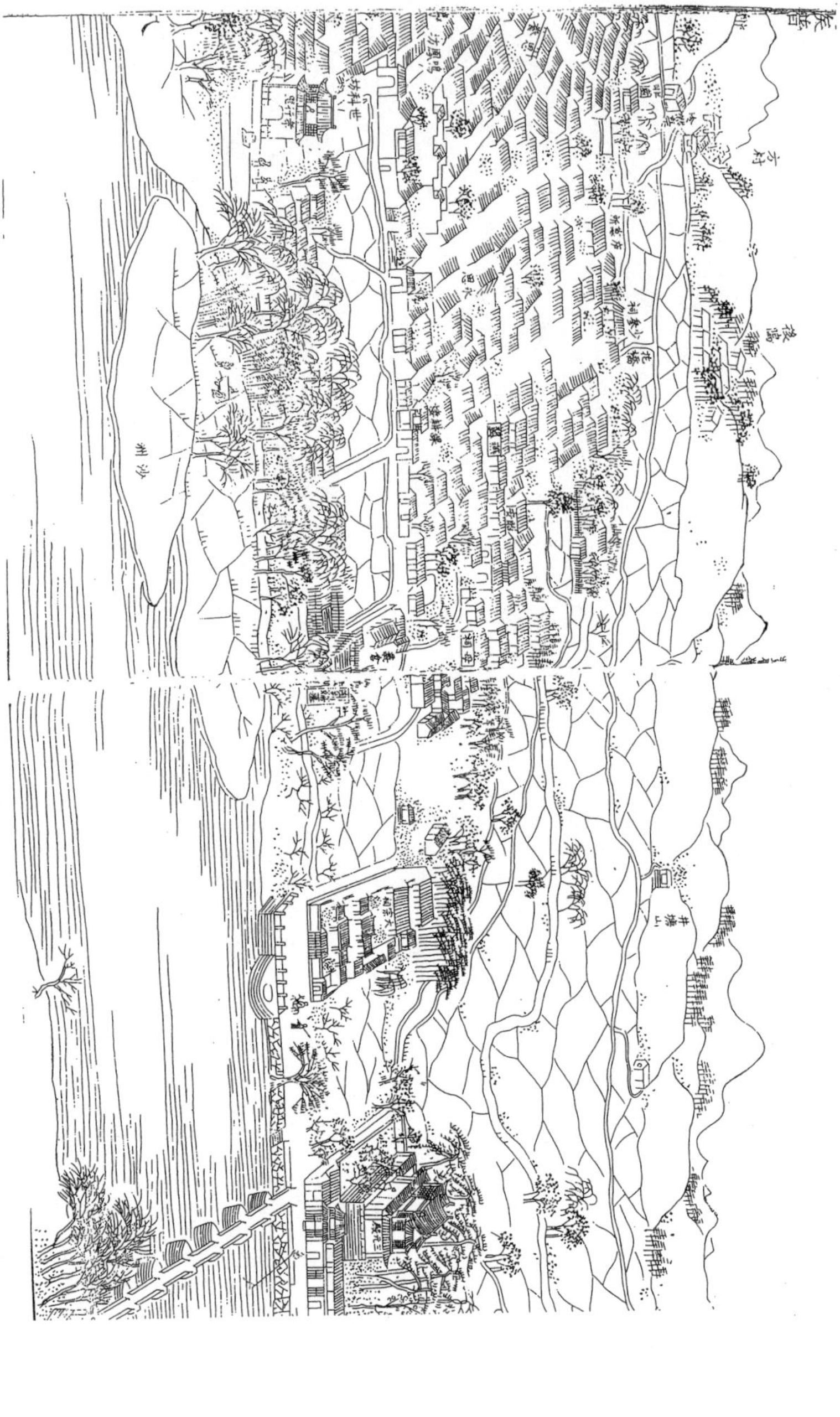

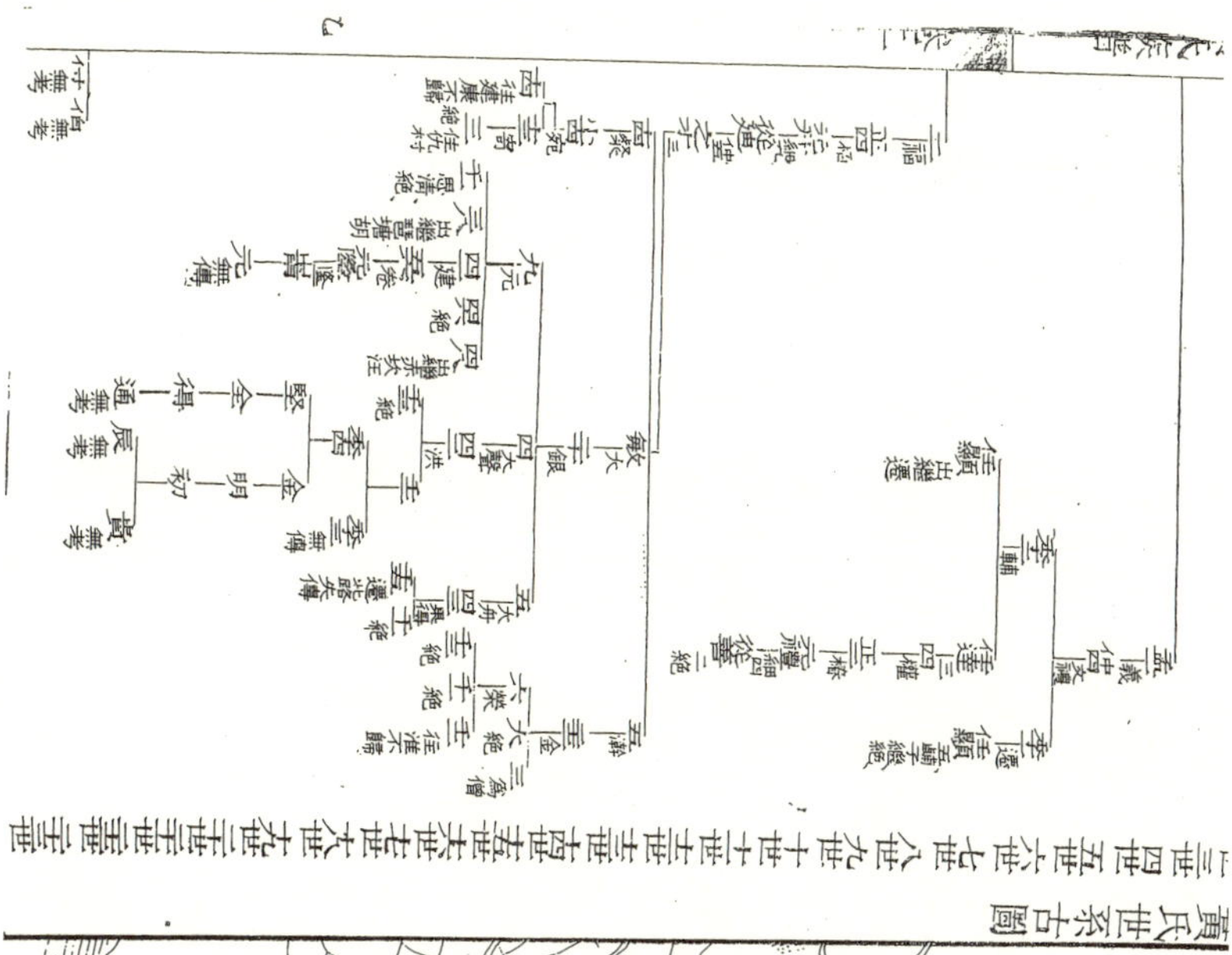
黄氏世系古圖

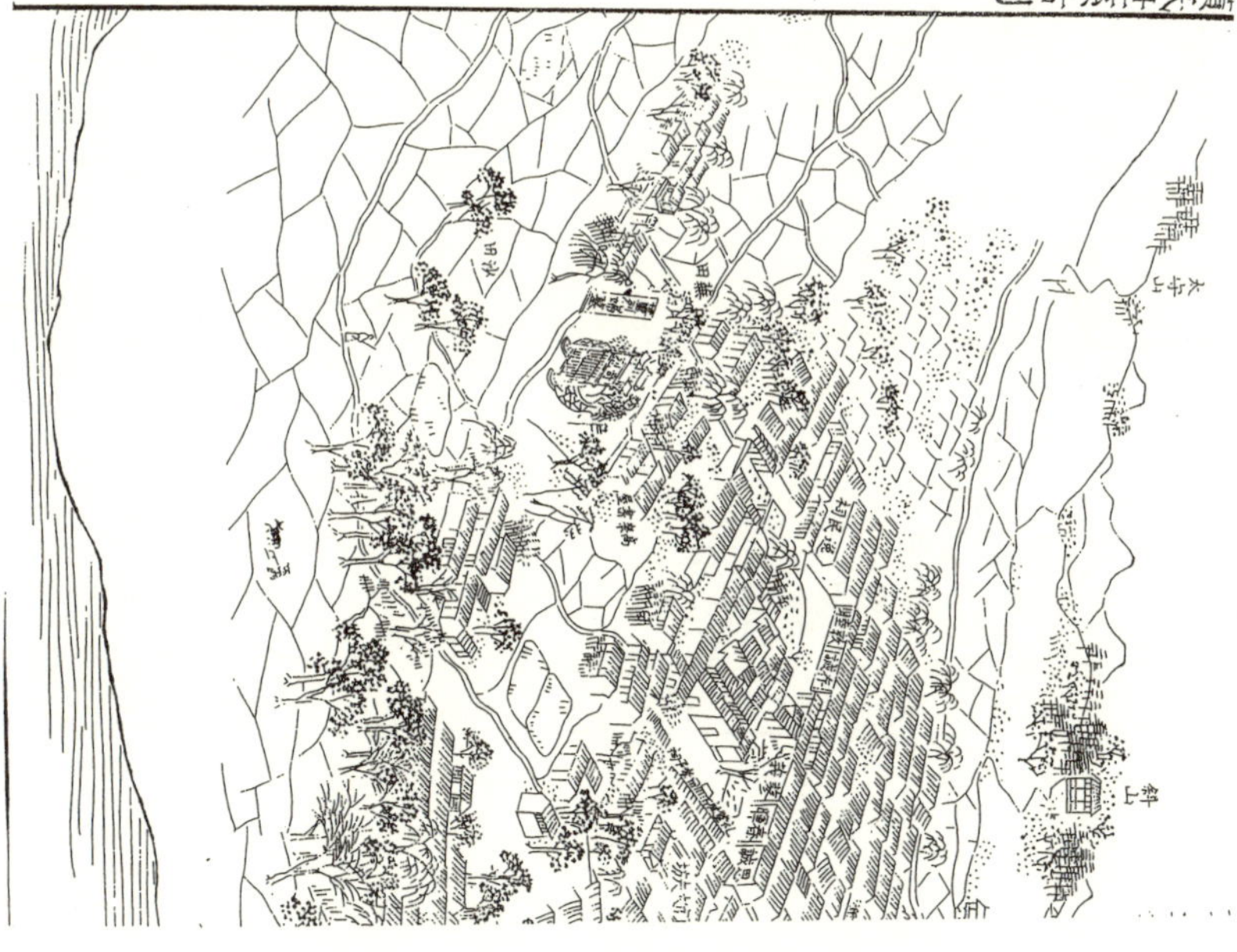

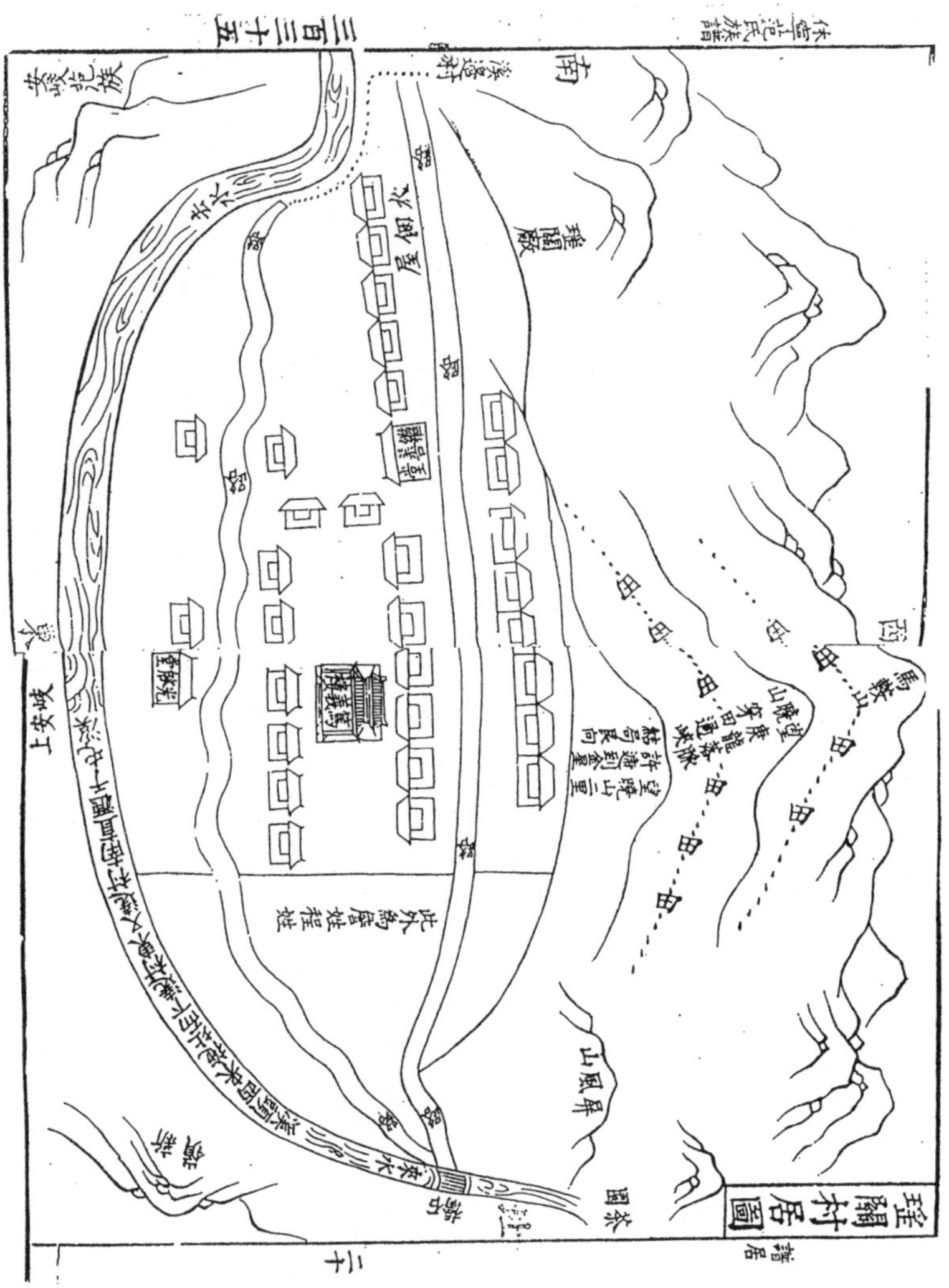


図7　休寧県瑶関村図（万暦28年、1600『休寧范氏族譜』）

図8　休寧県関口村図（万暦28年、1600『休寧范氏族譜』）

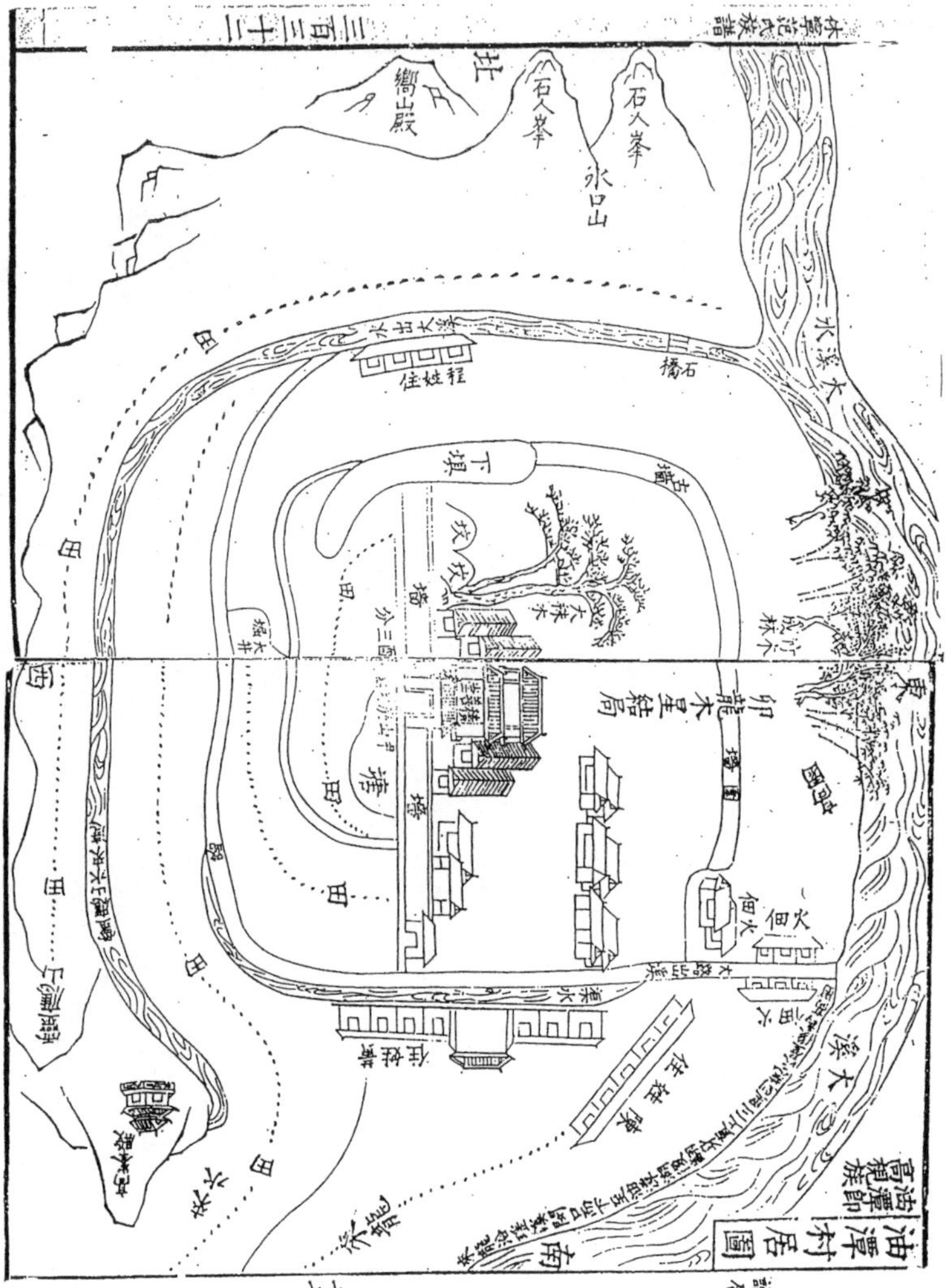


図9　休寧県油潭村図（万暦28年、1600『休寧范氏族譜』）

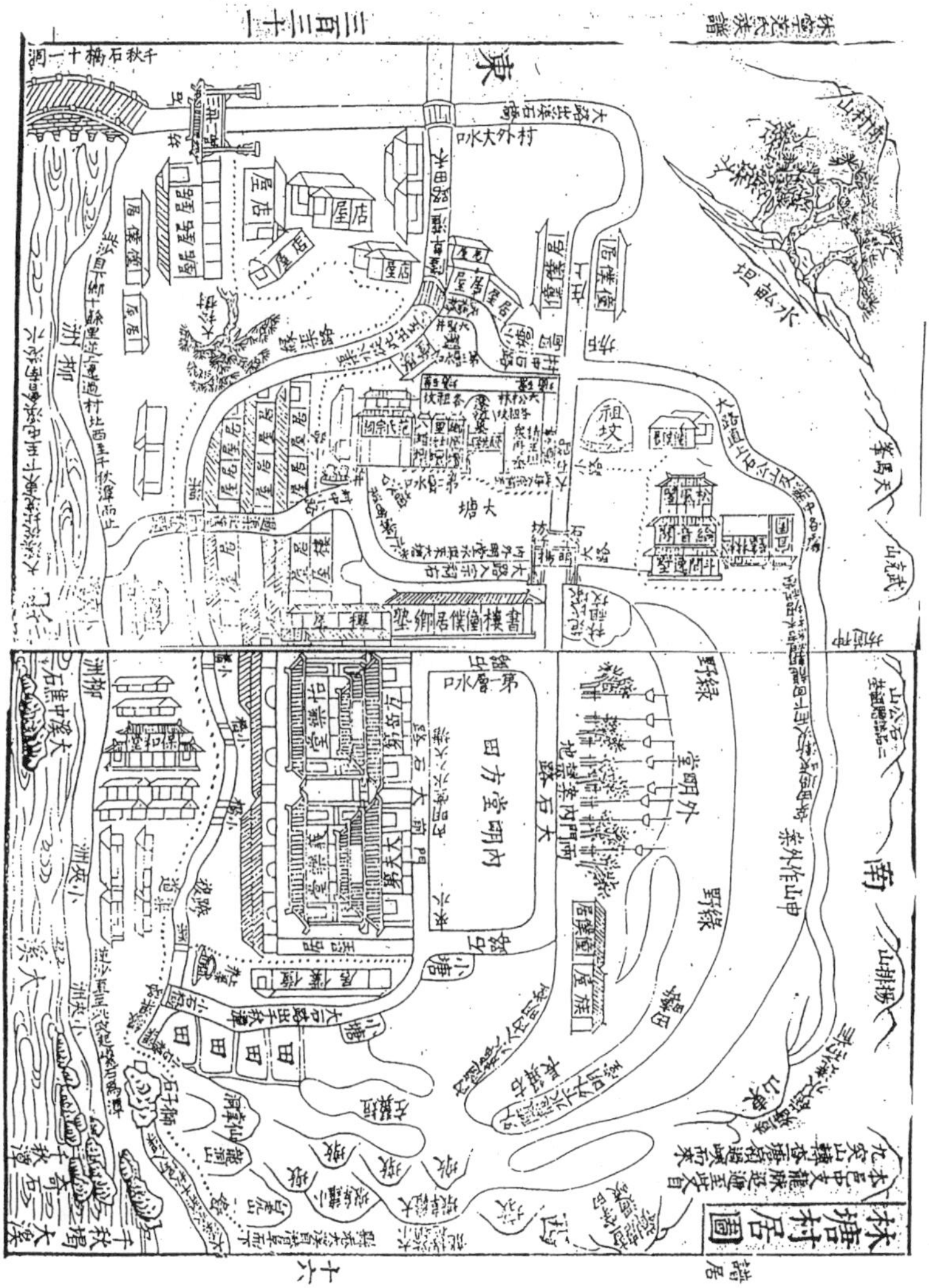


図10　休寧林塘村図（万暦28年、1600『休寧范氏族譜』）

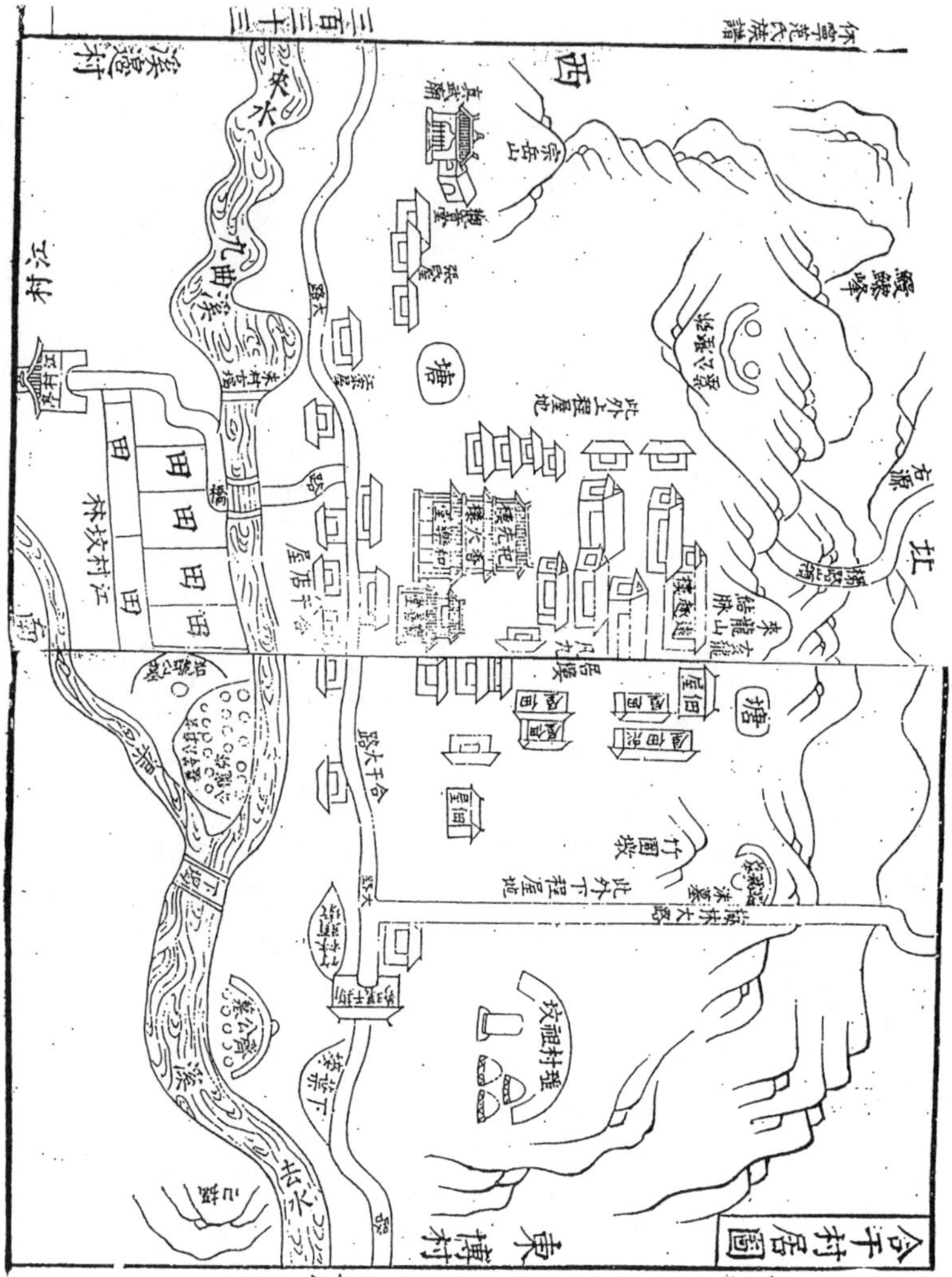


図11　休寧県合干村図（万暦28年、1600『休寧范氏族譜』）

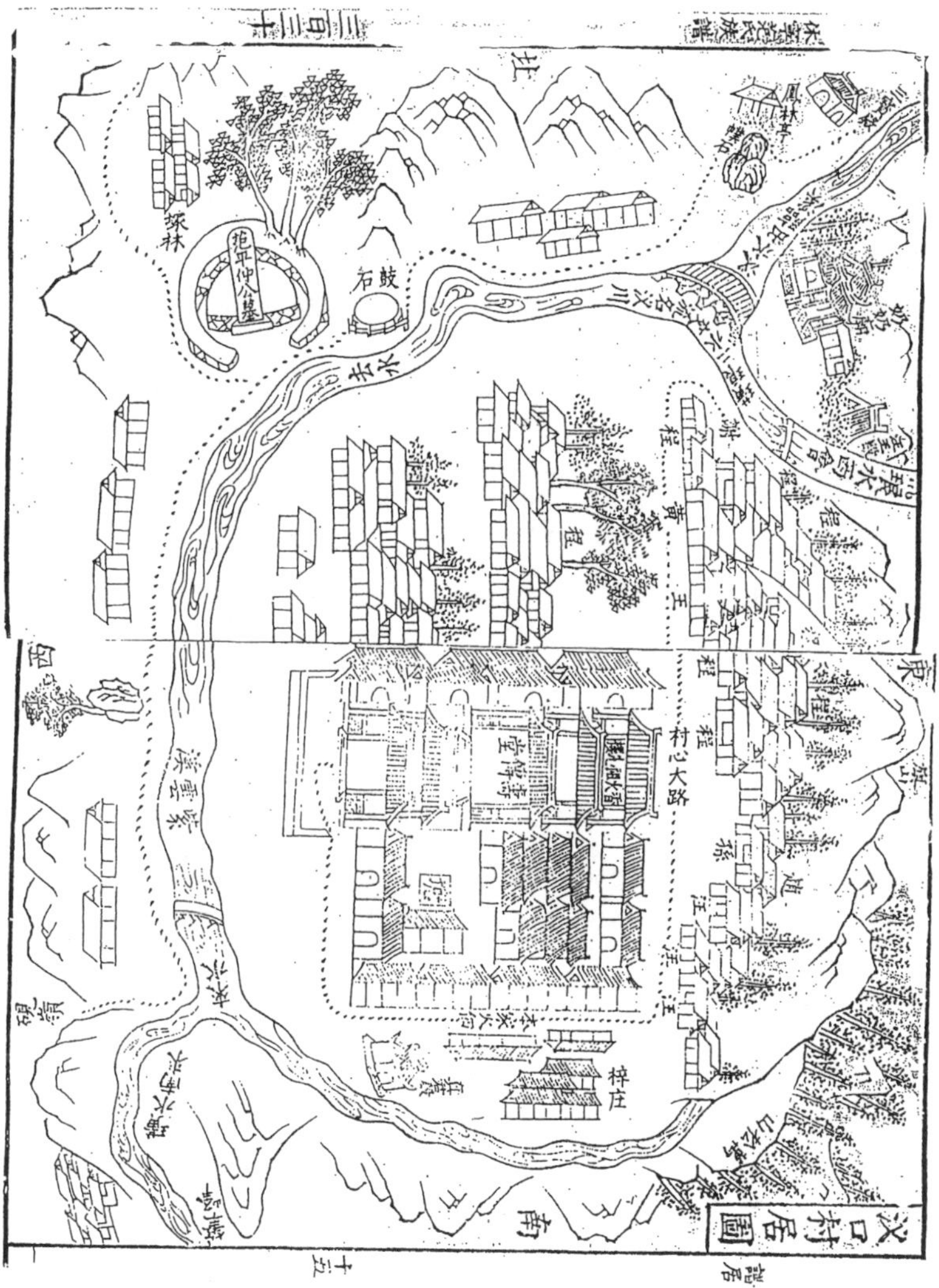


図12 休寧県汊口村図（万暦28年、1600『休寧范氏族譜』

図13　歙県梅渓村図（明末『洪氏系譜』）

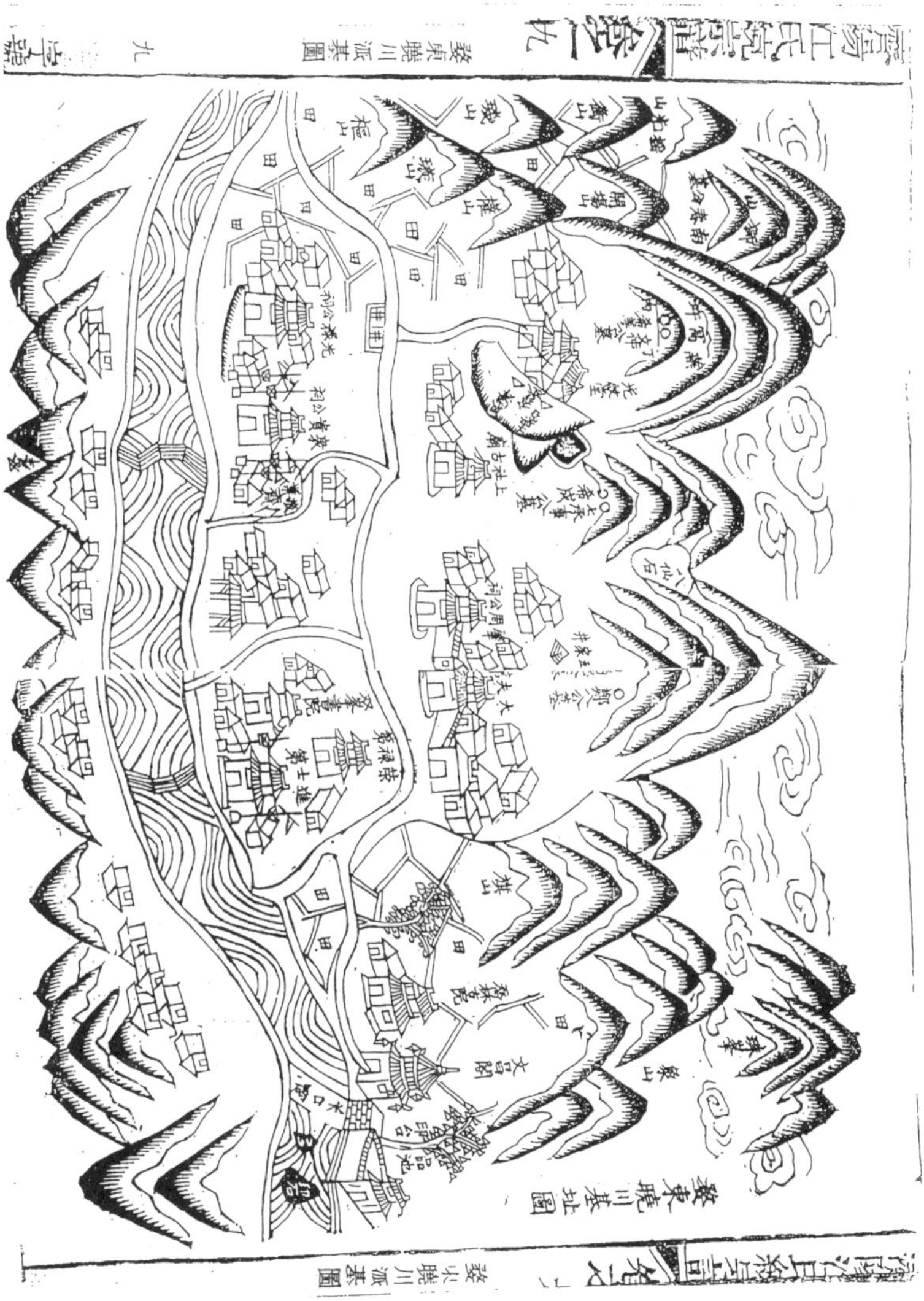

図14　婺源県暁川村図（民国8年、1919『済陽江氏統宗譜』）

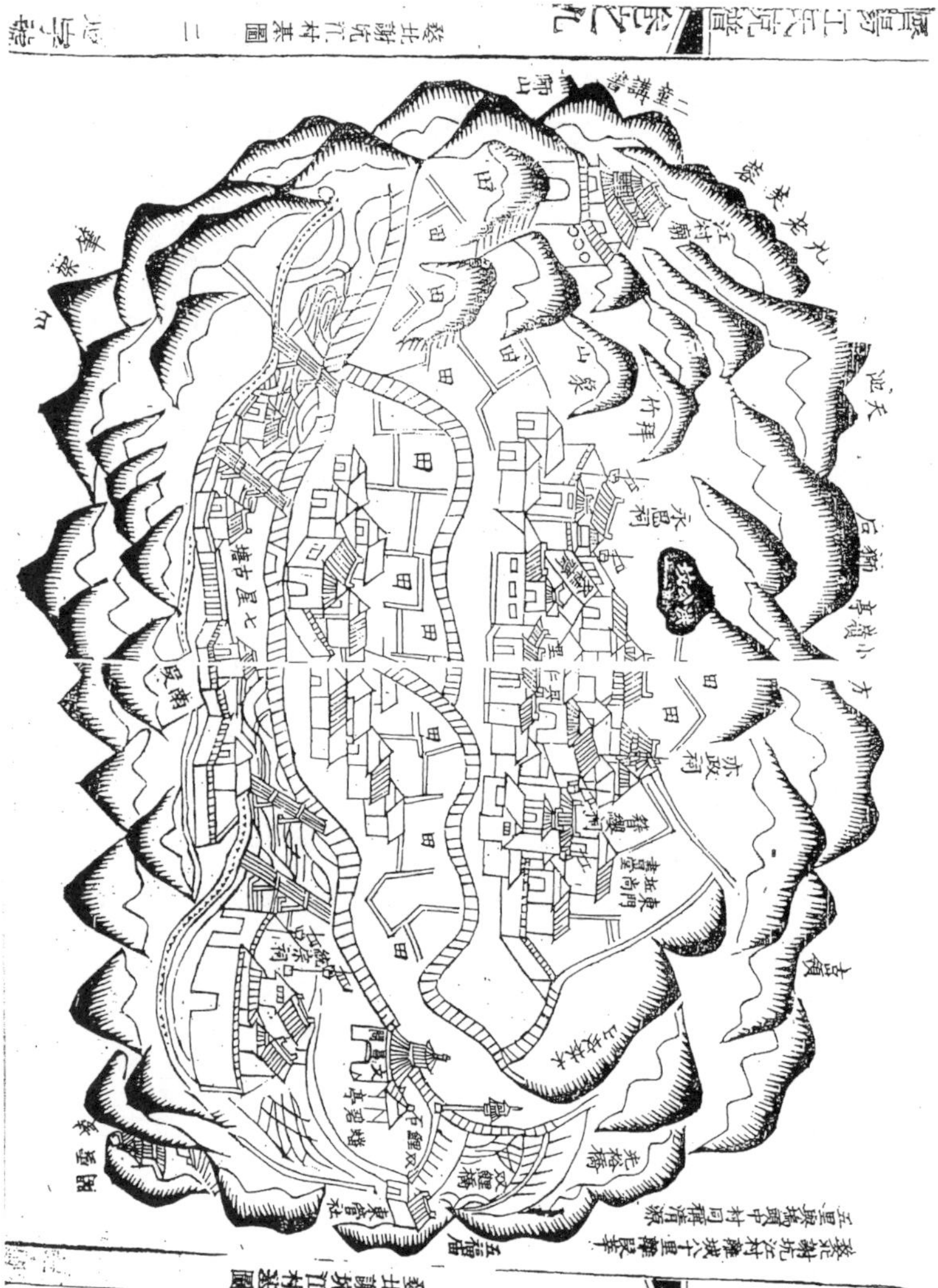

図15　婺源県謝坑村図（民国8年、1919『済陽江氏統宗譜』）

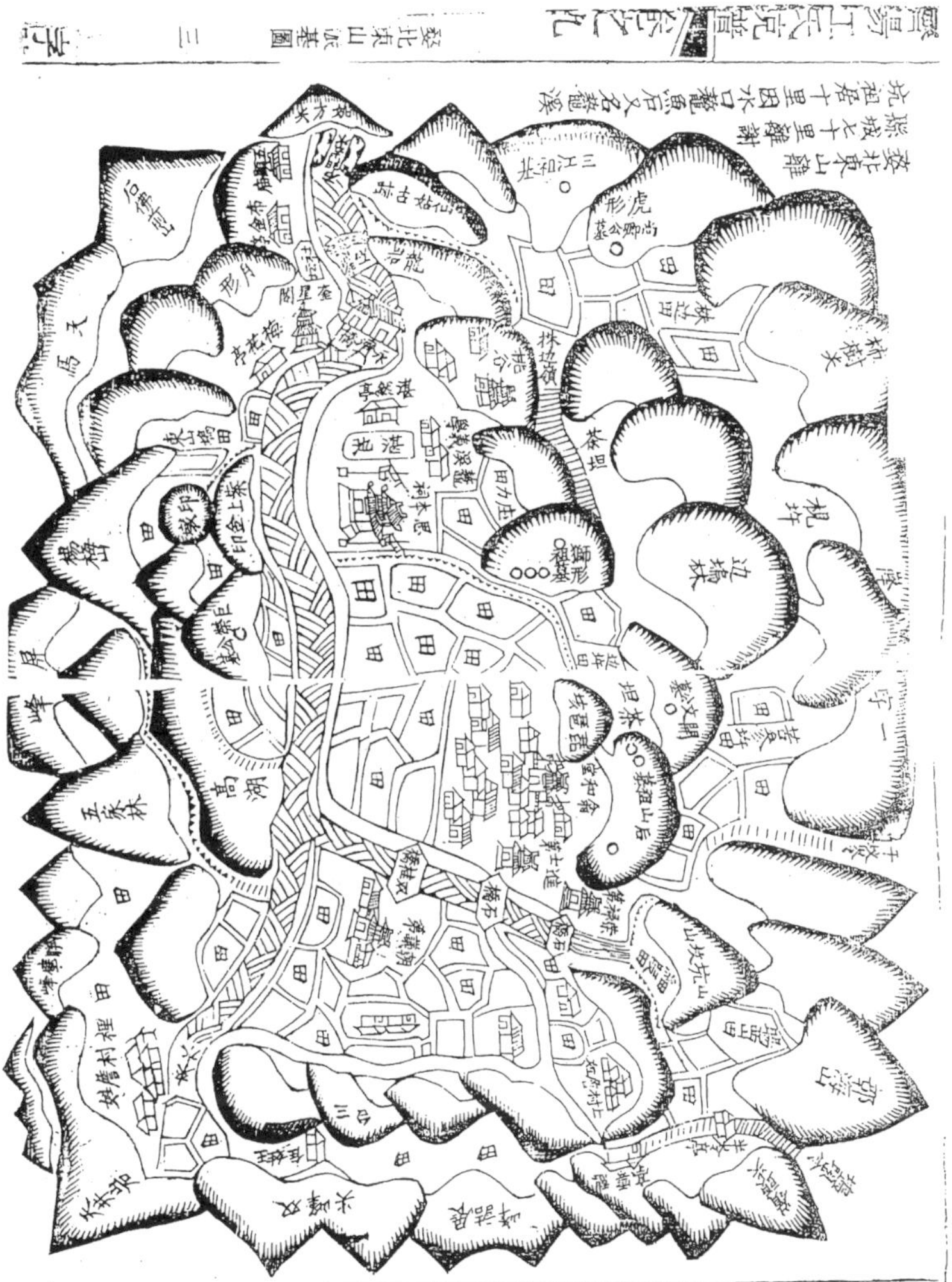

図16　婺源県東山村図（民国8年、1919『済陽江氏統宗譜』）

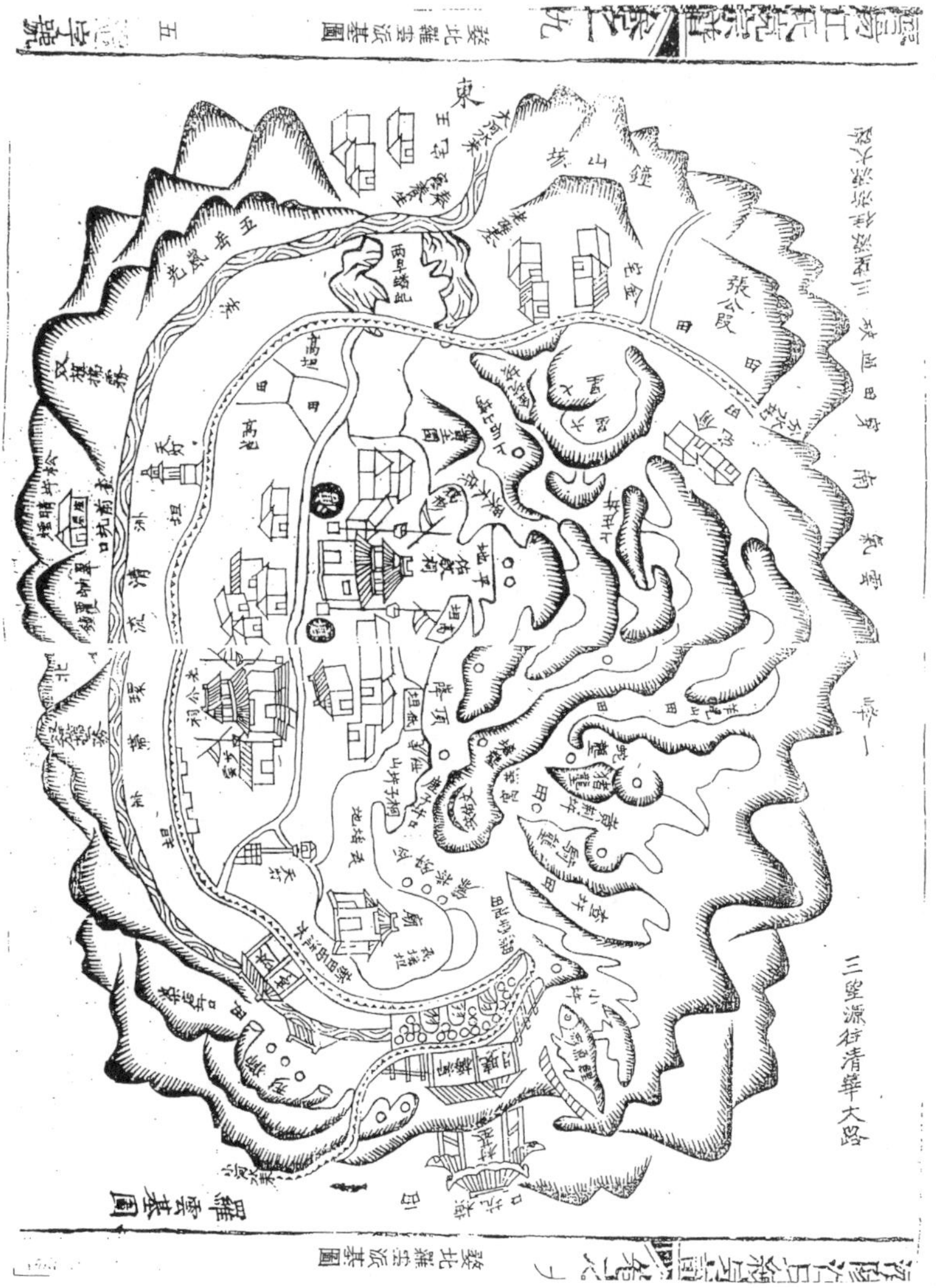

図17　婺源県羅雲村図（民国8年、1919『済陽江氏統宗譜』）

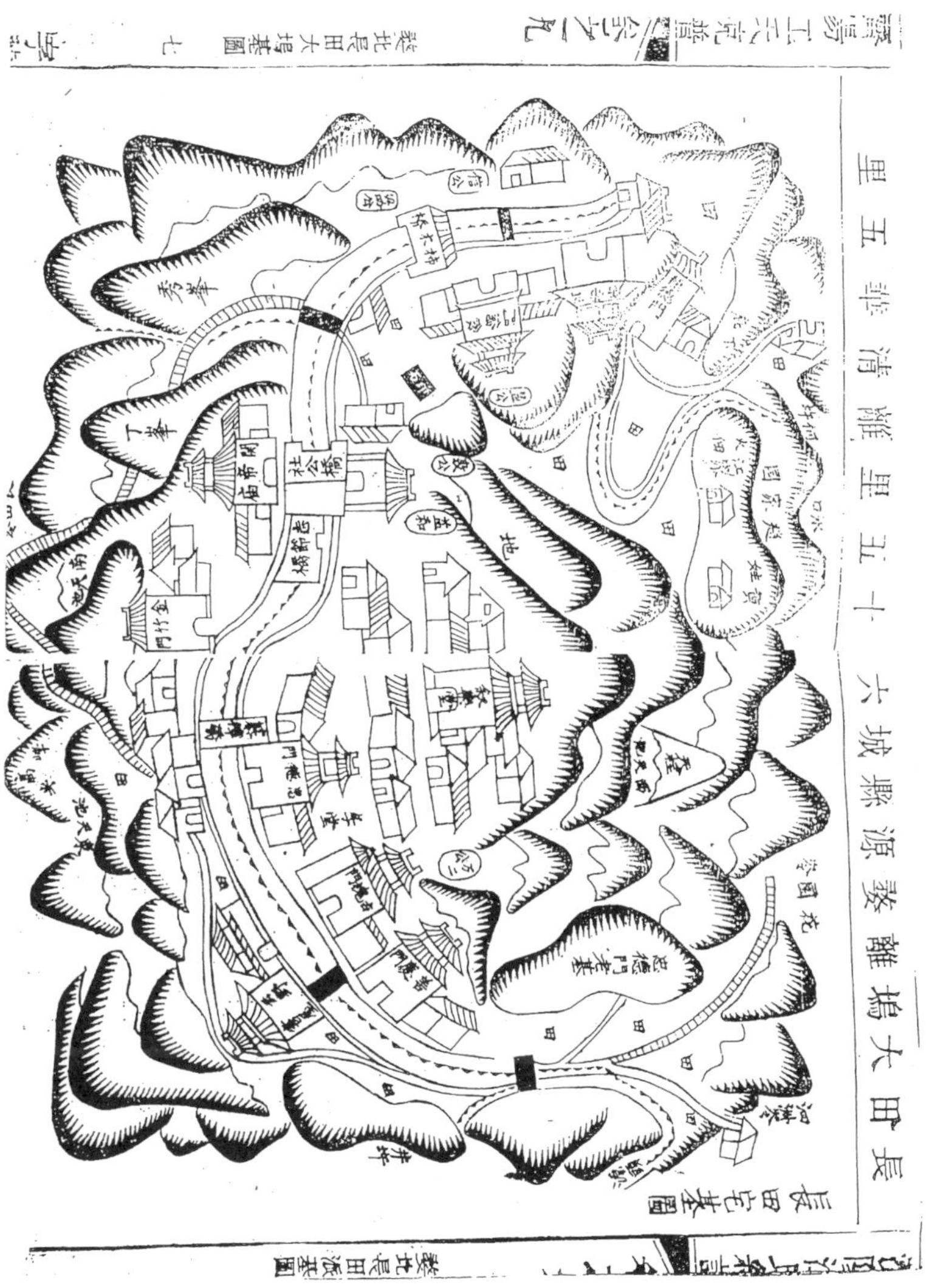

図18　婺源県長田村図（民国8年、1919『済陽江氏統宗譜』）

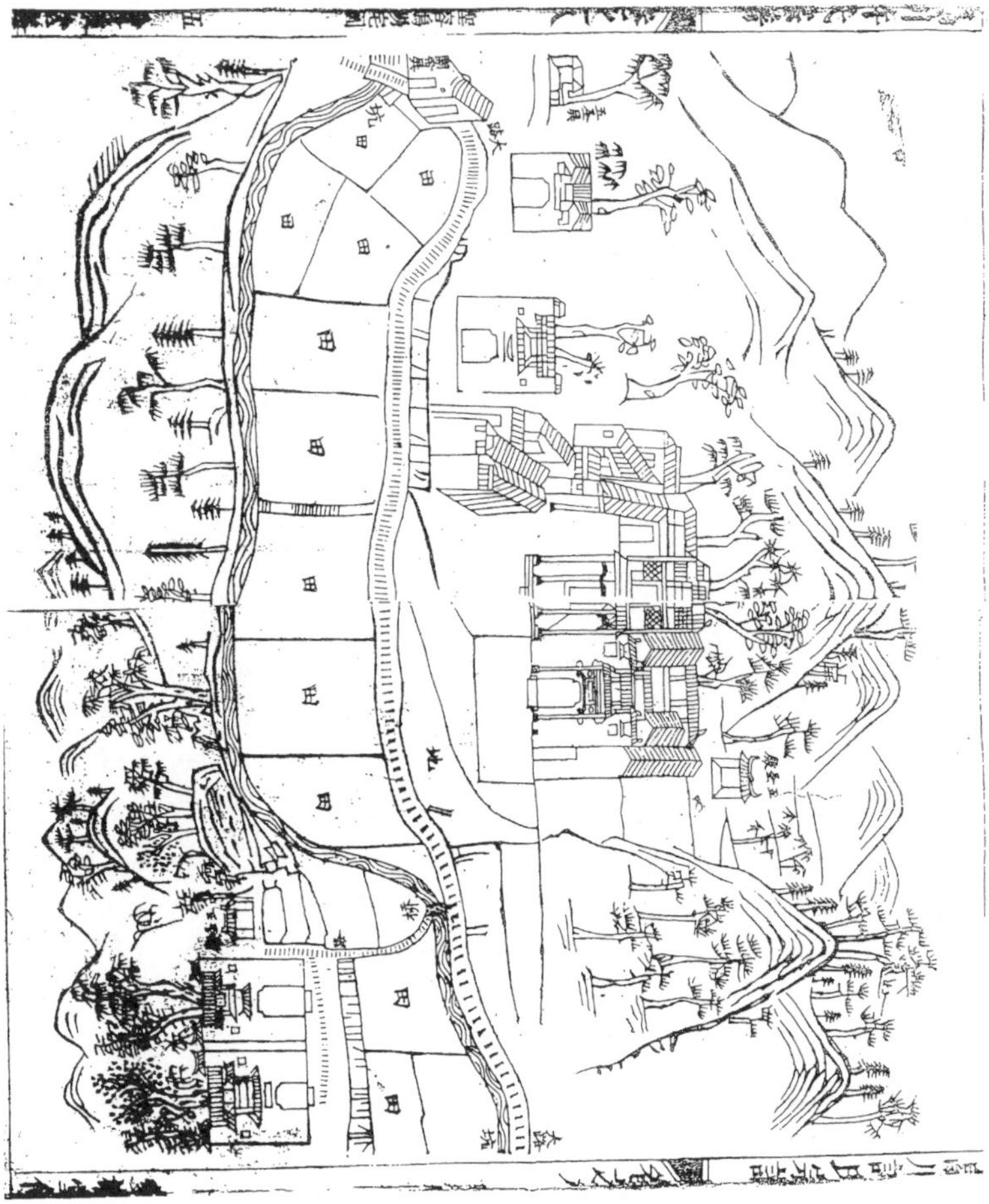

図19　績渓県聖容塢場宅図（光緒17年、1891『晶川許氏宗譜』）

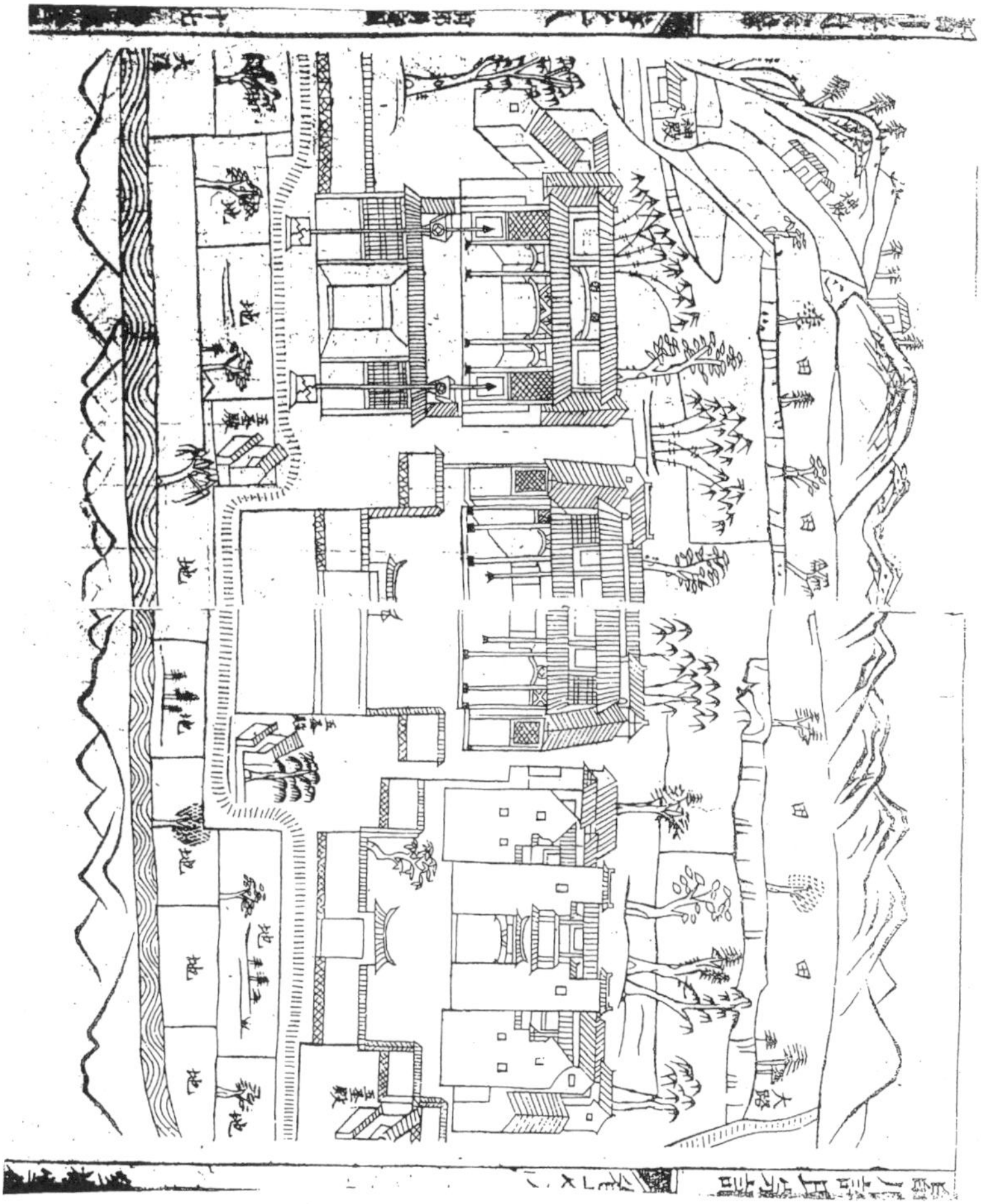

図20　績溪県前村図（光緒17年、1891『昌川許氏宗譜』）

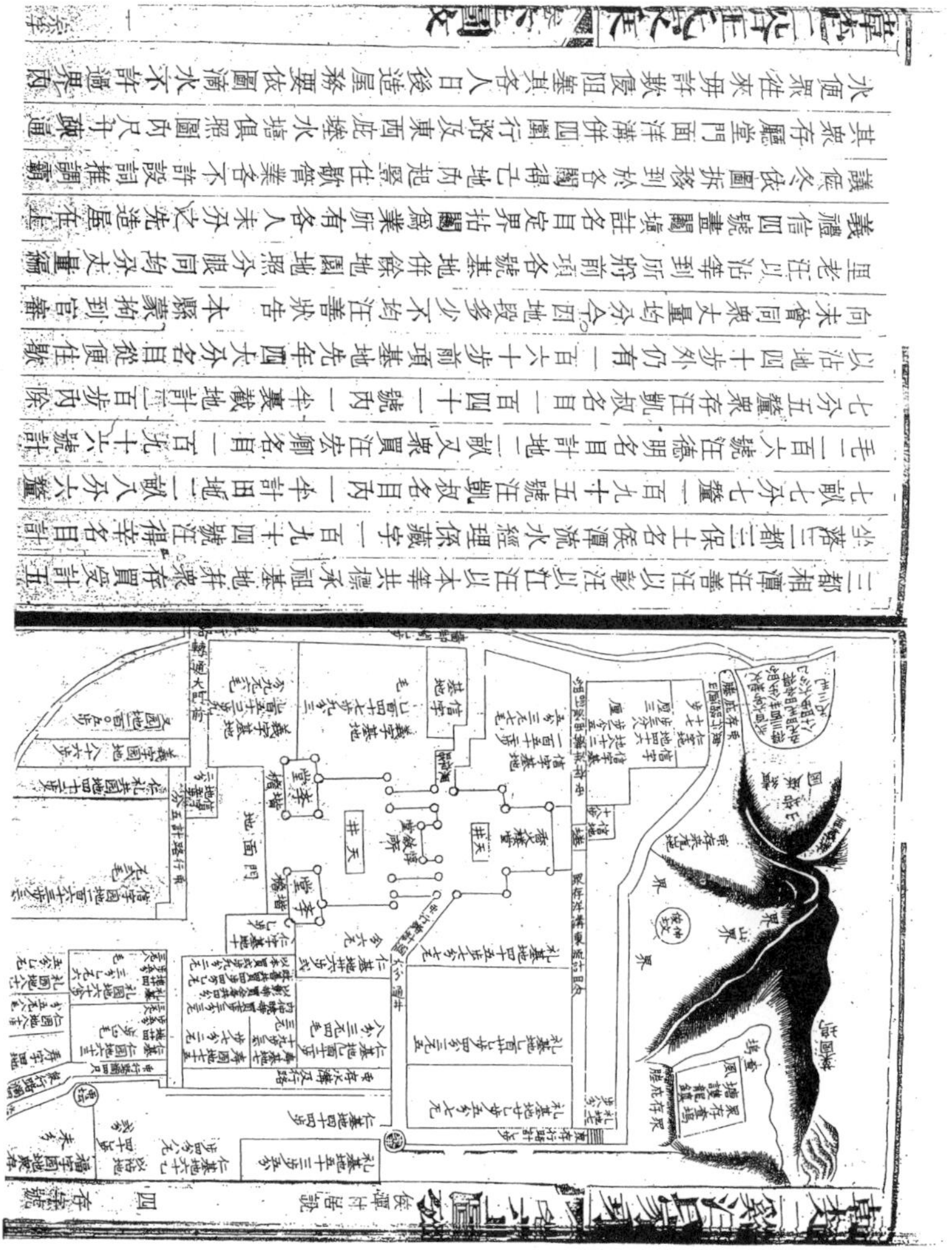

図21　祁門県中村図（弘治14年、1501。宣統２年、1910『韓楚二渓汪氏家乗』）

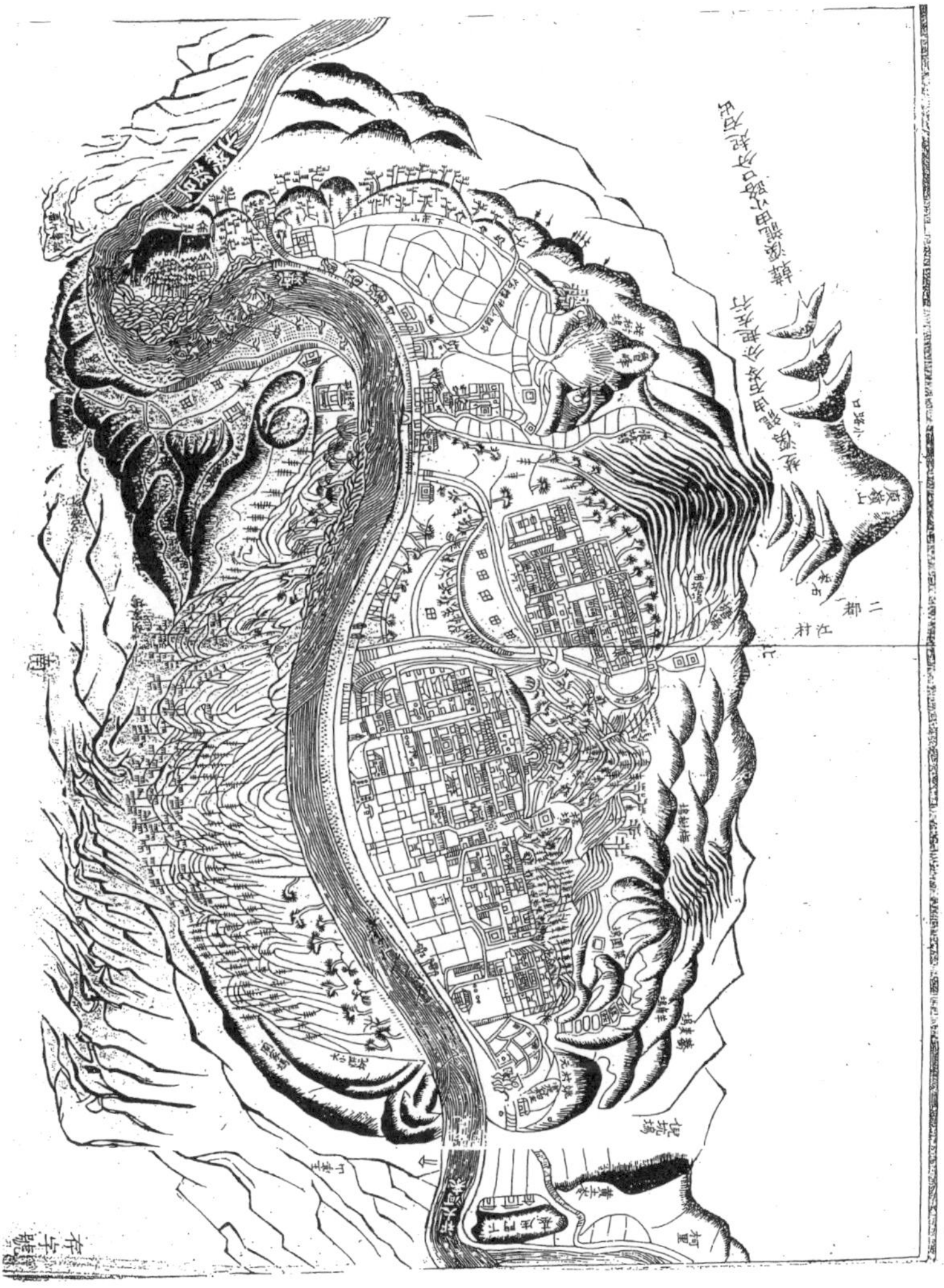

図22　祁門県侯潭上下村図（宣統2年、1910『韓楚二渓汪氏家乗』）

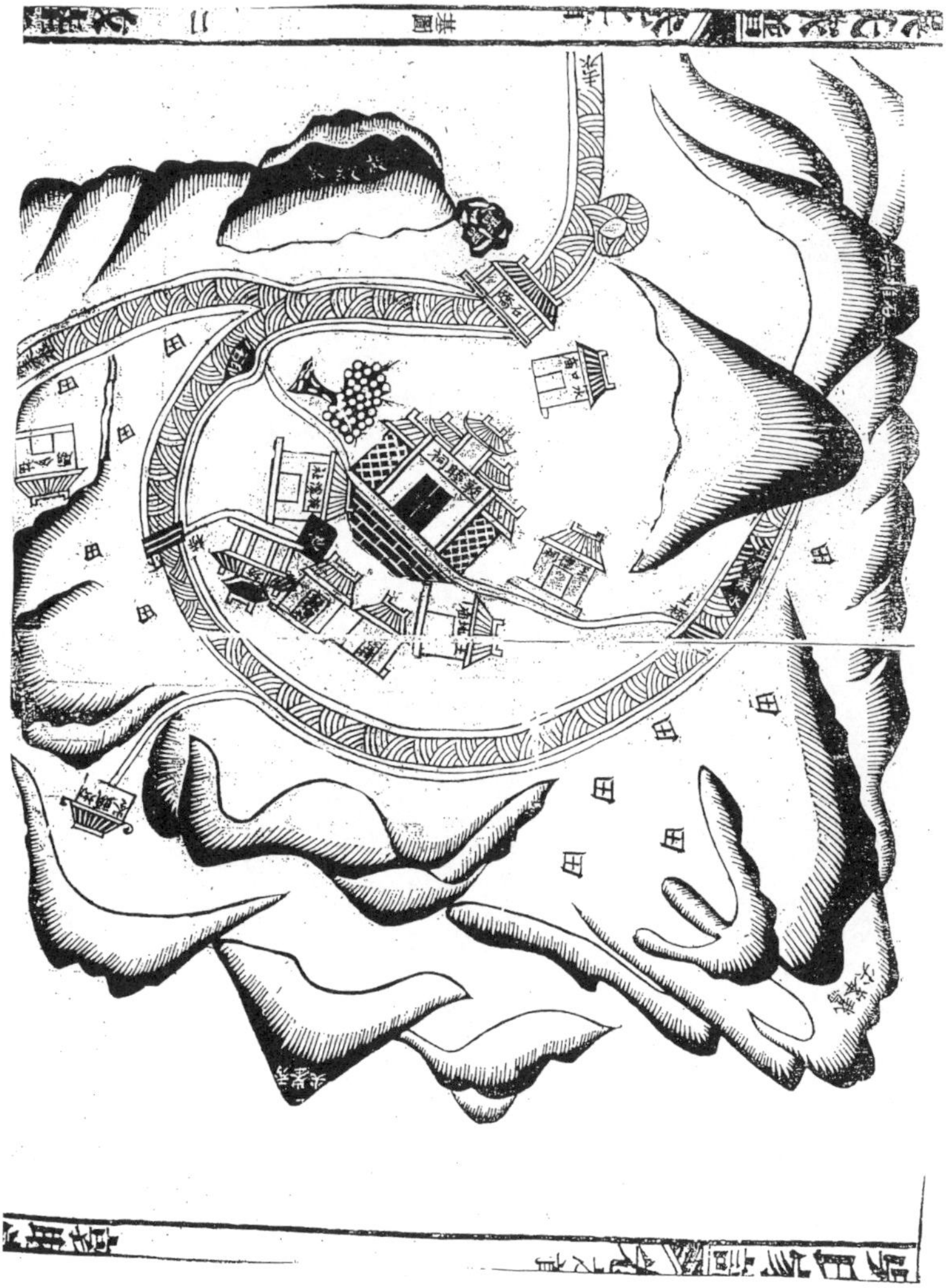

図23　婺源県旋渓村図（光緒32年、1906『旋渓呉氏家譜』）

図24　歙県豊南村図（『建築学報』1987年第10期、程極悦「徽商和水口園林」）

『吁控拆毀婺城西関石壩案巻』

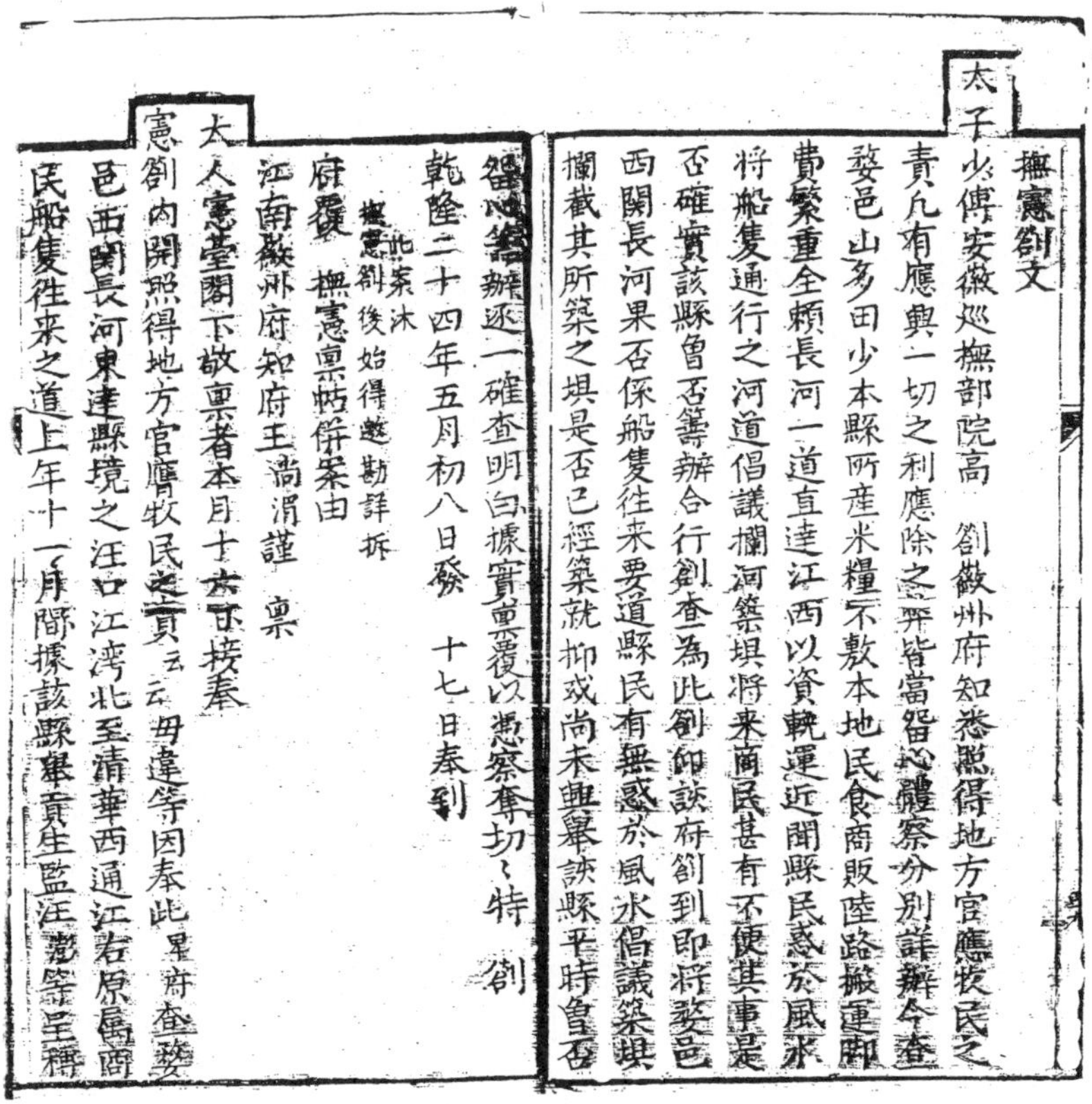
撫憲劄文
太子少傅安徽巡撫部院高　劄徽州府知悉照得地方官膺牧民之
責凡有應興一切之利應除之弊皆當留心體察分別詳辦今査
婺邑山多田少本縣所産米糧不敷本地民食商販陸路搬運脚
費繁重全頼長河一道直達江西以資轉運近聞縣民惑於風水
将船隻通行之河道倡議攔河築壩将来商民甚有不便其事是
否確實該縣曾否籌辦合行劄査為此劄仰該府劄到即将婺邑
西關長河果否係船隻往来要道縣民有無惑於風水倡議築壩
攔截其所築之壩是否已經築就抑或尚未興舉該縣平時曾否
留心籌辦逐一確査明白據實稟覆以憑察奪切切特劄
乾隆二十四年五月初八日發　十七日奉到
此案沐
撫憲劄後始得邀勘詳拆
府覆　撫憲稟帖併案由
江南徽州府知府王淌渭謹　稟
大人憲臺閣下敬稟者本月十六日接奉
憲劄内開照得地方官膺牧民之責云云毋違等因奉此卑府査婺
邑西關長河東達縣境之汪口江湾北至清華西通江右原屬商
民船隻往来之道上年十一月間據該縣舉貢生監汪澎等呈稱

# 付録三　文献目録

㈠　研究論著

単著

（1）日文（五十音順）

井上徹『中国の宗族と国家の礼制』（研文出版、二〇〇〇年）
伊藤好一『江戸上水道の歴史』（吉川弘文館、一九九六年）
今堀誠二『北平市民の自治構成』（求文堂、昭和二二年）
仝『中国の社会構造』（有斐閣、一九五三年）
仝『中国封建社会の機構』（日本学術振興会、一九五五年）
仝『中国封建社会の構造』（日本学術振興会、一九七八年）
上田信『伝統中国――〈盆地〉〈宗族〉にみる明清時代』（講談社、一九九五年）
梅原郁編『中国近世の都市と文化』（京都大学人文科学研究所、一九八四年）
王亜新『中国民事裁判研究』（日本評論社、一九九五年）

加藤博『私的土地所有権とエジプト社会』（創文社、一九九三年）
菊池秀明『広西移民社会と太平天国』（風響社、一九九八年）
岸本美緒『明清交替と江南社会』（東京大学出版会、一九九九年）
黒田日出男『中世荘園絵図の解釈学』（東京大学出版会、二〇〇〇年）
黒田日出男他編『地図と絵図の政治文化史』（東京大学出版会、二〇〇一年）
鯖田豊之『水道の文化――西欧と日本』（新潮選書、一九八三年）
仝『都市はいかにつくられたか』（朝日選書、一九八八年）
仝『水道の思想――都市と水の文化誌』（中公新書、一九九六年）
滋賀秀三『中国家族法の原理』（創文社、一九六七年）
仝『清代中国の法と裁判』（創文社、一九八四年）
史学会編『アジア史からの問い・アイデンティティー複合と地域社会・第二部　東アジアにおける人の移動と社会変容』（山川出版社、一九九一年）
清水盛光『支那家族の構造』（岩波書店、一九四二年）
仝『中国族産制度考』（岩波書店、一九四九年）
杉本史子『領域支配の展開と近世』（山川出版社、一九九九年）
瀬川昌久『中国人の村落と宗族』（弘文堂、一九九一年）
多賀秋五郎『宗譜の研究（資料篇）』（東洋文庫、一九六〇年）
仝『中国宗譜の研究・上巻』（日本学術振興会、一九八一年）

仝『中国宗譜の研究・下巻』（日本学術振興会、一九八二年）
高見澤磨『現代中国の紛争と法』（東京大学出版会、一九九八年）
田仲一成『中国郷村祭祀研究』（東京大学出版会、一九八九年）
中国農村慣行調査刊行会編『中国農村慣行調査』一～六巻（岩波書店、一九五二～五八年）
仁井田陞『中国の社会とギルド』（岩波書店、一九五一年）
仝『中国法制史研究：奴隷農奴法・家族村落法』（東京大学東洋文化研究所、一九六二年）
仝『中国の農村家族』（東京大学出版会、一九六六年）
旗田巍『中国村落と共同体理論』（岩波書店、一九七三年）
濱下武志他編『中国土地文書目録・解説下』（東京大学東洋文化研究所文献センター叢刊四八輯、一九八六年）
濱島敦俊・片山剛・高橋正編『華中・南デルタ農村実地調査報告記』（『大阪大学文学部紀要』別冊、一九九四年）
濱島敦俊『総管信仰――近世江南農村社会と民間信仰』（研文出版、二〇〇一年）
福武直『中国農村社会の構造』（大雅堂、一九四六年）
夫馬進『中国善会善堂史研究』（同朋舎、一九九七年）
堀越正雄『井戸と水道の話』（論創社、一九八一年）
牧野巽『中国家族研究上・下』『近世中国宗族研究』（お茶の水書房、一九七九年、一九八〇年）
百瀬弘『明清社会経済史研究』（研文出版、一九八〇年）
森正夫編『江南デルタ市鎮研究』（名古屋大学出版会、一九九二年）
森正夫他編『明清時代史の基本問題』（汲古書院、一九九七年）

山田賢『移住民の秩序』（名古屋大学出版会、一九九五年）
渡邉欣雄『風水思想と東アジア』（人文書院、一九九〇年）

（2）中文（拼音順）

白鋼編『中国政治制度通史』（人民出版社、一九九六年）
鮑樹民・鮑雷『坊林集』（安徽文芸出版社、一九九三年）
蔡蕃『北京古運河与城市供水研究』（北京出版社、一九八七年）
常建華『中華文化通志・宗族志』（上海人民出版社、一九九八年）
曹子西等編『北京通史』（中国書店、一九九四年）
陳智超『明代徽州方氏親友手札七百通考釈』（安徽大学出版社、二〇〇一年）
陳其南『家族与社会』（聯経出版公司、一九九〇年）
陳学文『明清時期杭嘉湖市鎮史研究』（群言出版社、一九九三年）
仝『明清時期商業書及商人書之研究』（中華発展基金管理委員会・洪葉文化事業有限公司、一九九七年）
成善卿『天橋史話』（三聯書店、一九九〇年）
高寿仙『徽州文化』（遼寧教育出版社、一九九五年）
顧頡剛『顧頡剛古史論文集㈠』（中華書局、一九九八年）
葛剣雄・曹樹基等『中国移民史』第五巻・第六巻（福建人民出版社、一九九七年）
樊樹志『明清江南市鎮探微』（復旦大学出版社、一九九〇年）

費孝通『郷土中国』（北京大学出版社、一九九八年）
馮爾康編『中国宗族社会』（浙江人民出版社、一九九四年）
傅衣凌『明清時代的商人及商業資本』（人民出版社、一九五六年）
黄山市社会科学聯合会編『徽学研究論文集㈠』、一九九四年
韓大成『明代城市研究』（中国人民大学出版社、一九九一年）
韓光輝『北京歴史人口地理』（北京大学出版社、一九九六年）
侯仁之『歴史地理学的理論与実践』（上海人民出版社、一九八四年）
侯仁之・鄧輝『北京城的起源和変遷』（北京燕山出版社、一九九七年）
侯傑・范麗珠『中国民衆宗教意識』（天津人民出版社、一九九四年）
何炳棣『中国会館史論』（台湾学生書局、一九六六年）
何曉昕『風水探源』（宮崎順子訳『風水探源：中国風水の歴史と実際』、人文書院、一九九五年）
胡時濱・舒育玲『西逓』（黄山書社、一九九三年）
仝『南屏』（黄山書社、一九九四年）
『江淮論壇』編集部編『徽商研究論文集』（安徽人民出版社、一九八五年）
李喬『中国行業神崇拝』（中国華僑出版公司、一九九〇年）
梁漱溟『中国文化要義』（学林出版社、一九八七年）
梁治平『清代習慣法　社会与国家』（中国政法大学出版社、一九九六年）
劉石吉『明清時代江南市鎮研究』（中国社会科学出版社、一九八七年）

劉沛林『古村落　和諧的人聚空間』（上海三聯書店、一九九八年）
欒成顕『明代黄冊研究』（中国社会科学出版社、一九九八年）
羅一星『明清佛山経済発展与社会変遷』（広東人民出版社、一九九四年）
毛澤東『毛澤東選集』第一巻
那思陸『清代州県衙門審判制度』（文史哲出版社、一九八三年）
史正明『走向近代化的北京城――城市建設与社会変革』（北京大学出版社、一九九五年）
唐力行『明清以来徽州区域社会経済研究』（安徽大学出版社、一九九九年）
陶孟和『北平生活費之分析』（商務印書館、一九三〇年）
陶希聖『清代州県衙門刑事審判制度及程序』（食貨出版社、一九七二年）
王亜新・梁治平編『明清時期的民事審判与民間契約』（法律出版社、一九九八年）
王笛『跨出封閉的世界――長江上遊区域社会研究――1644―1911』（中華書局、一九九三年）
王日根『郷土之鏈――明清会館与社会変遷』（天津人民出版社、一九九六年）
王振忠『明清徽商与淮揚社会変遷』（生活・読書・新知三聯書店、一九九六年）
王振忠・李玉祥『徽州』（生活・読書・新知三聯書店、二〇〇〇年）
王宗培『中国之合会』（中国合作学社、一九三一年）
隗瀛濤編『重慶城市研究』（四川大学出版社、一九八九年）
呉建雍等『北京城市生活史』（開明出版社、一九九七年）
徐揚傑『中国家族制度史』（人民出版社、一九九二年）

仝『宋明家族制度史論』（中華書局、一九九五年）
許大齢『清代捐納制度』（燕京学報専号、一九五〇年）
楊国楨『明清土地契約文書研究』（人民出版社、一九八八年）
楊西孟『中国合会之研究』（商務印書館、一九三四年）
葉顕恩『明清徽州農村社会与佃僕制』（安徽人民出版社、一九八三年）
余英時『中国近世宗教倫理与商人精神』（聯経出版公司、一九八七年。森紀子訳『中国近世の宗教倫理と商人精神』平凡社、一九九一年）
張海鵬等『徽商研究』（安徽人民出版社、一九九五年）
張晋藩編『清朝法制史』（法律出版社、一九九四年）
張仲礼編『近代上海城市研究』（上海人民出版社、一九九〇年）
張仲一等『徽州明代住宅』（建築工程出版社、一九五七年）
章有義『明清徽州土地関係研究』（中国社会科学出版社、一九八四年）
仝『近代徽州租佃関係案例研究』（中国社会科学出版社、一九八八年）
趙華富編『首届国際徽学学術討論会論文集』（黄山書社、一九九五年）
鄭秦『清代地方審判制度研究』（湖南教育出版社、一九八八年）
鄭振満『明清福建家族組織与社会変遷』（湖南教育出版社、一九九二年）
周紹泉・趙華富編『九五国際徽学学術討論会論文集』（安徽大学出版社、一九九七年）

## （3）欧文

Baker, Hugh D.R. 1979, *Chinese Family and Kinship*. Columbia University Press.

Chang, Chung-li.1955, *The Chinese Gentry. Studies on Their Role in Nineteenth-century Chinese Society*. University of Washington Press.

Ch'u, T 'ung-Tsu. 1962, *Local Government in China Under the Ch'ing*. Harvard University Press.

Cohen. Paul A. 1984, *Discovering History in China: American Historical Writing on the Recent Past*. Columbia University Press.（佐藤慎一訳『知の帝国主義』、平凡社、一九八八年）

David Strand. 1989, *Rickshaw Beijing :City People and Politics in the 1920s*. University of California Press.

David Faure. 1986, *The Structure of Chinese Rural Society*. Oxford University Press.

Denis Wood. 1993, The power of Maps. London:Routledge.

Denis Cosgrove and Stephen Daniels. 1988, The Iconography fo Landscape. Cambridge University press.（千田稔・内田忠賢他訳『風景の図像学』地人書房、二〇〇一年）

Fei, Hsiao-tung. 1939, *Peasant Life in China*, Routledge.（仙波泰雄・塩谷安夫訳『支那の農民生活』生活社、一九四〇年）

Ho, Ping-ti. 1962, *The Ladder of Success in Imperial China*. Columbia University Press.（寺田隆信・千種真一訳『科挙と近世中国社会』、平凡社、一九九三年）

Honig, Emily 1992, *Creating Chinese Ethnicity :Subei People in Shanghai 1850-1980*. Yale University Press.

Huang, Philip C.C. 1996, *Civil Justice in China :Representation and Practice in the Qing*. Stanford University Press.

Johann Jakob Maria de Groot, *The Religious System of China.*（牧尾良海訳『中国の風水思想：古代地相術のバラード』第一書房、一九八六年）

Maurice Freedman .1958, *Lineage Orgenization in Southeast China.* London:Athlone Press.（『東南中国の宗族組織』末成道男・西沢彦治・小熊誠訳、弘文堂、一九九一年）

Maurice Freedman. 1966, *Chinese Lineage and Society:Furien and Kwangtung.* London:Athlone Press.（『中国の宗族と社会』田村克己・瀬川昌久訳、弘文堂、一九八七年）

Maurice Freedman ed. 1970, *Family and Kinship in Chinese Society.* Stanford University Press.

Rankin, Mary B. 1986, *Elite Activism and Political Transformation in China: Zhejiang Province,* 1865-1911. Stanford University Press.

Rowe, William T. 1984, *Hankow: Commerce and Society in a Chinese City,* 1796-1889. Stanford University Press.

Rowe, William T. 1989, *Hankow: Conflict and Community in a Chinese City,* 1796-1895. Stanford University Press.

Sidney D. Gamble. 1921, *Peking: A Social Survey.* New York .George H.Doran.

Sidney D. Gamble. 1933, *How Chinese Families Live in Peiping.* New York: Funk and Wagnalls.

Skinner. G. William. 1973, *Marketing and Social Structure in Rural China.* Association For Asian Studies, Inc.（今井清一他訳『中国農村の市場・社会構造』、法律文化社、一九七九年）

Skinner. G. William. 1977, *The City in Late Imperial China.* Stanford University Press.（今井清一訳『中国王朝末期の都市――都市と地方組織の階層構造――』晃洋書房、一九八九年）

Weber, Max. 1968, *The Religion of China, Confucianism and taoism.* New York Press.

Zurndorfer, Harriet T, 1989, *Change and Continuity in Chinese Local History: The Development of Hui-chou Prefecture,800 to 1800.* Leiden,E.J.Brill.

## 論文

### （1）日文（五十音順）

青山一郎「明代の新県設置と地域社会」（『史学雑誌』一〇一編二号、一九九二年）

荒武達朗「清代乾隆年間における山東省登州府・東北地方間の移動と血縁組織」（『史学雑誌』一〇八編二号、一九九九年）

井上徹「中国の近世譜」（『歴史学研究』No743、二〇〇〇年一一月）

上田信「明末清初、江南の都市の『無頼』をめぐる社会関係――打行と脚夫」（『史学雑誌』九〇編一一号、一九八一年）

仝「山林および宗族と郷約」（地域の世界史一〇『人と人の地域史』山川出版社、一九九七年）

臼井佐知子「徽州商人とそのネットワーク」（『中国――社会と文化』第六号、一九九一年）

仝「徽州汪氏の移動と商業活動」（『中国――社会と文化』第八号、一九九三年）

仝「徽州における家産分割」（『近代中国』第二五号、一九九五年）

仝「徽州文書からみた『承継』について」（『東洋史研究』五五巻三号、一九九六年）

仝「徽州文書と徽州研究」（『明清時代史の基本問題』汲古書院、一九九七年）

仝「中国における商業と商人」（『途上国の経済発展と社会変動：小島麗逸教授還暦記念』緑蔭書房、一九九七年）

遠藤隆俊「作為された系譜」（『集刊東洋学』第七五号）

片山剛「清末・民国期、珠江デルタ順徳県の集落と「村」の領域」（『東洋文化』七六、東京大学東洋文化研究所、一九九六年）
川勝守「中国近世都市の社会構造――明末清初、江南都市について」（『史潮』新六号、一九七九年）
岸本美緒「明清契約文書」（滋賀秀三編『中国法制史――基本資料の研究』東京大学出版会、一九九三年）
仝『市民社会論』と中国」（『歴史評論』527、一九九四年）
仝「明清時代における『找価回贖』問題」（『中国社会と文化』第一二号、一九九七年）
黒田日出男「図像の歴史学」（『歴史評論』、二〇〇〇年一〇月号）
小島泰雄「満鉄江南農村実態調査にみる生活空間の諸相」（『研究年報』三〇号、神戸市外国語大学外国研究所、一九九三年）
滋賀秀三「淡新檔案の初歩的知識――訴訟案件に現れる文書の類型――」（『東洋法史の探究――島田正郎博士頌寿記念論集』汲古書院、一九八七年）
仝「清代の民事裁判について」（『中国――社会と文化』第一二号、一九九七年）
Philip C.C.Huang（黄宗智）「『中国における法廷裁判と民間調停：清代の公定表現と実践』序論」（唐沢靖彦訳『中国――社会と文化』第一二号、一九九七年）
斯波義信「中国における資本主義の展開と都市化」（社会経済史学会編『社会経済史学の課題と展望』有斐閣、一九八四年）
仝「移住と流通」（『東洋史研究』五一巻一号、一九九二年）
仝「南宋における中間領域社会の登場」（『宋元時代史の基本問題』汲古書院、一九九七年）
渋谷裕子「明清時代、徽州農村社会における祭祀組織について－『祝聖会簿』の紹介－㈠㈡（『史学』五九巻一、二、

三号、一九九〇年）
仝「清代徽州農村社会における生員のコミュニティ」（『史学』六四巻三・四号、一九九五年）
仝「徽州文書にみられる「会」組織について」（『史学』六七巻一号、一九九七年）
周紹泉「徽州文書の分類」（岸本美緒訳注『史潮』新三二号、一九九三年）
瀬川昌久「中国人の族譜と歴史意識」（『東洋文化』七六、東京大学東洋文化研究所、一九九六年）
鈴木博之「明代徽州府の族産と戸名」（『東洋学報』第七一巻第一・二号、一九八九年）
仝「明代徽州府の郷約について」（『山根教授退休記念明代史論叢』、汲古書院、一九九一年）
仝「清代徽州府の宗族と村落」（『史学雑誌』第一〇一編第四号、一九九二年）
高橋芳郎「明代徽州府休寧県の一争訟――『著存文巻集』の紹介――」（『北海道大学文学部紀要』XLVI-2、一九九八年）
田中正俊「民変、抗租奴変」（『世界の歴史』11、築摩書房、一九六一年）
寺田浩明「田底田面慣行の法的性格――概念的検討を中心にして」（『東洋文化研究所紀要』第九三冊、一九八三年）
仝「清代土地法秩序における『慣行』の構造」（『東洋史研究』四八巻二号、一九八九年）
仝「明清法秩序における『約』の性格」（溝口雄三他編『アジアから考える　四　社会と国家』東京大学出版会、一九九四年）
仝「合意と斉心の間」（『明清時代史の基本問題』、汲古書院、一九九七年）
仝「権利と冤抑――清代聴訟世界の全体像」（東北大学『法学』六一巻五号、一九九七年）
仝「満員電車のモデル――明清期の社会理解と秩序形成」（今井弘道他編『変容するアジアの法と哲学』、有斐閣、一九九九八年）
中島楽章「明代前半期、里甲制下の紛争処理――徽州文書を資料として――」（『東洋学報』七六巻三・四号、一九九五年）

仝「明代徽州の一宗族を巡る紛争と同族統合」（『社会経済史学』六二巻四号、一九九六年）
仝「明代後期、徽州郷村社会の紛争処理」（『史学雑誌』一〇七編九号、一九九八年）
仝「明末徽州の佃僕制と紛争」（『東洋史研究』五八巻三号、一九九九年）
仝「明代の訴訟制度と老人制」（『中国——社着と文化』第一五号、二〇〇〇年）
中村哲夫「清末華北における市場圏と宗教圏——『青県村図』にみる無廟村について」（『社会経済史学』四〇巻三号、一九七四年）
中村治兵衛「都市のかごかき人夫の闘争——喪葬礼と扛夫、吹手をめぐって——」（中央大学『アジア史研究』第一号、一九七七年）
中村茂夫「伝統中国法＝雛型説に対する一試論」（『法政理論』一二巻一号、一九七九年）
新宮学「明代の首都北京の都市人口について」（『山形大学史学論集』第一一号、一九九一年）
濱島敦俊「中国中世における村落共同体」（『中世史講座二　中世の農村』学生社、一九八七年）
仝「明清時代、江南農村の「社」と土地廟」（『山根幸夫教授退休記念明代史論叢』、汲古書院、一九九〇年）
仝「農村社会——覚書」『明清時代史の基本問題』、汲古書院、一九九七年）
藤井宏「新安商人の研究」（『東洋学報』三六巻一～四号、一九五三～一九五四年）
夫馬進「明末の都市改革と杭州民変」（『東方学報』四九、一九七七年）
仝「明末反地方官士変」（『東方学報』京都第五二冊、一九八〇年）
仝「明末反地方官士変補論」富山大学人文学部紀要第四号、一九八一年）
仝「明清時代の訟師と訴訟制度」（梅原郁編『中国近世の法制と社会』、京都大学人文科学研究所、一九九三年）

牧野巽「明代同族の社祭記録の一例――『休寧茗州呉氏家記・社会記』について」（『東方学報』第二巻一号、一九四〇年）
松尾信之「十九世紀末ベトナム北部における村落と統治機関との関係について――訴訟文書の資料意義――」（『史学雑誌』一〇七編二号、一九九八年）
仝「十九世紀末ベトナム北部の訴訟文書からみた『国家』、村落、村落内有力者」（『歴史評論』一九九九年一月号）
森正夫「明末の社会関係における秩序の変動について」（『名古屋大学文学部三十周年記念論集』、一九七九年）
山本英史「紳衿による税糧包攬と清朝国家」（『東洋史研究』四八巻四号、一九九〇年）
仝「明清黟県西逓胡氏契約文書の検討」（『史学』六五巻三号、一九九六年）

（2）中文（拼音順）

阿風「徽州文書研究十年回顧」（『中国史研究動態』一九九八年第二期）
仝「明清時期徽州婦女在土地売買中的権利与地位」（『歴史研究』二〇〇〇年第一期）
岸本美緒「清代民事法秩序――模式和比較――」（『中国研究』第三巻第一期、一九九七年）
卞利「明清徽州民俗健訟初探」（『江淮論壇』一九九三年第五期）
仝「明代徽州的民事糾紛与民事訴訟」（『歴史研究』二〇〇〇年第一期）
倉修良「関於譜学研究的幾点意見」（『歴史研究』一九九七年第五期）
常建華「元代族譜研究」（『譜牒学研究』第三輯、書目文献出版社、一九九二年）
仝「元代墓祠祭祖問題初探」（趙清編『社会問題的歴史考察』、成都出版社、一九九二年）

陳智超「新発掘出的徽州文書」(『中国史研究動態』一九九九年第一期)
陳其南「明清徽州商人的職業観与家族主義」(『江淮論壇』一九九二年第二期)
陳柯雲「明清徽州地区山林経営中的『力分』問題」(『中国史研究』一九八七年第一期)
仝「略論明清徽州的郷約」(『中国史研究』一九九〇年第四期)
仝「明清徽州的修譜建祠活動」(『徽州社会科学』一九九三年第四期)
仝「明清徽州宗族対郷村統治的加強」(『中国史研究』一九九五年第三期)
仝「雍正五年開豁世僕諭旨在徽州的実施――以乾隆三〇年休寧汪・胡互控案為中心――」(周紹泉・趙華富編『九五国際徽学学術討論会論文集』安徽大学出版社、一九九七年)
顧道馨「乾嘉以来的津門風尚」(張紫晨編『民俗調査与研究』河北人民出版社、一九九八年)
葛剣雄「在歴史与社会中認識家譜」(上海図書館編『中国譜牒研究』上海古籍出版社、一九九九年)
江太新「論清代徽州地区地契中糧食畝産与実際畝産之間的関係」(趙華富編『首届国際徽学学術討論会文集』黄山書社、一九九六年)
居蜜(Mi Chu Wien)「一六〇〇年――一八〇〇年皖南土地占有制与宗法制度」(『中国社会経済史研究』一九八二年第二期)
李景漢「北京拉車的苦工」(『現代評論』第三巻六二期、一九二六年)
李紹泌、倪晋均「天津自来水事業簡史」(『天津文史資料選輯』第二一輯、天津人民出版社、一九八二年)
李文治「明代宗族制的体現形式及其基層政権作用」(『中国経済史研究』一九八八年第一期)
劉和恵「読稿本『畏斎日記』」(『中国史研究』一九八一年第一期)

仝「徽商始於何時」(『江淮論壇』一九八二年第四期)
仝「明代徽州田契研究」(『歴史研究』一九八三年第五期)
劉淼「従徽州明清建築看徽商利潤的転移」(『江淮論壇』一九八二年第六期)
仝「略論明代徽州的土地占有形態」(『中国社会経済史研究』一九八六年第二期)
仝「清代徽州祠産土地関係」(『中国経済史研究』一九九一年第一期)
仝「清代徽州的『会』与『会祭』」(『江淮論壇』一九九五年第四期)
劉志偉「附会、伝説与歴史事実――珠江三角洲族譜中宗族歴史的叙事結構及其意義――」(上海図書館編『中国譜牒研究』、上海古籍出版社、一九九九年)
宋漢理(Zurndorfer, Harriet T)「『新安大族志』与中国紳士階層的発展」(『中国社会経済史研究』一九八二年第二期、一九八三年第三期)
王日根「明清徽州会社経済挙隅」(『中国経済史研究』一九九五年第二期)
呉麗娯「読『周恩來家世』弁紹興周氏族譜中的真偽問題――兼談如何科学使用古代族譜家乗」(『歴史研究』一九九九年第三期)
葉顕恩「徽州和珠江三角洲宗法制比較研究」(周紹泉・趙華富編『九五国際徽学学術討論会論文集』、安徽大学出版社、一九九七年)
楊殿珣「中国家譜通論」(『図書季刊』一九四六年第七巻一～二期)
張雪慧「徽州歴史上的林木経営初探」(『中国史研究』一九八七年第一期)
張十慶「風水観念与徽州伝統村落形態」(『文化　中国与世界』第五集、三聯書店、一九八八年)

鄭力民「『新安大族志』考弁」（『安徽史学』一九九三年第二期）
仝「徽州社屋的諸側面」（『江淮論壇』、一九九五年第四～五期）
趙華富「歙県棠樾鮑氏宗族個案報告」（『江淮論壇』一九九三年第二期）
仝「黟県南屏葉氏宗族調査研究報告」（『徽州社会科学』一九九四年第二期）
仝「論徽州学的研究対象和意義」（黄山市社会科学聯合会編『徽学研究論文集㈠』、一九九四年）
仝「従徽州宗譜資料看宗族的基本特徴」（『譜牒学研究』（書目文献出版社、一九九五年）
仝「歙県呈坎前後羅氏宗族調査研究報告」（趙華富編『首届国際徽学学術討論会文集』黄山書社、一九九六年）
仝「徽州宗族族規家法」（同上）
仝「徽州宗族祠堂的幾個問題」（周紹泉・趙華富編『九五国際徽学学術討論会論文集』、安徽大学出版社、一九九七年）
朱維錚「家譜与年譜」（上海図書館編『中国譜牒研究』、上海古籍出版社、一九九九年）
周紹泉「田宅交易中的契尾試探」（『中国史研究』一九八七年第一期）
仝「明清徽州畝産蠡測」（『明史研究』第二輯、黄山書社、一九九二年）
仝「徽学研究系年」（黄山市社会科学聯合会編『徽学研究論文集㈠』、一九九四年）
仝「明後期祁門胡姓農民家族生活状況剖析」（『東方学報』第六七冊、一九九五年）
仝「明後期祁門胡姓農民家族生活状況剖析」（『東方学報』第六七冊、一九九五年）
仝「清康熙休寧『胡一案』中的農村社会和農民」（周紹泉・趙華富編『九五国際徽学学術討論会論文集』、安徽大学出版社、一九九七年）
仝「徽州文書与徽学」（『歴史研究』二〇〇〇年第一期）

全「退契与元明的郷村裁判」（『中国史研究』二〇〇二年第一期）

### （3）欧文

David Faure: "The Lineage as a cultural invention: the case of the Pearl River Delta" (Modern China, Vol.15, No.1, 1989)

Huang Philip C.C. "Public Sphere"\ "Civil Society in China? The Third Realm Between State and Society." (Modern China Vol.19, No.2, 1993)

Rowe, William T. "The Public Sphere in Modern China" (Modern China Vol.16, No.3, 1990)

Shi, Ming-zheng（史正明）"From Imperial Gardens to Public Parks :The Transformation of Urban Space in Early Twentieth-Century Beijing" (Modern China, Vol.24, No.3, 1998)

Wang Di(王笛) "Street Culture :Public Space and Urban Commoners in Late-Qing Chengdu" (Modern China Vol.24, No.1, 1998)

## （二）檔案文書・史料等

### （1）檔案文書類

王鈺欣・周紹泉編『徽州千年契約文書』（全四〇冊、花山文芸出版社、一九九二年）

中国社会科学院歴史研究所・安徽省博物館編『明清徽州社会経済資料叢編』第一集、第二輯（中国社会科学出版社一九八八、一九九〇年）

張海鵬等編『明清徽商史料選編』（黄山書社、一九八五年）
張偉仁編『明清檔案』（全二六一冊、中央研究院歴史語言研究所、一九八六～九二年）
『北京自来水公司檔案史料』（北京燕山出版社、一九八六年）
『光裕会帳』（安徽省博物館所蔵）
『吁控拆毀婺城西関石壩案巻』（婺源県図書館所蔵）
『三世手澤』（歙県檔案館所蔵）
『徽州会社綜録』（厦門大学歴史学部図書館所蔵）
休寧県『王姓科場訟案文牘抄存』（道光九年、黄山市博物館所蔵）
『風雲寒暑墨集』（歙県檔案館所蔵）
『歙県二七都二図保甲底冊』（光緒二年、安徽省図書館所蔵）
『重属詞訟号簿』（道光年間、東洋文庫所蔵）
『蜀訟批案』（道光年間、東洋文庫所蔵）

（2）正史、法律文献類

『新唐書』
『梁書』
『明季北略』
『御製大誥』

『教民榜文』
『大明律例』
『清高宗実録』
『清仁宗実録』
『清徳宗実録』
『大清律例通考』
『大清律例会通新纂』
『皇清奏議』
『欽定大清会典』
『礼部則例』
『欽定学政全書』
『皇朝文献通考』
『皇朝経世文編』
『上諭合律郷約全書』
『台湾私法』
『江陰郷約』
『保甲書輯要』
『福恵全書』

『牧令書』
『牧令書輯要』
傅巌『歙紀』
呉宏『紙上経綸』
廖騰煃『海陽紀略』
万世寧『自訟篇』
徐士林『徐雨峰中丞勘語』
袁守定『図民録』
盧崇興『守禾日紀』
陳弘謀『培遠堂偶存稿』
汪輝祖『学治臆説』
劉衡『庸吏庸言』
方湜『平平言』
丁日昌『撫呉公牘』
劉汝驥『陶甓公牘』

（3）地方志文献類

光緒『安徽通志』

南宋羅願『新安志』
弘治『徽州府志』
嘉靖『徽州府志』
康熙『徽州府志』
道光『徽州府志』
乾隆『婺源県志』
道光『婺源県志』
光緒『婺源県志』
民国『重修婺源県志』
『婺源郷土志』（光緒三四年、安徽省図書館所蔵）
『婺源県地名志』（婺源県地名志弁公室編、一九八五年）
万暦『歙志』
順治『歙志』
民国『歙県志』
『歙県志』（中華書局一九九五年）
万暦『休寧県志』
康熙『休寧県志』
嘉慶『黟県志』

道光『祁門県志』
民国『績渓県志』
佘華瑞『巌鎮志草』
江依濂『橙陽散志』
朱一新『京師坊巷志稿』
呉廷燮等編『北京市志稿二・民政志』
民国『仏山忠義郷志』

（4）文集小説類

朱熹『朱子増損呂氏郷約』
『文天祥全集』
李祈『雲陽集』
鄭玉『師山集』
陳櫟『定宇集』
程敏政『篁墩文集』
汪道昆『太函集』
王世貞『弇州山人四部稿』
李維楨『太泌山房集』

帰有光『帰震川集』
謝肇淛『五雑俎』
孫承澤『春明夢余録』
談遷『北遊録』
金声『金太史集』
史玄『旧京遺事』
夏仁虎『旧京瑣記』
『燕京雑記』
黄宗羲『南雷文定三集』
顧炎武『日知録』
顧炎武『亭林文集』
趙吉士『寄園寄所寄』
姚廷遴『歴年記』（『清代日記彙抄』上海人民出版社、一九八二年）
詹元相『畏斎日記』
銭大昕『潜研堂文集』
章学誠『文史通義新編』
陳康祺『郎潜紀聞初筆』
陳其元『庸閑斎筆記』

方西疇『新安竹枝詞』
李斗『揚州画舫録』
朱軾『朱文端公集』
姚鼐『惜抱軒全集』
『巣林筆談』
『清稗類鈔』
許承尭『歙事閑談』
胡適『胡適口述自伝』（華東師範大学出版社、一九九三年）
北京文史資料研究委員会編『北京往事談』（北京出版社、一九八八年）
北京燕山出版社編『旧京人物与風情』（北京燕山出版社、一九九六年）
金受申『老北京的生活』（北京出版社、一九八九年）
鄧雲郷『増補燕京郷土記』（中華書局、一九九八年）
果鴻孝『旧北京大観』（中国建材工業出版社、一九九二年）
『重慶工商史料』第二輯（重慶出版社、一九八三年）
岡田尚友『唐土名勝図会』（一九世紀初刊）
服部宇之吉他『北京誌』（博文館、一九〇八年）
安藤更生『北京案内記』（新民印書館、一九四一年）
『金瓶梅』

『二刻拍案驚奇』
『江湖奇聞杜騙新書』
明末陸人龍『型世言』（中華書局、一九九三年）
長安道人国清『警世陰陽夢』（春風文芸出版社、一九八五年）
『儒林外史』
『北京老字号伝奇』（中国旅遊出版社、一九九三年）

（5）新聞、統計資料類

『申報』
『晨報』
『順天時報』
北平市政府衛生局『二十四年（一九三五年）度業務報告』
北平市社会局『北平市工商業概況（一九三二年）』
『北平市工商業指南』（正風経済社、一九三九年）
『北平市政統計』（北平市政府、一九四八年）

㈢　族譜文献

『慶源詹氏族譜』（元末、詹晟、北京図書館所蔵）

『新安詹氏家譜』（景泰年間、詹仁、詹正等、中国人民大学図書館所蔵）
『詹氏宗譜』（正徳・嘉靖年間、詹鏕等、詹秋炎氏家蔵）
『慶源詹氏宗譜』（乾隆五〇年、詹建邦、安徽省博物館所蔵）
『休寧流塘詹氏宗譜』（弘治年間刊行本、北京図書館所蔵）
『新安星源龍川詹氏統宗世譜』（嘉靖年間、北京図書館所蔵）
『新安詹氏統宗世譜』（嘉靖二七年、北京図書館所蔵）
『詹氏統宗世譜』（万暦一三年、詹文中、北京図書館所蔵）
『新安旌城汪氏家録』（元代、安徽省博物館所蔵）
『新安汪氏慶源宗譜』（宣徳、抄本、北京図書館所蔵）
『休寧西門汪氏族譜』（正徳九年、嘉靖刊行　汪武允等、国会図書館所蔵）
『汪氏淵源録』（正徳一三年、汪松壽、コロンビア大学図書館（East Asian Library）所蔵）
『汪氏世紀』（嘉靖年間、コロンビア大学図書館所蔵）
『汪氏統宗正脈』（隆慶四年、河北大学図書館所蔵）
『汪氏統宗譜』（万暦三年、北京図書館所蔵）
『岩鎮汪氏家譜』（明代、河北大学図書館所蔵）
『方塘汪氏思本録』（明末、写本、北京図書館所蔵）
『方塘汪氏宗譜』（康熙年間、黄山市博物館所蔵）
『休寧西門汪氏大公房揮僉公支譜』（乾隆三年、汪棟等、コロンビア大学図書館所蔵）

『韓楚二渓汪氏家乗』（宣統二年、汪準等、コロンビア大学図書館所蔵）
『汪氏振綺堂宗譜』（民国一七年、汪大燮、ハーバード大学図書館（Harvard-Yenching Library）所蔵）
『新安程氏統宗世譜』（成化一八年、程敏政編、東洋文庫所蔵）
『新安程氏統宗世譜』（道光三年抄本、程敏政編、台湾中央図書館所蔵）
『休寧蓀浯二渓程氏宗譜』（嘉靖一九年、程典等、ハーバード大学図書館所蔵）
『十万程氏会譜』（嘉靖二八年、中国社会科学院歴史研究所所蔵）
『休寧率口程氏続編本宗譜』（隆慶四年、程序、東洋文庫所蔵）
『竇山公家議』（周紹泉等『竇山公家議校注』黄山書社、一九九三年）
『新安程氏統宗補正図纂』（康熙年間、天津師範大学図書館所蔵）
『善和程氏仁山門支譜』（康熙二一年、程衡（周紹泉他『竇山公家議校注』））
『大程村程氏支譜』（乾隆五年、程豫、国会図書館所蔵）
『黄潭程氏宗譜』（光緒二年、コロンビア大学図書館所蔵）
『新安篁墩程氏世譜』（光緒、抄本、東京大学東洋文化研究所所蔵）
『新安篁墩程氏世譜』（光緒三〇年、程煦、東京大学東洋文化研究所所蔵）
『新安程氏支譜』（光緒三一年、程曨等編、東京大学東洋文化研究所所蔵）
『休寧県市呉氏本宗譜』（嘉靖七年、呉津、東洋文庫所蔵）
『茗州呉氏家記』（万暦一九年、呉瑞谷、東京大学東洋文化研究所所蔵）
『茗洲呉氏家典』（康熙年間、呉濯、東京大学東洋文化研究所所蔵）

『新安歙西南呉氏世譜』（万暦三〇年、北京図書館所蔵）
『臨渓呉氏族譜』（崇禎一四年、河北大学図書館所蔵）
『歙西渓南呉氏先塋』（崇禎一七年、呉正等、道光補足、東京大学東洋文化研究所所蔵）
『茗州呉氏家典』（雍正一三年、東洋文庫所蔵）
『休寧厚田呉氏宗譜』（乾隆五二年、ハーバード大学図書館所蔵）
『古歙巌鎮鎮東磡頭呉氏族譜』（清抄本、黄山市博物館所蔵）
『昌渓庠里呉氏宗譜』（光緒二六年、コロンビア大学図書館所蔵）
『旋渓呉氏家譜』（光緒三二年、国会図書館所蔵）
『武口王氏統宗世譜』（隆慶四年、王銑等、国会図書館所蔵）
『澤富王氏宗譜』（万暦元年、台湾中央図書館所蔵）
『婺南中雲王氏世譜』（康熙四五年、中国社会科学院歴史研究所所蔵）
『祁邑苦竹王氏宗譜』（道光二七年、コロンビア大学図書館所蔵）
『太原雙杉王氏支譜』（咸豊一〇年、東京大学東洋文化研究所所蔵）
『武口王氏金源山頭派宗譜』（光緒元年、東洋文庫所蔵）
『王一本堂享録』（光緒三一年、国会図書館所蔵）
『績渓廟子山王氏譜』（民国二四年、東京大学東洋文化研究所所蔵）
『渓南江氏家譜』（万暦年間、東京大学東洋文化研究所所蔵）
『済陽江氏統会宗譜』（嘉慶二五年、江革鎮等、東京大学東洋文化研究所所蔵）

『済陽江氏宗譜』（道光一八年、ハーバード大学図書館所蔵）
『済陽江氏統宗簿』（光緒五年、東洋文庫所蔵）
『岑陽江氏宗譜』（宣統元年、東洋文庫所蔵）
『済陽江氏統宗譜』（民国八年、江峯青等編、東洋文庫所蔵）
『張氏統宗世譜』（嘉靖九年、河北大学図書館所蔵）
『新安休寧嶺南張氏会通譜』（嘉靖一一年、東京大学東洋文化研究所所蔵）
『張氏統宗世譜』（明代、黄山市博物館所蔵）
『新安張氏統宗譜』（順治一六年、張習孔、黄山市博物館所蔵）
『張氏族譜』（康熙一二年、東洋文庫所蔵）
『績渓県城北城後巷張氏宗譜』（民国九年、張永年、ハーバード大学図書館所蔵）
『考亭月潭朱氏文献全譜』（万暦四四年、朱鍾文、東京大学東洋文化研究所所蔵）
『新安月潭朱氏族譜』（道光七年、東京大学東洋文化研究所所蔵）
『休寧率口朱氏支譜』（光緒元年、東京大学東洋文化研究所所蔵）
『新安月潭朱氏族譜』（民国二〇年、東京大学東洋文化研究所所蔵）
『古歙潭渡朱氏遷常支譜』（光緒二四年、コロンビア大学図書館所蔵）
『続修新安歙北許村許氏東支世譜』（隆慶三年、黄山市博物館所蔵）
『休寧孚潭志』（雍正元年、『中国地方志集成』、江蘇古籍出版社、一九九二年）
『重修古歙東門許氏宗譜』（乾隆二年、北京大学図書館所蔵）

『晶川許氏宗譜』（光緒一七年、コロンビア大学図書館所蔵）

『許氏譜述』（民国九年、コロンビア大学図書館所蔵）

『三田李氏統宗譜』（万暦四三年、北京図書館所蔵）

『甲椿李氏世系家譜』（乾隆四七年、北京図書館所蔵）

『甲椿李氏家譜』（道光二八年、東洋文庫所蔵）

『三田李氏墓祀録』（咸豊二年、李歩蟾等、東京大学東洋文化研究所所蔵）

『棠樾鮑氏宣忠公堂支譜』（嘉慶一〇年、中国人民大学図書館所蔵）

『歙新舘鮑氏宗譜』（光緒元年、東京大学東洋文化研究所所蔵）

『鮑氏誦先録』（民国二五年、鮑友恪、シカゴ大学図書館（University of Chicago Far Eastern Library）所蔵）

『新安黄氏統譜』（弘治一四年、台湾中央図書館所蔵）

『潭渡黄氏族譜』（雍正九年、東京大学東洋文化研究所所蔵）

『五城黄氏宗譜』（清抄本、コロンビア大学図書館所蔵）

『洪氏系譜』（明末抄本、中国社会科学院歴史研究所所蔵）

『丹陽洪氏宗譜』（万暦年間、安徽省博物館所蔵）

『丹陽洪氏宗譜』（崇禎年間、安徽省博物館所蔵）

『陳氏略譜』（元代、陳櫟（『定宇集』一五巻））

『文堂陳氏宗譜』（道光八年、中国社会科学院歴史研究所所蔵）

『文堂陳氏家譜』（民国一七年、中国社会科学院歴史研究所所蔵）

『明経胡氏宗譜』（嘉靖二二年、中国社会科学院歴史研究所所蔵）
『西遁明経胡氏壬派宗譜』（道光六年、胡叔咸、中国社会科学院歴史研究所所蔵）
『清華胡氏統譜』（同治一三年、国会図書館所蔵）
『傅渓徐氏族譜』（乾隆二年、コロンビア大学図書館所蔵）
『新安徐氏宗譜』（乾隆五年、東洋文庫所蔵）
『新安徐氏宗譜』（乾隆二三年、北京図書館所蔵）
『古黟環山余氏家規』（道光二年、黄山市博物館所蔵）
『婺源沱川余氏族譜』（清抄本、ハーバード大学図書館所蔵）
『休寧曹氏統宗譜』（万暦四〇年、北京図書館所蔵）
『績北旺川曹氏族譜』（康熙五年、コロンビア大学図書館所蔵）
『柳山真応廟方氏会宗統譜』（乾隆一八年、東洋文庫所蔵）
『船渓方氏宗譜』（乾隆三〇年、コロンビア大学図書館所蔵）
『休寧范氏族譜』（万暦二八年、范淶、東洋文庫所蔵）
『南屏葉氏族譜』（嘉慶一七年、葉有広等、黟県南屏村葉潤盈氏家蔵所蔵）
『戴氏族譜』（明抄本、台湾国立中央図書館所蔵）
『新安休寧瓯山金氏族譜附録』（康熙一四年、京都大学所蔵）
『祁門倪氏族譜』（光緒二年、倪望重、安徽省図書館所蔵）
『龍渓兪氏家譜』（乾隆四七年、天津師範大学所蔵）

『武担姚氏上門支譜』（民国二〇年、歙県檔案館所蔵）
『旌表烈婦録』（同治八年、黄山市博物館所蔵）
『新安名族志』（嘉靖年間、程尚寛等、東洋文庫所蔵）
『新安大族志』（東洋文庫所蔵）
『新安休寧名族志』（天啓六年、曹嗣軒、東京大学東洋文化研究所所蔵）

# あとがき

本書は、一九九五年に東北中国学会で報告を行なって以来約六、七年間研究してきた明清徽州地域社会史研究の中間報告として、二〇〇〇年十二月に、東京大学に提出した博士学位論文が基礎となっている。本書では、明清時代（主に清代）の徽州地域の村落、特に婺源県の慶源村に注目し、その村落社会に外在する景観を復原し、さらに内在する社会集団や組織、社会構造について明らかにした。そしてさらに、郷村社会における紛争・訴訟とその解決の在り方に関する分析を通じて、「日常生活の構造」（「正常な状態」と「異常な状態」の両面を含む）について考察しながら、明清時代の徽州地域における社会の実態と秩序の問題に接近してみた。

本書では、従来史料上の制約から十分に検証されていなかった村落社会という狭い地理的空間について、ミクロ的な実証作業を行なった。このような作業は、読者に木を見て森を見ない研究であるかのような印象を与えるかもしれないが、筆者の関心は勿論個々の木にばかりあるのではない。むしろ、個々の木に対する観察を通じて森の基本的な状態とその変遷、即ち農業を主体とした伝統中国の「基層社会」における生活の実態と秩序の問題について、動態的かつ立体的に把握することにある。本書で行なった明清時代の徽州地域における村落の景観や様々な社会集団・組織、多様な紛争とその解決の在り方、及び清代北京における水売業と水道路に関する考察は、明清時代の社会像を立体的に描こうとする私の初歩的な試みである。

なお、本書の第二章第一・二節、第四章第一～三節、及び附録一は、旧稿の改定増補である。旧稿の原題・掲載誌は以下のとおりである。

第二章第一節「徽州の宗族について－婺源県慶源村詹氏を中心として－」（『明代史研究』第三〇号、二〇〇二年）。

第二節「聯宗統譜と祖先史の再構成－明清時代、徽州地域の宗族の展開と拡大を中心として－」（『中国－社会と文化』第十七号、二〇〇二年）。

第四章第一・二節「徽州地方における地域紛争の構図－乾隆期婺源県西関壩訴訟を中心として－」（『東洋学報』第八一巻第一号、一九九九年）。

第三節「抄招給帖と批発－明清徽州民間訴訟文書の由来と性格－」（『明代史研究』第二八号、二〇〇〇年）。

附録一「清代民国時期における北京の水売買業と『水道路』」（『社会経済史学』第六六巻第二号、二〇〇〇年）。

博士学位論文及び本書をまとめるにあたっては、多くの方々からご指導ご協力を頂いた。弘前大学大学院修士課程在学中は、井上徹、田中重好、黄孝春他の諸先生に、様々なご指導ご助言を賜った。とりわけ指導教官であった井上先生には、研究ばかりでなく生活面についても色々とご心配頂いた。また、私が一九九五年五月に東北中国学会で、「村の紛争とその解決」と題する報告をした際に賜った井上先生のご指導と東北大学の寺田浩明先生からのご教示は、以後私が、徽州地域と社会秩序に関する問題に関心をもつ契機となった。深く感謝の意をささげたい。

東京大学大学院人文社会系研究科博士課程に入学して以降は、指導教官であった岸本美緒先生が、不勉強な私を辛抱強く親身になって指導して下さった。本書に、もし少しでも新しい知見があるとすれば、それは岸本先生のご指導のお蔭である。また、尾形勇先生からも色々とご指導を頂いた。さらに、個々の論文を公表したり、口頭発表をするにあたっては、山根幸夫、濱下武志、黒田明伸の各先生、契約文書研究会の諸先生（特に東京外国語大学の臼井佐知子先生）、明代史研究会の諸先生、『東洋学報』、社会経済史学会、中国社会文化学会、史学会の編集委員の諸先生、及び拙論の審査をして下さった諸先生より、貴重なご教示ご助言を賜った。本書の第一章の一部は、もともと『史学雑誌』に論文として掲載して頂く予定になっていたものであるが、その公表時期と本書の出版時期が重なってしまったため、掲載はご辞退申し上げざるをえなかった。審査に当たられた先生方には、色々と貴重なご指摘を頂いた。そして、博士学位論文審査の際には、岸本、黒田、吉田光男、吉田伸之、大木康の各先生から貴重なご指摘と激励を頂戴した。また、岸本ゼミ、濱下ゼミ、尾形ゼミの参加者の方々からも、色々と刺激になるアドバイスを頂いた。先生方、諸氏には、心より御礼申し上げたい。

徽州地域に関する研究と文書・族譜資料の収集に関しては、中国社会科学院歴史研究所の故周紹泉、欒成顕、陳智超、阿風の各先生、近代史研究所の王奇生先生、中国政法大学の故鄭秦先生、中国芸術研究院の梁治平先生、南開大学の常建華先生、厦門大学の鄭振満先生、復旦大学の王振忠先生、ハーバード大学の銭金保先生、安徽省博物館の劉和恵先生、安徽省文物考古学研究所の宮希成先生、『江淮論壇』編集部の鄭力民先生、黄山市博物館の翟屯建先生、安徽大学の卞利、趙華富の両先生、『徽州社会科学』編集部の劉伯山先生、黄山学院の韓寧平先生、ユタ系図協会東京支部図書館の諸氏、山西省社会科学院の張正明先生と同家譜センターの諸氏、東京大学東洋文化研究所図書室の諸氏（特に笠井伊里氏）、東洋文庫の諸氏に、色々とご教示ご協力頂いた。また、徽州地域の村落を調査した際には、数多くの村民の方々より、ご教示ご協力を賜った。上記の先生方、諸氏を中心とする多くの方々のご教示とご協力がなければ、本書で紹介した貴重な史料や事実の発掘は不可能であったと思われる。記して謝意を表する次第である。

さらに、博士学位論文及び本書をまとめる際には、東京大学大学院の小川快之、相原佳之の両氏、及び木村茂、森山真樹子、山本等晨の各氏に、私の拙い日本語の校正など色々とお世話になった。心より御礼申し上げたい。

なお、研究を進めるにあたっては、文部省国費研究留学生奨学金、日本学術振興会外国人特別研究員研究奨励費の給付を賜り、日本国際教育協会、二一世紀奨学財団よりご支援頂いた。また、博士学位論文を作成する上で重要な最後の二年間は、ロータリー米山奨学財団と新宿ロータリークラブ（とりわけカウンセラーである高畠又胤氏には色々とお世話になった）に、貴重な奨学金を提供して頂くなど、色々とご支援賜った。さらに、本書を刊行するにあたっては、日本学術振興会平成十四年度科学研究費補助金（研究成果公開促進費）を頂いた。これらのご支援がなければ、本書の完成は不可能であったであろう。厚く感謝したい。

本書の出版に際しては、特に山根幸夫先生に多大なご助力を賜った。また、汲古書院の坂本健彦、石坂叡志、小林淳の各氏からは、原稿が遅れてたびたびご迷惑をおかけしたにもかかわらず、本書が刊行に至るまで、色々とご尽力頂いた。上記の方々のご助力ご尽力がなければ、自分のささやかな研究を、出版という形で世に問うことはできなかったであろう。心より御礼申し上げたい。

最後に、研究・育児などの重圧を抱えながら、時にめげそうになっていた私を温かく励まし、ずっと支えてきてくれた妻に感謝の意を表したい。

二〇〇二年十月

熊遠報

# 清代徽州地域社会史研究——境域·集团·网络与社会秩序

熊 远 报

无论是从地理空间范围、居民人口总数、国家的税收·徭役·兵丁以及官僚等的主要来源、国家制度·行政的对象，还是生产与再生产·消费的基本特征来看，农村、亦即由成千上万个村落构成的乡村社会可以说是传统中国社会的主要部分。而且传统的精神文化以及社会关系的基本特征都与村落、或者乡村社会的日常生产和社会生活息息相关。离开了乡村社会，我们就无法全面、客观、准确地把握中国传统社会的历史状况和主要特征。

那么，传统中国的乡村社会究竟是一种什么样的面貌呢？

因时代和地域之差，具体的状况也许千差万别，就某一地域或某一时代的村落形态而言，仍有很多的共同性。在迄今为止的研究中，学者们对村落社会的状况并非完全无视，如与土地所有关联的法律制度与民间习惯、王朝的税收和保甲等行政制度、水利灌溉与农业生产技术、地主与农民·佃户间的关系、农民战争、以及共同体等等问题的研究都不同程度地涉及到村落问题。但是，村落、或者乡村社会这样一个能够成为理解中国传统社会特质的合适的研究单位，并没有真正成为历史学者们探讨的对象。到现在为止，我们对传统村落、特别对当时占人口绝大多数的村民们的生存环境与具体的社会生活、亦即农村的生活常态可以说尚无明确的印象。理解传统中国的村落社会，我们可能更多地得益于历史学以外、特别是如费孝通的《江村经济》等社会学人类学的研究成果。费氏的大著的确描述、讨论了不少传统社会的制度、现象，不过，《江村经济》讨论的并非纯粹的传统中国的村落社会，其主要描述和分析的是二十世纪三十年代的中国江南村落。

众所周知，十九世纪中叶以来，工业化世界的经济冲击与清朝政府以及民国政府推进的中国社会近代化、长期的政治混乱、内外战争、以及农村社会的内在

变动等多种要素，从不同的侧面不断地改变着传统农村社会的结构与机能。乡村的生产、生活以及社会秩序状态与国家权力相对强大的鸦片战争之前有很大的不同，特别是东部和华南地区的农村程度不同地直接卷进了世界经济体系中，村落社会的外在面貌和内在结构都随经济的变化而发生了改变。

十九世纪中叶以前的村落社会是一种什么样的状态？对这一能够理解传统中国社会的日常性结构的重要领域，因为缺乏足够的具体文献资料，或者说缺乏认识、发掘新史料的方法论的创新，历史学界的研究可以说还没有充分展开。

徽州文书的发现以及近年利用徽州文书展开的国际性研究，为改变这种状况带来了转机。本书主要利用明清时代徽州地区的村落地图、日记、文集、家庭(商店等)的收支帐簿、家产登记簿、族谱、书信、各组织·社会集团的财务记录·组织规定、各种买卖契约、鱼鳞图册·保甲册、诉讼档案与关联记录、纳税回执、宗教信仰·祭祀关联文献、政府发出的各种证明文件、科举考试试卷、公共工程的关联资料、乡村志书等，并对当时人创造出来的物质性遗产、特别是保存相对完好的明清时代的建筑、村落等进行实地调查，在复原村落的自然和人文环境的基础上、动态、立体地描述·分析十九世纪中叶以前的村落社会，进而探讨传统中国基层社会的形态和特质。

本书在处理复杂的村落社会之际，尤其重视以下几个侧面：（一）以村落图为基本史料，复原明清徽州村落的人文景观，并考察村落景观形成的各种要素、特别是商人在其中所起的作用。（二）重视当时人建立的社会关系网络，借以把握乡村社会中的各种集团和社会组织的状况，探讨常态下的徽州地域社会的特征、人们的行为方式及其原理。（三）从当时人们的日常性的纠纷与诉讼、亦即社会冲突的侧面考察乡村社会的秩序状态，探索其秩序结构和原理。并且整合性地把握村落社会的环境结构、社会结构、权力体系、人们的精神结构，考察清代徽州地域的秩序问题。

本书主要由“乡村社会交错的境域与集团”、“冲突·纠纷中的乡村社会与国家”两部分构成。第一部分重视对村落的外在景观和内在的社会结构、以及由各

种相互牵扯的社会关系网络编织成的秩序网的探讨。

第二部分，通过对由村落到县范围－－不同的社会・地理空间层次－－的纠纷、诉讼以及社会冲突的具体事例研究，借以考察传统中国乡村社会的秩序体制和特性。

具体而言，第一章主要对以下四个问题进行了研究。

第一、应称为小城镇的徽州村落的密集型住居结构和景观是受耕地・人口增加这一结构性矛盾的制约，明代中期以来，与徽州人的远距离商业活动、以及组建或扩大宗族一起持续形成的。在这一过程中，商人们的商业利润的回流大大地改善了徽州村落的住居和生活环境，对徽州地区的社会组织、村落景观以及具有独特形态的社会生活的形成产生了很大影响。

第二，徽州村落因各种与风水相关的建筑物和自然物而形成一定的境域。明代中期以来，风水建设的盛行将作为生活和精神依托的村落领域逐渐固定下来。

第三，徽州的村落基本上处于诸姓氏杂居的状态，是一个具有多样的社会关联性，包含了统合、服从、抗争、相互牵制、协助、互酬等要素的、由各种层次相异的同心圆集团、或“圈层”的交错关系形成的复合型的地方社会。

第四，村落内的各种象征性的建筑均与科举和礼教相关，它将国家的价值观形象化了。这显示了国家意识形态渗透到乡村社会的各个角落,充分地发挥着文化上控制社会的作用。

第二章就徽州人以什么样的行为原理而结成了各种复杂的社会关系网络这一课题，对农村社会的多样的社会组织的形成、状态和社会性的意义进行了考察。其要点如下：

第一，主要利用明清时期的徽州族谱,特别是婺源县庆源村詹氏元代至清代的几种族谱，具体地考察了明清时代徽州地区有关祖先和男系血缘系列的再整理现象及其过程。明清时代、特别是明代中叶以后，由子孙意图性地编撰、整理男系祖先史的现象在江南、尤其是徽州地区逐渐盛行，而且数世纪内连续性地进行。在族谱和联宗统谱的编撰过程中，充斥着不同形式和程度的想像、伪作。对祖先

史的这些想像与伪作经子孙们数世纪的连续地修改、加工，又经过名人的序跋作用，名族志、地方志等文献的编纂以及公刊，开始变得具有权威性。其结果，原本是一族内的传说、想像，经文献编纂和公刊而逐渐变成了地方性知识。当时人这样作的目的是为了对应社会流动状态下的秩序混乱和精神不安、抓住社会地位上升的机会而动员各种社会资源、和编织相互扶助的社会体系。在各种社会关系中，作为一种历史悠久的文化和制度资源，父系血缘正是比较容易利用的社会关系。明清时代的祖先史和男系血缘系列的再整理和伪作的目的就是在文献上为组建宗族、乃至同姓联合、亦即形成比较广泛的社会关系网提供始祖、血缘系列等的合理依据。

第二，徽州村落社会中的文会最初是知识分子探讨学问的团体，逐步演变成科举应考者的对策组织。由于明清时代的知识分子、特别是有科举身份，并且具有潜在的上升可能性的知识分子所具有的特权，使得他们在乡村社会中有较高的社会威望，从而参与乡村社会的各种纠纷・冲突的调停・处理过程。由这些知识分子组成的文会就逐渐变成了村落社会的一种公共性的代表。

徽州地区的人们在日常生产、生活中，同时加入多种祭祀组织，以及种类各异的小规模的金融互助组织——钱会。这样作的目的并不限于单纯的信仰、娱乐活动，以及单纯地拘泥于利益损得原则，而是在追求归属、结成伙伴、相互扶助等功利目的上，保持短期利益与长期性“人情”关系的均衡，将自己编织到乡村社会复杂的人际关系网中的一种生存战略选择。在具有多样性目的的集团・组织的交替生成、维持、解散的过程中，形成了交错的社会关系网，并维持着乡村社会的秩序。

第三章针对明清时代地方社会纠纷频繁而健讼的现象，就康熙年间徽州府婺源县庆源村的具体事例，对乡村社会的秩序问题、纠纷的类型・原因、健讼的社会性背景、乡村社会中内部的秩序体制与官府等对纠纷和诉讼事件解决的参与状况、各自的机能以及局限、纠纷当事人的解决选择、纠纷解决的程序等问题进行了考察。

在詹元相《畏斋日记》记载的康熙后期庆源村的事件中，村落内的纠纷约占百分之五十强、村落之间的纠纷约为百分之四十。提诉到地方官府的事件约为总事件的三分之一。庆源村的上述事例显示了明代中期以来，因远距离商业和社会流动化的展开等多种因素的作用，在父子之间、兄弟之间、宗族内部、村落内、村落之间，因田土户婚钱债的纠葛而频繁发生磨擦和健讼的状况。土地财产的复杂的所有形式，空间移动与远距离商业活动的展开，社会性事务的代理结构，以及公私关系暧昧的行政系统的预算与实际支出间的矛盾结构均是地方社会纠纷多发与健讼的重要背景。

乡村社会的各秩序体制在处理纠纷事件之际，宗族组织除对损害本族全体利益、或者涉及宗族面子的不孝、乱伦以及屡教不改者的违法事件，以组织的形式积极介入外，对族内成员间、以及成员与外人间的一般纠纷，在无投诉的情况下，一般不干预。乡约文会作为乡村社会的一种公众代表，参与村落纠纷的解决、特别是约占百分之四十的村落间的纠纷与诉讼事件几乎都是通过乡约文会等的调停，促成双方和解的。在官府体制中，本章特别注意明清政治制度中不具有司法权、在官僚体系中处于边缘位置的教官系统的作用。实际上，教官不仅协助地方官处理当地纠纷・诉讼事件，而且独立地处理读书人的纠纷・诉讼事件，在读书人涉讼事件频繁的明清时代，教官处理纠纷和诉讼事件的作用尤不可忽视。

总起来看:乡村社会的纠纷解决主要通过调停,亦即各秩序体制的合力和各体制之间的微妙的相互作用，寻找双方让步的限度和妥协的最适点而实现的。各种社会身份的个人、血缘和地缘性组织、官府在处理纠纷、恢复秩序之际，呈相互补充的网状结构，而各自发挥其功能。其中，乡村社会内部的秩序体制解决纠纷过程中的诉状・托状银和府县学教官的调停与仲裁最具特征。

第四章主要讨论县内地域间的冲突问题。

乾隆二十二年(一七五七)，婺源县城的一群与胥吏等勾结的商人以保全婺源县的风水为由，提案、募捐、组织的西关坝建设项目虽然得到了知县的认可，但在婺源县唯一与外地连接的水上通道婺河上建设大坝，对县内和徽州府内的运输

业、商业以及为数众多的人们的日常生活以重大打击。县城的这些商人试图乘大坝建设之机，设置牙行，垄断过坝货物转运之利，进而控制本地与江西、广东等地的商业往来。因此引发了县城以北地域商人·运输从业者·绅士与县城商人·绅士之间的冲突，与婺源北部的粮米运输有共同利益的休宁县、歙县部分地区的绅士也卷入这场冲突中。

本章第一、二节运用婺源县西关坝案卷资料，在整理西关坝诉讼案过程的基础上，素描出此案所凸现的地方社会结构中，乡村绅士·商民与县城绅士·商人、乡村绅士与知县、知县与知府之间三个方面的对立状况。尝试着把乡村与县城之间的冲突放在农村与城市、亦即中心与边缘这种不同的社会经济空间结构、特别是县城(县衙)这一政治权力竞争场中进行考察。

亦即在科举制度和地方官任命制度的环境下所出现的地方政治的理念与实际的乖离结构中，因社会阶层、居住地、经济状况等的区别，不同阶层的人们具有各自有别的社会和经济机会。县城的有力商人凭借雄厚的经济实力，与绅士和县衙胥吏结成共同利益集团，以胥吏为中介，将县衙当成谋求私利的杠杆，借政治手段参与了剥夺农村财富的过程。县城的这些重要人物因地利以及与县衙门的密切关系对县政发挥了很大影响力，正是这种谋求私利的行为引发了县城与乡村之间的紧张与对立。

第三节考察了地方官府的诉讼处理程序、特别是批发、揭示以及公文的传送问题与当事人的诉讼行为之间的关系。诉讼当事人如何迅速获得关联诉讼文书、特别是诉讼对手向官府提出的状纸、官府的意见？我认为有两种方式。一种是在诉讼结束后，当事人利用“抄招给帖”这一制度，向官府提出申请，抄得关联诉讼文件。第二种为在诉讼阶段，当事人利用官府公开当事双方的诉讼词状、官府的批示意见这种形式，以及以某种方法截录行政系统上行公文中的案件报告的关联部分，获得相关诉讼消息。“抄招给帖”具有防止相同纠纷再次发生的效果，官府对诉讼状纸等的“批发”· 公开对诉讼当事人的诉讼行为与过程产生影响。

此外，序章主要就徽州地域、徽学、徽州文书以及包括中国在内的学术界的关联研究进行了整理，对明清时代的徽州地域研究的展开提出了一些想法。

结语比较简洁地概括了全书的主要研究对象、分析方法、问题的切入点、各部分的研究结论，以及作者今后的努力方向等。

附录一利用东京大学东洋文化研究所所藏仁井田升博士收集的清代北京市生活用水买卖关联的契约文书，探讨了明末至民国时期北京生活用水买卖的形态、“水道”的含义、“水道”这种所有权的权利形成机制、以及在北京从事生活用水买卖的“水夫”这一阶层的出身地、受教育状况、他们在北京人中的形象等问题，借以考察中国传统社会农村人口进入城市这一复杂的社会变动过程。

# 索　　引

## 事 項 索 引

# 研究者名索引

## A　日本人名

### あ行



### か行



### さ行



### た行



### な行

## 欧米人名

熊　　遠報（XIONG YUAN BAO）

1963年、中国湖北省生まれ
1984年、武漢大学歴史学部卒業、2001年4月東京大学人文社会系研究科博士課程修了、博士（文学／東京大学）
華中師範大学専任講師を経て、現在日本学術振興会外国人特別研究員（東京大学）、華中師範大学兼職教授、法政大学兼任講師

著書『中世後期における東アジアの国際関係』（共著、山川出版社、1997年）等

汲古叢書45

清代徽州地域社会史研究
——境界・集団・ネットワークと社会秩序——

二〇〇三年二月二十五日　発行

著　者　熊　遠　報
発行者　石　坂　叡　志
整版印刷　富士リプロ

発行所　汲　古　書　院
〒102-0072 東京都千代田区飯田橋二-五-四
電　話　〇三（三二六五）九七六四
ＦＡＸ　〇三（三二二二）一八四五



ISBN4-7629-2544-6 C3322

# 汲古叢書 （表示価格は2003年３月現在の本体価格）

| | | | |
|---|---|---|---|
| 1 | 秦漢財政収入の研究 | 山田　勝芳著 | 本体 16505円 |
| 2 | 宋代税政史研究 | 島居　一康著 | 12621円 |
| 3 | 中国近代製糸業史の研究 | 曾田　三郎著 | 12621円 |
| 4 | 明清華北定期市の研究 | 山根　幸夫著 | 7282円 |
| 5 | 明清史論集 | 中山　八郎著 | 12621円 |
| 6 | 明朝専制支配の史的構造 | 檀上　寛著 | 13592円 |
| 7 | 唐代両税法研究 | 船越　泰次著 | 12621円 |
| 8 | 中国小説史研究－水滸伝を中心として－ | 中鉢　雅量著 | 8252円 |
| 9 | 唐宋変革期農業社会史研究 | 大澤　正昭著 | 8500円 |
| 10 | 中国古代の家と集落 | 堀　敏一著 | 14000円 |
| 11 | 元代江南政治社会史研究 | 植松　正著 | 13000円 |
| 12 | 明代建文朝史の研究 | 川越　泰博著 | 13000円 |
| 13 | 司馬遷の研究 | 佐藤　武敏著 | 12000円 |
| 14 | 唐の北方問題と国際秩序 | 石見　清裕著 | 14000円 |
| 15 | 宋代兵制史の研究 | 小岩井弘光著 | 10000円 |
| 16 | 魏晋南北朝時代の民族問題 | 川本　芳昭著 | 14000円 |
| 17 | 秦漢税役体系の研究 | 重近　啓樹著 | 8000円 |
| 18 | 清代農業商業化の研究 | 田尻　利著 | 9000円 |
| 19 | 明代異国情報の研究 | 川越　泰博著 | 5000円 |
| 20 | 明清江南市鎮社会史研究 | 川勝　守著 | 15000円 |
| 21 | 漢魏晋史の研究 | 多田　狷介著 | 9000円 |
| 22 | 春秋戦国秦漢時代出土文字資料の研究 | 江村　治樹著 | 22000円 |
| 23 | 明王朝中央統治機構の研究 | 阪倉　篤秀著 | 7000円 |
| 24 | 漢帝国の成立と劉邦集団 | 李　開元著 | 9000円 |
| 25 | 宋元仏教文化史研究 | 竺沙　雅章著 | 15000円 |
| 26 | アヘン貿易論争－イギリスと中国－ | 新村　容子著 | 8500円 |
| 27 | 明末の流賊反乱と地域社会 | 吉尾　寛著 | 10000円 |
| 28 | 宋代の皇帝権力と士大夫政治 | 王　瑞来著 | 12000円 |
| 29 | 明代北辺防衛体制の研究 | 松本　隆晴著 | 6500円 |
| 30 | 中国工業合作運動史の研究 | 菊池　一隆著 | 15000円 |
| 31 | 漢代都市機構の研究 | 佐原　康夫著 | 13000円 |
| 32 | 中国近代江南の地主制研究 | 夏井　春喜著 | 20000円 |
| 33 | 中国古代の聚落と地方行政 | 池田　雄一著 | 15000円 |
| 34 | 周代国制の研究 | 松井　嘉徳著 | 9000円 |
| 35 | 清代財政史研究 | 山本　進著 | 7000円 |
| 36 | 明代郷村の紛争と秩序 | 中島　楽章著 | 10000円 |
| 37 | 明清時代華南地域史研究 | 松田　吉郎著 | 15000円 |
| 38 | 明清官僚制の研究 | 和田　正広著 | 22000円 |
| 39 | 唐末五代変革期の政治と経済 | 堀　敏一著 | 12000円 |
| 40 | 唐史論攷－氏族制と均田制－ | 池田　温著 | 近　刊 |
| 41 | 清末日中関係史の研究 | 菅野　正著 | 8000円 |
| 42 | 宋代中国の法制と社会 | 高橋　芳郎著 | 8000円 |
| 43 | 中華民国期農村土地行政史の研究 | 笹川　裕史著 | 8000円 |
| 44 | 五四運動在日本 | 小野　信爾著 | 8000円 |
| 45 | 清代徽州地域社会史研究 | 熊　遠報著 | 8500円 |